工赋新质

THE DEVELOPMENT OF INDUSTRIAL INTERNET

上海市工业互联网协会 编著

上海市工业互联网创新发展实践案例集

電子工業出版社
Publishing House of Electronics Industry
北京 · BEIJING

图书在版编目（CIP）数据

工赋新质 ：上海市工业互联网创新发展实践案例集 / 上海市工业互联网协会编著. -- 北京 ：电子工业出版社, 2024. 10. -- ISBN 978-7-121-48993-8

Ⅰ. F427. 51-39

中国国家版本馆 CIP 数据核字第 2024H89H51 号

责任编辑：王天一
印　　刷：上海盛通时代印刷有限公司
装　　订：上海盛通时代印刷有限公司
出版发行：电子工业出版社
　　　　　北京市海淀区万寿路 173 信箱　　　　邮编：100036
开　　本：787×1092　1/16　印张：21.75　字数：543 千字
版　　次：2024 年 10 月第 1 版
印　　次：2024 年 10 月第 1 次印刷
定　　价：198.00 元

凡所购买电子工业出版社图书有缺损问题，请向购买书店调换。若书店售缺，请与本社发行部联系，联系及邮购电话：（010）88254888，88258888。

质量投诉请发邮件至 zlts@phei.com.cn，盗版侵权举报请发邮件至 dbqq@phei.com.cn。

本书咨询联系方式：（010）88254151。

指导单位

上海市经济和信息化委员会

主编单位

上海市工业互联网协会

参编单位

上海工业数字化研究院

工业互联网创新中心（上海）有限公司

中国信息通信研究院华东分院

序言一

党的二十届三中全会对促进实体经济和数字经济深度融合、发展新质生产力、加快推进新型工业化等做出重要部署，明确提出要加快新一代信息技术全方位全链条普及应用，发展工业互联网，打造具有国际竞争力的数字产业集群。加快推动工业互联网创新发展，是顺应新一轮科技革命和产业变革深入发展趋势、促进实体经济与数字经济深度融合的关键路径，是推动生产要素创新性配置和产业深度转型升级、培育新质生产力的重要方向，也是实现新型工业化这个关键任务，推动制造业高端化、智能化、绿色化发展的有力支撑。

当前，工业互联网通过对工业系统实时数据的采集、处理、分析等，并与工业知识相结合，形成数据驱动的智能优化闭环，逐步从单点应用向全产业链深度融合转变，已融入生产、分配、流通、消费等各个环节，在 49 个国民经济大类中均得到广泛应用，改变着工业生产模式和产业组织形态，助力产业提质、增效、降本，并实现绿色、安全发展。在迈进规模发展的新阶段，工业互联网还将产生更多、更有价值的应用实践，给产业带来全方位、深层次、革命性的影响。

上海作为全国工业重镇，制造业发展底蕴深厚、应用场景丰富，为工业互联网的创新发展提供了广阔空间。尤其是，近年来上海积极推动产业数字化和数字产业化协同发展，通过实施“工赋上海”行动，加快推动“网络为基础、平台为中枢、安全为保障、标识为纽带、数据为要素”的工业互联网功能体系基本建成，探索出工业互联网与制造业深度融合发展的“上海模式”，持续涌现出一批示范引领作用突出、赋能作用明显的典型案例。这些宝贵的实践经验值得进一步扩大推广至全国范围，持续激发各类主体建设工业互联网、用好工业互联网的活力和动力，推动工业互联网融合应用迈向纵深，取得实实在在的成效。

此次由上海市工业互联网协会牵头编著的《工赋新质：上海市工业互联网创新发展实践案例集》是系统输出上海创新成果，充分释放上海在工业互联网领域示范效应的重要实践，也是在工业互联网规模发展的关键阶段带动更多市场主体看样学样的重要抓手。入选的46个优秀案例，覆盖“工赋链主”引领、中小企业数智化转型、数字化绿色化协同发展、创新服务模式、标准建设与安全产品5个重要范畴，结构清晰、体系完整、内容鲜活，既客观展现了工业互联网对于上海制造业高质量发展的关键引擎作用，又生动反映出工业互联网在推进新型工业化、发展新质生产力中的巨大潜能。希望借此案例集的出版，能为更多工业企业利用工业互联网开展数字化转型提供有价值的实施路径，为其他地区因地制宜找准发力点提供借鉴参考，为全国上下推进新型工业化贡献更多“上海智慧”和“上海方案”。

余晓晖

中国信息通信研究院院长

序言二

李强总理在《2024年国务院政府工作报告》中提出“大力推进现代化产业体系建设，加快发展新质生产力”，要求“充分发挥创新主导作用，以科技创新推动产业创新，加快推进新型工业化”。

数实融合是培育发展新质生产力的重要方向。上海制造业门类齐全、体量大、成熟度高、涵盖面广，既是建设现代化产业体系的基本盘，也是数字技术赋能实体产业价值创新的重要场景。加快应用工业互联网基础设施，推动5G、大模型、区块链、元宇宙等数字技术在制造业的深度落地，对推进新型工业化、加快制造强国建设具有重要意义。

近两年来，上海在新型工业化发展中创新探索，持续发挥着先行者和示范者的作用。经过两轮“工赋上海”三年行动，逐步落实《制造业数字化转型实施方案》，上海的工业互联网体系建设基本完成。在网络基础建设方面，至2023年年底，上海已累计布设物联终端超过3.7亿个、5G基站超过7.7万个；推动基于5G公网建设5G虚拟专网、混合专网，在江南造船、宝武集团等打造了5G全连接工厂20个。在平台创新赋能方面，上海的工业互联网平台普及率达26.55%（居全国第二），累计培育34个具有行业影响力的工业互联网平台，在技术研发、数字供应链、行业中小企业转型等方面发挥了重要作用。在安全保障体系方面，上海获评“全国工业互联网安全深度行活动成效突出地区”，200家工业互联网企业被纳入网络安全分类分级管理，省级工业互联网安全态势感知平台实现了对重点产业领域全覆盖。在产业服务生态方面，上海累计培育各类专业服务商 111 个，建立了全国首个工业互联网创新中心，成立了首个省级工业互联网协会，全产业生态持续优化提升。

2024 年是《上海市工业互联网创新发展实践案例集》汇编的第五年。上海市工业互联网协会作为本市工业互联网发展的重要推动力量，持续发挥资源平台功能，以促进新质生产力为主题，汇编形成了《工赋新质：上海市工业互联网创新发展实践案例集》，同《工赋引擎》《工赋万物》共同组成“工赋系列”三部曲。

相较此前的“工赋”系列案例集，本案例集更着重体现了理念创新、形式创新和内容创新，集萃了“3+6”重点产业龙头、“工赋链主”及中小企业在数字化及绿色化、创新服务模式、标准建设与安全产品等方面新技术应用的最佳实践，较为细致、全面地体现了政府、企业、数商协同推进制造业数字化转型的工作实践经验。希望此案例集的出版，能为供需两端和行业生态带来参考和借鉴，激发更多新思路、新模式，更好地发挥工业互联网和数字新技术的赋能作用，促进上海制造业重点产业的数字化转型，早日实现新质生产力。

张 英

上海市经济和信息化委员会主任

第一篇 “工赋链主”引领构建产业数字生态

第二篇 “小快轻准”助力企业数智化转型

第三篇 工业互联网赋能企业绿色化发展

第四篇 创新服务模式，突显企业价值

第五篇 标准建设、安全产品促进数字化技术应用

第一篇

“工赋链主”引领构建产业数字生态

构建产业数字生态是促进实体经济转型升级的关键环节。

本篇推出上海市“工赋链主”带动产业链上下游企业开展数字化转型的实践案例，目的在于强化产业链上下游企业之间的协作，联合多方共同构建产业数字生态，提升产业链创新能力与响应速度。

本篇涉及核电、化妆品、集成电路、水务、船舶制造、汽车、核工业、服装等领域，可为相关企业的数字化转型提供参考。

核电设计智能升级，牵引产业链创新发展

上海核工程研究设计院股份有限公司

关键词： 人工智能、核电设计、国和一号、产业链

摘　要： 在国家能源结构调整和实现“双碳”目标的大背景下，大力发展核电已成为我国能源战略的重要组成部分。为了满足不断增长的清洁能源需求，多项目并进的核电建设模式已成为新常态。面对多项目并进的核电建设模式，传统核电设计方法难以满足高效、高质量的设计要求，亟待智能升级。作为国和一号产业链的链主，上海核工程研究设计院股份有限公司（以下简称上海核工院）积极探索人工智能在设计领域的落地和应用，从而提高核电设计的效率和安全性，充分发挥牵引产业链创新发展的作用，积极推动产业链上下游企业之间的合作与交流，促进产业链资源的共享和优化配置，进而加快核电项目的高质量建设步伐。

一、场景透视：多项目并进，核电设计亟待智能升级

在国家能源结构调整和实现“双碳”目标的大背景下，大力发展核电已成为我国能源战略的重要组成部分。为了满足不断增长的清洁能源需求，多项目并进的核电建设模式已成为新常态。在这一趋势下，核电设计作为核电产业链的关键一环，其重要性不言而喻。面对核电项目的密集推进，传统的核电设计方法已难以满足高效、高质量的设计要求，因此核电设计的智能升级显得尤为迫切。

核电设计的智能升级可以显著提高核电设计的效率，缩短设计周期，从而加快核电项目的高质量建设步伐。同时，智能化的设计手段能够有效保障设计质量，减少人为失误，确保核电站的安全、稳定运行。此外，智能化的设计还能降低建设成本，优化资源配置，促进产业链资源融合和业务协同，提升核电项目的经济性。综上所述，核电设计的智能升级对于推动我国核电产业的可持续发展具有重要意义，将为我国核电产业的繁荣和国民经济的绿色发展贡献力量。

二、实施方案与技术应用：探索人工智能的落地与应用

上海核工院作为国内领先的核能技术创新研发单位，承担着全核岛、全结构、全系统、全主设备的研发、设计、采购、建造等任务。同时，作为国和一号产业链的链主，上海核工院充分发挥牵引产业链创新发展的作用，积极推动产业链上下游企业之间的合作与交流，促进产业链资源的共享和优化配置，并确保产业链内各企业的数据安全和数据权限的隔离，维护产业链的健康、稳定运行。通过建立产业联盟、技术交流平台等，上海核工院促进了产业链各方的紧密合作，形成了良好的产业生态，为产业链提供了强大的内生动力支持。

在多项目并进的大背景下，上海核工院积极探索人工智能在设计领域的落地和应用，从而提高核电设计的效率和安全性，进而加快核电项目的高质量建设步伐。上海核工院从以下几个方面开展了研究和应用工作。

1．建设核电人工智能服务中台

伴随着 ChatGPT 的火爆，大语言模型给人工智能领域带来全新的变革。大语言模型在自然语言处理领域具有较大突破，能够处理各种自然语言任务，如文本摘要、问答、翻译等。其规模的增大和训练数据丰富度的提升，使得大语言模型能够更好地理解和生成人类语言。

核电设计工作属于知识密集型工作，在核电设计中存在着大量文字和上下游数据接口等的处理工作，上海核工院通过建设核电人工智能服务中台（基于大语言模型），可以为核电设计工作提供多种人工智能服务，能够解决核电设计在数据处理、信息检索、智能交互等方面存在的多种问题。这些人工智能服务可以实现快速的数据分析和文本理解，从而提高设计审查、报告编制等的处理速度，优化信息查询流程，提升用户的交互体验。

核电人工智能服务中台的系统架构如图 1 所示。核电人工智能服务中台的系统架构共分为 3 层：底层为“云计算平台+GPU（图形处理器）集群”层，也是硬件层，向上提供算力服务；中间层为“大模型、OCR（光学字符识别）、数字化开发平台”层，主要作为核心层，提供大模型、OCR 和一系列开发能力；顶层是模型训练层，分别为数据准备、模型训练、模型推理、模型开发、模型在线和模型部署，主要对模型进行微调和训练。

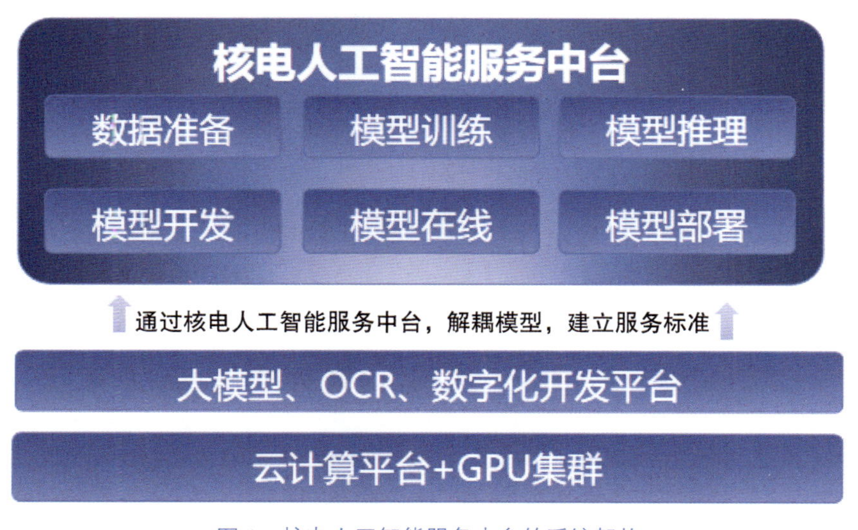

图 1　核电人工智能服务中台的系统架构

为了使核电人工智能服务中台可以更好地满足核能领域的需求，提高其在核能领域的性能表现，上海核工院开展了基于核电领域数据集的训练和微调工作。具体工作涉及多个关键步骤，其中包括语料数据集准备、有监督的微调、性能评估和调优。最后，上海核工院将基于训练好的核电领域的大语言模型开发相应的应用，为核电领域的决策提供智能支持。

建设核电人工智能服务中台涉及的训练和微调的总体流程如图 2 所示。

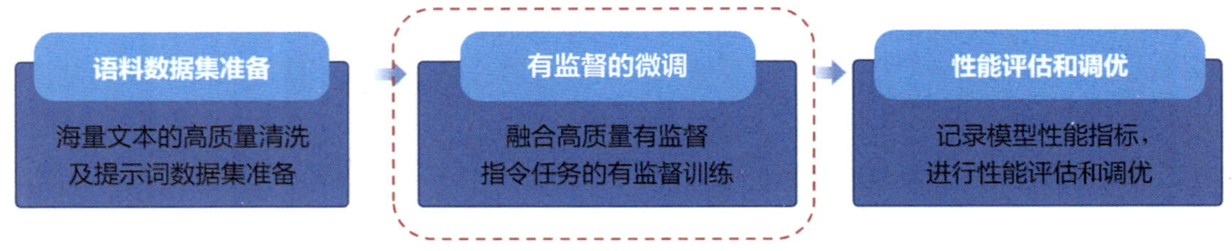

图 2　建设核电人工智能服务中台涉及的训练和微调的总体流程

2．推广设计文件智能审查系统

核电设计工作十分严谨、流程节点众多，上海核工院通过设计管理平台（DMS）开展核电设计工作。在管理平台上，设计师在编制完设计文件后需要先进行无纸化，然后按照流程将设计文件依次提交给校核人员、审核人员进行审查，这些工作全部需要人工来完成。核电设计文件的特点是内容多、页数多（平均为 20～30 页，多的甚至超过 300 页）、图片多。在当前多项目并进的情况下，校核人员与审核人员在设计文件审查工作中承担的工作量显著增加。这不仅对设计进度和工程进度产生了不利影响，还给整个核电工程的质量埋下了巨大的安全隐患。

为了解决上述问题，并减少校核人员与审核人员的设计文件审查工作量，上海核工院开展了基于人工智能平台的设计文件智能审查系统的研发工作。设计文件智能审查系统将无纸化客户端生成的设计文件（PDF 格式），通过 OCR 模块转换为文字；大模型根据规则库对文字进行比较分析并生成比对结果，同时将所有比对结果整合为一份结果报告，提供给校核人员与审核人员。设计文件智能审查功能的实现架构如图 3 所示。

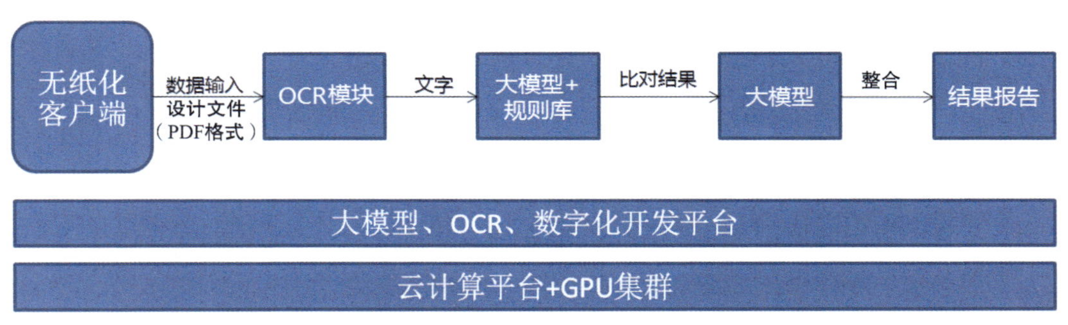

图 3　设计文件智能审查功能的实现架构

3．应用知识图谱

核电设计工作属于典型的知识密集型工作，其涉及的知识面广、专业性极强，但众多知识点之间往往缺乏直接的联系。因此，知识图谱（基于人工智能）在核电设计工作中具有显著的优势：知识图谱能够将核电设计中的各种数据、概念、关系进行整合和关联，形成一个全面的知识网络；知识图谱能够提供核电设计工作所需的各种信息，包括设计规范、历史项目数据、设备参数等。

上海核工院基于人工智能大模型技术实现了知识的自动梳理和关联；基于图数据库开发了知识图谱应用平台，用于存储已生成的各类知识，并以知识图谱的形式进行展示，如图 4 所示。

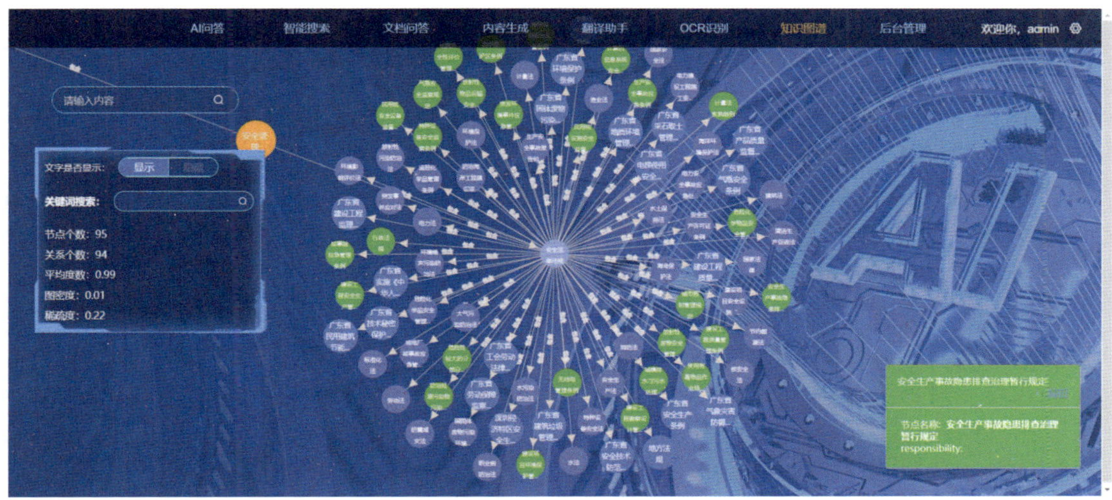

图 4 基于图数据库的知识图谱

三、实施效果：提升了设计效率，保障了设计质量

在核电设计领域，上海核工院建设核电人工智能服务中台，推广设计文件智能审查系统，应用知识图谱，并取得了显著的效果。这些效果为提升设计效率、保障设计质量、优化数据管理提供了有力的支持。

1．建设核电人工智能服务中台取得的效果

核电人工智能服务中台为上海核工院内的多个系统提供了高效的人工智能服务，在核电经验反馈、知识问答等多个领域发挥了关键作用。其中，核电人工智能服务中台提供的即时解答服务极大地提升了员工的工作效率和专业水平。

在产业链企业之间，核电人工智能服务中台搭建了沟通的桥梁，通过智能化的数据分析和信息交换，加强了企业之间的协同合作，提升了整个产业链的运作效率。在核电经验反馈环节，核电人工智能服务中台助力经验的快速积累与传播，为安全生产提供了有力保障。

2．推广设计文件智能审查系统取得的效果

设计文件智能审查系统的应用不仅大幅提升了审查效率，还为上海核工院带来了显著的经济效益：实现了每月 14000 多份设计文件的自动审查，相当于节省了 3500 小时的人工成本。这意味着上海核工院可以把员工从烦琐的审查工作中解脱出来，可以减少人力投入，将这些宝贵的人力资源转移到技术含量和创新性更高的工作中。

通过设计文件智能审查系统，上海核工院实现了对设计文件的快速、准确审核，有效地减少了人为失误导致的损失。据统计，设计文件智能审查系统每月可以自动检测出约 2000

个较为基础的问题，避免一些常识性的错误，从而有效地提高业主对上海核工院的出图满意度。此外，设计文件智能审查系统还能为上海核工院积累大量有价值的数据，为其后续决策提供有力支持。这将有利于其不断优化业务流程，从而迈向更高的发展阶段。

3．应用知识图谱取得的效果

通过知识图谱的应用和关联分析，设计师可以发现设计中的冲突、不一致或不足之处，从而提供决策支持；可以提前预警和避免潜在问题；可以快速找到相关的知识和资源，提高工作效率。通过构建统一的知识图谱，不同专业和领域的设计师可以在共同的知识体系下进行沟通和协作，提高设计的协同性和一致性。知识图谱能够支持持续学习和知识更新，通过不断采集和整合新的知识、数据，保持动态更新，为核电设计的持续创新提供支持。

将知识图谱应用于产业链，显性化地揭示了产业链上下游企业之间的关联关系，有利于产业链上下游的信息资源（包括设计、制造、运营、维护等环节的数据）整合，实现了信息的快速共享，减少了“信息孤岛”现象，从而促进了不同产业环节之间的协同，提高了整个产业链的效率和响应速度。

四、经验总结与未来展望

本案例的核心场景是核电设计的智能升级：建设核电人工智能服务中台、推广设计文件智能审查系统、应用知识图谱。通过这些方案的实施与技术的应用，上海核工院提升了设计效率、保障了设计质量、优化了数据管理，从而加快了核电项目的高质量建设步伐。同时，智能化的设计手段能够有效保障设计质量，减少人为失误，确保核电站的安全、稳定运行。

未来，上海核工院将继续深化核电设计的智能升级，计划进一步完善核电人工智能服务中台，加强多模态信息融合（包括但不限于设计图纸、工程现场影像、语音等多种数据的处理和分析），从而提供更加全面、直观的设计依据，以提升其智能化水平；继续扩大知识图谱的规模，提升知识图谱的存储和展示能力，强化智能搜索和推荐功能；充分发挥牵引产业链创新发展的作用，积极推动产业链上下游企业之间的合作与交流，促进产业链资源的共享和优化配置，从而继续加快核电项目的高质量建设步伐。

五、推荐语

上海核工院积极发挥了“工赋链主”的带动作用，围绕核电“数字赋能产业、数据驱动产业，从设施、应用、数据等方面打造了安全、可靠的数字核电发展环境”的数字化理念，加强了数字化核电产业链协同，取得了核电产业最新的产业化成果；通过带动更多产业链上的企业的数字化创新发展，广泛连接了产业链上下游的资源和需求，打造了核电自主可控供应链生态圈，进而提升了产业链上下游企业之间的业务协同效率和质量，推动了核电产业链的数字化转型和智能化管理水平的提升。

六、案例主体介绍

上海核工院始建于 1970 年 2 月 8 日，与我国核电产业同时起步，隶属于国家电力投资集团公司。上海核工院的主营业务为核电研发、设计、工程建设管理和服务，具备核工业行业设计、工程造价、建设项目环境影响评价等一系列甲级资质。在人工智能快速发展的当下，上海核工院积极探索人工智能在核电设计方面的落地应用，发挥设计龙头的带动作用，依托国家科技重大专项的实施，全力打造先进核能原创技术策源地、产业链联盟，并建设世界一流的核能技术创新与工程建设平台，构建了由“设计 4.0”牵引的全产业链数字化协同体系，覆盖了研发设计、设备制造、工程建造、生产运维的全产业链环节，支撑打造具有全球竞争力的一流核能技术创新和工程建设平台。

七、案例视频

扫码观看案例详细视频。

智能升级核电设计创新

自主研发一物一码云平台，提升化妆品产业链协同效率

上海创元化妆品有限公司

关键词： 化妆品行业、供应链管理、一物一码云平台

摘　要： 上海创元化妆品有限公司（以下简称创元）是化妆品行业尤其是彩妆领域的全球知名企业。创元的睫毛膏、眼线笔、眉笔、口红、粉饼等彩妆品类的技术水平行业领先，是诸多国际高端品牌的重要ODM/OEM（原始设计制造商/原始设备制造商）合作伙伴。在十余年的发展过程中，创元一直坚持与ODM/OEM的高端化妆品企业进行产品的深度连接，专业从事化妆品全品类的设计、研发、制造、供应链管理等全产业链的全球业务，是多家国内外著名品牌的核心供应商。创元基于自己多年工业互联的行业经验，制定了消费互联和工业互联整体解决方案（如To B商城、创美零售、人工智能质检平台、一物一码云平台等），具备了对外服务能力，已在市场、研发、品控、销售等领域使用该解决方案并打通了这些领域，提升了化妆品产业链的协同效率和综合实力。

一、场景透视：产品的高流通性与销售渠道的多样性并存，为品牌厂商带来了一系列挑战

当下，传统经销企业普遍面临着经销商窜货、管理成本高、缺乏数字化运营的难题，加上在产品和服务信息传递方面效率低、不准确出货等问题，互相窜货的现象开始频频出现。

面对上述痛点，品牌厂商一直处于“治理未停止，效果未达成”的状态。品牌厂商主要面临以下几个方面的挑战。

1．供应链冗长

传统的快消品销售模式涉及多个环节，如生产、批发、零售等，导致供应链冗长，效率低下。

2．信息不透明

由于缺乏有效的信息管理系统，各环节之间的信息传递不及时、不准确，难以实现实时监控和决策。

3．库存管理不精准

传统的库存管理模式往往存在库存积压或缺货现象，影响销售和客户满意度。

4．渠道下沉难，实现动销的成本高

第一，在压货模式之下，库存积压多，运营成本高；第二，动销投入难管控、难衡量，费销比高（营销费用的“跑、冒、滴、漏”现象严重）；第三，终端及动销数据难获取，难以实现精准营销。

要推动制造业提能进位，不能就制造业说制造业，而应突出融合发展，通过要素倾斜配置、服务精准赋能、数字化技术深度应用等方式，激发新动能、焕发新活力。要应对制造业的系统性变革，就要以“四链”（创新链、产业链、资金链、人才链）融合的方式，打通创新、产业、资金、人才各环节的堵点、卡点和断点。融合发展主要包括链条融合、产业融合、数实融合 3 个维度的发展，体现了未来制造业的发展方向和路径任务，是经济高质量发展的内在要求。

二、实施方案与技术应用：自主研发一物一码云平台，消除信息障碍，打通应用端、用户端及平台端

1．实施方案

针对上述痛点，创元创造性地将数字引擎与快消品领域的实际业务场景相融合，打造了一个专为快消品领域量身定制的一物一码云平台。渠道数字化本身就是一项“旧城改造”的工程，通过对存量业务进行改造才能挖掘增量需求，而且这样做的价值远比从增量业务来做的价值大。线下渠道是品牌“数字化存量改造”的蓝海市场，也是搭建营销数字化系统的基础。

一物一码作为市场主流的数字化工具，能够通过对品牌商在传统线下渠道中的三要素——人、货、场进行数字化改造，使其拥有数据的连接、加工、存储等基础能力，从而让品牌商将营销费用精准地投放到每个端，实现全渠道、全场景动销。

创元的数字化团队针对多端用户、多渠道管理的现状，运用物联网（IoT）、大数据、云计算等先进技术，突破平台、地域的限制，打通包材赋码、产品生产、仓储运输、终端互动 4 个阶段，通过与生产设备、ERP（企业资源计划）、MOM（制造运营管理）、WMS（仓库管理系统）等系统的对接，实现赋码数据的实时采集、上传、关联，形成产品的数字化档案，实现生产过程的数字化、可视化，以及物流的动态追踪、评价、优化，降低库存成本，实现产品追溯溯源管控、快速查找定位。

2．技术应用

（1）打造六大功能平台架构，支撑上下游联通互动

目前，赋码方式主要有两种。

① 离线赋码：在包材厂的生产过程中，通过数码印刷、TTO（热转印打印机）、激光打码等方式，在产品包装盒、袋、罐或标贴上喷印二维码；其特点是分辨率高、灵活方便、速度快。

② 在线赋码：在品牌企业的生产灌装或包装环节，通过架设在产线上的喷码机、激光机或打印贴标机，在产品或外包装上喷印二维码；其特点是成本低、数据安全性高、技术要求高。

为实现开发码管理与采购订单关联的目标，创元的一物一码云平台采用离线赋码的方式，在彩盒生产时就实现了一盒一码，按照 SOP（标准作业程序），基于产品工艺 BOM（物料清

单）配置每个产品的一物一码收集颗粒度。MOM 在生产下线后，把单品追溯码和内包装箱标、外包装箱标、托箱标的关联信息同步到 WMS。WMS 在发货的时候，对单品直接进行扫描，记录追溯码和订单客户关系；对整箱产品直接扫描箱标，记录箱内所有单品的追溯码和订单客户关系；对整托产品直接扫描托箱标，记录托内所有单品的追溯码和订单客户关系。一物一码云平台的架构如图 1 所示。

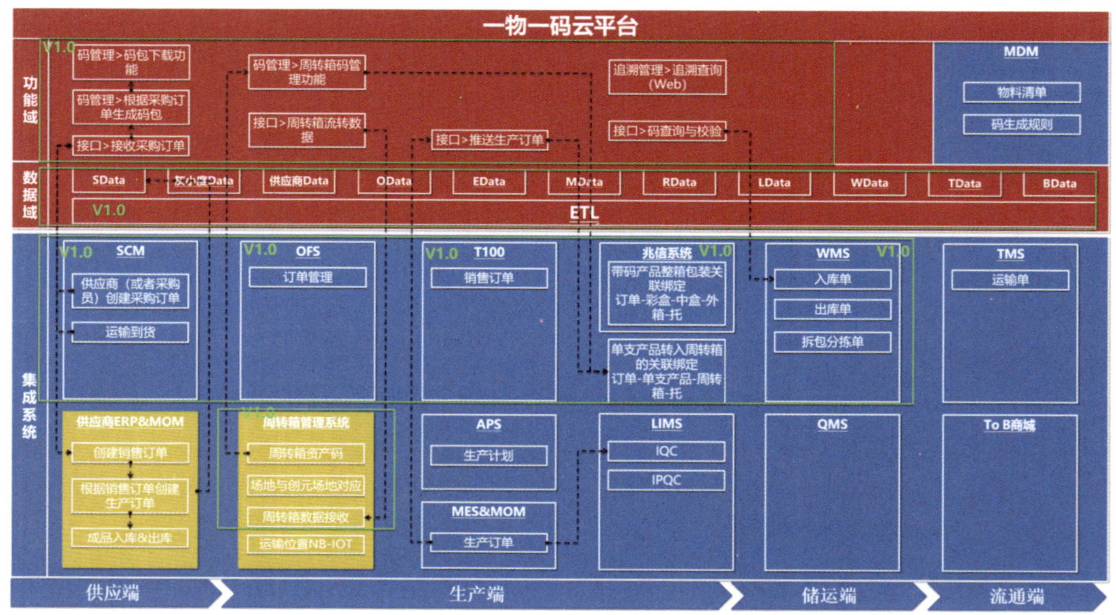

图 1　一物一码云平台的架构

一物一码云平台最终可以实现系统管理、生产端追溯、流通端追溯、供应端追溯、全链路追溯、全链路遏制六大功能。

（2）建立云端协同质量控制标准，建设工业互联协同一体化底座

一物一码云平台的架构十分专业且具有前瞻性，包含前端用户界面、后端服务层、数据库层、数据处理层、API（应用程序编程接口）层、安全层、集成层、设备接入层、云存储服务和大数据分析平台等关键组件，可以确保一物一码云平台稳定地运行、提供高效的服务和数据安全，从而满足企业的多样化需求，提升企业的运营效率和管理水平。

创元具备多年的企业信息化、数字化建设经验，积极推进消费互联和工业互联整体服务模式的落地，以产品全生命周期的价值链管控为基础，整合生产制造、仓库管理、排产和排程、质量遏制等多个复杂系统环节，串联产品溯源全链路。消费者通过扫码可以了解产品的生产过程，查询产品在生产、加工、销售、检查等环节的溯源信息，从而提高对品牌的信任度。工业互联的整体架构如图 2 所示。

（3）打造便捷、开放的协同平台，推进产品高质量交付

创元以提高用户满意度为目标，不断整合、平衡各生产要素及各业务协作环节，通过一物一码云平台为供应商提供便捷的开放平台，为每个人、事、物分配一个唯一的标识码，以便防止窜货和控制质量，同时输出一套科学的工作协同机制及管理方法；以可观测、易评价、可量

化为原则，从工业产品的全生命周期出发，确定了研发设计、生产管理、仓储物流、商业运营四大维度。面向集团，创元实现了智能制造，从而提高了生产效率，降低了生产成本，提升了产品质量和企业的竞争力；面向销售，创元开拓了新业务，个性化定制生产，满足了客户的个性化需求；面向供应链，创元提高了供应链的效率，减少了呆滞库存。

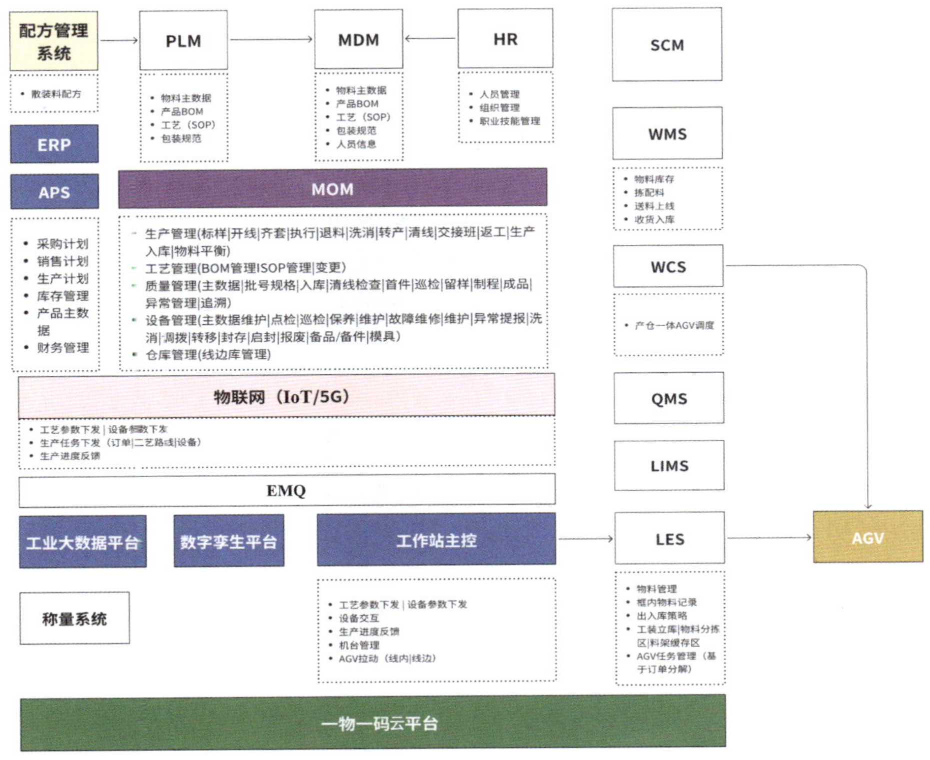

图 2　工业互联的整体架构

一物一码云平台的功能设计如图 3 所示。

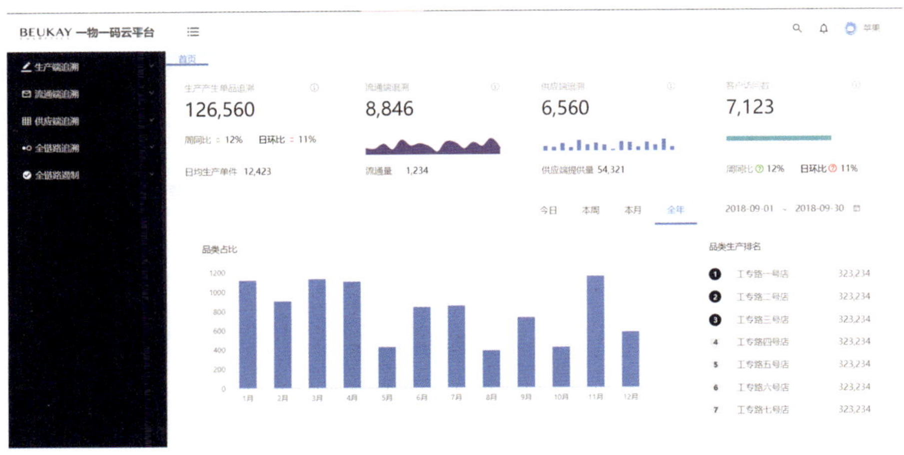

图 3　一物一码云平台的功能设计

三、实施效果：实现了产品质量和安全的管理，提高了产品的可靠性和安全性

创元以周转箱作为一物一码的基础，串联工厂仓、产地仓、成品仓、门店仓等全链路，并在周转箱上使用了 RFID（射频识别）技术。一物一码云平台具有以下特点和优势。

1. 质量可控

一物一码云平台通过为每个产品打上一个防伪、防串、防拆的数字标签（如二维码等），实现了产品质量的可追溯、可验证、可监督。消费者可以通过扫描数字标签获取产品的真伪、来源、参数等信息，以保障自己的购买权益。一物一码云平台通过为每个产品建立一个动态、实时、全面的数字档案（记录产品的生命周期、位置、状态等信息），实现了产品流通的可追踪、可优化、可协同。消费者可以通过查询数字档案获取产品的库存、价格、评价等信息，从而提高自己的购买效率。厂商可以通过分析数字档案获取产品的销量、需求、反馈等信息，从而提高自己的销售效率。

2. 服务可靠

一物一码云平台通过为每个产品提供一个智能、便捷、专业的数字服务（如维修、保养、保险等），实现了产品服务的可预约、可评价、可续费。消费者可以通过使用数字服务，获取产品的使用说明、保养建议、维修方案等信息，从而提升自己的使用体验。厂商可以通过使用数字服务，获取产品的故障诊断、客户满意度、续费率等信息，从而提升自己的服务质量。

3. 数据价值

一物一码云平台通过为每个产品构建一个安全、共享、开放的数字生态（如平台、社区、应用等），实现了数据资源的可整合、可利用、可创新。消费者可以从数字生态中获取产品的优惠活动、互动社区等信息，从而提升自己的选择和决策能力。

四、经验总结与未来展望

1. 经验总结

从创元的产业链协同实践来看，企业要实现产业链协调，就需要整体规划、分步实施，按统一理念、业务先行、技术支撑的思路有序开展工作；推动数字化技术赋能传统产业转型，持续以数实融合为导向，强化技术创新引领，增强供应链的韧性，优化要素配置，推动产业基础高级化、产业链现代化，对产业进行全方位、全链条改造，以提升价值创造能力；制定数字化车间、智能工厂建设指南，鼓励和支持制造业骨干企业开展数字化车间、智能工厂标杆示范工作；夯实数字新基建的基础，加快综合型、特色型、专业型工业互联网平台建设，全面升级通信网络基础设施，精准构建“数据中心+智算+超算+边缘计算”多层次的算力设施体系。

2. 未来展望

展望未来，创元面临着加快变革步伐、继续保持领先地位的重大任务。随着数字化浪潮

的持续推进，美丽健康产业将迎来前所未有的发展机遇。创元需要继续深化其数字化转型战略，利用大数据、人工智能等前沿技术，进一步提升产品和服务的质量与效率；通过开放合作，加速产业链上下游企业的数字化进程，共同推动整个产业的高质量发展。

五、推荐语

创元自主研发的一物一码云平台将关联绑定系统与 MOM 系统打通，可以获取产品生产过程数据并将其集成到码的全生命周期中，满足个性化销售前端需求。同时，一物一码云平台积极地沉淀业务模型，支撑形成贴合业务需求的综合性工业应用。在智能化制造方面，一物一码云平台依托工业互联网的泛在互联，提升了企业的信息技术应用能力，实现了生产制造全过程数字化，打造了智能制造单元、智能产线、智能车间等，实现了全要素和全环节的动态感知、互联互通、数据集成、智能管控，推动了先进过程控制系统在企业的深化应用，加快了制造执行系统的云化部署和优化升级，深化了人工智能的融合应用，并通过全面感知、实时分析、科学决策和精准执行，提升了生产效率、产品质量和安全水平，降低了生产成本，减少了能源消耗。

六、案例主体介绍

创元于 2010 年在上海奉贤区成立，目前在上海有 2 个工厂，共有员工近 1200 人，其 2022 年的产值约为 10 亿元。创元在产品开发、配方开发、包装开发、检验检测、新工艺/新材料/新设备的应用、数智化系统建设方面持续进行大规模的投入，并形成体系化的创新能力，目前已拥有 100 多项专利。近年来，创元持续在数字化和智能制造方面进行大规模的投入，致力于成为化妆品行业的高科技公司。

七、案例视频

扫码观看案例详细视频。

自研一物一码云平台

深化集成电路行业工业互联网平台建设，构建集成电路设备售后管理体系

中微汇链科技（上海）有限公司

关键词： 集成电路设备行业、设备售后管理、数字化转型升级、数据智能化管理

摘　要： 集成电路行业作为全球科技"超限战"主战场，其自主创新进程已进入深水区。尤其是以光刻机为代表的集成电路设备领域，虽然整体有所突破，但整体与国际水平的差距依然较大，断点、堵点众多。除核心技术水平差距与国外技术封锁外，企业的数字化管理水平和行业相关软件的国产化水平也是制约国产集成电路设备企业进一步发展的核心原因。其中，专门针对集成电路设备的售后管理产品在国内一直空缺，集成电路设备售后业务持续时间长，牵涉企业、组织、部门多，并且多项目并发，故管理难度非常大。集成电路设备售后业务是集成电路设备企业通过下游客户验证设备量产技术水平、持续改进工艺、提升品牌能力的关键业务。因此，中微汇链科技（上海）有限公司（以下简称中微汇链）作为母公司中微半导体设备（上海）股份有限公司（以下简称中微公司）在集成电路行业数字化链主的执行单位，针对性地自研了集成电路设备售后管理体系（We-ASS），旨在解决集成电路设备制造完成后，从设备集成、安装到验收，以及从设备日常维护保养到设备问题处理、工艺性能持续性改进的业务管理问题。目前，We-ASS 已在国内多家主流集成电路设备及上游关键组件企业得到成功应用。

一、场景透视：集成电路设备售后业务的重要性与所面临的挑战

1．在芯片制造厂商的产能建设成本中，集成电路设备采购的成本占比最大

根据远岸半导体信息网发布的报告，在芯片制造厂商的产能建设成本中，位于前 3 位的依次为集成电路设备采购成本、研发人才成本、专利及土地厂房成本。其中，集成电路设备采购成本的占比为近 70%。集成电路设备作为核心生产工具，其制造技术要求与专利密集程度在芯片制造各环节中位于第一梯队。另外，集成电路设备技术的迭代周期短，芯片制造厂商需要定期对集成电路设备进行更新换代，以满足下游不断变化的需求。因此，集成电路设备作为芯片制造厂商的核心资产，其采购、安装、验收及使用情况是芯片制造厂商最为重视的。

2．售后业务对企业的品牌和形象来说至关重要

奥姆尼康 2019 年针对欧盟工业品市场的调研结果显示，超过 70%的客户企业在选择产品品牌时会重点关注售后服务的质量。

集成电路设备售后业务的规模与复杂度是普通工业品的售后业务所不能比拟的，其对企业的品牌和形象的影响会更大。集成电路设备售后业务是集成电路设备企业的所有业务中需要与客户接触最多的业务，它需要大量沟通与协作，最能体现集成电路设备企业的服务水平与综合管理能力。

3．集成电路设备售后业务流程复杂、持续时间长

集成电路设备售后业务从本质上说并不是单一业务模块，它涵盖了客户验收前的设备集成、建档、安装、调试流程，以及客户验收后的设备日常运维、问题处理、维修、备品/备件更换、问题升级、持续性改进等流程，并与设备生产交付流程环环相扣、紧密联系。其中，客户验收前的流程往往要持续 2～6 个月甚至更长时间，而客户验收后的设备日常运维、问题处理流程会贯穿设备的全生命周期。

另外，集成电路设备企业在业务高峰期往往需要同时推进数十台设备的集成与安装项目，以及成百上千台设备的现场维修和保养项目，每个项目都牵涉多个售后工程师与服务人员，给集成电路设备售后业务的管理带来极大挑战。

4．集成电路设备售后业务需要多方协同完成

基于集成电路设备售后业务的复杂度，大量售后工作仅凭集成电路设备企业的售后部门是无法完成的。集成电路设备售后业务的完成不仅需要生产、研发、销售、采购、仓储等部门的深度参与，还需要客户与供应商的紧密配合。

例如，设备集成需要生产部门完成，并需要关键零部件、组件供应商的密切配合；设备安装、验收需要售后部门与客户共同完成，在必要情况下，也需要供应商的配合；在售后问题的处理中，若问题不能由售后工程师解决，则需要由研发、生产、质量部门协同解决；若需要更换备品/备件，则可能需要采购、仓储部门及对应供应商协同完成。

二、实施方案与技术应用：集成电路产业链链主赋能，为链上企业提供 We-ASS

1．We-ASS 的构建背景

中微公司作为国产集成电路设备的龙头企业，已在刻蚀技术方面达到国际先进制程水平。自 2004 年成立之初，中微公司便践行国际先进的数字化管理理念，目前已成为国内集成电路行业的数字化标杆企业。作为集成电路行业数字化转型链主，中微公司自 2018 年起便通过子公司中微汇链为本土半导体产业进行数字化转型升级。2020 年年初，中微汇链泛半导体行业工业互联网平台 We-Linkin 开始运营，迄今已服务产业链企业千余家，提供集成电路行业产业级及企业级场景应用 60 余个。We-ASS 是中微汇链基于近年来的行业服务经验与行业需求洞察，于 2023 年正式在 We-Linkin 平台上发布的，继集成电路设备“订单—生产—交付”全流程管理体系、全面质量管理体系（含质量协同、质量管理及多级供应商穿透式溯源）、供应链协同体系之后的第四个企业级数字化体系，是 We-Linkin 构建的数字化企业整体管理体系的核心部分之一。

2．We-ASS 应用的方法论

We-ASS 协助集成电路设备企业管理集成电路设备售后业务流程。

集成电路设备售后业务流程一般包括设备集成、设备安装与调试、现场售后支持、设备处置等，如图 1 所示。

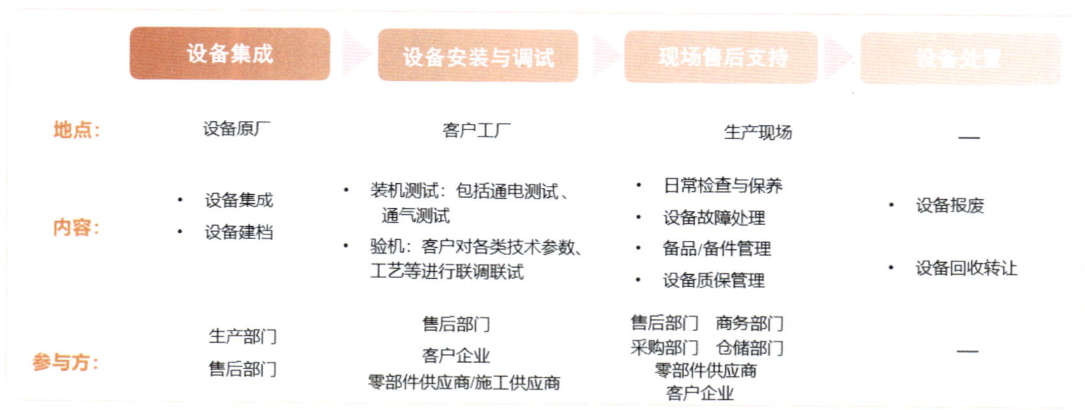

图 1 集成电路设备售后业务流程

中微汇链基于多年的行业实践，通过 We-ASS，将集成电路设备售后业务流程的关键点串联起来，并融入系统功能中。从底层应用逻辑来讲，集成电路设备售后业务管理应用的是一个金字塔模型（见图 2）。

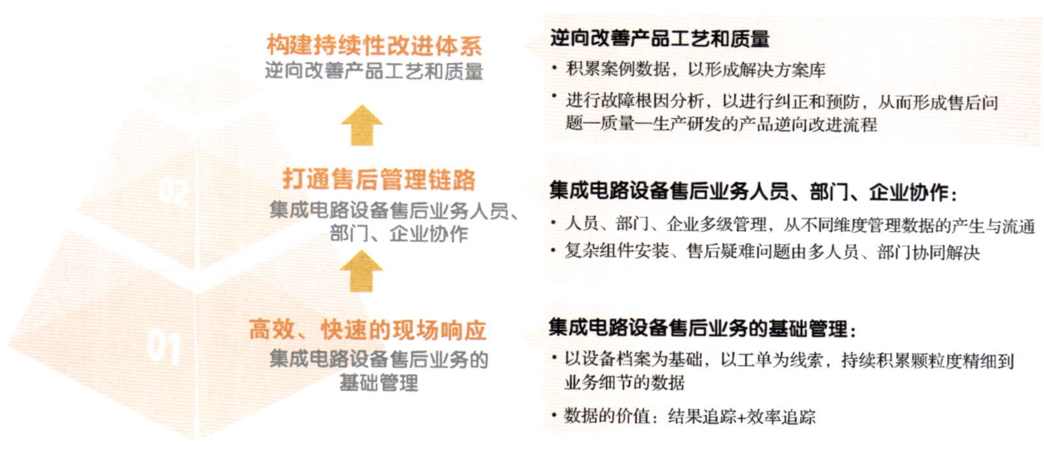

图 2 集成电路设备售后业务管理的金字塔模型

首先是“能管”：在底层，通过设备档案的建立与维护，完成对设备售后数据的动态管理；通过工单对设备售后项目的流程与事件进行管理，完成数据的收集与积累。

其次是“管好”：实现数据、流程在人员间、部门间、企业间的共享和互通，从系统层面打好集成电路设备售后业务各人员、部门间协作的基础，使企业在售后端做到流程有去处、问题有归属、决策有依据、结果有跟踪、整体有把控。

最后是“动态、优化、逆向管理”：基于售后数据的不断积累、售后问题处理经验的增加、售后项目的持续跟进，通过数据智能化分析，形成设备售后管理持续性改进机制。顾名思义，集成电路设备售后业务通过客户现场安装、验收、维修和保养、问题处理，积累经验与数据，以实际数据分析结论，逆向为企业产品的研发、生产、质检指出持续改进的方向。

3．集成电路设备售后管理体系的架构

基于以上方法论，中微汇链梳理出一套线上业务管理流程框架，即 We-ASS 的主架构（见图 3 的橙色部分）。

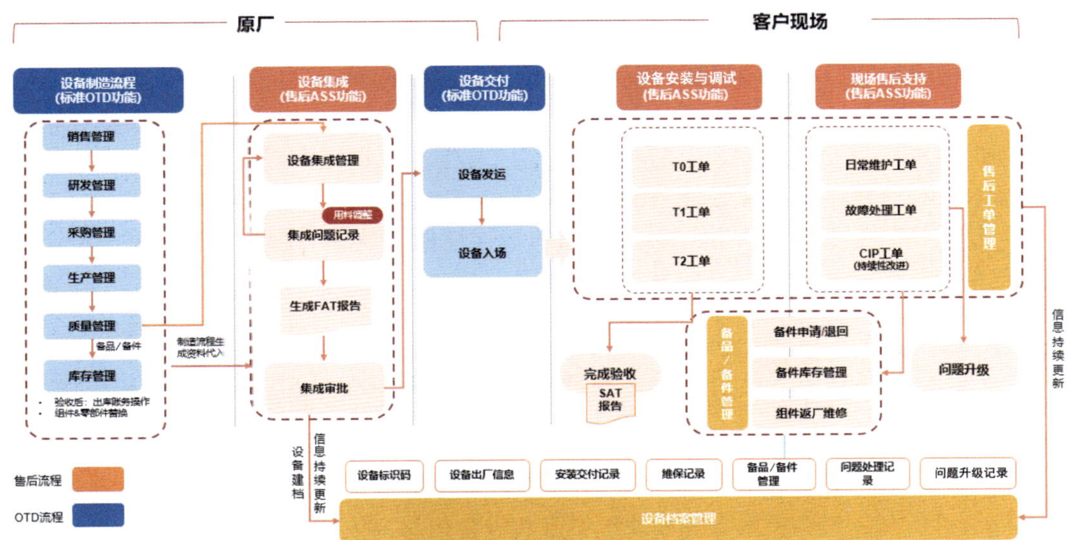

图 3 线上业务管理流程框架

上述框架包含 3 个主业务流程（设备集成、设备安装与调试、现场售后支持）与一个设备档案管理模块。We-ASS 通过功能的串联与整合，协助集成电路设备售后业务形成一套高效运行的管理体系，并实现与 We-Linkin 订单生产交付体系的深度绑定、流程和数据互通，形成“订单—生产—交付—售后”整体业务流程闭环。

4．业务流程与重点功能

（1）设备集成流程

设备集成作为生产环节的最后一个部分与售后环节的第一个部分，在原厂车间由生产部门进行，并由质检部门进行终检。通过 We-ASS，集成电路设备企业可对设备集成进行全过程（从计划、检验、问题记录、工程变更、报告、审批到出库）的跟踪和管理。

ECO（工程变更管理）：ECO 可以管理各部件 BOM 的历史变更版本。在设备集成中出现任何问题，集成电路设备企业都可随时回溯历史版本并进行多版本对比，以选取能满足客户需求的最佳配置。另外，在产品持续性改进维度，We-ASS 会将售后数据与 ECO 数据进行对比，为系统智能化决策提供最直接的依据，并记录因持续性改进而做出的变更，为产品持续

优化提供支撑。

（2）设备安装与调试流程

设备安装与调试流程可能在 6 个月以上，We-ASS 以最高标准管理设备安装与调试流程，精细化管理设备装机测试（通电测试、通气测试）及验机流程（客户对各类技术参数、工艺等进行联调联试）。

（3）现场售后支持流程

在设备验收并投入使用后，集成电路设备企业通过 We-ASS 管理以下内容：设备的定期检查、维修和保养；设备问题的常规处理或升级处理；持续性改进的方案。

设备问题升级：当设备出现问题且售后团队无法解决时，通过问题升级，We-ASS 可将问题分配给对应业务部门。例如，设备性能下降并稳定在一定数值区间，售后团队初步确定这个问题是由研发部门近期调整某一零部件造成的，便可向研发部门发起问题升级申请，将问题交由研发部门进一步判断。

持续性改进（CIP）：We-ASS 根据设备在客户现场实际运行中出现的问题、客户提出的改善性需求，结合案例数据库智能分析，定期提出 CIP 工单，并按照需求的内容，让售后、生产、质量、研发等部门相互协作，对产品的运行性能、故障问题的根因进行分析，通过实施纠正和预防措施（CAPA）、研发 BOM 变更（ECO）、改进生产与质检流程，不断提升产品的性能、降低故障率。

（4）设备档案管理模块

设备档案管理模块在设备集成阶段将设备出厂数据（如技术参数、规格、出厂信息、问题处理记录等）生成设备档案，并将后续设备的集成、发运、安装、验收、维护、维修、零部件替换、备品/备件管理等数据全部汇总在设备档案中，以便进行管理。

备品/备件管理：设备档案管理模块以产品和设备信息为依据，对应管理种类繁多、数量不一的备品/备件。设备档案管理模块可记录每一次申领、维护、维修等事件，并与 WMS 对接，统筹、弹性管理备品/备件，如当备品/备件需求增加导致库存降低到警戒值时，就及时发起采购计划，以预防出现极端情况而影响设备正常运行。

5．价值与亮点

（1）填补了国产集成电路设备售后数字化产品的空白

高精尖设备及模组是国内产业升级、解决“卡脖子”问题的重要领域。然而，面向设备集成和售后的优秀数字化产品在全球范围内都很稀缺，We-ASS 是可以解决此领域业务痛点的国产软件之一，并且在管理理念和产品能力上达到国际先进水平。

（2）为集成电路设备企业提供了先进的数字化管理方法论

We-ASS 不仅能输出技术应用，还能为企业提供一套数字化管理的金字塔模型，以设备和业务基础数据为底座，打通业务流程链路，让数据在各人员、业务模块与组织间自由流通。集成电路设备企业通过 We-ASS 这套隐形的数据管理体系，可以持续积累和分析第一手售后业务数据，逆向管理“设备研发—生产—质检”流程，实现持续性改进。

（3）形成了设备、员工、工单“三位一体”的创新管理方式

We-ASS 以设备档案为基础，记录和管理设备参数、地点、使用方、零部件、日常维护、

问题保修等情况；以员工为售后工作的资源载体，以各类工单为依据分派资源，完成对各类售后工作的运营管理。通过 We-ASS，集成电路设备企业可以有序、高效地管理多设备、多项目、多地点的集成电路设备售后工作。

（4）以数据和业务流程为基础，打破了业务部门间与企业间的信息壁垒

We-ASS 串联原厂设备集成、设备安装与调试、设备日常运维、设备问题处理等流程，部门、企业共同参与并共享数据，以业务流程为维度，向管理层展示售后项目的总体态势。

三、实施效果：行业原生方案、针对性创新、广泛的应用实践

从研发成功至今，We-ASS 除在中微公司内部得到应用外，还通过市场推广手段，在多家集成电路设备企业及上游核心组件、零部件、材料领域的主流厂商内部得到应用。We-ASS 在半导体设备领域已覆盖的环节如图 4 所示。We-ASS 已在数十个工厂地点为客户企业管理近千台设备、超 2000 名售后工程师、5000 余个工单。

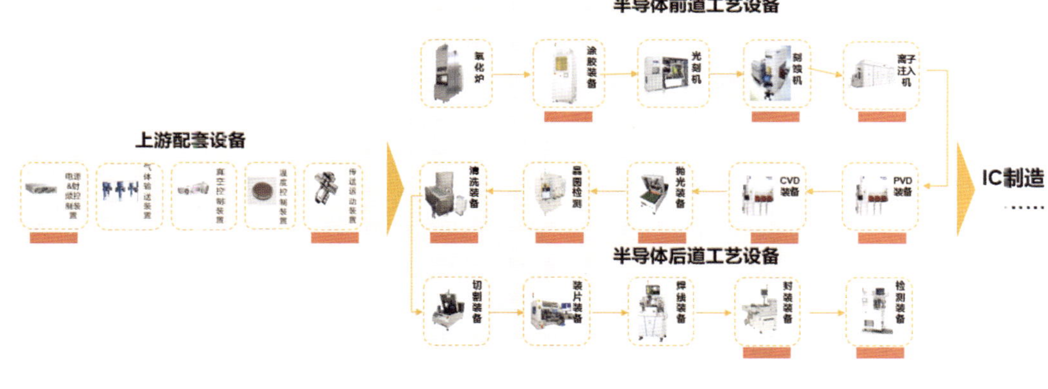

图 4　We-ASS 在半导体设备领域已覆盖的环节

据客户反馈，We-ASS 已协助设备制造厂商提升了设备安装验收效率近 15%，节约了售后支持人力成本约 20%，使备品/备件管理更有条理，使供应商的备件采购工作有据可依，使设备制造厂商有能力承接更多订单。

We-ASS 有效地连接了设备制造厂商，下游 FAB（晶圆制造）厂商，上游组件、零部件、精密加工厂商，提升了产业链的协同能力，使企业、供应商资源得到更合理的分配和运用，提升了集成电路产业链的整体运营效率。

四、经验总结与未来展望

We-ASS 作为集成电路设备售后领域国产化最早的产品之一，不仅可以使集成电路设备

企业通过数字化实现集成电路设备售后业务管理的降本增效，还可以使集成电路设备企业通过科学、先进的管理方法论持续地从数字化管理手段中正向获益，并通过数据智能化管理与分析，为集成电路设备企业的研发、生产等提供逆向决策依据。

未来，中微汇链计划进一步深化 We-ASS 的构建，并拓展更多集成电路设备产业应用，完善集成电路设备行业的数字化应用生态，协助集成电路领域加快自主创新进程；计划基于集成电路设备行业的成功经验，拓展 We-ASS 在新能源电池设备、航空设备、电力设备等领域的应用范围。

五、推荐语

中微汇链通过 We-ASS 打通了集成电路设备企业核心制造业务数字化转型的“最后一公里”。We-ASS 不仅通过巧妙的流程设计、创新的系统架构，在实际场景中成功协助集成电路设备企业管理复杂、庞大的设备售后业务体系，连接了不同人员、场地、部门和组织，还输出了集成电路设备企业数字化管理的方法论，使售后数据反哺研发、生产流程，成为持续推动产品改进的“燃料”。本案例对于先进制造业的数字化体系创新具有非常大的启示意义。

六、案例主体介绍

中微汇链是由中微公司主要控股的创新型数字化科技企业，成立于 2018 年。基于多年来在中微公司沉淀、总结的业务管理最佳实践，以及半导体等高精尖领域多家企业的数字化规划与建设经验，中微汇链自主研发并推出了适应新型工业化发展趋势的完善的数字化产品体系，致力于服务高科技制造产业与企业。中微汇链推出的 We 系列数字化产品从制造产业细分领域的专业管理视角，协助企业解决实际经营中的核心痛点，推动本土制造产业培育更多“专精特新”中小企业和单项冠军企业。此外，中微汇链还积极通过区块链、Web 3、人工智能等创新数字化手段，为本土制造产业打造企业间协同互信、资源共享的产业生态型平台。目前，中微汇链的产品覆盖工业场景应用的数量已超过 70 个，可订阅微服务的数量超过 600 个。

依托威爱工业互联网大数据平台，探索水务全链智能创新应用新模式

上海威派格智慧水务股份有限公司

关键词： 智慧水务、全链智能、大数据平台、数据融合

摘　要： 作为城市基础设施的重要组成，智慧水务建设是数字时代的必由之路，也是建设数字中国、智慧城市的要求。随着智慧水务建设的迅速发展，业务系统越来越多，各系统进行“烟囱式”建设；越来越多的外部用户需要数据服务，高阶的服务与管理需要消除“信息孤岛”，才能实现数据共享与多业务协同。上海威派格智慧水务股份有限公司（以下简称威派格）建设了威爱工业互联网大数据平台，统一了数据标准，提升了数据质量，为各类智慧应用提供了坚实的数据基础。目前，该平台已沉淀了 200 多种算法模型/业务模型、400 多张标准数仓表、1000 多个标准数据服务 API、35 项信创认证，建有数智中台（包括算法中台、知识中台、业务中台、开放服务中台等），不仅承载了水务软件系统的建设和接入，还可以与水务企业共创数字应用，赋能水务行业全链的创新型智慧应用，打造水务新质生产力的基础力。

一、场景透视：智慧水务向全链智能创新模式迈进

无论是水务企业的信息化建设还是智慧水务建设，其核心目的都是提高水务企业的生产效率与管理效率，帮助管理者更好地实现精细化管理，为用户提供更优质、更便捷的服务。智慧水务建设将打通生产系统、管网输送系统、服务营销系统和管理系统等水务的各个环节，实现水务企业的所有相关信息（如水厂数据、管网数据、用户信息等）在网络上的共享。

我国还有很多城市依然在使用旧式工程的管理机制，导致水务系统存在管理水平低下、设施实时状态不透明、供水时间应对方案不科学、数据存储不规范、后续改进措施实施不到位、各部门条块分割、各系统数据标准不统一等问题。就目前的水务运营企业而言，其管理处于相对传统的阶段，特别是对现代化管理的战略、策略、方法都没有比较全面的认识；就集团型企业而言，要管理的项目公司数量逐年增加，这些项目公司分布在全国各地，集团型企业需要对项目公司实现集团化的实时远程管理。仅仅依靠有限的人力、物力资源对水务企业的生产状况进行动态和全方位的监控是非常困难的。因此，水务系统全链的精细化管理不仅需要全流程数字化贯通，而且需要平台化建设。

威派格通过基于威爱工业互联网大数据平台进行水务全链智能创新应用新模式探索，实现了技术应用创新、产品创新，以标准规范全方位引领我国水务行业高质量创新发展。

二、实施方案与技术应用：以大数据平台为核心的一体化、标准化解决方案

本方案（威爱工业互联网大数据平台）是全面融合威派水务大数据中台及威爱平台的一体化、平台化智慧水务建设解决方案。本方案基于架构先进的大数据中台，建立了大数据标准体系，进行了全面数据整合，建设了跨领域的业务数据仓库和维度分析模型，实现了全面数据资产治理，建立了标准化的数据服务接口，实现了全面的数据价值挖掘。本方案结合物联网管理平台、外业管理平台、公共平台等平台建设智慧水务平台化基座，整合大屏系统、水务业务一体化门户、移动门户等产品，为企业决策者提供一站式综合管理、跨领域数据汇总、全景式数据可视化分析应用平台。威爱工业互联网大数据平台的功能架构如图 1 所示。

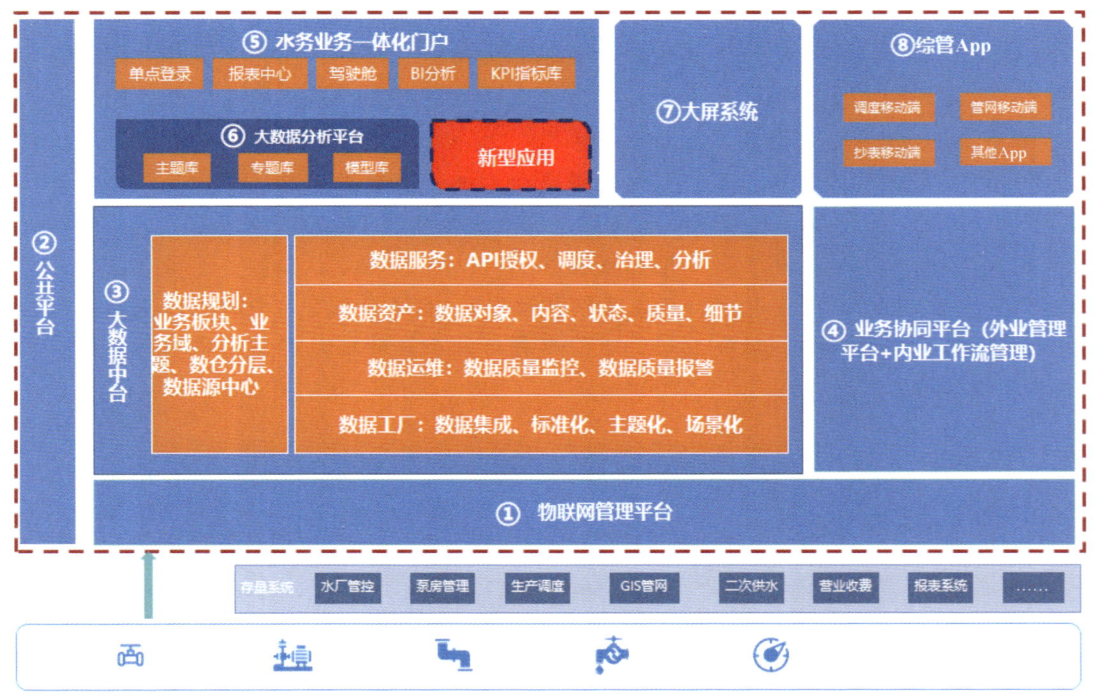

图 1　威爱工业互联网大数据平台的功能架构

威爱工业互联网大数据平台的基石是物联网管理平台、公共平台、大数据中台、业务协同平台。其中，物联网管理平台包括设备统一管理平台和统一接入平台。物联网管理平台摒弃多系统间分散、重复的设备信息创建和维护，让设备信息管理与应用完全解耦，实现设备信息的高度统一与共享。物联网管理平台是感知层与应用系统间的连接枢纽，是一个统一、规范的物联网设备管理基础平台。物联网管理平台不仅保障了数据的安全性、稳定性和高效性，还具有高度的可拓展性和自主开发接入能力，能为应用系统提供全面的物联网设备基础信息管理和维护，为设备数据上报、下行指令控制、状态监控提供通信、订阅、分发与转发服务，真正从接入层实现多业务系统的数据互通，从而实现物联网采集数据的全面共享。物联网管理平台的整体技术架构如图 2 所示。

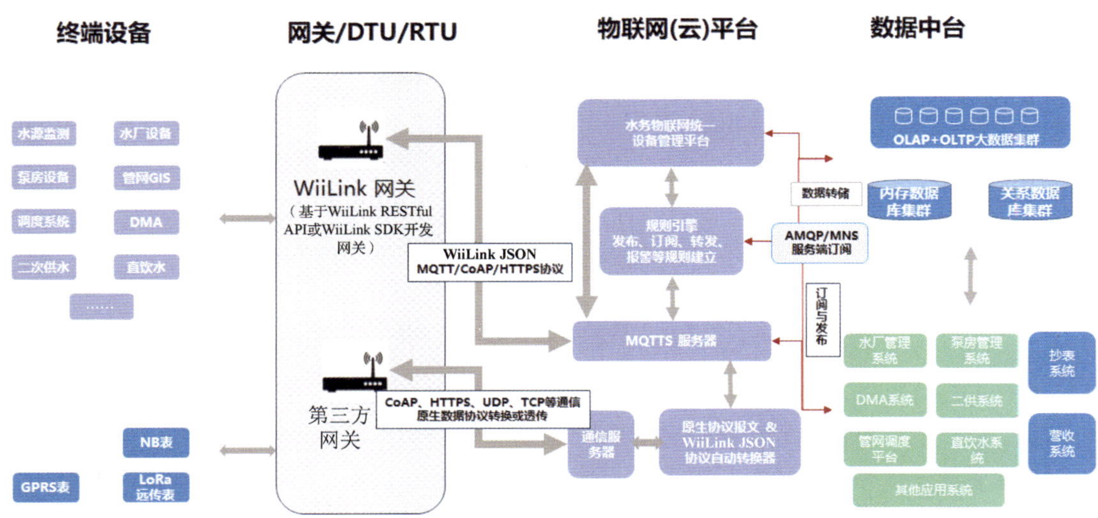

图 2 物联网管理平台的整体技术架构

智慧水务数据治理涉及数据在智慧水务业务系统中的全生命周期，涵盖元数据管理、数据标准管理、数据质量管理、数据安全管理等方面。威派格基于《DAMA 数据管理知识体系指南》和国家标准 GB/T 36073《数据管理能力成熟度评估模型》等，结合水务垂直领域的信息化应用系统，组织建立了一套智慧水务数据治理体系，该体系已在全国多家大型水务企业中得以应用。智慧水务数据治理的规划思路如图 3 所示，智慧水务数据治理体系如图 4 所示。

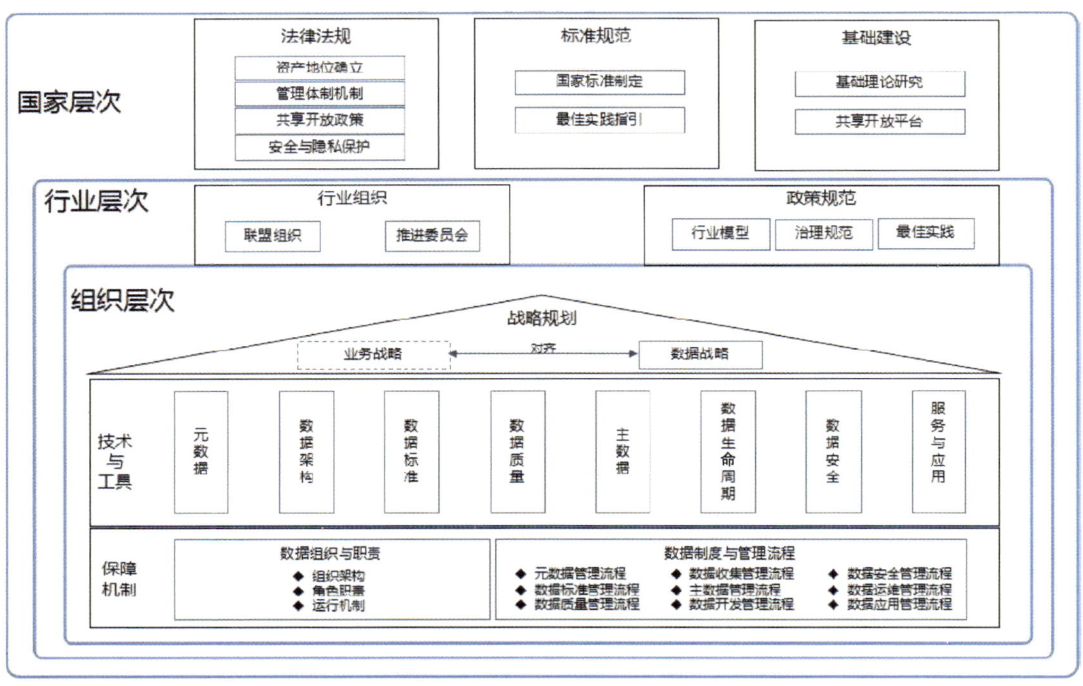

图 3 智慧水务数据治理的规划思路

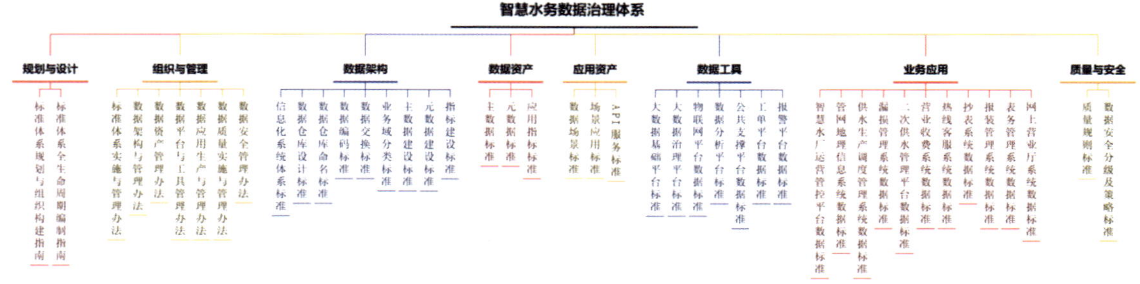

图 4　智慧水务数据治理体系

本方案具有以下技术优势。

（1）建立了水务行业的数据信息模型

本方案基于水务业务场景需求形成了数据资产，固化了水务行业标准 KPI（关键绩效指标）和决策分析模型，对于企业决策支持和多维度专业经营分析至关重要。

本方案建立了企业标准数据模型，实现了存量系统数据集成后的规范化和统一化，也为未来的系统建设规范了数据标准，建立了严格的数据标准体系，从根本上解决了“信息孤岛”问题，打通了数据和业务，实现了业务系统的全面整合，以及业务协同和闭环。

（2）建立了沉淀行业经验的数据治理平台

本方案形成了统一的全水务业务流程的数据规范，建立了涉及 6 个模块 48 个子项的水务数据标准、严格的数据质量检验规则、300 多个行业 KPI 和数据分析模型、1300 个服务接口，快速形成了全面绩效指标体系和 BI（商业智能）决策分析模型的智慧水务能力。

（3）建立了领先的水务业务一体化门户

本方案建立了水务业务一体化（PC 端和移动端一体化）门户，实现了应用系统一站式接入，提高了业务操作的便利性。本方案在水务业务一体化门户中融入了 KPI 中心、BI 分析中心、报表中心、任务中心、订阅中心等功能模块，实现了全景式数据汇总，建立了高效的大数据应用可视化展示前端平台。

本方案消除了业务系统，形成了面向业务场景和运维管理需求的功能服务：通过一个页面整合了全场景业务系统和业务功能，操作便捷；构建了企业完整的、全面的绩效考评体系，管理便捷；以“一张图”实现了全场景业务的实时监管和数据汇总展示。

（4）采用了领先的技术架构

不同于行业内其他主流供应商，威派格采用了主流大数据技术架构、数仓技术和大数据架构，保证 10 年不用重构，保障了系统的灵活性和扩展性，使系统可以持续升级。

（5）提供了统一的 API 服务网关

本方案提供了数据 API 市场服务能力，高效开放了共享数据，推动了数据资产服务化。本方案通过 API 的方式提供数据服务，为业务人员提供了数据资产创新服务。此外，本方案还能满足企业各类业务对数据资产的需求，同时能快速满足政府、第三方机构对企业的数据服务需求。

三、实施效果：赋能业务和管理流程与体系重塑，推动经济和社会效益双提升

威爱工业互联网大数据平台展现出了独特的优势和价值。该平台以客户需求为导向，深入理解水务行业。这意味着它并非仅仅是一个技术产品的堆砌，而是真正从水务企业的实际需求出发，为水务企业量身定制解决方案。该平台与水务企业共同构建运营目标，协助水务企业梳理业务流程，从而确保该平台的建设与水务企业的发展战略紧密结合，使水务企业在使用该平台的过程中实现业务的优化。该平台重塑组织体系、运营流程和绩效管理体系，还从水务企业的整体管理层面进行深度变革，为水务企业注入新的活力和竞争力。

威爱工业互联网大数据平台帮助水务企业实现了应用的有效整合，充分发挥了大数据的价值。在数据驱动的时代，有效地整合和利用数据是企业实现智能化发展的关键。威爱工业互联网大数据平台在这方面具有突出的能力，能够将水务企业各个环节的数据进行整合和分析，为水务企业的决策提供有力支持。

威爱工业互联网大数据平台与水务企业共同探索水务全链智能创新应用，具有前瞻性和创新性。水务行业正处于智能化转型的关键时期，全链智能创新应用将为水务企业带来新的发展机遇。该平台的项目团队包含水厂、管网、营业客服等业务体系内的知名业务专家，他们对水务行业的各个环节都有深入的了解和丰富的经验，能够为水务企业提供专业的业务指导和解决方案。同时，成熟的大数据技术开发团队和成功的大数据项目落地实施、运维团队，确保了该平台的技术先进性和稳定性，能够为水务企业提供可靠的技术保障。

目前，威爱工业互联网大数据平台服务的客户有以下几类。

① 位于地级市、省会级城市，信息化建设比较完整，有主动建设大数据平台的意识，并且有借助数据治理实现大数据可视化和科学决策的战略规划的领军型水务企业。

② 位于县级市，具有一定用户规模，信息化建设比较完善，已完成多领域业务系统建设的水务企业。

③ 由水利局、水务局统一监管、运营，旨在实现对全市水环境和水资源的监管、提供供水安全和应急保障的监管平台。

本方案实现的经济和社会效益如下。

1. 经济效益

① 实现了业务一体化门户，一站式整合所有业务系统和业务功能，提升了业务操作的便利性；实现了数据全景展示，对各级子公司、各部门进行全面数据监管，以及统一运营管控，极大地提升了水务企业的管理效率和决策水平。

② 建立了 300 多个行业 KPI 和数据分析模型、1300 个服务接口，提供了全局管理和科学决策支持，积累了大量行业经验，可以避免建设失败、投资失败。

③ 消除了“信息孤岛”，实现了业务系统协同，帮助水务企业全面提升了人员效率、精简了团队规模、简化了业务流程；通过能耗分析模型，降低了整体生产能耗、漏损产销差率，实现了设备运营成本和设备寿命的合理管理，全面降低了水务企业的运营成本。

2．社会效益

（1）助力了智慧城市的建设，实现了科学决策

水务大数据是智慧城市的重要组成部分，本方案有效地促进了智慧城市的建设，提升了城市信息化建设水平，为国家对水务工作的监管和决策提供了一个有效的“抓手”。

（2）提高了办事效率，提升了政府的管理和服务水平

本方案提升了水务服务的敏捷性和效率，大大提高了水务企业的办事效率，提升了政府相关部门的管理水平和服务水平。

（3）改善了城市投资环境，促进了招商引资

本方案的“一张图”平台建设提升了公共事业的服务能力，便于外部投资商查询城市水务信息，有利于营造良好的水务市场氛围。

（4）保障了最严格水资源管理制度的落实，改善了城市水环境

本方案实现了对关键指标的高效生成和利用，并对获取的数据进行了深入分析，为管理人员提供了更为科学的决策支持服务，从而以定量手段保障了最严格水资源管理制度的落实，改善了城市水环境。

四、经验总结与未来展望

智慧水务建设是水务企业增强战略竞争力、提升运营效率和管理能力的有效助力。水务企业的战略及管理模式需综合考虑水务行业的宏观环境和发展趋势，以及水务企业领袖的愿景。水务企业应加快智慧水务建设，实现弯道超车，进行服务转型、业务转型与资产转型，实现水务企业的跨越式发展。

（1）服务转型

水务企业应加强对大数据、物联网、云计算、人工智能等新一代信息技术的应用，实现远程监管、需求预测、主动服务，由传统的被动响应型企业向实时感知、快速反应的主动服务型企业转型。

（2）业务转型

水务企业应拓展智慧水务应用模块，从以水务为核心的传统企业向以环境综合服务为核心的综合服务商转型，从以“传统业务”为中心向以“为客户服务”为中心转变，实现产业链的纵向延伸，以及全链条统筹管理。

（3）资产转型

水务企业应通过数据、业务打通的智慧水务建设达到弯道超车的效果，从有形资产占核心地位的重资产型企业向无形资产占核心地位的轻资产型企业转型，以实现自身的高速发展与规模扩张，完成从地方性、区域性中小水务企业向集团性、全国性规模化水务企业的转变。

五、推荐语

如今，信息化建设比较全面的水务企业多在各个历史阶段建设了多个系统，系统的类型繁多，缺乏统一的标准，“信息孤岛”问题严重；同时，通过物联网采集的数据格式无统一的

标准，数据质量不佳。建立水务企业的标准数据模型，实现存量系统数据集成后的规范化和统一化，成为当下智慧水务建设的关键与难点。威派格的威爱工业互联网大数据平台不仅是探索水务全链智能创新的基础，还为水务企业建立了严格的数据标准体系，从根本上解决了“信息孤岛”问题，打通了数据和业务，实现了业务系统的全面整合，以及业务协同和闭环。

六、案例主体介绍

威派格成立于 2011 年，是以工业互联网为核心理念的水务行业的集成性科技企业。威派格于 2016 年用工业互联网理念制定了智慧水务整体解决方案。目前，威派格以“产品全行业领先、能力全技术链聚合、服务全流程链延伸、市场全生态链共荣”的战略思维，将新兴数字化技术落地到水务行业，带动水务产业链上游企业（一系列科技与服务企业）和下游企业（供水企业、供水设备使用企业等）的数字化与智慧化转型，以智慧水务产业链发展带动跨产业融合和服务化转型。威派格已具备建设智慧水务新质生产力的基础，后续将联合水务产业链融合创新，共同促进水务行业实现“安全、低碳、智慧、韧性”的可持续、高质量发展。

七、案例视频

扫码观看案例详细视频。

水务全链智能新模式

基于 5G+AR 的数字化检验新模式，实现产业链供、产、检、用的连接

中船动力（集团）有限公司

关键词：船舶动力、数字化检验、远程交验平台、5G、AR 眼镜

摘　要：船舶动力是船舶的“心脏”，是船舶价值最高的配套设备，其价值占整船价值的10%～15%。它涉及机械、电气、液压、热能等多个专业学科，涵盖燃烧、摩擦、润滑、流体等共 12 类关键技术，涉及 1500 余种 3 万余个零部件。其制造精度达到 0.001mm，质量控制要求严格，工艺路线复杂，涉及上百道工序。船舶动力主机的配套生产厂家遍布全国各地及海外。随着近几年船舶行业的发展趋势向好，船舶动力主机的生产订单不断增加，但当内外部检验、验收安排受时空的限制及外部因素的影响而出现延期的情况时，就会对后续的生产安排产生较大影响。因此，中船动力（集团）有限公司（以下简称中船动力集团）开展了数字化远程交验模式的探索。中船动力集团借助数字化技术打造了船舶动力远程交验平台，服务于开发生产制造方和内外部检验、验收方协同验收的主要场景，打通了产业链上下游的信息流、业务流，进而实现了船舶动力主机生产制造企业、零部件供应商、质检单位、客户在统一平台上的协同，规范了检验流程并提升了远程质检效率。

一、场景透视：直面传统方式的痛点，探索应用智能化装备技术

中船动力集团的生产交付中心覆盖沪、苏、皖三地。随着检验监管范围的逐步扩展，中船动力集团将面临由地点分散、人员少导致的无法及时完成船舶动力主机提交及零部件验收工作的困境。此外，在不能预见、不能避免且不能克服的客观情况下，检验人员不能到场也会影响船舶动力主机及零部件验收工作的开展。

面对当前多地协同建造的新需求，如何保证船舶动力主机提交及零部件验收等工作的按时顺利开展，以及检验效率的提高成为痛点。为此，中船动力集团利用新一代信息化、网络化及智能装备技术，打破了人必须到现场的传统检验方式，实现了对船舶动力主机提交及零部件检验的远程可视化验收，打造了基于 5G+AR（增强现实）的数字化检验新模式。

二、实施方案与技术应用：搭建工业互联网平台，打造基于 5G+AR 的数字化检验新模式

1．搭建工业互联网平台

工业互联网平台的搭建基于如下实施要点。一是基于私有化部署的工业互联网平台，可

以实现对发动机试车台 PLC（可编程逻辑控制器）数据、传感器数据、智能量具数据等现场设备数据的全量采集；基于 AR 远程协作功能，可以与现场 AR 智能终端实时交互，实现远程检验和远程专家指导；基于检验工单功能，可以快速创建检验任务，使检验流程标准化，并将检验流程下发到 AR 智能终端，快速赋能现场人员。二是通过将传感器数据，数显量具数据，视频监控数据，AR 交互过程中产生的音视频、截图、标注、远程拍照、桌面共享画面等数据进行结构化存储，达到快速、完整查找的目的。三是通过对结构化数据进行分析，形成知识库，以改进生产质量，并用于教学培训；根据自定义的检验表单，快速生成检验报告，并进行一键便捷签名。

2．船舶动力主机关键零部件监测诊断、运行状态数据采集、处理系统技术研究

中船动力集团在已有传感器的基础上补充必需的测点，研究关键传感器失效检测与冗余方案，与整机协同设计，优化配置，构建船舶动力主机的状态感知网络。这包括：研究信号抗干扰、数据标准接口和多元异构数据采集等技术，集成各类信号调理模块，进行模块化数据采集设备硬件设计；研究数据异常处理、数据误差分析、冗余数据筛选、特征分析与提取、维度压缩和数据本地存储等技术；研究数据转换和安全有效传输方式，进行可以满足物联网的需求，多种通信协议[CAN（控制器局域网总线）、以太网、Wi-Fi、4G、5G、卫星]兼容的网关设备硬件设计。

3．AR 技术研究及应用

中船动力集团基于私有化部署的工业互联网平台，可以让上海总部的检验人员与不同地区的现场人员进行音视频实时交互（通过佩戴 AR 智能终端），通过第一视角对现场进行有效的检验。当现场人员遇到无法用本地化支撑解决的问题时，可利用该平台让上海总部的专家对其进行业务指导。通过 AR 智能终端分享的第一视角，上海总部的专家可以快速感知现场的状况，高效地服务于一线业务。同时，通过该平台配置的各种检验工作流程可快速地被发布至现场人员的 AR 智能终端，现场人员可根据 AR 智能终端上的提示性流程完成相关检验任务。这样便可以实现对现场人员的快速赋能。在执行任务的过程中，AR 智能终端可进行第一视角的音视频信息采集，以保障业务过程可追溯。

4．搭建 5G 专网架构

中船动力集团创新性地提出了总部 5GC（5G 核心网络）下沉+跨域多基地 UPF（用户面功能）下沉的专网模式，实现了上海统管、地方二级联动，统一建设、统一运维、统一创新。该专网模式将核心网网元下沉到企业内，在无线侧采用 To B 独享基站、独享频段，确保信令和业务数据流均闭环在企业内，实现与大网的物理隔离。该专网模式将全面承载工业场景需求，实现 OT（运营技术）与 IT（信息技术）的融合，积极推动 5G 技术在融合应用中的纵深发展，进一步推动工厂的智能化、数字化发展，加速企业的数智化转型。

5．整体实施方案

本方案的整体架构（见图 1）分为 3 个部分：佩戴基于 5G 技术的 AR 眼镜来查验零部件外观及关键参数，检验过程支持现场端和远程端多人在线交流，以及检验数据结构化留底（如以检验工作流、截图、视频等形式留底），以完成零部件的远程检验；通过对现场端船舶动力主机试车监测系统、视频监控、与辅机相关的信息，以及改造现场的指针式仪表的数据进行自动采集，在远程端实时查看柴油机的运行状态数据及视频资料；支持包括但不限于在零部件检验过程、船舶动力主机试车提交过程中出现的临时异常问题等场景下，通过视频会议的形式进行沟通。

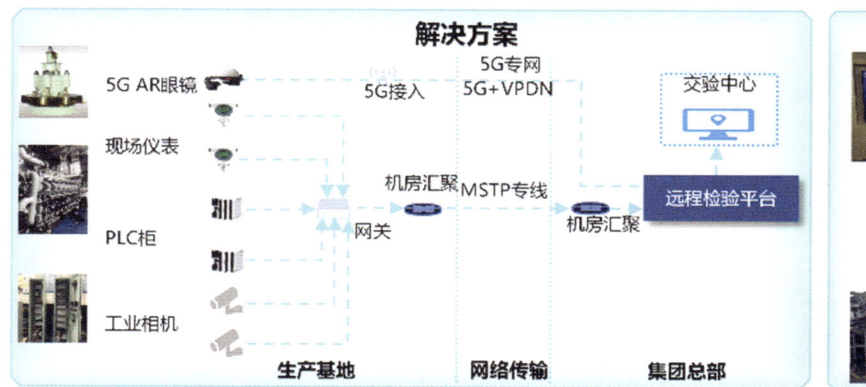

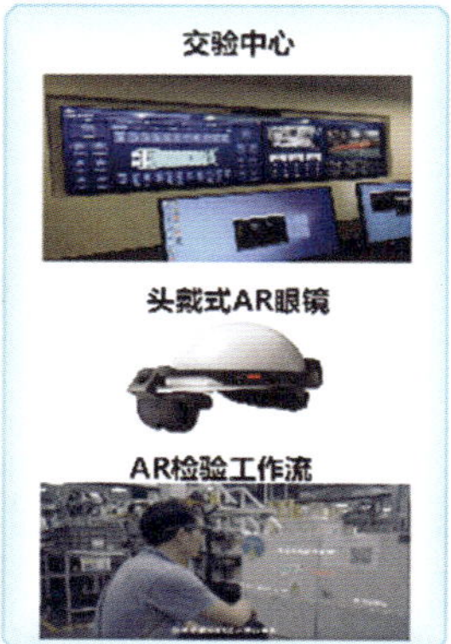

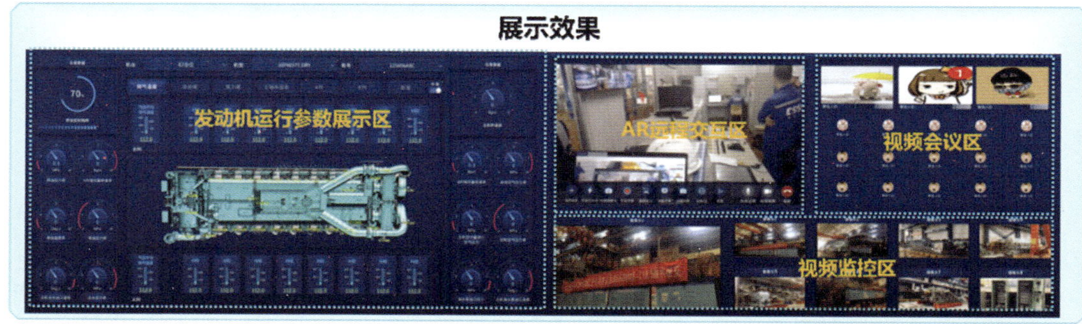

图 1　本方案的整体架构

本方案搭建了工业物联网平台（以便开展私有化部署工作），以远程交验平台对接底层数据网关并获取、存储、调用数据。远程交验平台设置了任务管理后台，具备设备模型管理、质检任务管理、质检报告管理等功能。同时，远程交验平台配备了数据可视前台模块，具备质检数据大屏等视频监控画面、AR 眼镜音视频及图文的呈现功能，以及对质检任务流中的传感器数据、视频监控数据、AR 交互数据、质检报告等数据进行分层存储的功能。本方案以物联网平台对接底层数据网关并获取、存储、调用数据，具备机台设备管理、质检任务管理、质检报告管理等功能，以及支持任务的创建、管理和记录等功能。本方案的具体功能模块和数字化场景应用案例如下。

（1）功能模块

① 机台档案模块：对所有机台设备均建立技术档案，一机一档，实施设备规范化管理；可实现资产设备综合信息的汇总、查询、管理与导出，形成一整套设备信息管理系统；可实现设备管理信息共享与交互，完成对设备管理信息的获取与存储。

② 运行数据模块：用于监控和记录设备的状态信息（包括活跃度状态和在线状态），以

便设备管理人员对设备的运行情况进行实时统计和分析。

③ 质检任务模块：对质检任务进行管理，支持用户表单输出样式，并具备多种功能和特性，可以满足质检需求。

④ 系统管理模块：提供了包括组织机构、角色管理、权限管理、用户管理、操作日志等在内的基础功能配置。

⑤ 可视化驾驶舱模块：支持质检数据大屏显示等可视化功能，可以展示发动机 6 个类别的数据，包括排气温度、自有端、推力端、主轴承温度、A 列、B 列；支持轮播切换和手动切换两种模式，用户可以自动切换展示不同类别的数据，或手动选择查看特定类别的数据；支持机台、机型和机号的级联切换，用户可以选择特定的机号，大屏会自动获取并展示相关的最新数据。

⑥ AR 远程协作模块：基于低代码开发平台进行私有化部署，支持多种终端的适配——通过 Wi-Fi、4G、5G 等接入，可实现眼镜到眼镜、眼镜到 PC、眼镜到手机、手机到手机、手机到 PC、PC 到 PC 的远程协作；具备后台管理功能，包括远程协助组织管理、账号管理、过程数据分析等。

（2）数字化场景应用案例

① 零部件及装配过程检验场景应用案例。

随着近几年船舶行业的发展趋势向好，船舶动力主机的生产订单不断增加，检验任务越来越重，时常出现检验任务扎堆的情况，检验人员将大部分时间花费在去往各检验地点的路途上。如何及时响应检验需求并高效地完成检验任务成为首先需要解决的问题。经过与现场人员进行沟通及市场调研，本案例考虑通过佩戴基于 5G 的 AR 眼镜来查验零部件的外观及关键参数。这种方法适用于海内外供应商场地的检验（见图 2）、企业内部制造过程的检验（见图 3）。

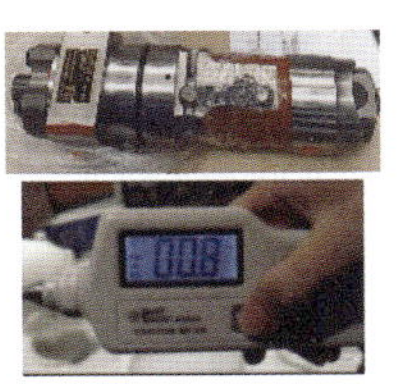
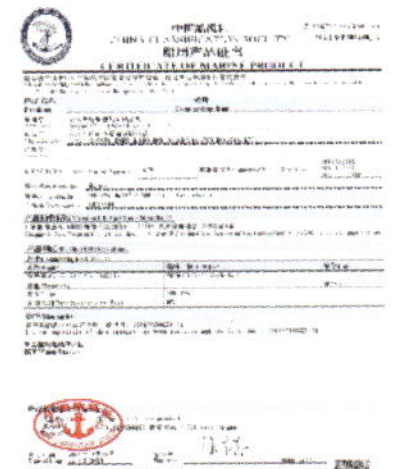

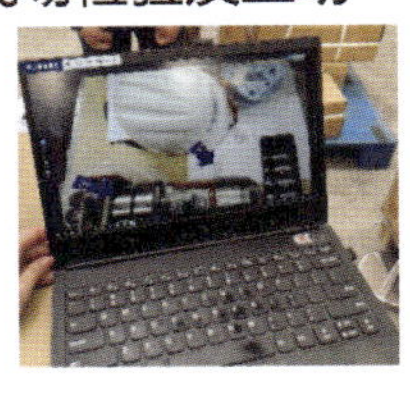
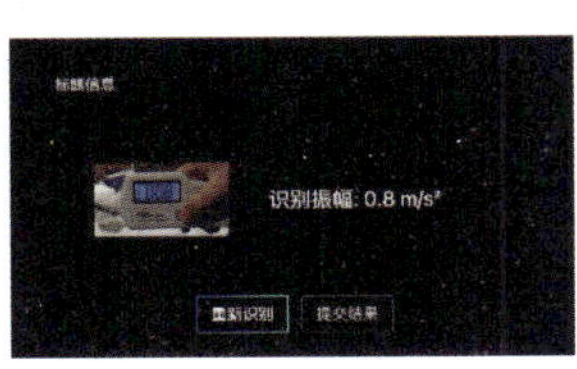

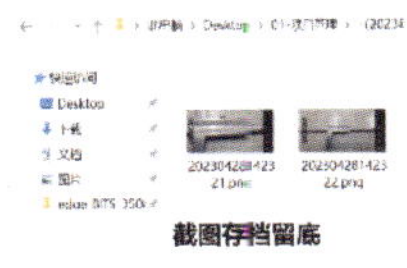

图 2　海内外供应商场地的检验

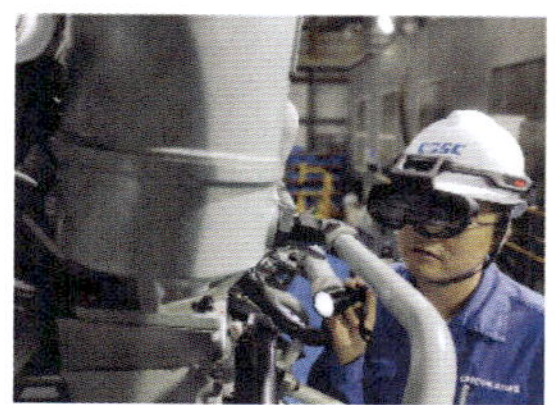

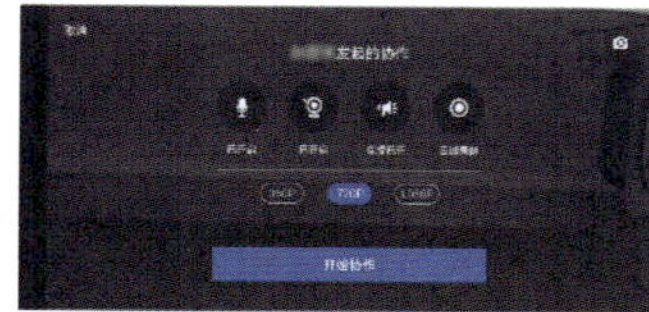
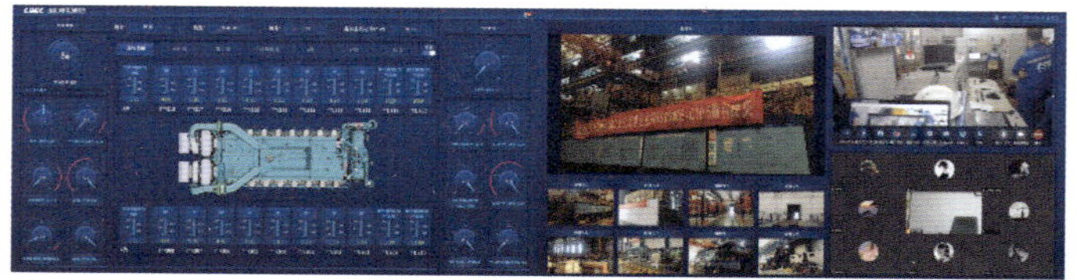

图 3　企业内部制造过程的检验

② 台架试验过程数据采集及远程监控场景应用案例。

为了提升客户检验环境体验，减小台架试验现场噪声的影响，本案例利用中船动力集团各子公司专线互联的“大内网”和台架试验台的可拓展性，对现场已有传感器和机旁测量箱的数据进行采集，同时将现有的视频监控画面进行取流，统一转存至物联网平台；经过数据清洗、数据加工，最终按照业务需求呈现台架试验过程的监控画面（台架试验试车数据+视频监控），让客户在远程端的交验中心直观地查看台架试验的实时数据（见图 4）。同时，系统支持将现场采集的数据作为检验记录数据自动记录在对应的检验表单中，并根据预制模板快速输出台架试验报告，高效、快捷且不易出错。

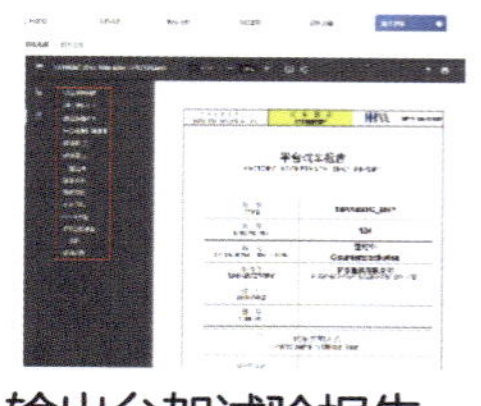
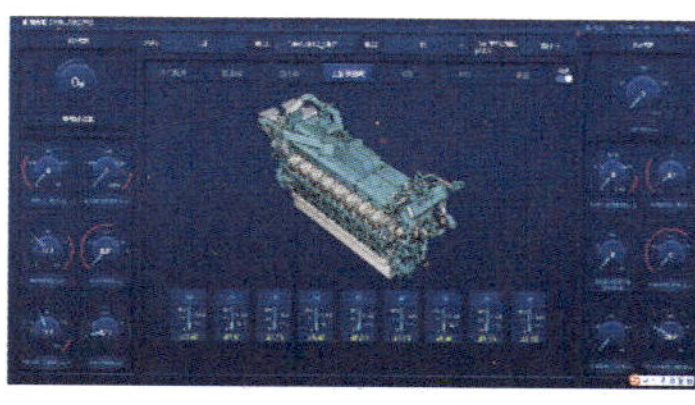
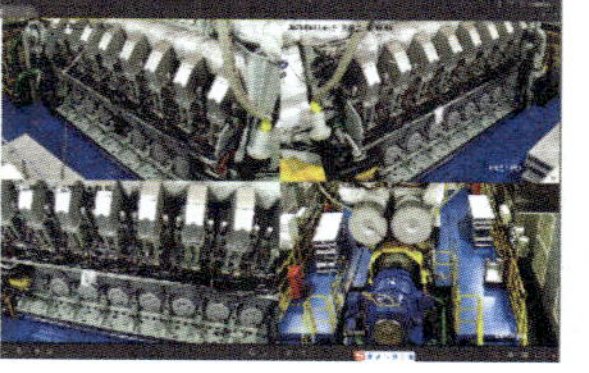
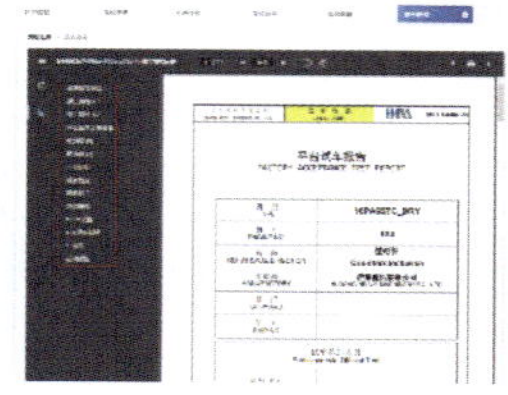

图 4　台架试验过程数据采集及远程监控

③ 对外（如船厂、船级社等）的远程检验场景应用案例。

以前，在产品完工后第一周，现场端提出检验需求，因人数有限，船检师至少要在第二周才能到现场进行检验；在检验合格后，船检师提交资料；在第三周资料审核通过后，船检师签发船检证书。从提出检验需求到取得船检证书最少需要 3 周的时间。为了提高产品验收效率、减少检验等待时间，中船动力集团基于自己的制造执行系统与船级社对产品业务系统进行集成，将检验数据和产品规范的预设标准值进行自动比对，在确认无误后完成船检证书的快速签发（见图 5），极大地提升了船检的效率。

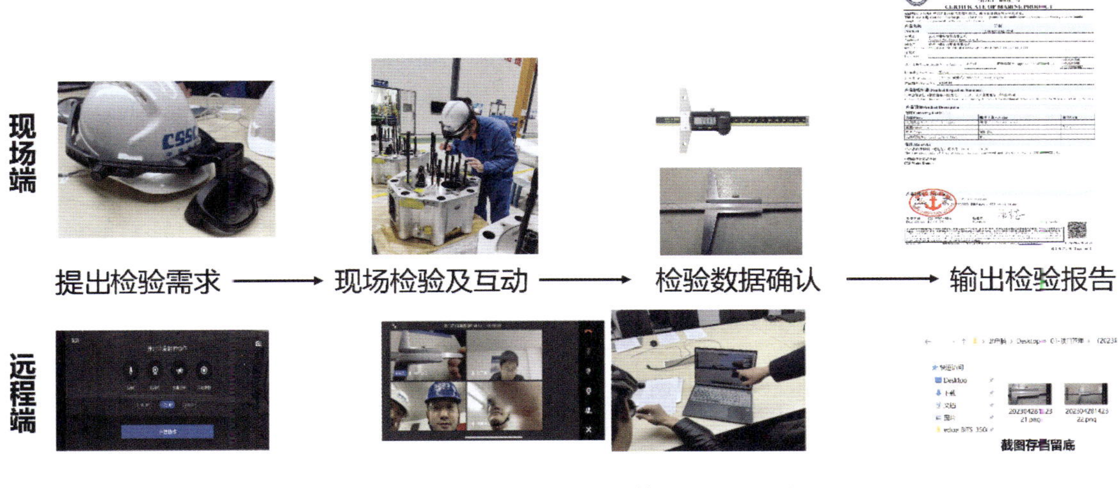

图 5 对外（如船厂、船级社等）的远程检验

三、实施效果：典型场景的提质降本增效效果显著，具有示范推广作用

本方案以 5G、AR、物联网、大数据为抓手，实现了中船动力集团各生产基地、外部相关方多要素的互联互通，同时推动了组织变革、流程再造，支撑建立职能集中统一、穿透一体、触达末端的强管控模式，得到了业务部门和相关方的一致好评。目前，95%以上的中高速机均采用远程可视化方式开展验收工作。与此同时，中船动力集团还总结提炼了上述场景，并将其“复制”到低速机业务中。

① 优化体验：优化了客户、检验人员的检验体验，使检验环境更加友好。

② 强化支持：调试试验及检验可以更为便捷地获取专家和后方团队的支持，加快了问题的诊断和处置速度。

③ 提高效率：异地检验改变了检验模式，使检验效率提高了 50%。

④ 降低成本：相关业务人员的出差费用等检验成本降低了 10%。

⑤ 规范过程：检验工作任务和报验记录更加规范、有序，使一次检验合格率提高了 10%。

四、经验总结与未来展望

1. 经验总结

回顾本方案的实施过程，从需求调研、业务梳理、技术架构确定、上线运行、优化迭代等环节来看，有如下几点值得关注。

① 重视业务需求：只有对企业的生产、管理、经营流程进行全面且准确的了解，深度挖掘业务关联部门和相关方的痛点及需求，真正进入业务，才能搭建出真正实用且适用的平台。

② 开放合作模式：将“产、学、研”深度融合，加强高校、研究机构的知识和技术交流，同时积极寻求与优势供应商之间的场景落地探索合作。

③ 推行试点先行：在确定的智能制造框架下，选择基础条件较好的生产单元/场景进行试点先行，通过试点示范摸索和总结成功经验，在相似场景中“复制”成功经验。

2. 未来展望

未来，中船动力集团的智能制造团队将持续推进数字化技术的应用：在深度层面，将现有场景“复制”到中船动力集团旗下的所有生产基地；在广度层面，期望推动船舶行业向智能化、高效和可靠的方向发展，展示 5G+AR 远程可视化检验在船舶行业的应用潜力，为船舶行业的技术创新和发展提供示范，为构建绿色、智能的未来船舶动力体系做出积极贡献。

作为船舶动力领军企业，中船动力集团将以“工赋链主”建设为契机，充分发挥高端装备制造实力强大、产业链较为完整、创新链协同较强、资源链相对集聚的优势，坚持以新发展理念为引领，通过培育新质生产力，促进行业上下游高质量发展。在离散型高端装备制造业数字化转型的道路上，中船动力集团将持之以恒地精耕细作，进而带动船舶机电核心装备产业链及其他离散型高端装备业构建产业数字化新生态。

五、推荐语

中船动力集团基于私有化部署的工业互联网平台搭建了远程交验平台，依托 5G 专网、AR 眼镜、信息系统的应用，将与质检相关的数据进行整合，打破了系统模式下的时空限制，将质量体系与数字化技术深度融合，成功实现了船舶动力主机提交及零部件验收全程零接触式远程可视化、检验过程规范化和标准化、过程数据结构化存储，也实现了产业链供、产、检、用的连接和打通，促进了产品质量控制水平和生产效率的大幅提高。

六、案例主体介绍

中船动力集团隶属于中国船舶集团有限公司，成立于 2020 年。中船动力集团在整合沪、苏、皖地区及海外各动力企业的相关业务、资源的基础上，建立了完整的船舶动力研发、制造和服务体系。中船动力集团的综合实力强、产品型谱丰富、市场占有率高，致力于建设产业结构合理、质量效益优先、科技水平先进的世界一流动力企业。其业务范围覆盖船舶动力研发创新、船用发动机（低、中、高速）、关重零部件、电气及应用、全球服务等与动力相关的业务。其中，其防务动力的国内市场份额维持在50%左右，低速船用发动机的全球市场份额维持在23%左右（国际市场占有率水平位居世界第二），民用中速船用发动机的国内市场占有率约为35%。

七、案例视频

扫码观看案例详细视频。

船舶动力远程交验平台

依托领飞工业互联网平台，构建汽车行业供应链一体化深度协同新模式

上海汽车集团股份有限公司乘用车分公司

关键词： 汽车行业、供应链一体化深度协同、工业互联网、链主引领

摘　要： 面对汽车市场日益激烈的竞争及国内外产业链的种种挑战，保障供应链的畅通与安全、提升产业链的活力和韧性已成为主机厂及其产业链上下游企业的强烈共识。上海汽车集团股份有限公司乘用车分公司（以下简称上汽乘用车）建设了领飞工业互联网平台，并以此构建了同零部件供应商和物流服务商的计划、生产、质量一体化协同模式，旨在形成围绕全供应链价值管理一体化，建立高质量的供应链管理模型和标准化业务协同响应机制，实现供应链数据透明、业务高效协同与资源优化管控，推动实现全产业链的生态协同。同时，上汽乘用车对外提供软件订阅服务，帮助中小供应商提升其在生产、物流、质量领域的信息化能力，进而提升产业链的整体水平，发挥其链主引领作用。

一、场景透视：传统汽车行业供应链协同模式难以应对复杂的市场需求和低成本、高效率运作的挑战

汽车行业供应链涉及整车制造商及众多零部件供应商、物流服务商等，供应链管理的复杂性和不确定性较高。建设汽车行业的工业互联网平台，有助于实现供应链各环节的数据共享和实时监控，提升供应链的透明度和响应速度，降低运营成本。同时，上汽乘用车基于工业互联网平台的行业生态和数据驱动，构建了更加灵活和敏捷的生产及供应链管理模式，实现了个性化定制和柔性生产，以此满足了快速变化的市场需求。

① 汽车行业的市场竞争激烈，衍生出对产业链低成本、高效率的创新转型需求。这包括优化供应链管理、提高需求预测的准确性和库存管理效率，以及加强产业链上下游企业的合作，以降低协同成本。

② 汽车行业供应链由传统资源匹配环环相扣的串联模式逐步转向并行模式，亟待减少中间环节，以最大限度地提高配置效率。在原有的单向协同模式下，汽车行业供应链对波动及风险的主动应对能力较差，造成供应链整体运作成本的极大浪费。

③ 产业链上下游企业的信息化和数字化水平参差不齐，缺少统一的数字化标准和规范，导致信息不对称和协同障碍，从而使得产业链技术创新和业务模式创新受限。

二、实施方案与技术应用：围绕深度协同模式和产业链链主对外赋能，打造汽车产业链共同体

1．构建计划、生产、质量一体化深度协同模式，实现产业链生态协同

上汽乘用车构建了同零部件供应商和物流服务商的计划、生产、质量一体化深度协同模式（见图1），变单向广播式协同模式为双向闭环协同模式，实现了围绕全供应链的价值管理一体化。

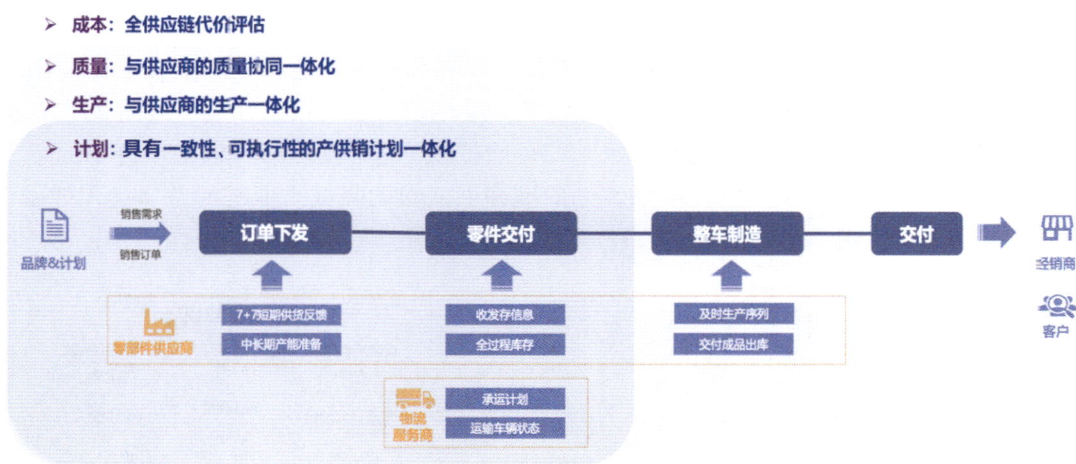

图1 计划、生产、质量一体化深度协同模式

（1）产业链多级业务一体化深度协同模式

汽车行业供应链的链路长、流程复杂，主机厂与各级供应商之间的信息传递容易失真，进而造成库存积压等一系列连锁反应。

在计划一体化深度协同模式中，上汽乘用车通过强化销售端零售需求评估、制造端整车计划的零部件排产约束，实现了零部件预测风险预警及供应商端的实时联动，进而提升了产供销的运作效率，稳定了供应链体系。同时，整车厂内部通过将销售、生产和供应计划整合在一起，更好地协调了各环节的运作。这种一体化运作能够减少生产过程中的瓶颈和停工时间，提高整体生产效率，更好地满足客户需求，从而提高客户满意度。

在生产一体化深度协同模式中，上汽乘用车基于统一平台的互联互通，实现了主机厂总装车间生产数据与供应商产线之间的实时连接，进而形成了汽车产业链跨企业拉动式的同期化生产协同新模式。该模式将减小市场波动的影响，减少生产计划频繁调整导致的大量库存积压，实现供应链成品的零库存生产模式。该模式可被进一步扩展应用到数字化基础较好的二、三级供应商中，助力供应链整体降本增效。

在质量一体化深度协同模式中，上汽乘用车通过统一质量管理系统平台，实现了质量活动的全面管理；采用多种数据采集终端，适配多样化的质量过程数据采集环境，实现了质量过程数据的快速采集，并基于此实现了与供应链生态伙伴从项目立项到批量供货，再到售后

服务的全链路在线协同；结合关键工位的视频监控，将供应商质量管控前移，使各车型百万分之缺陷率降低了 20%、供应商质量问题溢出数量减少了 20%、每年的质量经济损失减少了 1800 万元。

（2）一体化深度协同的数据基础：汽车产业链的上下游数据互联互通

随着汽车行业的数字化发展，汽车产业链的上下游数据互联互通已成为行业发展的关键驱动力。通过建设统一的数据平台，产业链各环节中的企业可以实时共享生产、库存、销售和物流等数据。提高数据透明度有助于各方更好地协调工作，减少信息不对称和沟通障碍。目前，上汽乘用车提供了涵盖从原材料供应、零部件制造、整车生产到销售和售后服务各环节的主机厂数据共享服务；围绕零部件供应风险和零部件质量风险，建立了零部件 5 级告警风险等级和核心质量标准库，按照供应商评分标准筛选关键一级供应商和高风险二级供应商，同这些供应商实现了预测、订单、库存、工艺的数据互联（见图 2），以实现对零部件交付情况及交付质量的及时跟踪和风险把控。这不仅能够降低整个链条的运作风险，还能进一步提高源头主机厂需求计划的准确性，帮助降低产业链的整体运作成本，提升各环节的运作效率。

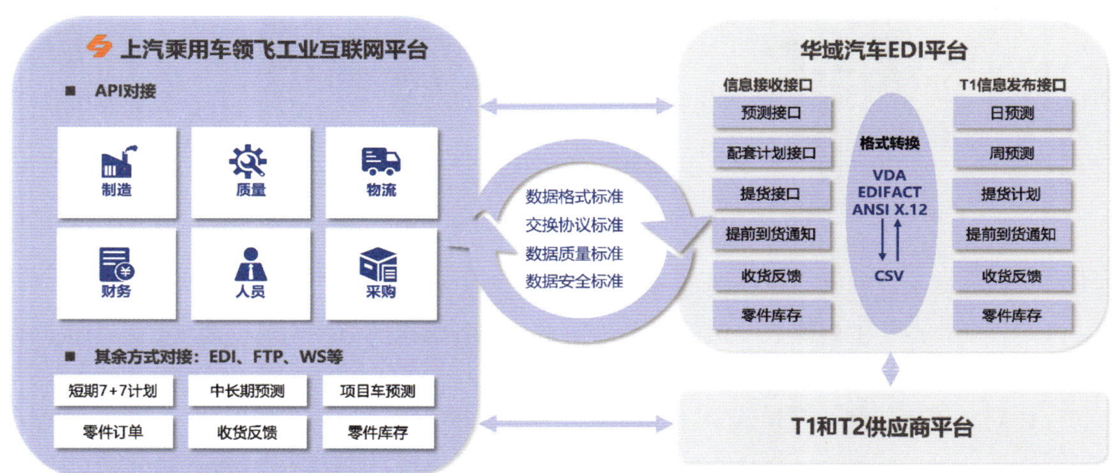

图 2　汽车产业链的上下游数据互联互通

2．产业链链主能力对外输出，赋能中小企业完成数字化转型

上汽乘用车基于领飞工业互联网平台，制定了面向汽车行业的 SaaS（软件即服务）服务生态和供应链领域的解决方案（见图 3）。针对中小供应商数字化程度普遍不高的问题，上汽乘用车将自己内部的成熟能力进行泛化上云，以 SaaS 软件订阅的形式向中小供应商提供服务，低门槛、低成本地满足其信息化诉求，以打造共赢的生态体系。其中包括提供面向现场生产及质量检测的数据采集、模型训练、在线检测、结果分析等服务的云边一体化视觉识别检测工具，兼顾成本和备货满足的最佳库存分析工具等工业应用。

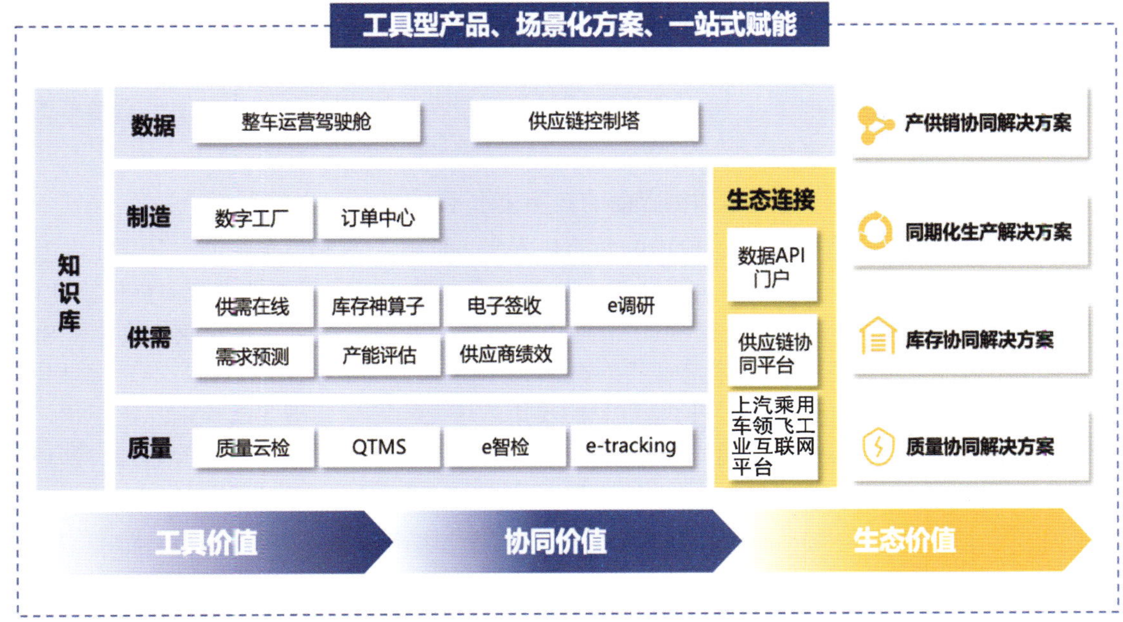

图 3　面向汽车行业的 SaaS 服务生态和供应链领域的解决方案

三、实施效果：实现了供应链一体化运作和产业链深度协同

1．优化了供应链既有业务

在优化供应链既有业务方面，上汽乘用车针对市场需求、生产计划和供应商的零部件供应情况，快速进行产销业务模拟，辅助决策，制订了具有高保障率的生产交付计划，同时反馈可信交期至销售端。自计划、生产、质量一体化深度协同模式运作以来，上汽乘用车围绕客户订单交期、制造产能平衡和供应商零部件供应计划，形成了在线综合排产计划、“以产定销”和“以销定产”的混合自动排产模式。排产滚动周期以小时为单位，及时同步整车产能计划和零部件供应能力，支持业务运作的“日排产”要求，进而实现了以客户为中心的“全供应链”智能排产，以此减少了调产带来的 70%的货量波动，降低了约 20%的紧急响应实际运营成本，提高了订单精益性，降低了 30%的异常减产及缺件损失。

在客户订单执行过程中，上汽乘用车通过对相关风险的预警、跟踪、解决和原因分析，提高了订单交付保障能力。上汽乘用车围绕客户订单、整车生产订单、零部件订单，进行订单全链路监控。其中，针对零部件订单，上汽乘用车每天对近万张零部件订单进行全生命周期监控管理和跨系统订单一致性监控管理，对关键零部件进行最小安全库存告警监控，通过提前识别供货调整、订单不匹配、库存等导致的缺件停线风险，使零部件订单执行及时率超过 95%（原先为 72%），及时响应率达到 100%，异常处理时间由 6 小时缩短至 1 小时。

上汽乘用车通过内外物流一体化协同，根据零部件订单和内物流的场地运作规则，推荐了内物流资源配置方案。零部件订单执行透明化推动了物流资源的同步评估，实现了资源平衡，全面降低了运营成本。上汽乘用车根据订单交付信息，及时、动态地进行库位规划，提高了库位利用率，减少了仓储面积的额外投入，降低了仓储成本；通过对主机厂厂内物流的库位流量进行监控，及时解决了存储区的溢库问题，分析了人员负荷，动态调整了人员配置，保证了成本和订单响应的平衡，实现了资源的最优配置；优化了安全库存，使单基地节约了10%的仓储面积。

2．提升了产业链的运作效率和供应商的数字化水平

在提升产业链的运作效率和供应商的数字化水平方面，上汽乘用车已通过领飞工业互联网平台累计上架了 12 个工业 App，面向 3 家整车企业和 700 多家零部件供应商提供了 20 余种数字化业务场景服务。例如，零部件供应商昆山某机械工业公司在应用质检业务数字化 SaaS 应用的 8 个月间，对出货的零部件完成了 236964 项检验项目判定结果的实时、准确记录与呈现，完成了对 33852 件出货零部件检验信息的收集。该公司不仅实现了质检信息透明化，还做到了质量数据实时、准确、全面。因为数据收集及时性由原来的小时级缩短至秒级，所以各相关部门可实时知晓在检状况及品质异常情况，从而降低了内部沟通成本，使内部工作效率提升了 50%。该公司打破了原来的对于数据的“手工收集—计算机登记—汇总分析—传递给主机厂”的工作模式，现已实现了与主机厂的信息互联互通和实时共享，使供应链协同工作效率提升了 40%。该公司运用系统自动监控与智能分析工具，促使生产现场零部件生产的一次合格率由原来的 95%提升至 98%。

四、经验总结与未来展望

1．经验总结

（1）基于开放生态平台共享数据、共建创新模式，赋能中小企业完成数字化转型

上汽乘用车通过领飞工业互联网平台，帮助汽车行业实现了从传统的软件购买和自建 IT 基础设施向云端服务的转变；通过构建低成本、高效率、高灵活性的模式，同产业链和供应链伙伴共同完成了业务模式创新和数字化转型。一方面，上汽乘用车对已成熟应用的行业产品和方案进行了 SaaS 改造，向中小企业提供服务，实现了供应链整合，提高了供应链的运转速度；另一方面，上汽乘用车通过对数据的统一化和模型化，打造了数据共享生态，真正实现了数据的快速、统一和实时。其中，上汽乘用车通过低配置要求、低技术难度、低使用成本，赋能中小企业完成数字化转型。

（2）促进汽车行业“双链”（产业链和供应链）协同发展

上汽乘用车基于灵活的开放生态平台制定了可定制的个性化解决方案，面向产业链上下游企业提供了更加高效、灵活和可见的供应链协同方式。此外，上汽乘用车还通过供应链关键数据共享和产销供一体化协同，加强了供应链各环节之间的协同。这实现了供应链的协同和整合，促进了各参与方之间的紧密合作和信息共享；也实现了产业链整体的风险最低和决策最优，降低了供应链的运作和运营成本，增强了供应链的整体竞争力。

2．未来展望

未来，汽车产业链的多领域、多层级协同可被推广至其他产业链。基于领飞工业互联网平台，上汽乘用车可以建立数据共享机制、业务协同机制、智能化机制。继续围绕上汽乘用

车主机厂向产业链两端延伸，上汽乘用车将实现产业链上下游近3000家企业（包括原材料供应商、零部件供应商、物流服务商、售后服务商、经销商等）之间的协同合作，进而拓展至采购协同、产供销协同、质量协同等领域，实现深度协同，从而使各环节可以更好地预测和应对市场变化，减少库存和供应链延迟，提高生产和交付的准确性。同时，主机厂联合产业链上下游企业通过共同制定战略和目标，可以共享风险和利益，共同推进供应链的优化和可持续发展，提升供应链的整体运作效率，增强供应链的竞争力。

五、推荐语

上汽乘用车依托领飞工业互联网平台构建了汽车行业供应链一体化深度协同新模式，同产业链伙伴共同构筑起一个主动感知和一体化协同的智慧供应链生态圈。其创新的生态系统设计和强大的平台赋能功能，为汽车行业乃至更广泛的制造业的数字化转型提供了宝贵的经验和可复制的模式。这为打造全产业链生态协同，赋能中小企业完成数字化转型建立了新的高标准。作为汽车行业的链主，上汽乘用车引领了汽车行业供应链管理的数字化革新和发展。

六、案例主体介绍

上汽乘用车成立于2007年，是上海汽车集团股份有限公司的分公司，主要承担上海汽车集团股份有限公司旗下的智己、飞凡、荣威、名爵四大自主品牌乘用车的生产制造，以及荣威、名爵两大品牌的经营管理工作。上汽乘用车始终坚持以高端制造引领中国汽车产业不断迈向新发展路径，在上海、南京、郑州、宁德四地设有全球领先的数字化工厂。这代表了中国汽车品牌先进制造融自动驾驶研发与示范、智能网联大数据平台建设、新能源、汽车研发、零部件制造、供应链合作、整车生产及试制试验等多业务为一体，致力于全面引领未来出行向智能化、数字化方向发展。在上海汽车集团股份有限公司“新四化”（电气化、网联化、智能化、共享化）战略的指导下，上汽乘用车开启了全面的数字化转型升级，进行了“数字化研发+智能制造+数字化供应链+数字营销”的全业务链数智化转型，持续为企业赋能、为产品赋智、为用户赋值。

七、案例视频

扫码观看案例详细视频。

汽车行业供应链一体化

基于数据价值挖掘的经济运行管理平台，增强核电企业供应链协同能力

上海电气核电集团有限公司

关键词： 数据价值挖掘、数据可视化、实时数据呈现

摘　要： 上海电气核电集团有限公司（以下简称上海电气核电集团）的经济运行管理平台以自主开发的 SRPE 系统为业务中台，以 Fine Report 为 BI 分析工具，通过数据抽取层、数据集市层、数据展示层 3 个数据层级进行多维数据处理和价值挖掘。该平台由上海电气核电集团自主开发，被部署在内网并配套了全套网络安全防护措施，其自主可控程度高、可拓展性强。该平台覆盖了经济运行、市场、项目管理、质量、科技等多个业务模块。它通过整合多源异构的系统数据，分层级、分专业地进行数据建模；通过可视化载体（移动端、PC 端、大屏）实时呈现上海电气核电集团的主要指标数据，实现了上海电气核电集团及企业主要运营指标的实时联动与可视、透明，同时赋能管理决策智慧化，将数据时效性由月级提升到天级，使上海电气核电集团的综合效益提升了至少 10%。

一、场景透视：利用业务中台及分析工具，实现运营情况可视、透明

“十三五”期间，上海电气核电集团已陆续建设了覆盖项目全生命周期管理的各类信息系统。原有业务系统汇集了项目、采购、质量、财务等业务领域 10 万项以上多源异构的数据。然而，前期垂直建设的各信息系统间缺乏有效的数据传递和转换，“数据孤岛”问题较为突出；随着精细化管理要求的不断提升，各层级的业务管理决策需要质量更高的数据来支撑。

上海电气核电集团的经济运行管理平台以自主开发的 SRPE 系统为业务中台，以 Fine Report 为 BI 分析工具，以运营情况透明、可视为目标，整合了多源异构的系统数据，按照不同主题进行了数据建模和可视化呈现。该平台从集团管控、经营管理、生产制造 3 个层级为上海电气核电集团的管理层提供了联动的、全面的、跨专业的可关注指标及可视化仪表盘，辅助上海电气核电集团的管理层及时查看各项数据、指标，及时识别和了解风险。

二、实施方案与技术应用：根据不同的业务层级进行数据建模

1．实施方案

上海电气核电集团为了解决数据分散、业务数据未全量全要素管理、数据分析效率低的

问题，基于数据价值挖掘建设了经济运行管理平台。利用该平台，上海电气核电集团可以实现数据驱动业务增长的目标。

经济运行管理平台的实施主要分 3 个阶段：规划阶段、建设阶段、应用阶段。

（1）规划阶段

上海电气核电集团通过进行规划设计，明确经济运行管理平台的定位、目标及原则，挖掘各业务模块对数据分析、数据应用、数据智能化的需求，进而梳理指标、报表和分析模型，确定平台总体架构和功能，制定分步骤实施策略。规划阶段的整体架构如图 1 所示。

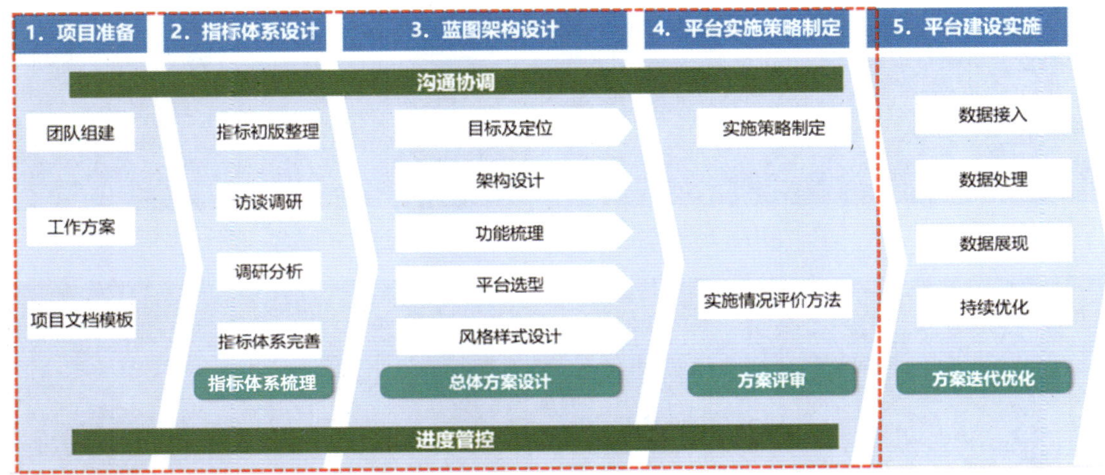

图 1 规划阶段的整体架构

（2）建设阶段

建设阶段的重点是在指标体系设计环节，以企业整体目标及各业务职能的目标为导向，结合价值驱动树等理论，分解并得出各职能模块的关注指标。

上海电气核电集团通过调研访谈对指标进行完善，最终对业务领域不同维度的指标进行设计、评估数据成熟度，进而开展数据抽取、建模及页面实施工作。实现场景示例如下。

① 管理驾驶舱首页：以运营情况透明、可视为目标，整合各核心系统产生的数据，按照不同主题进行数据建模及可视化呈现；覆盖了经济运行、市场、项目管理、质量、科技等多个业务模块，将数据时效性由月级提升到天级，实现了上海电气核电集团及企业主要运营指标的实时联动与可视、透明，做到了“一屏观全局”。

② 经济运行模块（见图 2）：将上海电气核电集团的经济运行指标进行可视化呈现，实现了新接订单、营业收入、经营性净现金流、净利润、产业利润等数据的本期、同比、环比、趋势的多维展示，还实现了各类管理指标、风险指标的实时可见，并可对异常项进行预警。

③ 项目管理模块（见图 3）：对于计划节点的完成情况，形成交付准时评价，用于监督和督促企业的计划执行工作；形成与销售收入和收款相关的图表，从时间、产品、企业、类型、客户等多个维度汇总分析收入数据，为年度销售收入和收款计划的制订、执行提供数据支持。

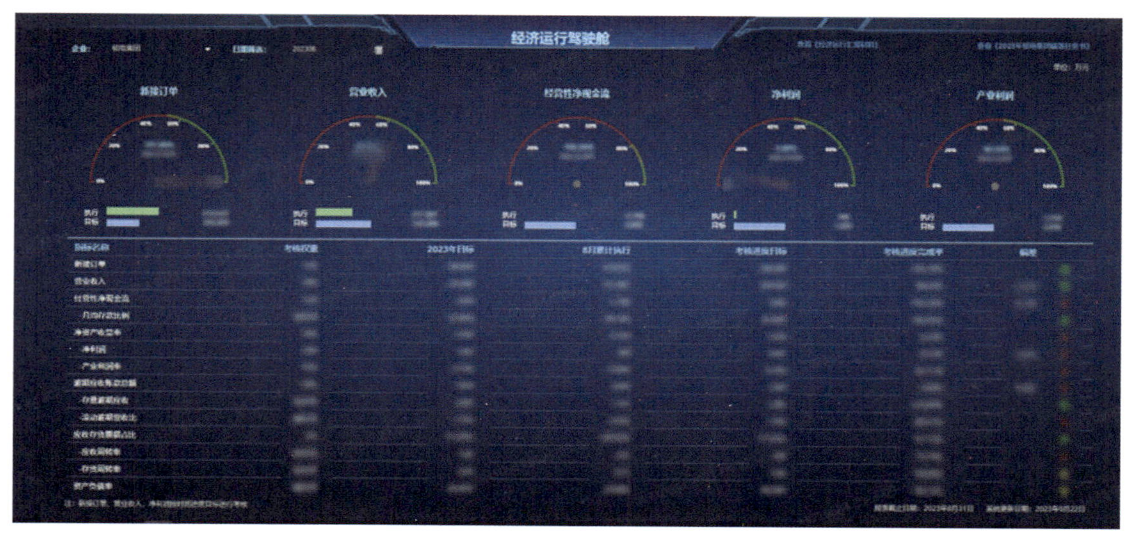

图 2　经济运行管理平台——经济运行模块

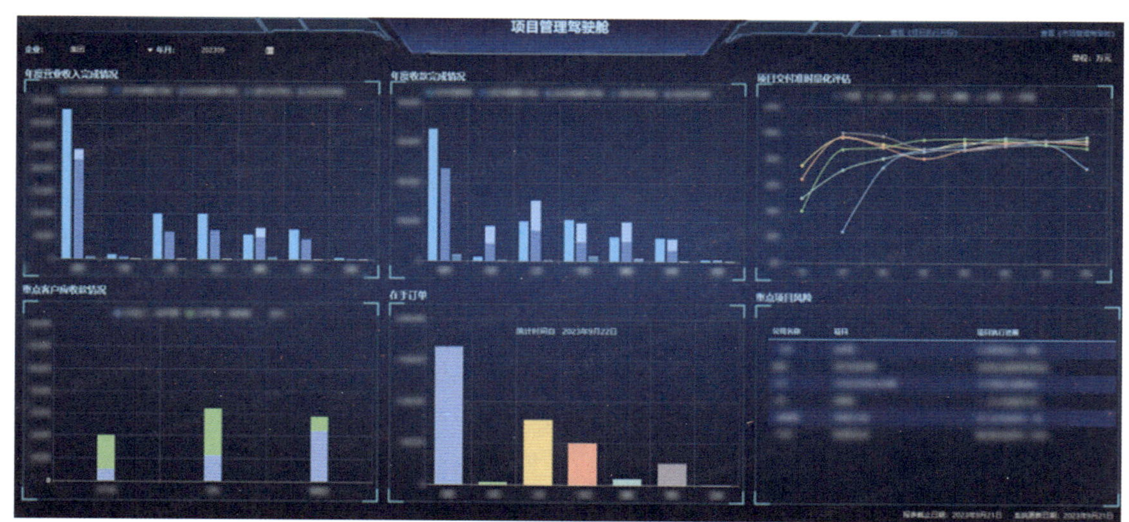

图 3　经济运行管理平台——项目管理模块

（3）应用阶段

在经济运行管理平台上线后，上海电气核电集团针对指标数据成熟度较低的各种情况进行原因分析并提出改善措施，其中针对多源异构系统开展数据集成和共享是实现系统间数据流贯通的必要条件。与此同时，上海电气核电集团重点开展数据标准、应用标准的制定和完善工作，在数据标准、数据质量、采集方式等方面加强管理规范，促进企业经营管理、技术经济指标体系的完善与应用，重点提升主数据与源头业务数据的准确性和完整性。

2．技术应用

经济运行管理平台根据上海电气核电集团的业务框架，挖掘各业务模块对数据分析、数据应用、数据智能化的需求，梳理指标、报表和分析模型，在设计指标体系时，进行充分的调研及梳理。上海电气核电集团负责项目一级、二级计划的执行监督及考核，主要使用的系统为 SRPE 系统。经济运行管理平台结合项目管理职能及项目全过程管理流程，将项目管理指标分为项目计划、营收与收款、项目成本、项目质量、项目风险、综合及预测（见图 4）。

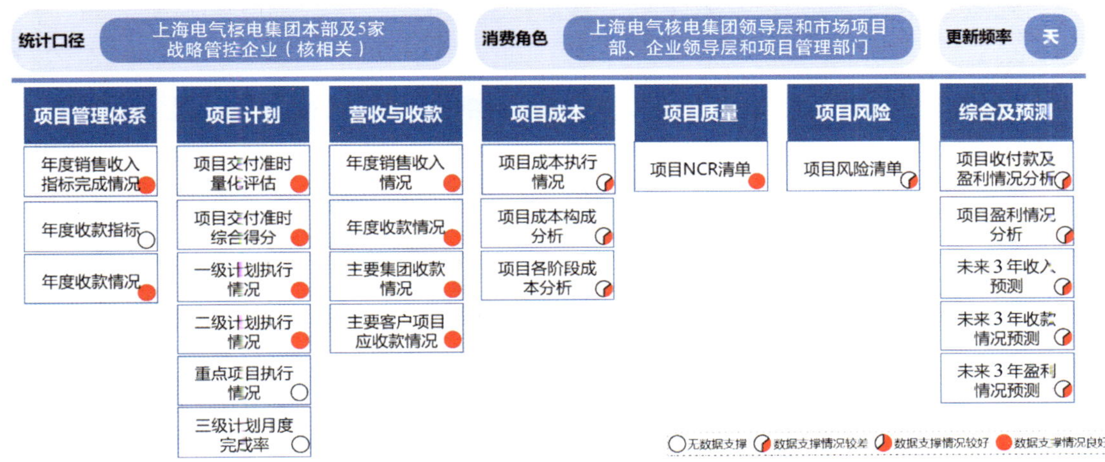

图 4　经济运行管理平台的项目管理体系设计

最终，经济运行管理平台将项目管理指标按集团管控、经营管理、生产制造 3 个层级进行了数据建模和可视化呈现，建立了上海电气核电集团与企业间的垂直信息通道，以支持上海电气核电集团的管理层和各职能条线及企业的管理层对上海电气核电集团及企业运营状况的全面掌控。

经济运行管理平台覆盖了经济运行、市场、项目管理、质量、科技等多个业务模块，利用 BI 分析工具，开展以问题为导向的数据价值挖掘工作，进行多维数据处理和呈现。经济运行管理平台的业务框架如图 5 所示。

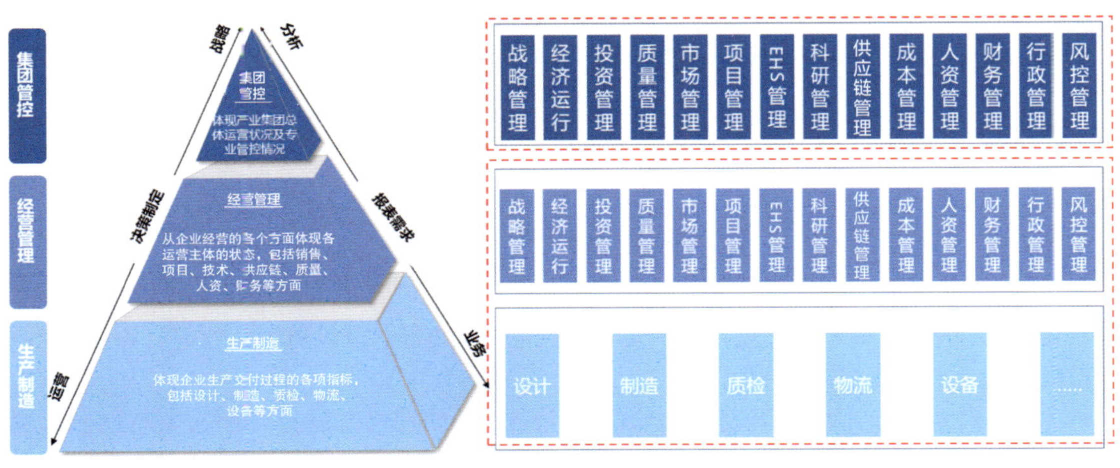

图 5　经济运行管理平台的业务框架

经济运行管理平台分为数据抽取层、数据集市层、数据展示层 3 个数据层级，其中数据抽取层将从源端系统抽取的数据按照标准模型进行粗加工及存储后，提供给数据集市层进行计算分析，最后通过数据展示层进行可视化呈现，如图 6 所示。

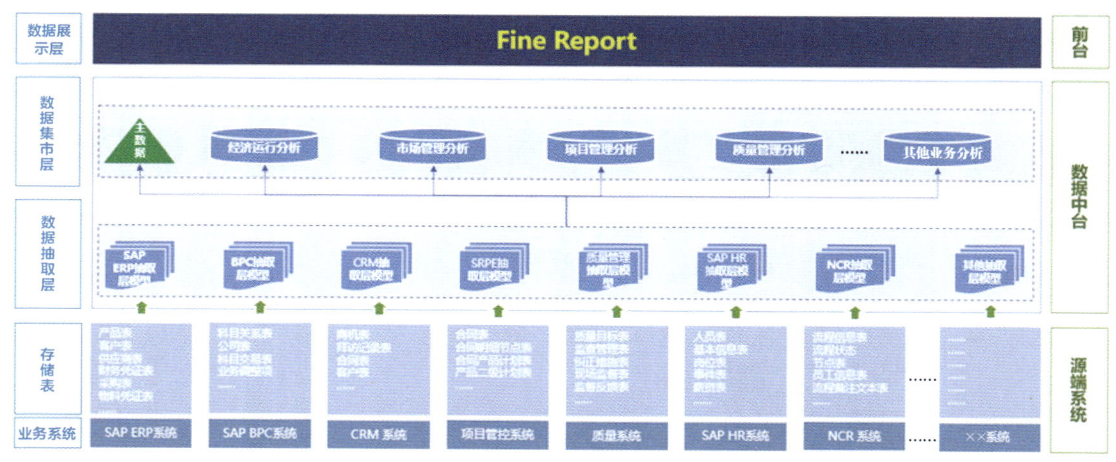

图 6　经济运行管理平台的数据层级

在页面设置方面，经济运行管理平台分为 4 个层级，如图 7 所示。

页面层级	页面展现形式说明	查看权限（向下包含）
一级页面 管理层管理驾驶舱	■ 展现管理层最关注的经济指标及管理指标（原则上都来自各模块） ■ 通过本页面链接，可跳转至各业务模块页面 ■ 单击本页面中的指标，可下钻查看下一层级的数据	上海电气核电集团的管理层
二级页面 职能管理驾驶舱	■ 展现业务或职能部门领导最关注的指标 ■ 单击本页面中的指标，可下钻查看下一层级的数据	专业管理部门的领导
三级页面 数据主题展现页面	■ 单击一级或二级页面中的指定指标可进入三级页面 ■ 单击数据主题展现页面，可下钻查看明细数据表	专业管理人员
四级页面 明细数据展现页面	■ 单击一级、二级或三级页面中的指定指标可进入四级页面 ■ 一般以明细数据表形式展现，支持多维度查询	操作人员

图 7　经济运行管理平台的页面层级

在系统集成和数据治理方面，上海电气核电集团成立了数据治理领导小组、工作小组，多次召开数据治理专题会。数据治理的主要步骤：查找差异、分析原因、制定业务规范/系统操作规范、优化系统功能、督促落实。

此外，经济运行管理平台还提供了数据权限控制、访问终端控制及网络安全控制等数据安全策略（见图 8），以防止数据越级访问及信息外泄，切实保障数据安全。在建立并拓展工赋链生态的同时，为了解决数据安全和访问风险问题，经济运行管理平台从以下两个方面采取了措施。

（1）强化网络安全架构：加强内网与外网的边界安全保护，部署防火墙、入侵检测等装置，确保数据在经过网络边界时得到有效保护，并对敏感数据进行端到端加密，保障数据在传输过程中的安全性。

（2）身份认证与权限管理：引入多因素认证机制，提高用户登录的安全性，以防止账户被非法访问；实施严格的访问终端控制策略，基于角色和属性的访问控制机制，确保只有授权用户才能访问特定数据。

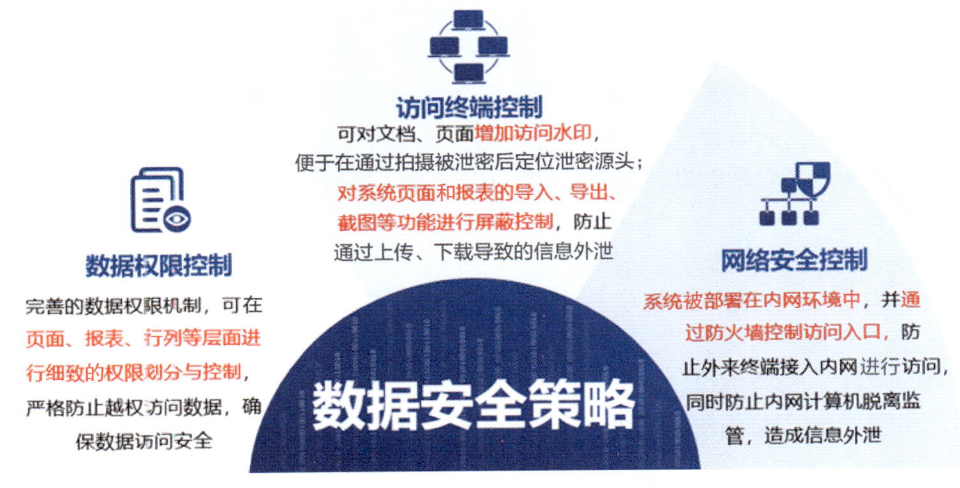

图 8　经济运行管理平台的数据安全策略

三、实施效果：大幅提升上海电气核电集团的经营管理效率，赋能企业高质量发展

经济运行管理平台从经济运行管控质量、风险管控质量和项目管理效率 3 个方面大幅提升了上海电气核电集团的经营管理效率，赋能其高质量发展。

① 经济运行管控质量：使各级管理者获取数据的效率提升了 50%，使数据准确度提升了 30%。

② 风险管控质量：基于数据构建风险模型，增强了风险识别能力，使缺陷数量减少了 15%。

③ 项目管理效率：项目管理全流程可视，增强了项目风险识别和管控能力，使典型产品的制造周期缩短了 10%。

此外，经济运行管理平台的应用还增大了上海电气核电集团在产业链数据层面的影响力与数字化转型的牵引力。该平台不仅成为上海电气核电集团内部高效运营的坚实基石，还在上海电气核电集团外部上下游生态中扮演了重要的角色。该平台通过可定制的展示页面和数据共享机制，邀请产业链上下游企业接入，不仅提升了信息流通的透明度和效率，还帮助上海电气核电集团获得了更强大的市场洞察和供应链协同能力，使其与产业链上下游企业共同抵御市场风险，增强了产业链的整体竞争力。

四、经验总结与未来展望

1. 经验总结

上海电气核电集团成功建设了以自主开发的 SRPE 系统为核心的经济运行管理平台，以 Fine Report 为强大的 BI 分析工具，建立了从数据抽取、整合、处理到可视化呈现的全方位、多层级数据管理体系。该平台通过高度自主可控的技术架构，不仅确保了数据安全与隐私保护，还展现了极强的灵活性和扩展性，有效地满足了上海电气核电集团的经济运行、市场、项目管理、质量、科技等多个业务模块的决策需求。其使用与推进经验如下。

① 自主可控与技术创新：经济运行管理平台坚持自主定制核心系统的业务功能，增强了核心系统的安全性和可定制性；采用成熟的 BI 分析工具进行集成，增强了数据洞察与分析的能力。

② 多源异构数据整合：经济运行管理平台通过有效整合来自不同业务系统的数据，消除了“信息孤岛”，实现了数据资源的最大化利用；以分层级、分专业的数据建模策略确保了数据的准确性和针对性。

③ 实时数据呈现与决策支持：经济运行管理平台利用移动端、PC 端及大屏等多种可视化载体，实现了运营数据的实时更新与直观呈现，显著提升了管理决策的效率和精准度。

④ 业务与技术深度融合：经济运行管理平台的设计紧密贴合上海电气核电集团的业务需求，通过技术赋能业务，推动了管理模式的创新，促进了上海电气核电集团综合效益的显著提升。

2. 未来展望

经济运行管理平台将继续深化数据价值挖掘，致力于提升数据处理与分析的深度和广度。该平台将不断拓展应用场景，将其应用场景延伸至更多业务领域，如供应链管理、人力资源管理等领域，以满足不同层级、不同部门的管理需求，并实现跨组织、跨行业的数据共享与分析。同时，该平台将进行技术架构的升级与优化，引入云计算、大数据等先进技术，以增强数据处理和存储能力，并加强移动端应用的开发，实现更加便捷的数据访问和决策支持。除此之外，该平台还将进一步提升管理驾驶舱的智能化水平，开发智能预警系统，引入自然语言处理等技术，以实现更加精准的决策支持和人性化的数据交互。通过这些举措，该平台将全面赋能企业实现高质量发展，推动上海电气核电集团在经济运行、市场、项目管理、质量、科技等多个维度实现显著提升，为企业的长期可持续发展奠定坚实的基础。

五、推荐语

经济运行管理平台突破了过去主要通过手动收集报表、PPT 汇报来获取信息的局限，将数据时效性由月级提升到天级，实现了上海电气核电集团及企业主要运营指标的实时联动与可视、透明，助力了上海电气核电集团与企业各级管理者做出科学决策。该平台对于以上海电气核电集团为链主带动整条核电装备供应链数字化转型的发展模式具有深远意义，并且可在其他行业复制和推广。

六、案例主体介绍

上海电气核电集团是专业从事核电、军工装备与系统集成的大型高端装备制造企业，其历史最早可以追溯到20世纪70年代。它创造了中国与世界核电领域的多个"第一"。经过多年的发展，上海电气核电集团现已成为国内核岛主设备制造领域发展历史最久、产品配套最全、交付业绩最多、技术路线最广、装备能力最强、全球合作最深的核电装备制造集团。上海电气核电集团明确立足于制造本质，以数据为基础，充分以数据资源为新型生产要素，推动制造业完成数字化转型，从而增强智能制造能力及跨企业协调运行能力，促进产业优势整合。

七、案例视频

扫码观看案例详细视频。

数据驱动经济管理平台

依托数字化柔性技术连接服装产业供应链协同管理

上海三问家居科技股份有限公司

关键词： 数字化、服装产业、柔性供应链

摘　要： 未来，中国以大批量生产、低成本取胜的劳动密集型产业外迁到东南亚地区势不可挡，可以留下的大多是小批量、定制化的柔性制造产能。大规模制作的那种刚性生产，在面对个性化定制需求时，就像一拳打在棉花上，用多大力也是枉然。满足定制需求的关键在于实现智能化柔性生产。柔性生产的本质是使生产过程由厂家主导转型为由消费者主导，运用大数据技术和思维，实现消费需求与生产一体化。上海三问家居科技股份有限公司（以下简称三问家居）利用互联网技术连接供应链上下游中的面料/辅料商、工厂、服装企业、设备商、仓储物流企业等服装产业的相关角色，并助其升级，建立数据透明、高效协同的智能化柔性生产大网，服务服装产业，创造服装产业的良性生态环境，打造协同、敏捷、柔性的供应链。

一、场景透视：消费需求转变，服装产业转型，传统模式难以支撑

目前，为促进服装产业转型，国家号召服装产业实行供给侧结构性改革，从供给端进行转型，以带动服装定制市场的发展，为增长停滞的服装产业寻找新的出路。柔性生产的本质是使生产过程由厂家主导转型为由消费者主导，运用大数据技术和思维，实现消费需求与生产一体化。

服装产业供应链的链条长，SKU 数量多，涉及的企业非常分散，在设计和生产过程中有许多细碎的分解动作。在服装产业供应链上，服装企业通常会选择合作伙伴，各自分工，协同运作。但从实际情况来看，目前服装产业供应链的数字化、信息化水平整体不高，导致各节点的效率低下，大多数服装企业仍无法有效整合上下游供应链，柔性供应链更是无从谈起。事实上，已经有不少企业开始推进自身供应链的改造升级，但是，在供应链规划管理中遇到了一些实质性的难题。

① 供应链的整合难度大，投入资源多。

② 信息化程度不高，供应链上的企业难以协同。

③ 物流管理难度大。

尽管国内大多数服装企业拥有多个信息系统，但是这些信息系统没有被打通或有效集成，难以提供准确的运输数据。因此，一个以前沿信息系统为底层技术的开放性的柔性供应链平

台（一端可以连接市场需求的数据性分析，另一端可以连接柔性生产和物流），正成为服装产业供应链的集体性需求。

二、实施方案与技术应用：建立数字化柔性供应链协同管理平台，推动服装产业的协同应用

1．实施方案

三问家居利用 IT 和云服务技术连接自己所涉及的供应链上下游的客户、面料/辅料商、工厂等服装产业的相关角色，主要从设计和选材、销售订单处理、物料控制、面料/辅料采购、生产进度管控、外发生产、本厂生产、质量控制、财务应收/应付和成本控制等方面的管理入手，建立了数据透明、高效协同的数字化柔性供应链协同管理平台（该平台的整体架构如图 1 所示）。三问家居打造了协同、敏捷、柔性的产业协同供应链，从而确保了需求信息在供应链上的流转畅通，使供应链上的每家企业都能共享实时需求信息，进而共同采取行动，协作分工，并能根据销售订单、款式、工艺、价格等因素的实时变动而及时调整方案，以最快的速度满足客户需求，助力服装企业应对市场需求的变化，将传统大货生产模式转变为数字化快反生产模式。

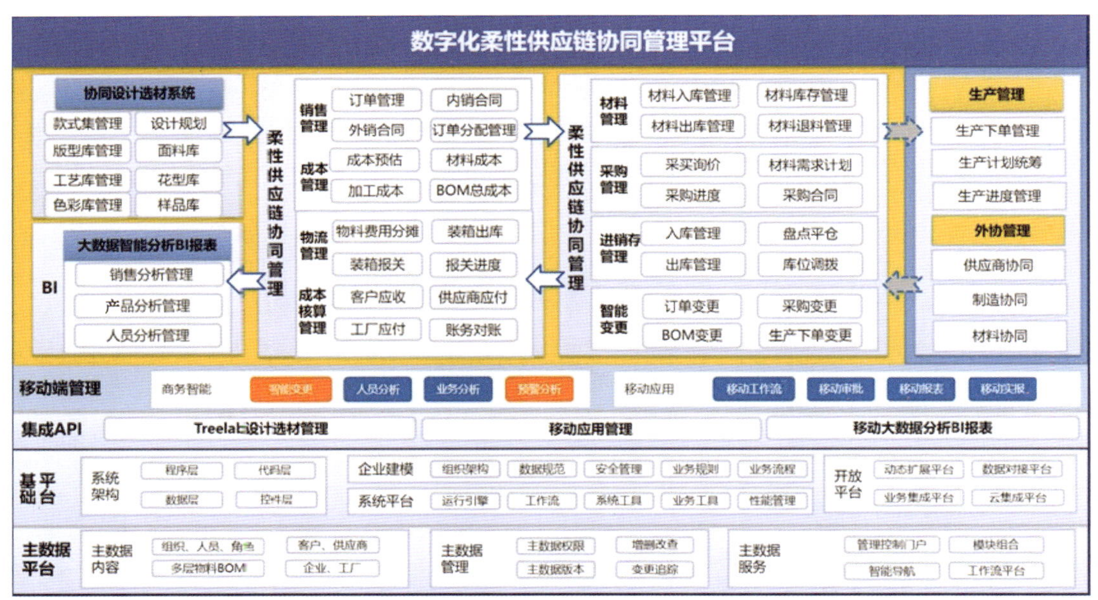

图 1　数字化柔性供应链协同管理平台的整体架构

2．技术应用

（1）智慧型柔性供应链系统

智慧型柔性供应链系统的建立：三问家居从设计和选材、销售订单处理、物料控制、面料/辅料采购、生产进度管控、外发生产、本厂生产、质量控制、财务应收/应付和成本控制等方面的管理入手，建立了完整的智慧型柔性供应链系统。智慧型柔性供应链系统的网络拓扑图如图 2 所示。

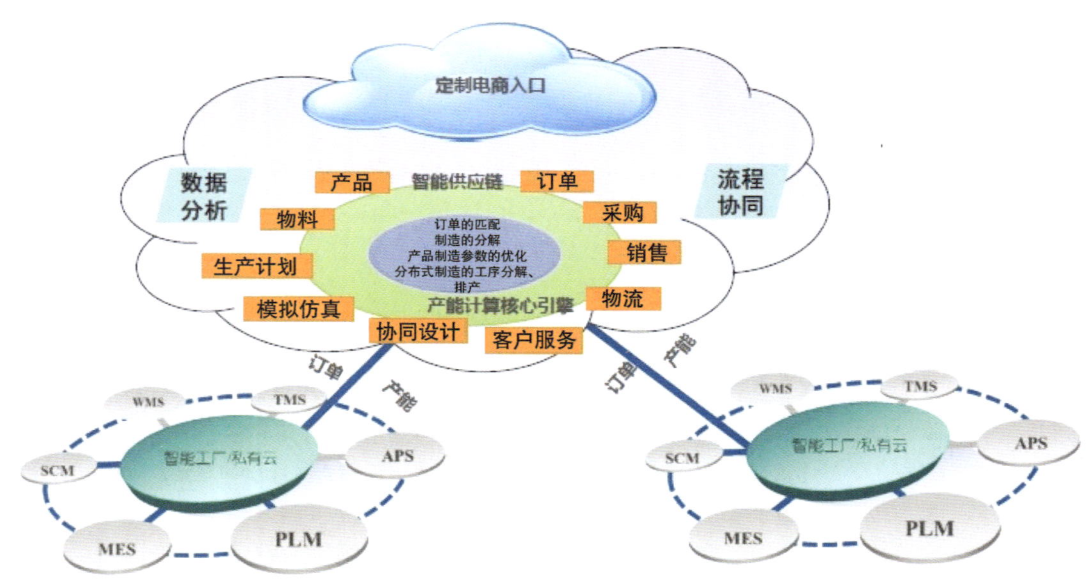

图 2　智慧型柔性供应链系统的网络拓扑图

（2）协同设计选材系统

企业可通过微信客户端或 PC 端登录协同设计选材系统。该系统包含了从设计规划到企业数字资产的管理，主要涉及款式库、版型库、工艺库、色彩库、面料库、颜色库、花型库、样品库等的管理（见图 3）。材料开发专员可以针对同一材料进行多家供应商询价，并记录对多家供应商的询价过程，最终选择一家合适的供应商报价作为默认报价及款式材料核价的标准。

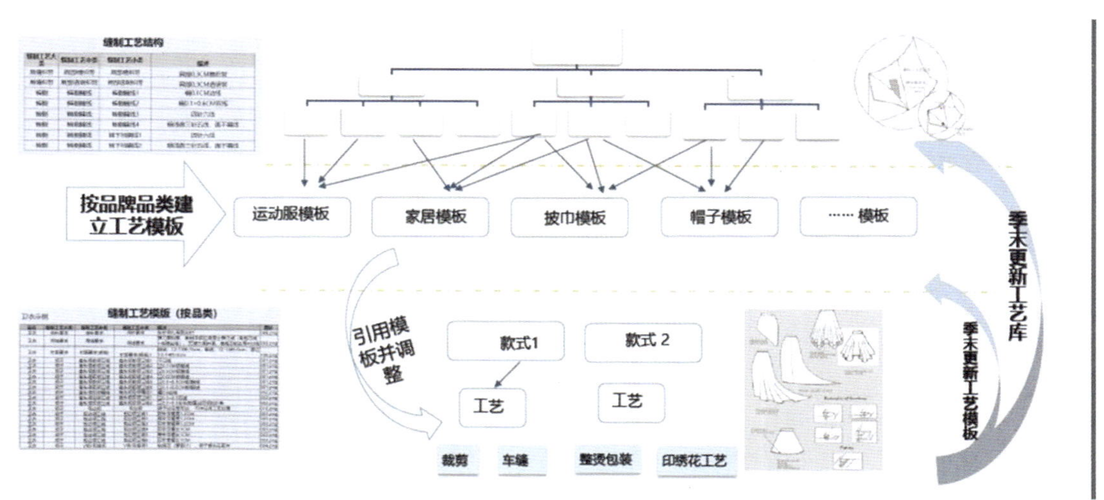

图 3　协同设计选材系统

（3）大数据智能分析系统——BI

大数据技术是大数据支撑平台子系统的核心能力，其中包括 MapReduce、分布式文件系统、分布式并行数据库等关键技术。建立大数据平台旨在高效地收集、存储、处理、分析和可视化海量数据，大数据平台的架构如图 4 所示。基于大数据平台，企业通过对智慧型柔性供应链系统和协同设计选材系统供应链上的所有系统数据进行归纳整理，利用大数据挖掘分析技术，从多个维度进行剖析，形成可视化的针对销售、产品、人员的移动 BI 报表（见图 5），对各项销售指标，从客户、类别、品牌、日期、年度、季度等多个维度进行观察，从而把握业务流程上每个节点的关键指标及其背后的意义，实现精益管理和快速决策，最终达到利用数据分析提高决策质量的目的。

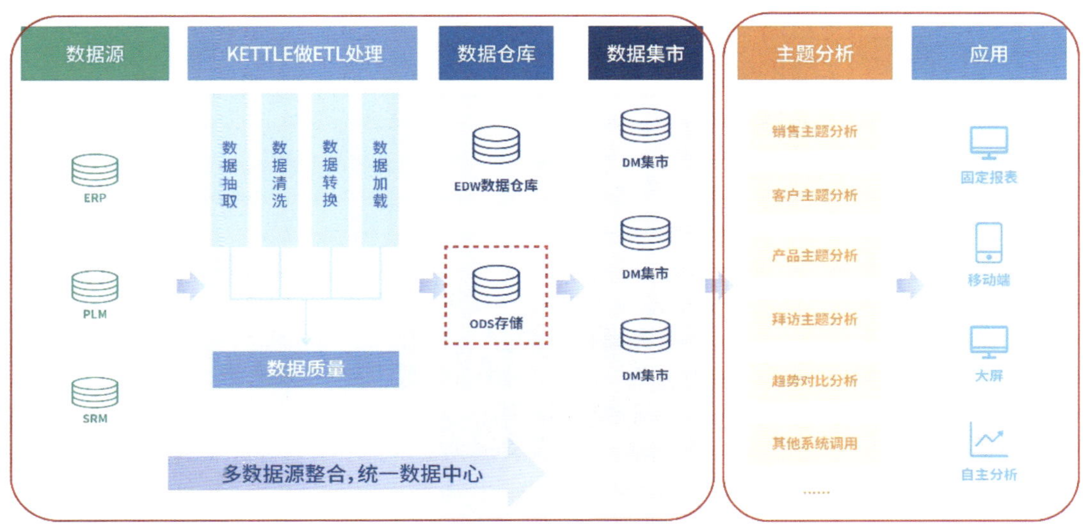

图 4　大数据平台的架构

图 5　大数据智能分析系统——B 报表

（4）移动应用管理 App

企业的业务人员可通过移动端应用查看供应商的相关产品报价，及时与供应商沟通。

企业的管理者可以通过移动端小程序查看各类分析报表，包括产品分析、客户分析、人员分析、外发分析等，辅助管理决策，提高决策效率和质量；可以通过移动端小程序及时处理各项办公审批事项；可以随时查看工厂订单的生产进度，通过生产执行情况的采集及图形化显示，跟踪物料状况及把握生产进度，并根据生产进度滚动排程，及时处理各种突发状况。移动应用管理 App 如图 6 所示。

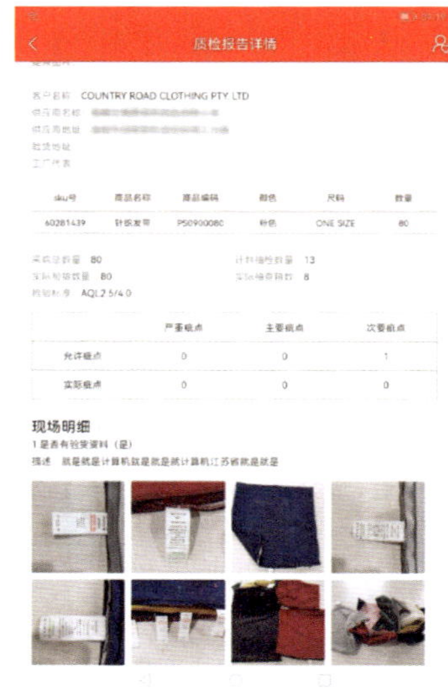

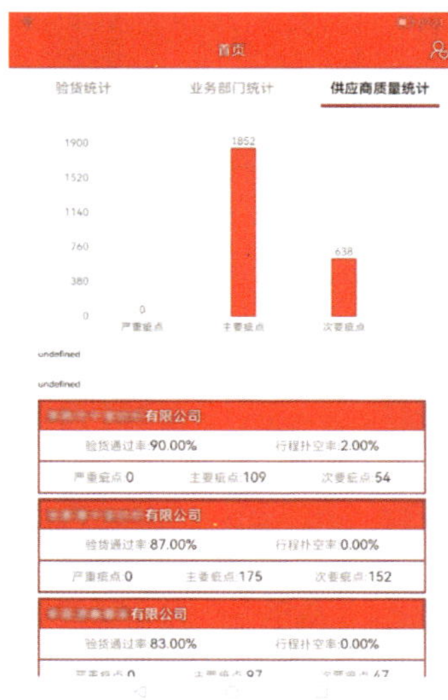

图 6　移动应用管理 App

三、实施效果

数字化柔性供应链协同管理平台在满足自身企业经营需求的同时，带动了供应链上下游的供应商和客户彼此共享信息，共同推进了服装产业的良性发展。在该平台上，不同用户可以选择适合自己的服务（目前该平台的使用量为 10 万人次左右），通过新兴技术手段提升自身的管理效率并和供应链上下游的用户建立业务联系，利用数字化手段将不同的服务进行连接来支持新的业务链，提升整个供应链的数据利用率，从而使服装产业供应链的综合回报率得到显著的提升。

该平台整合了企业的生产数据、财务数据、管理数据、采购数据、销售数据和消费者行为数据等资源，通过数据挖掘分析帮助企业找到了生产要素的最佳投入比例，实现了研产供销、经营管理、生产控制、业务与财务全流程的无缝衔接和业务协同，促进了业务流程、决策流程、运营流程的整合、重组和优化，推动了企业从金字塔静态管理组织向扁平化动态管理组织转变，进而利用云端数据集成提升了企业管理决策的科学性和运营一体化能力。

1. 制造工厂应用案例

制造工厂通过应用数字化柔性供应链协同管理平台，打通了与合作商的沟通渠道，提升了各部门的效率。订单通过线上数字化平台被下达，工厂在收到布料后进行打样和生产，全程所耗的时间由以前的 6～7 个月缩短至现在的 7 天，大大提高了工作效率。

① 生产计划部门。生产计划部门使用物料库规范管理功能，将面料/辅料基础信息标准化、规范化，从而减少了库存物料并提高了库存物料的利用率；使用正式订单一键导入功能，降低了手工输入的错误率，提高了下单的准确率和及时性，实现了一秒差异对比分析，完成了有效复检，使录入时间节省了 80%、效率提高了 90%；减少了以往大量用于输入订单信息的人工，使其转岗到更需要人力的岗位。

② 工艺部门。工艺部门依据款式库的图片列表规范，建立了标准款式库（包括款式图片、颜色和尺码、尺码表、BOM 表及工艺资料），并可通过款式图片快速定位对应款式的相关信息；使用款式工艺技术资料归档管理功能，规范地维护了经三方核价之后确认的款式资料。

③ 采购部门。采购是一道烦琐的工序，应采未采、已采未到、已到未到齐、已到齐有瑕疵等状况，加上复杂的生产要求，大大增加了工人的工作量。采购部门通过使用物料需求自动核算功能、采购询价签批流程管控功能、仓库物料允许多收控制功能，减少了人工计算时间；通过使用采购单价控制及物料控制功能，让采购逻辑变得更加清晰，提升了物控部门并单采购 MRP（物资需求计划）运算效率，使其更能轻松应对采购变更需求，以便快速满足订单生产计划（见图 7）。

图 7 面料需求计划单

④ 仓储部门。仓储部门通过使用品控检验扣损及入库记账功能、仓库盘点平仓管理功能，采用订单、物料、仓库联动的方式来满足仓库灵活运转的需求，并做到了区分入库数量与记账数量。入库数量代表实际接收的物料数量，可能包含因品控检验而扣除的损耗部分；而记

账数量则用于财务对账，确保财务记录的准确性。系统中的入库数量全面反映了包括折损在内的实际库存情况（见图 8），而记账数量则直接流转至财务系统进行对账。这种设计有效地避免了因数据不一致导致的对账难题，提升了采购部门与财务部门对账及库存盘点的效率。同时，由系统录入和区分，由人工盘点实物库存，对差异数据进行系统调整，提高了库存准确率，提升了仓储部门的工作效率。

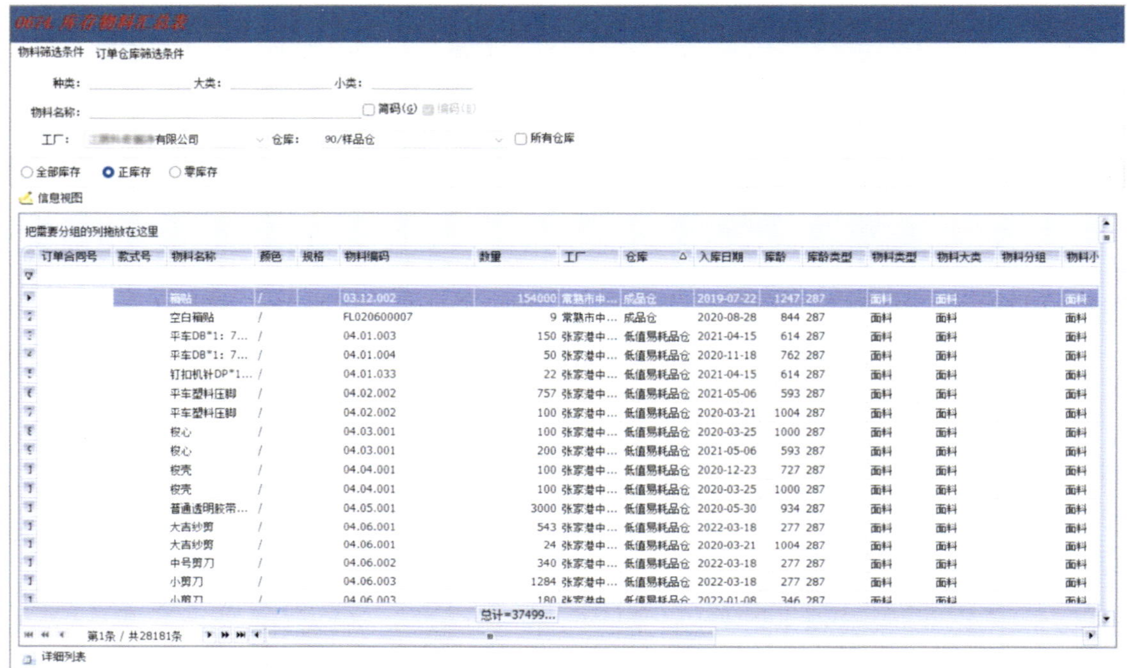

订单合同号	款式号	物料名称	颜色	规格	物料编码	数量	工厂	仓库	入库日期	库龄	库龄类型	物料类型	物料大类	物料分组	物料小
		箱贴	/		03.12.002	154000	常熟市中…	成品仓	2019-07-22	1247	287	面料	面料		面料
		空白箱贴	/		FL020600007	9	常熟市中…	成品仓	2020-08-28	844	287	面料	面料		面料
		平车DB*1：7…	/		04.01.003	150	张家港中…	低值易耗品仓	2021-04-15	614	287	面料	面料		面料
		平车DB*1：7…	/		04.01.004	50	张家港中…	低值易耗品仓	2020-11-18	762	287	面料	面料		面料
		钉扣机针DP*1…	/		04.01.033	22	张家港中…	低值易耗品仓	2021-04-15	614	287	面料	面料		面料
		平车塑料压脚	/		04.02.002	757	张家港中…	低值易耗品仓	2021-05-06	593	287	面料	面料		面料
		平车塑料压脚	/		04.02.002	100	张家港中…	低值易耗品仓	2020-03-21	1004	287	面料	面料		面料
		梭心	/		04.03.001	100	张家港中…	低值易耗品仓	2020-03-25	1000	287	面料	面料		面料
		梭心	/		04.03.001	200	张家港中…	低值易耗品仓	2021-05-06	593	287	面料	面料		面料
		梭壳	/		04.04.001	100	张家港中…	低值易耗品仓	2020-12-23	727	287	面料	面料		面料
		梭壳	/		04.04.001	100	张家港中…	低值易耗品仓	2020-03-25	1000	287	面料	面料		面料
		普通透明胶带…	/		04.05.001	3000	张家港中…	低值易耗品仓	2020-05-30	934	287	面料	面料		面料
		大吉纱剪	/		04.06.001	543	张家港中…	低值易耗品仓	2022-03-18	277	287	面料	面料		面料
		大吉纱剪	/		04.06.001	24	张家港中…	低值易耗品仓	2020-03-21	1004	287	面料	面料		面料
		中号剪刀	/		04.06.002	340	张家港中…	低值易耗品仓	2022-03-18	277	287	面料	面料		面料
		小剪刀	/		04.06.003	1284	张家港中…	低值易耗品仓	2022-03-18	277	287	面料	面料		面料
		小剪刀	/		04.06.003	180	张家港中…	低值易耗品仓	2022-01-08	346	287	面料	面料		面料

图 8　库存物料汇总表

⑤ 财务部门。财务部门通过使用数字化柔性供应链协同管理平台，提升了对账速度，降低了错误率。财务部门通过使用合同审批及发票管理功能、采购及加工对账管理功能、成本核算及财务管理功能，合理地管控了供应商应付及工厂应付，财务对账应付、实付、欠款汇总分析。

2．材料供应商应用案例

材料供应商原来没有与服装贸易企业和服装生产加工工厂共享信息，使得服装贸易企业和服装加工工厂在采购面料/辅料、询价、报价时信息不对称，不能迅速地得到采购询价信息和进行报价。通过在数字化柔性供应链协同管理平台上开设客户端账户，对生产供应链系统管理系统中的供应商管理、材料管理、库存管理及移动端管理系统的权限进行设置，材料供应商快速地与客户建立了连接，第一时间建立了询价和报价沟通机制（见图 9），并形成了交易合同，提高了沟通和管理效率；通过对需求端的快速反应，材料供应商及时调整了生产和库存管理。

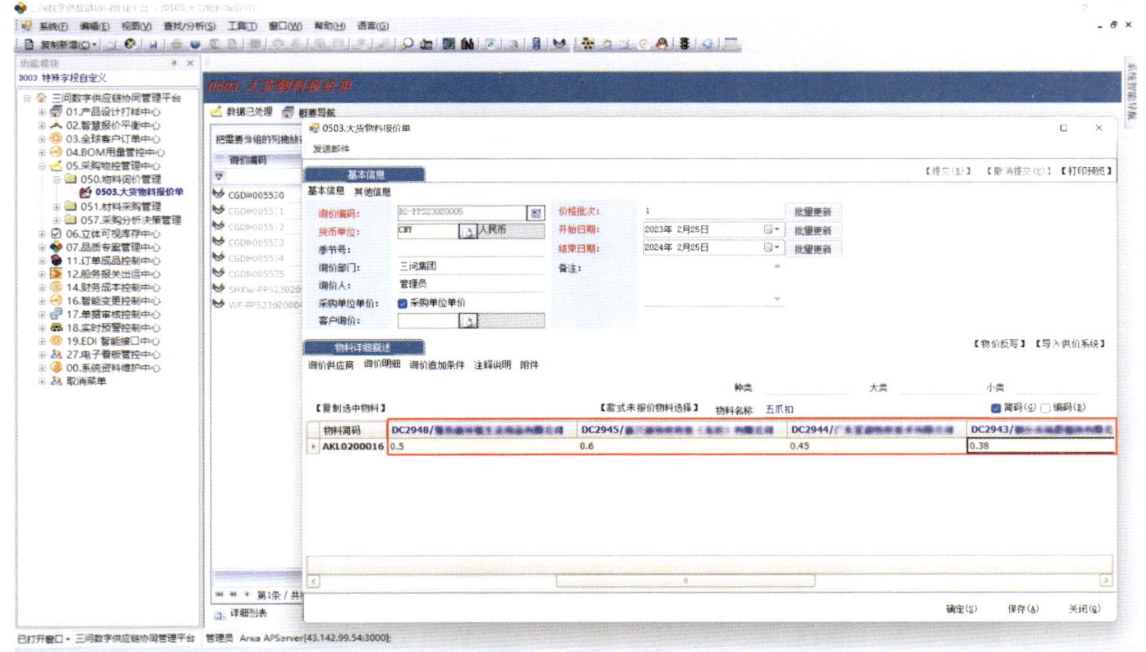

图 9　物料报价

四、经验总结与未来展望

1．经验总结

在开发与建设数字化柔性供应链协同管理平台的过程中，三间家居充分认识到企业数据资产的多样性和复杂性。因为需要对接的数据类型和部门纷繁复杂，所以三间家居需要持续保持高昂的工作热情和细心的工作态度，以便推进整个项目。

在开发与建设数字化柔性供应链协同管理平台的过程中，三间家居采用了整体规划、分步推进的方式：先把主干平台建设好，而后在主干平台的基础上，通过与不同企业一同实现共同开发并不断迭代更新，确保主干平台能够满足企业的真正需求，进而产生积极的效益，为后续的市场推广工作提供强有力保障。

① 规范了内部管理，固化了运作流程，实现了对经营流程各环节的优化和控制，提高了企业的管控水平，降低了企业的经营风险。

② 建设了统一的业务应用平台，实现了采购、销售、仓储、配送、技术开发、质量、计量集成管理和数据共享，帮助企业科学地制订了销售、采购、加工和配送计划，从而提高了整个供应链的能观性和能控性。

③ 实现了全过程的客户关系管理，与客户密切联系，科学地进行客户需求和行为分析，从而提高了客户满意度和忠诚度。

④ 实现了与供应商流程、数据的集成，与供应商密切联系，从而及时掌握了资金和订货动态。

⑤ 发展了电子商务，实现了在网上下订单、进行状态查询和资金结算。

2．未来展望

在后续项目的推进过程中，三问家居将持续优化中台战略发展理念，继续巩固项目基础，优化功能与性能，开展数据资产管理、数据开发、开放等能力建设；持续深化项目建设成果，提升数据治理能力，优化架构设计，促进平台效益显现；不断提升数字化柔性供应链协同管理平台的全层级能力，确保数字化柔性供应链协同管理平台的领先性；打造以数据为核心的新型基础设施，构建更高级的智慧生态，更好地为客户服务。

五、推荐语

三问家居建设的数字化柔性供应链协同管理平台调整了网络架构，统一了数据库，架起了高效通信的桥梁，着重于预订单的处理，快速满足了订单生产计划的需求；实现了精益管理和快速决策，以及从业务流、信息流、数据流到资金流的企业生态协同管理。

六、案例主体介绍

三问家居定位于“全球客户与供应商最有价值合作伙伴”，以“科技创新+原创设计+全球供应链管理”为核心竞争力，为全球中大型零售商和品牌商提供特色家居服饰的原创设计、营销企划及供应链管理一体化服务。三问家居拥有完备的供应链服务建设基础，拥有超过 1000 个上游供应商客户。三问家居通过建设数字化柔性供应链协同管理平台，形成了整个供应链的协作，可为整个供应链提供服务。另外，三问家居还从面料纱线、纺织印染、成品制造、品检包装、报关出运、收汇核销等方面建立了全流程控制的供应链管理系统，现拥有 3 家独资工厂、1 家海外控股工厂、200 多家合作工厂，并在供应商管理方面建立了严格的体系（涉及进入/退出机制、生产质量管控机制、评分管理机制等）。

七、案例视频

扫码观看案例详细视频。

柔性供应链协同平台

第二篇

“小快轻准”助力企业数智化转型

“小快轻准”数智化产品是企业数智化转型的重要工具。

本篇推出“小快轻准”数智化产品和解决方案的优秀案例，旨在提升广大中小企业的数字化水平。

本篇涉及碳纤维制造、医疗器械、养殖、钢铁、新能源、制药、装备等行业内的中小企业在研发设计、生产制造、经营管理、运维服务等单个或多个应用场景的软件系统、工业 App 及 SaaS 化应用，可为相关企业的数智化产品设计和运用提供借鉴与参考。

效率与质量的双重飞跃：低代码技术在新能源汽车测试管理中的创新实践

上海得帆信息技术有限公司
合众新能源汽车股份有限公司

关键词： 低代码、汽车行业、质量测试

摘　要： 本案例展示了如何在汽车企业中成功应用低代码平台来构建汽车质量测试工厂，优化测试流程。面对汽车行业对高质量、高效率测试的严格要求，哪吒汽车作为合众新能源汽车股份有限公司旗下的汽车品牌，一直受限于测试试验工作链路长、人工操作费时费力且易出错等问题。且由于测试资源较为紧缺，测试试验工作经常被迫延误。引入得帆低代码解决方案后，企业实现了测试流程的快速构建与灵活调整，节省了测试资源，实现了测试过程的闭环管理。同时，低代码平台强大的自动化能力确保了测试过程的标准化与一致性，有效降低了出现人为错误的风险。汽车质量测试工厂可有效收集测试数据，提升数据处理效率，挖掘数据价值。本案例的成功实践不仅提升了企业的整体测试管理水平，还为企业带来了显著的成本节省与市场竞争力提升，为汽车行业测试管理的数字化转型树立了典范。

一、场景透视：日益增长的测试试验工作量与日益落后的管理模式之间的矛盾

随着汽车行业的飞速发展，质量测试成为确保产品安全、可靠和满足用户需求的关键环节。在这个快节奏的时代，质量始终是汽车企业的核心竞争力。

我们经常看到“汽车召回”的新闻，召回往往意味着汽车存在质量问题或安全隐患。此时，企业不仅要承担高额的成本，包括生产线的调整费用、零部件的更换费用、运输费用和可能的赔偿费用等，还会失去消费者对品牌的信任，进而影响消费者的购买决策。这不仅会影响现有产品的销售，还可能为品牌未来的市场扩张和新产品推广带来阻碍。

因此，研发过程中的测试环节尤为重要。为了保证汽车质量，需要做大量的测试试验工作，以保证汽车的技术特性、可靠性、耐久性和环境适应性等。汽车测试试验工作一向是“大工程”，企业往往会遇到以下管理问题。

① 测试试验工作链路长，需要多个业务部门和管理平台共同参与。这一复杂的链路不仅跨越了产品设计、开发、测试、发布等各个阶段，还涵盖了需求分析、环境搭建、测试用例设计、测试执行、缺陷跟踪、回归验证和最终的测试报告编写等多个关键环节。

② 测试前期需要人工进行大量详细的规划和准备工作，测试过程安排和结果反馈同样

需要人工操作，且传统的测试流程往往涉及大量烦琐的文档编写工作。人工检测和操作具有效率低、费时费力且易出错的缺点，难以满足在快节奏的时代大规模生产汽车的需要。

③ 汽车企业自身的测试资源也较为紧缺，长期维持高负荷运转，一旦发生车辆未及时跟随试验任务流转的情况，就会导致资源浪费，且监控调度也存在困难。

那么，如何将测试试验工作统筹管理起来，在实现试验业务的信息化、标准化、自动化的同时，提升组织效率，降低执行成本，优化人力配置呢？

二、实施方案与技术应用：基于低代码 aPaaS 平台构建汽车质量测试工厂

1. 实施方案——低代码

汽车软件大多来源于自研和外购。自研需要做大量的代码开发、集成和交付工作，开发的周期很长，经常耗费几个月的时间，而且开发需要的人力成本非常高。在开发的过程中还会产生一些问题：做出来的功能不是业务人员想要的；随着业务的变化，系统功能会多次修改，增加开发成本；企业各个部门都上报类似的需求，做出来的应用是分散式的，缺乏统一的管理等。外购也有缺点：不同的供应商提供的应用不同，用户需要学习使用不同的应用，并做大量的应用间的集成工作。

经过多番调研与验证，哪吒汽车团队找到了得帆低代码解决方案。经过初步使用和验证，得帆低代码解决方案呈现出两大“先天优势”。一是低代码开发的速度非常快。相较于传统的开发工作，低代码开发的效率可提升多倍，开发所需的人工、开发周期、开发费用都可以得到大幅度的优化。二是低代码开发可以节省成本。因为哪吒汽车的系统建设工作都是业务驱动的，系统首先需要满足当前的业务需求；而外购系统经常需要付出额外的成本购买不需要的功能，但是用低代码就能够开发够用的功能。

2. 实施目标

因此，哪吒汽车团队计划通过得帆云 DeCode 低代码 aPaaS 平台构建覆盖测试全链路的汽车质量测试工厂（以下简称测试工厂）。测试工厂中包含试验管理、样品管理、试验车辆管理、资产管理等模块，力求实现以下目标。

① 测试资源（车辆、工具、设备、人力）线上管理，支持实时查询和及时追溯；车辆、工具、设备及人力资源和试验任务按需自动匹配，试验任务结束时，资源自动释放到资源池中。

② 试验、数据、问题全闭环管理，测试工厂贯穿整个试验过程，从试验设计、数据收集、数据分析到问题解决，形成一个完整的闭环；及时发现并分析问题，采取相应的措施迅速解决问题，降低试验风险。

③ 测试全链路平台化管理，覆盖测试用例选择、测试执行、问题处理等各个环节；统一各层级的测试业务、测试用例、测试报告和自动化测试设备，避免各层级部门重复开发测试管理平台，有效对各层级用例进行平台化管理，对自动和手动用例进行有效区分，最大限度地发挥自动化测试的效用。

④ 试验方法标准化、统一化，体现为制定统一的标准、明确试验原理和条件、规范试验

步骤、统一数据处理方法、编写标准测试报告，确保试验的每一步都符合规范，提高试验效率。

⑤ 原测试平台已上线 11 个模块、72 个基础模型进行自动分析，但目前还没有和试验任务紧密结合，计算和存储能力较低，使用率有待提升。测试工厂需要提高自身计算和存储能力，以提高数据处理效率，挖掘数据价值，并做到试验数据自动采集、自动分析，测试报告自动生成。

3. 实施计划

测试工厂项目于 2024 年 1 月 20 日完成定点评估，4 月 30 日完成第一个阶段的上线工作。在第一个阶段，测试工厂建设完成整车 DVP 管理、试验管理、样品管理等模块，如图 1 所示。

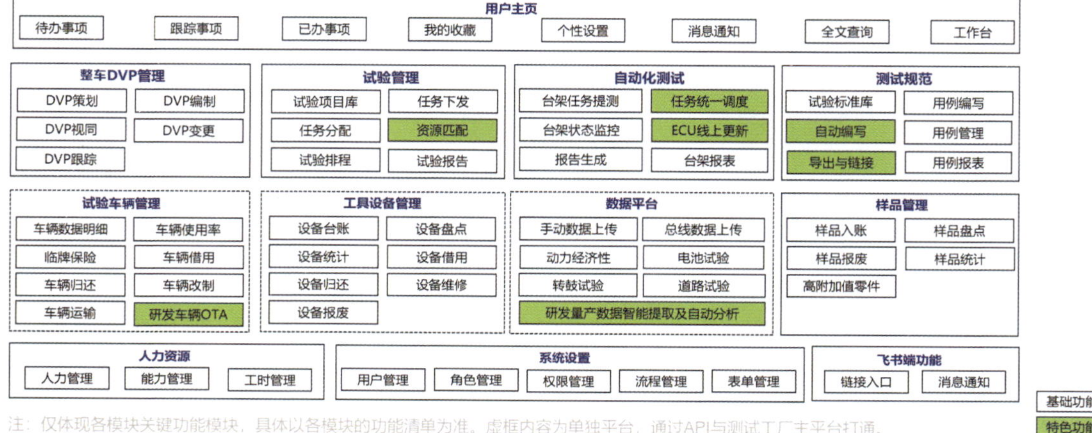

图 1　测试工厂应用模块

在第一个阶段，3 月 4 日项目正式启动。4 月 3 日，整车 DVP 管理、试制管理、测试规范—试验标准库、后台管理—角色权限、项目管理功能交付。4 月 7 日，生产环境部署完成。4 月 18 日，样品管理、试验管理、费用管理、首页应用—入口、消息提醒功能交付。4 月 30 日，第一个阶段正式交付完成并发布，开始试运行。

5 月上旬，哪吒汽车团队启动了用户培训和产品运营项目的资料交接工作，并在线上收集测试工厂的问题，每天召开日清会跟进。针对测试工厂的所有用户，哪吒汽车团队分模块每两周进行优化建议收集并讨论。5 月 16 日，哪吒汽车团队和得帆团队一起举行了第一个阶段的项目复盘会议，总结实施经验，并将其落实到未来第二个阶段、第三个阶段的实施过程中。

4. 低代码测试工厂模块详解

低代码平台通过预配置的表单和流程模板，将原本复杂的测试流程变得简单明了。用户可以通过简单的拖曳和配置操作，快速搭建符合自身需求的工作流程。这大大减少了人工操作，提高了工作效率。同时，低代码平台通过内置的数据验证规则和自动化计算功能，自动校验和计算试验数据，确保了数据的准确性。这大大降低了出现人为错误和疏漏的可能性，提高了测试的可靠性。

测试工厂项目的重点模块包括整车 DVP 管理、试验管理、试验车辆管理和资产管理，力求建立标准的测试流程体系，量化测试业务的标准、资源和指标，实现全流程业务的标准化操作、数字化管理，提升企业的自动化、智能化水平。

（1）整车 DVP 管理

DVP（Design Verification Plan）即设计验证计划，通俗地说就是试验计划书。编写 DVP 的目的是保证设计零件在将来的使用过程中满足设计要求，因此需要进行一系列的试验。整车 DVP 管理模块可满足业务方的线上整车需求（包括收集、规划、整合、发布等），实现标准化、数据化管理，具体包括以下功能。

① 整车 DVP 规划管理：试验集成经理创建 DVP，维护项目的基本信息。

② 整车 DVP 需求收集：用户提交整车/白车身 DVP 需求。

③ 车型配置管理：维护各个项目的具体配置信息。

④ 整车 DVP 发布：向下游试制和试验部门传递整车 DVP 需求。

整车 DVP 管理模块可将原先的线下收集工作统一到线上自动汇总，并进行可视化的展示（见图 2 和图 3），减少了试制车辆的数量，节省了约 30%的人力。通过规范的信息传递流程，下游试制部门可及时响应需求变化，提高了约 20%的生产效率；下游试验部门可进行更高效的资源匹配，有效节省了约 20%的设备或人力资源。

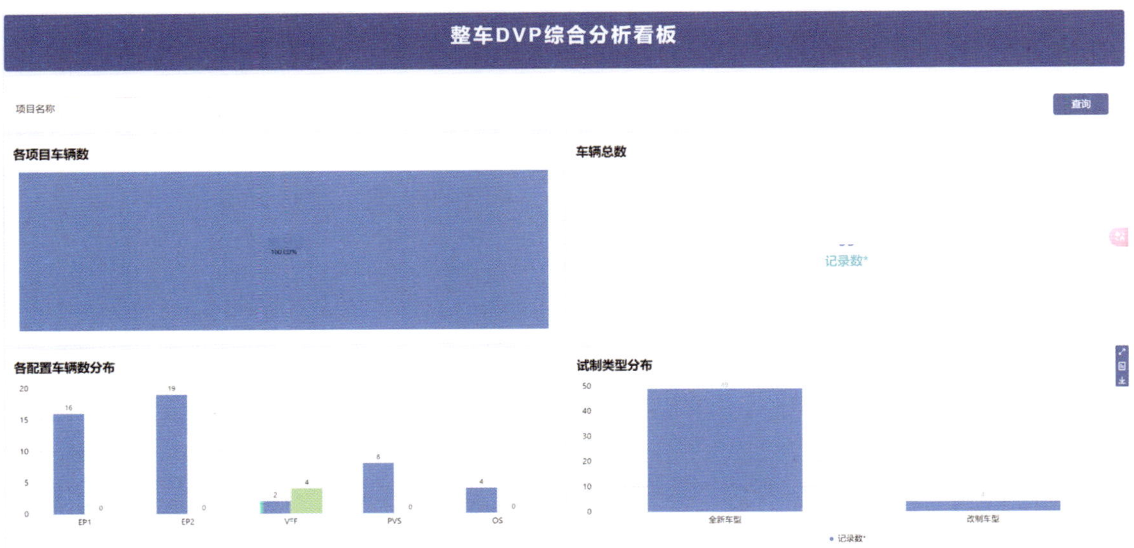

图 2 整车 DVP 综合分析看板

（2）试验管理

试验管理模块可实现试验任务管理自动排期，提升试验计划的管理效率；建立试验委托标准流程，规范试验申请和执行流程；基于试验委托实现与问题管理模块的衔接，从而实现试验问题的闭环管控。试验管理模块具体包括以下功能。

① 试验条目管理：各部门根据试验需求创建试验条目。

② 月度计划管理：根据上游整车 DVP 发布后的数据生成月度计划排期并同步至下游委

托任务中。

图 3　整车 DVP 任务进度看板

③ 试验委托管理：根据月度计划和紧急创建的试验任务生成试验委托，分配完资源后执行任务。

④ 试验委外管理：根据委托生成或各部门试验需求执行委外任务。

⑤ 测试报告管理：试验执行人完成试验任务后上传测试报告。该功能支持测试报告下载，如图 4 所示。

图 4　测试报告管理

⑥ 试验样品管理：根据委托任务需求提供样品，发起试验样品管理流程，支持试验样品的入库、接样、价值判断功能。

相较于原先的试验流程，试验管理模块可实现单个问题的提交时间减少 10 秒，排期时间减少约 30%，委托流程时间减少约 20%。

（3）试验车辆管理

试验车辆管理模块可串联试验车辆的整车 DVP 管理、试制管理、试验管理环节，并对各个环节进行闭环管理，建立和完善车辆入库、出库、使用过程中的标准化流程，实现车辆全生命周期的闭环管理，具体包括以下功能。

① 入库前：支持跟踪车辆生产及验收入库的进度。

② 入库后：支持跟踪车辆办理临牌、保险的情况，维护车辆的最新信息。

③ 使用前：支持用户发起并记录预约、借用申请情况。

④ 使用中：支持用户发起并记录车辆使用过程中的各项业务办理情况，如维修、改制、转借、续借、归还等。

⑤ 使用后：支持用户发起车辆处置流程。

⑥ 报表统计：支持统计车辆使用率，通过 TSP 获取车辆的在线状态等。

试验车辆管理模块实现了车辆全生命周期的闭环管理，降低了约 30%的人工追溯成本，提升了约 10%的车辆利用率；实现了车辆使用预约、车辆改制等信息全程线上监控，提高了信息的时效性，降低了 20%的人工线下沟通成本；大幅度减少了人工操作，无须依赖人工录入信息，提升了信息的准确性，预计提升 50%的信息更新速度；实现了在前台维护项目成员信息，不同的数据由不同角色的人员进行审批；实现了项目、角色级别的数据隔离，解决了车辆管理平台的审批人员需要在后台修改数据库的问题，预计降低 50%的数据库数据出现错误的风险。

此外，试验车辆管理模块可打通与 TSP 系统的接口，实现车辆数据的集中展示，如图 5 所示。用户无须切换平台即可查看全部车辆数据，车辆管理员也方便对试验车辆的软硬件版本信息进行管理。此模块还能有效计算车辆使用时间，方便车辆调用，提升车辆使用效率。

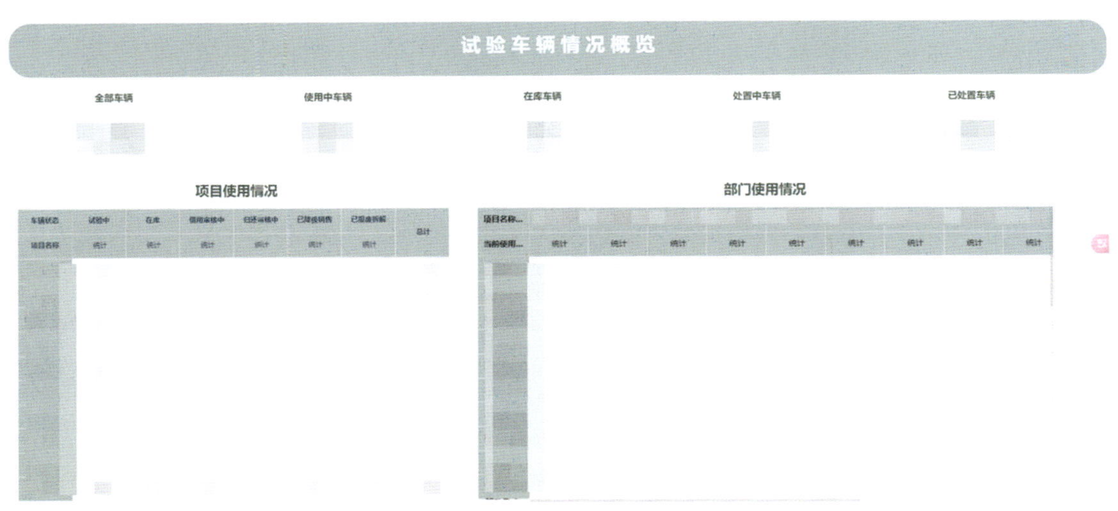

图 5　试验车辆情况概览

（4）资产管理

资产管理模块可对验证中心的资产进行管理，包括资产总表（见图 6）、资产入库、资产校准、资产领用、资产借用、资产归还、资产维修、资产验收。

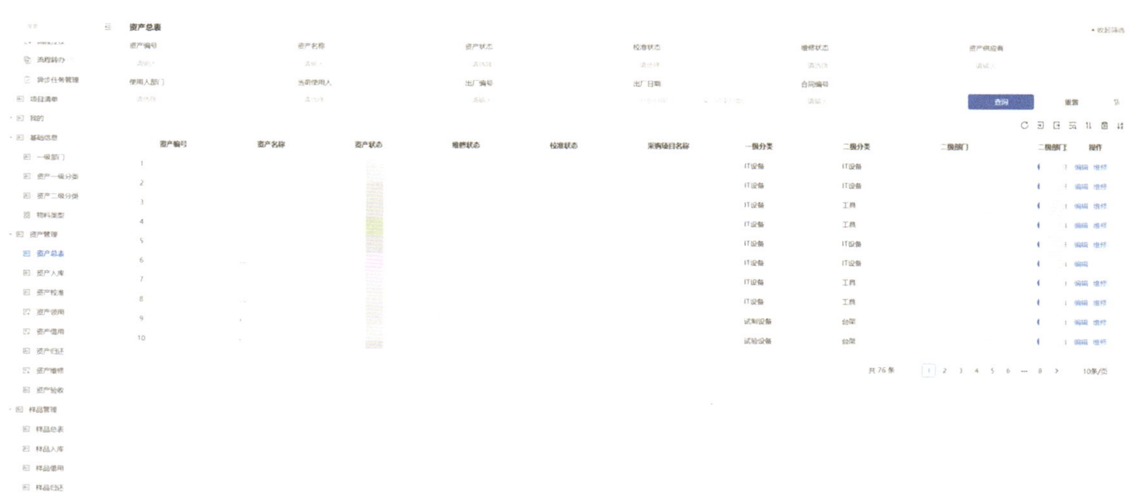

图 6　资产总表

资产管理模块可对资产的入库、校准、领用、借用、归还、维修、验收全流程进行管控，并生成统一的总表，实现对资产的高效利用和管理。

三、实施效果：实现试验任务的信息化、标准化、自动化

1．试验任务的进度清晰、可查询

原先，工厂试验任务主要依赖线下处理，缺乏全景业务的开展信息。现在，有了测试工厂后，试验任务全部实现线上流转，测试工厂能够动态实时更新业务状态及进度。同时，测试工厂还支持基于项目、组织、员工等各个维度实时查看报表信息，实现了车辆等资源的信息化管理、智能化排程，提高了资源利用率，节约了 20%的资源。

例如，验证中心目前共有 105 辆车，通过测试工厂的详细梳理，发现有 39 辆车可以释放到资源池中共用，优化了 37%的车辆资源，如图 7 所示。

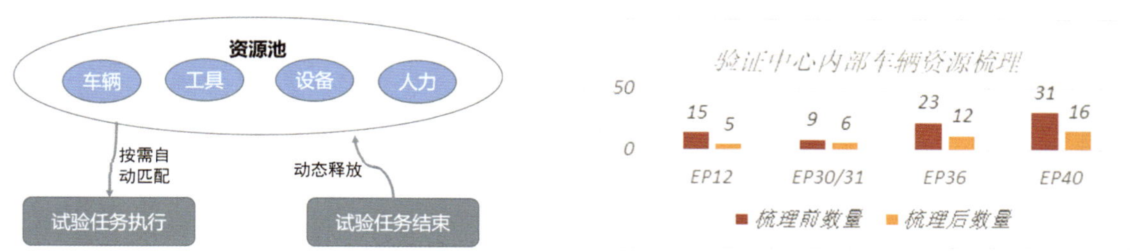

图 7　车辆资源池的使用方式和优化情况

2．自动化测试闭环管理

原先，自动化测试比较孤立，需要开展线下沟通，没有实现从需求对接到自动化测试的完整闭环；而且自动化测试管理平台因供应商而异，如座舱 HIL（硬件在环）、车身/动力 HIL、OTA（空中下载）自动化等，没有统一的业务管理平台。

现在，在测试工厂中，从需求提出到测试用例选择、软件包获取、软件更新、测试执行、测试报告提交、问题/状态信息更新等，都在线上完成闭环；基于自动化测试设备的 API，建立了统一的自动化测试管理平台，实现了任务调度、状态查看、测试报告反馈等功能。测试工厂还实现了试验数据自动采集、自动分析，测试报告自动生成，提升了 15%的试验效率；实现了测试全链路自动化、资源匹配自动化、平台交互智能化，降低了 20%的人员负荷。

例如，在实际道路续驶里程试验中，原来的流程是测试需要 1～2 天，分析也需要 1～2 天，并且需要使用 CANoe、Excel 等多种工具进行手动处理；现在，通过试验数据处理和分析平台的模型进行分析，可以一键实现数据的解读、转换、分析，自动生成相应的分析报告，并且结果会自动存入数据库中。这样一来，分析时间缩短至 2 小时以内，大大减少了人工干预。

3．测试全链路平台化管理，各层级测试结果可视化，测试资源高效匹配

原先，测试时需要找车辆、找工具、找设备、找人力，资源一直被占用，无法流转；线下查看车辆软件，需要找相关方要软件包及相关说明，软件更新也要在线下开展。

现在，测试工厂实现了车辆、工具、设备、人力资源的数字化管理，并将任务需求标准化，使任务自动匹配车辆、工具、设备、人力资源；任务完成后，资源会立即得到释放并重新流转。同时，整合 OTA 平台，当车辆软件和需求不一致时可一键远程更新。

测试工厂统一了各层级的测试业务、测试用例、测试报告和自动化测试设备，可以有效对各层级用例进行平台化管理，实现了各层级测试结果的可视化（见图 8），从而节约了测试资源，最大限度地发挥了自动化测试的效用，有效降低了 10%以上的测试负荷。

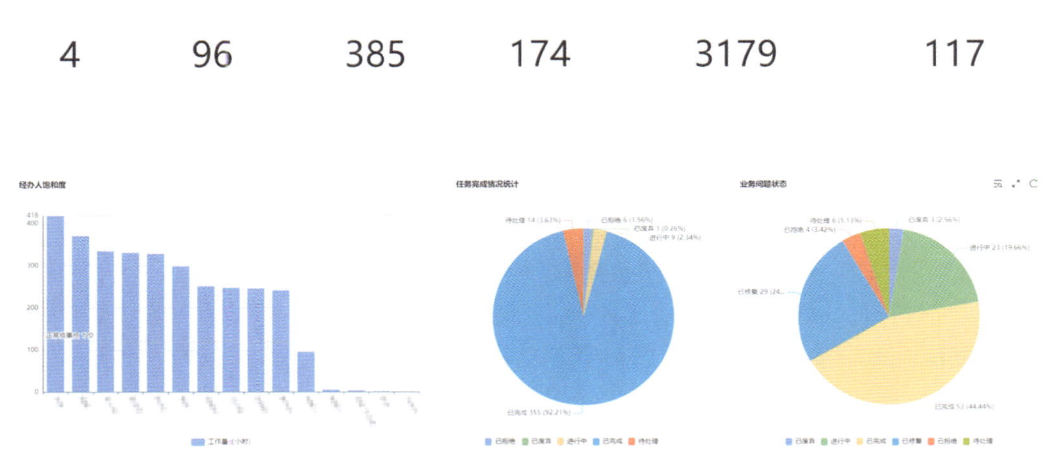

图 8 测试结果可视化

4．测试用例编写规范化、自动化

原先，在编写测试用例时，每次变更都需要人为识别测试范围；缺乏统一的编写方法，纯手动编写，部分模块的重复性操作较多，模块之间的差异较大；而且测试用例和需求之间需要手动连接，效率很低。

现在，测试工厂提供了一个统一的编写平台，该平台能够自动识别相关测试用例，并按规则自动编写部分测试用例。同时，该平台支持根据参数进行泛化处理，并将重复性模块编写成模板库。通过与需求平台的对接，系统能够根据 ID 实现自动连接，从而大幅度减少了人工操作。

5．数据闭环管理、高效利用

原先，试验数据需要通过线下流转和手动本地分析，采集需要 2 小时，分析需要 1～2 天；ADAS（先进驾驶辅助系统）在联合供应商开展试验时，缺乏独立采集、提取及分析数据的手段。

现在，充电、热管理和轮毂等试验数据实现了线上流转，通过模型自动分析并自动提交测试报告，分析过程以秒计算；同时，建立了研发和量产试验数据的远程配置，实现了智能采集、智能提取及自动分析的数据闭环业务，使相关人员能够快速发现问题并反馈至研发部门。

低代码技术的引入为哪吒汽车的测试流程带来了革命性的变化。通过简化流程、提高效率和准确性、强化数据收集与分析、促进团队协作与沟通、降低成本、灵活应对多种需求、统一检测标准等方式，测试工厂为哪吒汽车的测试流程注入了新的活力。

对哪吒汽车而言，在此次应用建设中产品开发、测试团队也受益匪浅。团队成员不仅快速掌握了低代码产品的使用方法，还获取了丰富的低代码知识和使用经验。哪吒汽车团队会将此次建设过程提炼为参考案例，将低代码产品推广到更多的业务部门，鼓励其他业务部门尝试搭建自己的低代码产品。哪吒汽车团队也会将这些建设经验复用到测试工厂项目二期和其他应用建设过程中，加速实现哪吒汽车的信息化。

四、经验总结与未来展望

在汽车企业的信息化和数字化建设中，以业务为导向是一种重要且有效的策略。业务是源头、目标，既是数字化转型的出发点，也是数字化转型的落脚点。以业务为导向强调数字化项目的规划和实施应紧密围绕汽车企业的业务需求进行，以确保数字化建设的成果能够真正服务于汽车企业的业务发展和战略目标。

在开发资源难以满足数字化需求的今天，汽车企业更应该以业务为中心，去掉不需要的编码工作，让 IT 人员集中精力搭建企业真正需要的东西，尽可能地节省开发资源和成本。低代码正是契合汽车企业业务灵活性与降本增效需求的解法之一，被视为一种潜在的新质生产力。它以更少的编码工作实现更快的应用开发，为汽车企业的数字化转型提供新的动力。汽车企业通过将低代码技术嵌入自身数字化体系中，能有效缩短软件开发周期，在面对快速变化的市场环境与业务需求时获得支持，使自身的市场适应性、敏捷性与抗风险能力得到进一步提升。

此外，大型汽车企业对于低代码平台的要求相对复杂且多元化，这主要源于大型汽车企业数字化建设的特殊性和复杂性。低代码平台已经展示了其在多方面的功能，如配置能力、公共底座、二次开发能力、集成能力等，并与敏捷开发、精益管理、DevOps 等方法和工具衔接。相信低代码平台能成为大型汽车企业信息化和数字化转型的得力助手。

五、推荐语

在竞争日益激烈的汽车制造领域，每一道工艺、每一个部件的质量都直接关系到品牌的声誉与市场的信任。本案例满足了汽车企业对高效、精准、灵活测试管理的迫切需求。通过直观易用的低代码平台，汽车企业能够迅速搭建定制化的测试流程，自动执行复杂的测试场景，显著提升测试效率与质量把控能力。低代码平台不仅极大地降低了汽车企业的测试成本，提升了组织效率，还加速了产品上市周期，助力汽车企业在激烈的市场竞争中脱颖而出。

六、案例主体介绍

得帆隶属于上海得帆信息技术有限公司。上海得帆信息技术有限公司（以下简称得帆信息）成立于 2014 年，总部位于上海，是中国领先的低代码 PaaS 平台企业。公司专注于企业级软件高生产力低代码领域，致力于为国内外头部企业提供数字化解决方案。IDC 报告显示，得帆信息在低代码市场稳居领导者地位。其核心产品包括得帆云 DeCode 低代码 aPaaS 平台和 DeFusion 融合集成 iPaaS 平台，两者相辅相成，能够满足市场对快速开发应用与集成服务的需求，并支持个性化定制。此外，得帆信息还推出了 DeMDM 主数据管理平台及 DeAI 海豚大模型等产品，助力企业数字化转型。

哪吒汽车是合众新能源汽车股份有限公司旗下的汽车品牌，其母公司合众新能源成立于 2014 年，秉持“电动化、智能化、网联化”的发展理念，致力于让高品质智能电动汽车触手可及。“哪吒”作为中国传统文化中的重要 IP，是勇敢、自信、无畏的精神化身。合众新能源汽车股份有限公司旗下的汽车品牌以“哪吒”命名，是对哪吒精神的高度致敬，也是其在当下新科技、新能源、新时代背景下的再一次升级。

七、案例视频

扫码观看案例详细视频。

低代码赋能汽车测试

低代码快速响应的 MOM 制造运营管理系统，赋能碳纤维制造行业成本优化与管理能力提升

上海晋飞碳纤科技股份有限公司
上海才匠智能科技有限公司

关键词： 碳纤维制造、成本优化、低代码、MOM 制造运营管理系统

摘　要： 在当今的企业竞争格局中，成本控制与优化成为制造企业应对市场挑战的关键。碳纤维复合材料产品制造企业正面临着如何寻求更精细的成本策略、更精准的物料追溯流程，以提升生产管理透明度、破解管理能力提升难题的困境。为此，上海晋飞碳纤科技股份有限公司引入 MOM 制造运营管理系统，驱动碳纤维复合材料产品生产全过程的精细化管理和智能化转型，促进成本优化。该系统通过低代码平台快速定制管理模块，利用智能移动终端与工序级的实时反馈机制，极大地提升了生产效率与生产管理透明度，缩短了约 15%的生产周期。同时，该系统将成本核算精准细化至每道工序，不仅加速了核算过程，而且通过深度分析工时、材料使用及工序成本，有效规避了潜在的浪费与效率瓶颈，降低了 10%～15%的企业运营成本，提升了运营的透明度与控制力。

一、场景透视：生产过程与成本难以把控

碳纤维复合材料产品的生产流程复杂，生产过程中的原材料损耗、设备维护、人工等成本项繁多且受各种因素的影响，这对生产管理和成本控制提出了较高的要求。过去，生产环节的信息传递主要依赖手工记录和 Excel 表格进行管理，限制了企业实时洞察生产动态与精确把控成本的能力。尤其是在应对市场与生产多样化的挑战时，碳纤维复合材料产品制造企业遇到了以下难题。

① 生产“黑箱”。由于生产环节众多，涉及原材料采购、编织、预浸、固化、切割等多个步骤，在传统管理方式下，这些环节的生产数据依赖手工记录与纸质传递，与 ERP 等核心系统脱节，形成“信息孤岛”。管理人员难以获取实时、全面的生产信息，决策过程如同在黑暗中摸索。

② 成本核算的“模糊地带”。成本控制依赖周期性的汇报，从原材料消耗、人工成本到设备利用率，各项成本分摊较为宽泛且滞后。这种“后视镜”式的成本分析难以精确到工序级，很难快速定位成本超支的原因，阻碍了改进策略的实施。

③ 物料与质量追溯难。在质量追溯和物料流转方面，问题产品的源头追溯复杂，物料损耗与账目不符问题时有发生。同时，库存管理存在时而过剩、时而短缺的情况，无形中增加

了成本管理的复杂度与负担。

二、实施方案与技术应用：以制造企业经营管理+财务核算+生产管控的视角，切实降低企业成本

1. 实施方案

碳纤维复合材料产品制造企业在生产过程中普遍存在原材料浪费、生产浪费、不合格品返修浪费等问题。上海晋飞碳纤科技股份有限公司（以下简称晋飞碳纤）携手上海才匠智能科技有限公司（以下简称才匠智能），以制造企业经营管理+财务核算+生产管控的视角，通过部署 MOM 制造运营管理系统（以下简称 MOM 系统），实现了从原材料进厂、生产流转到产品离厂全过程“人、机、料、法、环”的数字化记录与管控。MOM 系统覆盖了从主料、辅料、包材、人工到制造所有成本要素的精细化核算与控制，以提高工人绩效、缩短产品生产周期、减少质量过失，切实降低企业成本。具体的系统架构概览如图 1 所示。

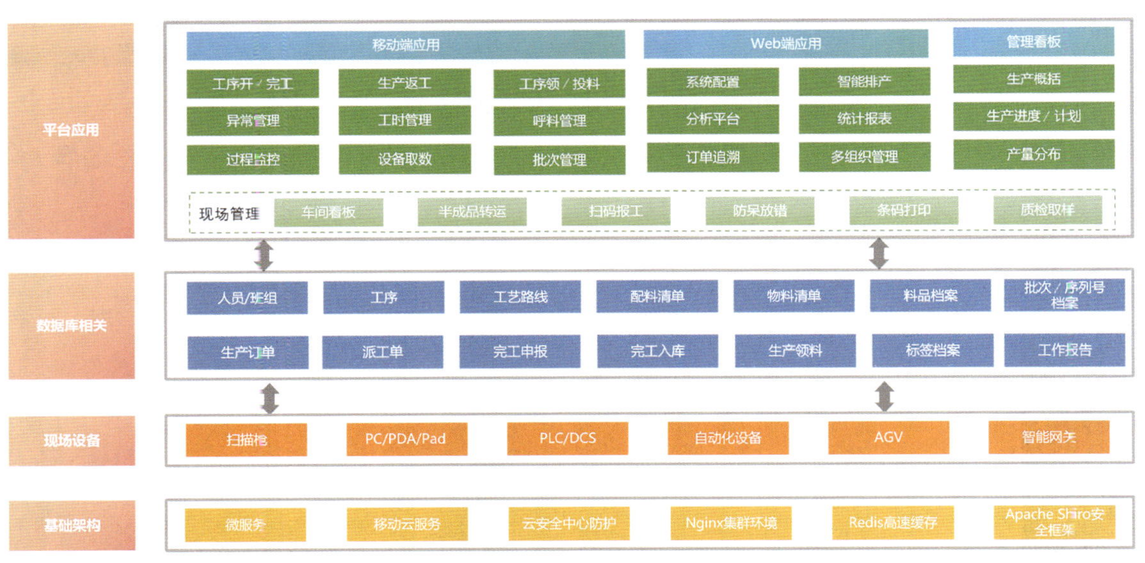

图 1　MOM 系统架构概览

（1）打破生产“黑箱”，实现生产过程透明化

在引入 MOM 系统后，晋飞碳纤以往依赖手工记录与纸质传递来追踪生产进度的传统模式被移动端 MOM 系统的完工录入功能取代，系统界面如图 2 所示。在碳纤维复合材料产品的制造流程中，从原材料入库到织布、预浸料制作、裁切、模具成型、机械加工，直至最终成品出库的每一个环节的物料库存状态、生产进度和质量情况都能被系统准确、实时记录并监控。

管理人员只需在系统上查看可视化图表，就能直观了解生产线上的每一项活动，包括特定订单的进度、各项作业人员的状态、设备使用状态和任务进度。通过“标准工时汇总”界面（见图 3），可以看到各个订单的开/完工状态、开工时间等。此外，MOM 系统可实时监控

树脂浸渍过程的关键工艺参数（如温度、压力、树脂黏度、浸渍时间等），确保每一批次的复合材料品质稳定；在裁切过程中自动记录裁切尺寸，精确追溯所需的不同规格的材料，大大减少了人为错误和查询时间。管理人员无须现场巡查，即可掌握生产动态。

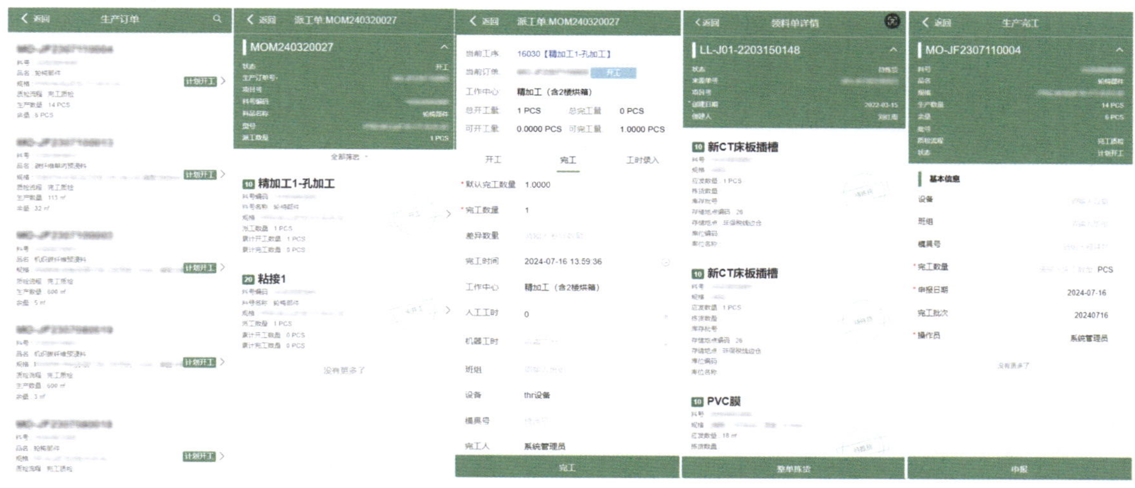

图 2　移动端完工录入界面

图 3　“标准工时汇总”界面

值得一提的是，在面对新冠疫情带来的挑战时，晋飞碳纤展现出了非凡的协同能力与创新精神，成功实现了管理人员居家远程监管与工厂现场工人高效协同的生产管理模式。这得益于其引入的 MOM 系统。这种远程管理与智能化生产相结合的新模式，不仅打破了新冠疫情期间的物理隔离限制，还极大地提升了生产效率与管理水平，为晋飞碳纤在复杂多变的市场环境中保持竞争力提供了强大的支撑。

（2）实现工序级的精细化成本核算与控制

晋飞碳纤在引入 MOM 系统后，将成本控制细化到了每道工序，使材料费、人工费及能耗等每笔开支都能得到精细化追踪和可视化呈现，具体的成本管理生命周期如图 4 所示。MOM 系统不仅提供了年度、月度生产成本的全景视图，还实现了对期初库存、发出量及期末库存的成本变动进行深度分析。即便处于在制品状态，MOM 系统也能实时计算其原材料成本，并层层追溯至上游供应商的成本细节，这一功能赋予了财务部门前所未有的成本追溯能力。

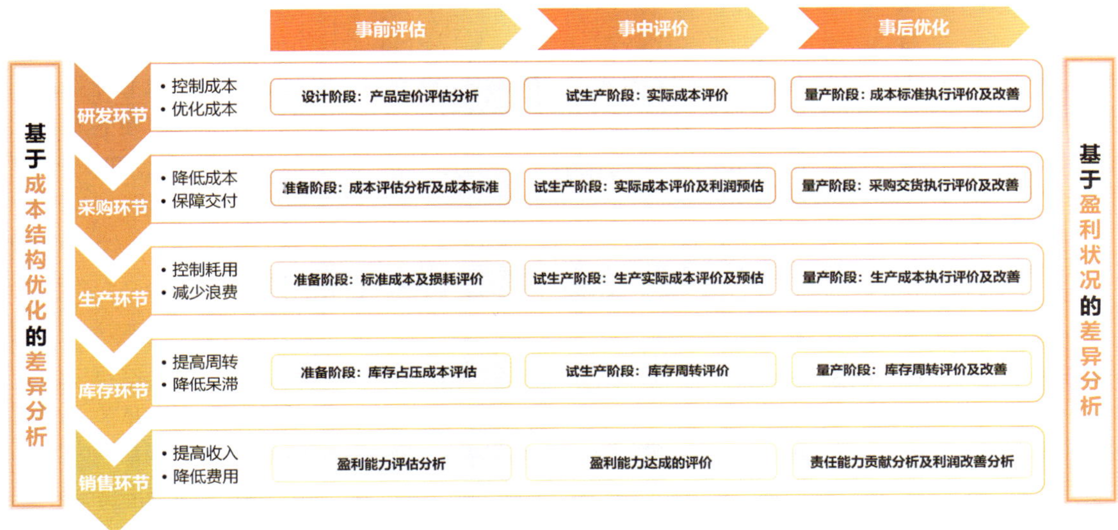

图 4 MOM 系统成本管理生命周期

MOM 系统还为财务部门装上了“透视镜”。通过 MOM 系统，财务部门可以更精细地追溯到单个产品的成本构成。具体的成本核算要素如图 5 所示，包括“料”（直接材料）、“工”（直接人工）、“费”（制造费用）三个部分。

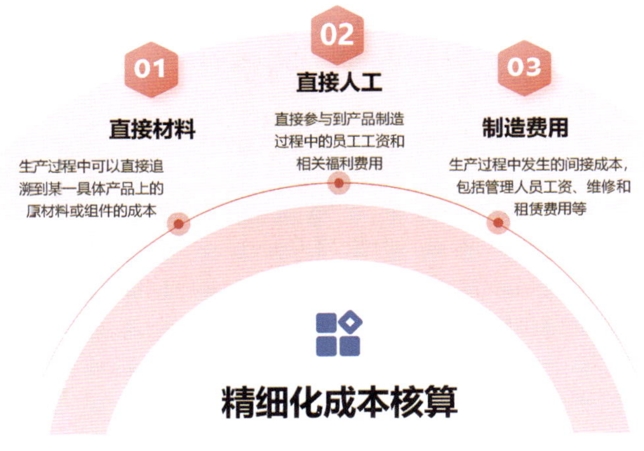

图 5 MOM 系统成本核算要素

在“料”方面，以往面对因 BOM 不准确或其他原因发生的物料损耗而导致的账实不符情况，财务部门往往采取简单均摊的策略，即将物料的损耗成本均摊到每笔订单上。这种做法使未使用该物料的订单也分摊到了不合理的原材料成本，导致单个产品的成本构成数据失真。在引入 MOM 系统后，晋飞碳纤实现了对生产线上每道工序领料情况的实时追踪与记录，并据此按实际领用比例分摊成本，使单个产品的成本构成数据更加精准。即使供应商的原材料价格上下波动，MOM 系统也能根据每个批次各种原材料在各道工序中的实际用量，精确计算单个产品的直接材料成本，确保成本构成数据的时效性和准确性。

在“工”方面，原先财务部门通常会在记录总工资后将工时简单均摊到每笔订单上，忽略了不同订单在工时上的实际差异。在引入 MOM 系统后，晋飞碳纤实现了工序级的成本要素记录。即使涉及多个部门协作的订单，也能够清楚计算出每道工序所涉及各个部门的实际工时消耗，使单个产品成本构成的工时部分更加贴近实际情况，避免了工时记录不准确导致的成本分摊偏差。

在“费”方面，传统的做法是将制造费用按照一定的标准（如人工工时或机器工时）进行平均分配。这种做法虽然简便，但并不总能反映出真实的成本状况。在引入 MOM 系统后，财务部门通过在生产过程中详细记录各个成本要素，不再简单地将这些制造费用视为一个整体，而是根据不同的成本动因进行细分，包括车间管理费用、折旧费用、维修和租赁费用、能源消耗成本等。制造费用的分配不再是一次性的事，而是可以根据生产过程中的实际需求进行动态调整。例如，如果某一批次的生产过程因设备故障导致额外的维修费用增加，那么这部分额外的费用就可以按照实际发生的情况进行分摊，而不是均摊到所有批次上。

此外，通过对比单个产品的实时成本，财务部门可以识别成本偏差，并快速反馈至销售部门和生产部门，促进成本控制和策略调整。例如，通过 MOM 系统计算出废品率为 5%，生产部门可据此精确调整投料比例，在客户需求为 100 个单位时，通过投料 106 个单位来有效应对潜在损耗，提高生产效率。在发现某批次产品的合格率低于标准值时，检验部门可立即通知产品技术部门介入整改，及时调整生产过程，提升产品质量与资源利用效率。

（3）实现物料追溯全链路的智能化管控

鉴于碳纤维制品广泛应用于航空航天等对质量要求极高的领域，晋飞碳纤通过应用 MOM 系统，搭建起从采购、生产至成品出库的全链路智能物料追溯体系。

MOM 系统会为每种物料赋予二维码等唯一标识，全程跟踪物料在每个流动环节的数据，包括时间、位置、数量、状态、使用的机器、操作人员及质检结果等。对于任何产品或部件，都可以通过扫描其身上的二维码追溯到生产批次、原材料和质量，确保快速定位和处理质量问题。一旦发现不合格物料，系统就能迅速隔离并追踪其流向。

此外，MOM 系统可利用 AI 和大数据技术预测物料的需求趋势，优化库存水平和采购计划，降低物料浪费和供应中断风险。

2. 技术应用

MOM 系统凭借与底层低代码技术的深度融合，实现了“小快轻准”个性化应用的快速构建。通过简单的拖曳和配置操作就可以“小”巧地构建个性化应用，并“快”速响应企业的定制化需求。MOM 系统不仅支持本地私有化部署，还兼容云端“轻”松部署。此外，MOM

系统支持工业平板、移动手机和计算机的跨平台操作。无论管理人员身处何地，皆能无缝“准”确接入管理流程，提升工作效率与协同能力。

① 低代码快速构建个性化应用：才匠智能通过自研的低代码平台，实现了只要通过图形化的界面和拖曳式组件就能帮助企业迅速构建应用程序。企业无须编写大量代码，即可根据自己的业务流程和需求定制表单和报告。

② 可视化报表实时洞察生产动态：MOM 系统通过易于理解的仪表板、报表和多种类型的看板，以图形化的方式展现关键生产指标，便于管理人员通过实时数据监控功能及时了解生产状况和潜在问题，以便快速做出决策。

③ 多平台与远程支持：MOM 系统通过响应式设计确保应用能够在不同屏幕尺寸和设备类型（如工业平板、移动手机和计算机等）上使用，方便管理人员随时随地查看所需的信息。

④ 云原生技术增强可扩展性：除传统的本地部署外，MOM 系统还支持云端部署，以提供更高的灵活性和可扩展性，并采用微服务架构增强系统的可维护性。

⑤ 高度集成与数据同步能力：MOM 系统提供 API，方便与其他系统（如 ERP、CRM 和 SCM 等）轻松集成，实现数据的无缝流转，确保所有相关系统之间的数据保持一致性和准确性。

三、实施效果：碳纤维制造行业数字化运营管理的转型升级

1．经济效益

晋飞碳纤通过应用 MOM 系统，成功打造出一个透明、高效的生产运营环境，大幅度提升了生产流程的可视性和可控性，减少了成本浪费。

具体而言，晋飞碳纤通过对生产过程的实时监控与智能调度，打破了生产“黑箱”，缩短了 10%～15%的生产周期；通过精确到每道工序的工时和物料成本核算，降低了约 8%的总生产成本；通过系统自动计算投料量，避免了原材料的过度消耗；通过对物料流转的精准记录与管控，减少了库存积压与损耗，提高了 10%的物料流转率，进一步优化了资金占用情况。原先需要专人负责的统计工作，现已被系统自动化取代，统计员能够将精力投入更高价值的工作中。同时，通过系统提供的实时成本对比和财务指标监控，管理人员能够迅速识别成本偏差，及时调整策略，避免财务风险。

MOM 系统使财务预测和预算制定更加精准，支持晋飞碳纤在快速扩张中实现财务稳健。三年来，在未增加财务部门人员配置的情况下，公司实现了年收入规模不断增长，这都要归功于 MOM 系统带来的效率提升革命。

此外，通过对生产数据的深度分析与预测，晋飞碳纤能够更精准地制订生产计划，减少了过剩生产和库存积压，降低了库存持有成本，加快了资金周转，提高了资产使用效率。MOM 系统的应用还减少了人工错误，提高了订单执行的准确性和客户满意度，间接促进了收入的增长。

2．社会效益

在社会效益层面，本案例的成功实践凸显了基于低代码快速响应的 MOM 制造运营管理

数字化解决方案在新材料制造行业中的巨大潜力。MOM 系统不仅适用于碳纤维制造行业，还适用于服饰纺织、复合新材料、航空航天、汽车制造、体育器材等众多高科技及精密制造行业。这些行业内的企业大都面临着产品复杂度高、工艺流程精细、成本控制严格等挑战，MOM 系统的精细化成本管理、实时监控和资源优化能力，恰好能有针对性地解决这些痛点，提升整个产业链的运作效率与可持续发展能力。

在环保与“双碳”目标的背景下，MOM 系统对能耗的精细监控和对资源的优化利用，还可以助力企业减少碳排放，实现节能减排。例如，MOM 系统的精确领料和按需供应功能能够减少剩余原材料，避免不必要的环境污染；能耗监控功能能够实时监测生产过程中的能源使用情况，帮助企业识别高能耗环节并采取节能措施，减少碳足迹，顺应全球绿色发展趋势，为实现国家“双碳”目标贡献力量。

通过低代码技术的快速部署能力，MOM 系统有效降低了企业数智化转型的技术门槛和成本，使更多中小企业也能享受到智能制造带来的红利。通过精细化的成本管理、精确追溯“料”“工”“费”，MOM 系统可以帮助企业有效控制生产成本，提高资产使用效率，加速整个行业的数字化进程。

此外，才匠智能联合晋飞碳纤通过举办研讨会、分享会等形式，积极向行业内外输出其数智化转型经验，带动了区域乃至全国范围内碳纤维及相关制造行业的产业升级，为实现智能制造的普及和技术的进步贡献了力量。

四、经验总结与未来展望

1. 经验总结

复盘来看，此案例成功的关键在于：通过系统间的无缝对接，打通了从生产、质量控制到销售发货、成本核算的全链路数据流，实现了信息的透明化与实时互通。在项目启动之初，才匠智能对各个生产环节面临的挑战进行了深入调研，强调问题导向，确保了系统部署的有的放矢。在实施过程中，才匠智能紧密围绕问题解决，确保了每一项措施都能够直击要害。在系统正式上线前，才匠智能经过充分的用户培训、数据迁移和严格测试，避免了可能出现的混乱，保证了用户对新系统的快速适应与高效使用，帮助企业实现了协同作业与高效管理，形成了一套可操作性强、易于迁移的管理模式。这一系列实践证明，企业进行数智化转型，一定要精准把握问题，周密规划实施路径，充分做好前期准备与培训工作。只有这样，才能有效跨过转型门槛，实现管理与运营的质变，为产业的持续创新与升级奠定坚实的基础。

2. 未来展望

未来的二期项目，计划在现有成效的基础上推进对物联网的全面改造，实现数据自动采集与互联互通；并对系统进行升级，使其通过对生产现场的智能化感知与远程监控实时获取生产数据，提升设备使用效率与维护响应速度。

在此之上，二期项目将融合 AI 与大数据技术，结合历史数据与市场数据，提升系统的生产预测能力，帮助企业有预见性地灵活调整生产节奏、产能规划，优化库存管理。

针对碳纤维原材料价格高昂且波动较大的问题，二期项目将着重构建实时响应的成本控制机制，引入更先进的算法模型，实时追踪原材料的价格变动情况，并对生产各个阶段的成本进行更精细的追溯与优化分析，帮助企业实时洞察成本变化，快速调整策略，锁定利润空间。

五、推荐语

晋飞碳纤的转型之旅，生动诠释了 MOM 系统在碳纤维制造行业的强大推动力。通过应用 MOM 系统，晋飞碳纤实现了制造运营的全面升级。MOM 系统如同一座桥梁，连接了车间现场与管理决策，让复杂的制造流程变得透明可视，帮助制造企业灵活应对市场波动，优化库存与生产计划。MOM 系统不仅简化了运营管理流程，更凭借其低代码特性加速了创新迭代，帮助制造企业在成本控制与精细化管理的道路上迈出坚实的步伐，为行业树立了数字化升级的典范。本案例的建设经验值得每一家寻求高质量发展的企业深入学习。

六、案例主体介绍

上海晋飞碳纤科技股份有限公司是一家高性能碳纤维复合材料制品及解决方案供应商。公司以技术研发创新为企业之本，致力于成为中国碳纤维复合材料领域的高价值企业，是国内领先的提供从研发设计到规模量产的碳纤维复合材料产品综合解决方案的高新技术企业。晋飞碳纤的产品包括碳纤维复合材料制品和多用途中间体（碳纤维织物和预浸布）两种形态。公司拥有碳纤维技术专利 73 项，所研发的产品广泛应用于运动休闲、医疗介护、轨道交通、制造装备等领域，产品出口欧洲、北美、日本等市场。

上海才匠智能科技有限公司是一家致力于用新一代信息技术赋能制造行业的创新型科技公司，是高新技术企业、“专精特新”企业和“双软”认证企业。公司成立于 2018 年，总部位于上海，在安徽、内蒙古设有分支机构。才匠工业互联网平台涵盖了才匠智能自研的工业应用低代码平台、工业 SaaS 才匠云、工业物联平台、才匠智数平台等多元化的产品，积累了新材料、电子、机械加工、纺织、稀土永磁、食品加工、芯片设计等多行业与多领域的解决方案及应用案例，为制造企业的关键业务环节提供了数字化解决方案，旨在为智能制造生态链赋能。

七、案例视频

扫码观看案例详细视频。

低代码 MOM 赋能碳纤维

金蝶云·星空平台，赋能医疗器械行业数智化转型合规、通标、管控

上海金蝶网络科技有限公司
上海康德莱企业发展集团股份有限公司

关键词： 医疗器械行业、集团管控、精益成本

摘　要： 过去十年，在政策、技术、人口及环境等因素的共同影响下，中国医疗器械行业飞速发展，增速超过整体经济发展水平和大多数行业板块。与医药制造业相比，医疗器械制造业具有小批量、多品种、离散型生产的特点，制造模式相对传统。这就要求医疗器械企业通过数智化转型构建以计划为指引的产供销协同体系，并与其他生产要素联动，推拉结合，实现生产与经营能力的双提升。数智化已逐渐成为医疗器械企业面向未来转型的重要驱动力。本案例详细介绍了上海康德莱企业发展集团股份有限公司从“合规”“通标”“管控”三个要素着手，在供应链 GSP 管理、标准成本管理、产品双批号管理、全流通过程追溯等多个关键业务场景中实现数智化转型的成功经验。

一、场景透视：在数智化转型的背景下，医疗器械企业的运营模式面临挑战

上海康德莱企业发展集团股份有限公司（以下简称康德莱）在“共生、共赢、共发展”企业文化理念的指导下，提出了“质量体系信息化落地、进一步降本增效、拓展海外市场”的战略目标。康德莱期望借助数智化转型，激活团队成员，加强对内部的精细化、规范化管理，拓展外部生态资源，实现业务和管理模式的创新。

作为一家生产、经营、物流一体化的集团公司，随着集团组织的快速扩张和业务发展的多元化，康德莱在集团化的发展过程中遇到了诸多难题：如何建立一套统一且合规的质量管理体系，以及一套能够不断复制、不断迭代的成本分析体系和降本增效机制？在这样的背景下，康德莱面临以下三大挑战。

1．多组织、多业务背景下的集团管控能力提升

康德莱的分支机构遍布全国各地，信息系统独立运作。每次进行审计时，集团财务人员都必须通过远程访问各公司的系统来下载数据，然后汇总至集团财务部门。由于各公司的数据相对独立且基础数据编码不统一，因此集团财务人员需要花费大量的时间进行数据匹配和汇总工作。

2．优化内控体系，实现采购、生产、销售领域的实时监控与追溯

早在 2018 年，康德莱就作为国内第一批 UDI 试点企业，在医疗器械追溯管理方面进行了信息化建设。除了满足法规要求，管理者还对提高企业内外部协作效率和内控管理水平提出了更高的要求，以实现采购、生产、销售领域的实时监控与追溯。

3．精益管理改造与智能化决策支持

近年来，康德莱新建、并购、收购了多家企业，分/子公司分散各地，管理方法与控制手段各异。管理者希望在数智化的基础上，通过对数据的分析、利用，提升决策效率、降低成本、增加效益，从而提高企业的核心竞争力。这就要求企业在精益管理的基础上实现智能化决策支持系统的建设。

二、实施方案与技术应用：集团管控、精细核算、全球供应

作为国内少数拥有医用穿刺器械完整产业链的生产企业，康德莱的数智化转型围绕集团管控、合规质控、持续降本等重点领域展开。其方案设计理念为：在业财一体化平台的基础上，着重建设符合 GSP、GMP、UDI 行业特性的信息化应用，涵盖标准成本、对外贸易等方面。具体包括以下三个场景。

1．通过标准化管理，形成统一的信息平台

康德莱通过金蝶云·星空搭建了集团管理平台（见图 1），建立了统一的基础语言，实现了对核心基础数据的统一管理。康德莱通过对基础数据的重新梳理，清理并规范了几十万条主数据，打破了各组织间、各业务系统间数据语言不统一的壁垒。

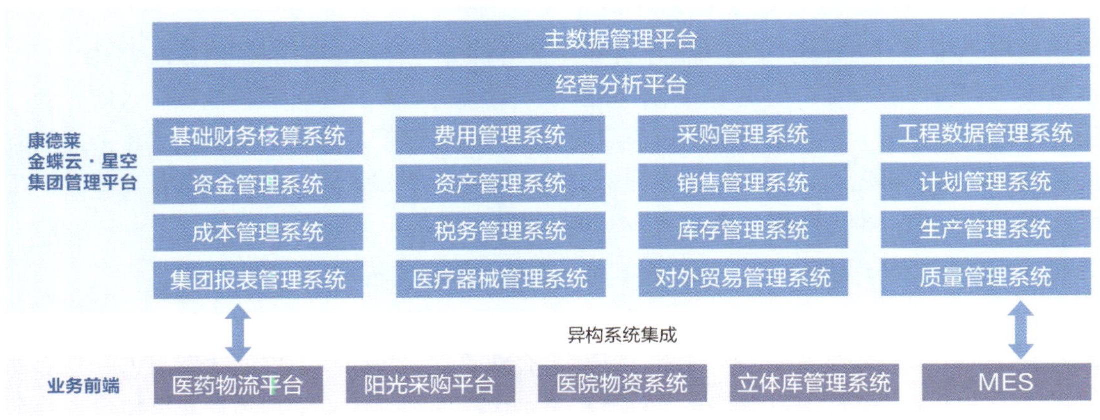

图 1　康德莱金蝶云·星空集团管理平台的整体框架

2．规范 GSP、GMP 管理，以符合法规监管要求

针对二类、三类医疗器械，生产过程中必须进行灭菌解析。以前，康德莱会先在线下对生产批号与灭菌批号进行人工匹配，再录入系统，工作量大、准确性难以保障。面对此难题，上海金蝶网络科技有限公司（以下简称金蝶）设计了双批号模式，且经过康德莱质量部的验

证。在实际操作中，只需按照工序流程，在既定的工序完成后在系统中记录对应的生产批号、灭菌批号即可。这样一来，就像给产品打造了一张身份证，这张身份证会一直跟着产品从入库到出库、流通，既能够将各产品的生产批次与所经过的灭菌批次进行一一匹配，又保证了原批号经过消杀之后可以沿用，以支持 GSP、GMP 的追溯要求。

本次项目通过金蝶云·星空平台，按照新版 GSP 的要求，帮助企业构建了一个从采购、检验、放行、入库到生产、灭菌、销售的全程严格与实时管控的信息管理系统。此系统顺利通过了新版 GSP 认证检查和之后的飞行检查。

3．通过标准成本管理，促进成本优化，实现精益成本管理

考虑到单一物料的价值虽小，但市场需求巨大，因此产品成本的精益管理就显得尤为重要。为了准确识别出产品全生命周期的成本优化点，金蝶通过运用高蓝的方法论，以标准成本重构了康德莱的产品成本管理体系，并在康德莱全集团范围内组织各产品成本标准的制定工作，通过量差与价差的分析，将差异分析运用到日常管理中。

三、实施效果：经营效率与成本管控效益显著提高

康德莱自应用金蝶云·星空平台以来，取得了显著的成果。

1．全面整合，加强集团管控，实现经营分析及时准确

在统一的信息化语言基础上，康德莱实现了多工厂的集中管控和组织间的业务协同，提升了业务流转效率和信息传递的有序性。通过统一料号，各公司能够在集团快速统计和分析产品的经营情况。同时，将结账报表的生成时间从过去的半个月缩短至 7 日内。

2．智慧工厂与 GSP、GMP、UDI 并举

通过将 ERP 系统与 MES（制造执行系统）、立体库系统集成，康德莱将 GSP、GMP、UDI 的质量追溯点作为智慧工厂的建设依据，将质量追溯点通过双批号管理落地在出入库、领料报工等各个现场环节，同时支持出厂后在流通与使用环节进行追踪，切实实现了相关部门监管要求的可落地、可追踪、可溯源等管理初衷。智慧工厂的建设实现了为质量管理赋能，在后续的推广项目中，将全面覆盖康德莱的 100 多条生产线。

3．以标准成本为抓手，实现成本的事前、事中、事后管控

在传统的成本分析方式中，成本往往只是一个数字和结果。而通过建立标准成本管理体系，康德莱实现了成本核算和差异分析，凸显了企业管理在每个环节中的改善潜力，为降本增效提供了决策支持。目前，康德莱已将日单量全部纳入标准成本管理体系。该体系在一个月内可识别 10 个以上的降本重点和攻克点。

四、经验总结与未来展望

生命科学产业的发展关系到各行各业。对医疗器械企业康德莱来说，金蝶云·星空平台可助力其打造集团管理平台，整合集团的数智化资产，为其加强管理和建立高效响应、高效

运转、高效创新的管理体系提供数智化支持，帮助其构建集团全局经营管理一体化平台，充分体现康德莱数智化转型的价值主张（规范化、标准化、优化运行、防范风险、提升质量稳定性），展现医疗器械行业数智化转型的多重可能。

通过应用符合 GSP、GSM 与 UDI 行业特性的信息化应用，康德莱实现了产品追溯体系和全链路追溯体系的数字孪生。结合金蝶云·星空平台，从生产、销售到物流配送、开具发票，康德莱解决了与客户的“最后一公里”问题，实现了产品与服务的转型。

在本案例中，通过引入并落地标准成本管理体系，康德莱在分析报表标准化的基础上，围绕核心差异建立了多个分析维度，包括采购价差、生产量差、质量成本差异、制造费用差异、人工费用差异、在制明细表等。这些维度可帮助康德莱分析和量化各种差异对企业利润的影响并形成改进建议。这一过程实现了管理指标的标准化，并使财务职能从单纯的核算转变为更全面的管控。通过数智化手段，康德莱不仅实现了高品质的产品定位，还支持技术创新战略的系统落地。

未来，康德莱将继续深化信息化应用，运用质量管理体系，借助生产的自动化、智能化等信息技术手段，持续加强企业管理，并与金蝶在这些领域开展更多更深层次的合作。

五、推荐语

金蝶云·星空作为“小快轻准”产品，以企业级工业互联网解决方案为思路，以国内首个推出的自主可控的、云原生架构的企业云服务平台金蝶云·苍穹为基础，可助力制造企业进行数智化转型能力建设。金蝶云·星空基于企业级云原生架构打造了数字战斗力引擎，结合 ABCDI（AI、区块链、云计算、大数据、IoT）技术和金蝶多年的企业级技术服务沉淀，致力于为制造企业提供多场景、多层次的数字化支撑，帮助制造企业快速构建强大的业务创新能力和中台架构，是 EBC（企业业务能力）思想的落地实践平台。本案例的成功实践经验值得每一家制造企业深入学习。

六、案例主体介绍

上海金蝶网络科技有限公司是金蝶国际软件集团有限公司的全资子公司。金蝶国际软件集团有限公司成立于 1993 年，是全球知名的企业管理云 SaaS 公司、亚太地区企业管理软件龙头企业，旗下的多款云服务产品均获得标杆企业的青睐，包括金蝶云·苍穹（可组装企业级 PaaS 平台）、金蝶云·星瀚（大型企业 SaaS 管理云）、金蝶云·星空（高成长型企业 SaaS 管理云）、金蝶云·星辰（小微企业 SaaS 管理云）等，已为世界范围内超过 740 万家企业、政府组织提供企业管理云产品及服务。

上海康德莱企业发展集团股份有限公司主要从事医用穿刺器械、医用输注器械、介入器械等医疗器械的研发、生产和销售工作，是国内少数拥有医用穿刺器械完整产业链的综合性企业之一，入选 2021 年第三批国家级专精特新“小巨人”企业。产品不仅销往全国，而且远销美国、欧洲、南美、中东、东南亚等 50 多个国家和地区，并与之建立了长期稳定的合作关系。

采用数字化手段优化核电装备业务流程，实现质量管理的数字化升级

上海阿波罗机械股份有限公司

关键词： 核电装备、质量管理、数字化

摘　要： 上海阿波罗机械股份有限公司作为核电装备泵类、非标容器主力供应商，在设计、采购、制造、试验、质检、质控等各个环节严格按照核电质保体系进行管控。其中，质量管理作为关键贯穿整个业务流程。但公司从产品设计到交付过程中的相关文件、记录均以纸质为最终凭据，且产品涵盖的文件、记录种类繁多，其内容与格式差异较大、变化率高、查询困难、追溯性差，给公司各业务人员、客户监造人员、业主运维人员带来很大的困扰。因此，公司必须摒弃传统思维，采用数字化手段优化核电装备业务流程，提升质量管理的数字化水平，从横向和纵向打通“信息孤岛”，实现质量管理活动的数字化升级，提升质量管理水平。通过采用数字化手段，公司可及时发现质量问题，将质量隐患排查前置，少走弯路，保证项目按期高质量交付。

一、场景透视：基于核电装备的高可靠性要求，如何通过数字化转型赋能质量管理

核电装备作为特殊产品，其安全问题一直是公众关注的焦点。这就要求相关产品的质量可靠，能够保证对核电现场、公众、环境等的影响达到最小化。有鉴于此，依照核电装备制造的严监管要求，上海阿波罗机械股份有限公司（以下简称阿波罗）计划将核电质量管理的相关业务节点上线至各信息系统中，以满足公司对可追溯性的较高要求。但目前公司产品的各类文件和记录面临数据无结构化，查询、汇总、分析较困难等问题，导致相关资料的整理周期较长、时效性滞后，严重影响产品交付。典型问题场景如下。

① 在制造过程中开具 NCR（不合格报告）的流程冗长，处理意见与反馈不及时，影响生产效率。

② 完工资料比较分散，需要先从所有的业务部门中收集纸质文件，再扫描形成完整的完工报告。

③ 零件上无醒目标识，对整个产品的零件进行追溯较困难。

④ 设计阶段缺乏加工仿真和三维模型仿真，致使制造阶段的废料率大大提升。

鉴于以上情况，阿波罗有必要在满足严苛的产品高可靠性要求的基础上，通过经济、高效的数字化手段，积极推进产品质量管理的数字化，使产品生产过程更高效、可追溯。

在核电质量方针、质量目标的指导下，阿波罗通过有效实施质量策划、质量控制、质量保证、质量改进、质量监督，形成项目源头的设计仿真、工艺结构化数据应用，制定从原材料采购、制造完工、试验到产品交付全流程的全面数字化质量管理解决方案，建立有效的质量控制和信息追溯体系；通过记录各个关键工序的质量数据，为每个产品建立产品信息链，实现质量问题的快速定位和快速解决，并通过质量数据的汇总与分析，提升整体质量管理水平。

二、实施方案与技术应用：多技术应用与系统整合，驱动企业实现数字化质量管理

1. 总体架构

支撑阿波罗实现数字化制造的各业务系统平台有 MES（制造执行系统）、PLM（产品生命周期管理）、QMS（质量管理系统）、PSCM（采购供应链管理）、ERP（企业资源计划）等，这些业务系统平台囊括了经营活动中的设计、工艺、采购、制造、质量、仓储、设备、人员等全过程信息和资源。阿波罗借助感知层各类设备、应用层各类系统、网络层各类工业互联网平台，以及互联网大平台，推动了系统间的横向整合，实现了制造链的垂直贯通。此外，阿波罗通过开发及系统整合，提升了质量管理效率，并为其他业务系统提供了数据支撑，实现了数据的高效流转，以及可追溯、协同化、可分析决策。系统架构图如图 1 所示。

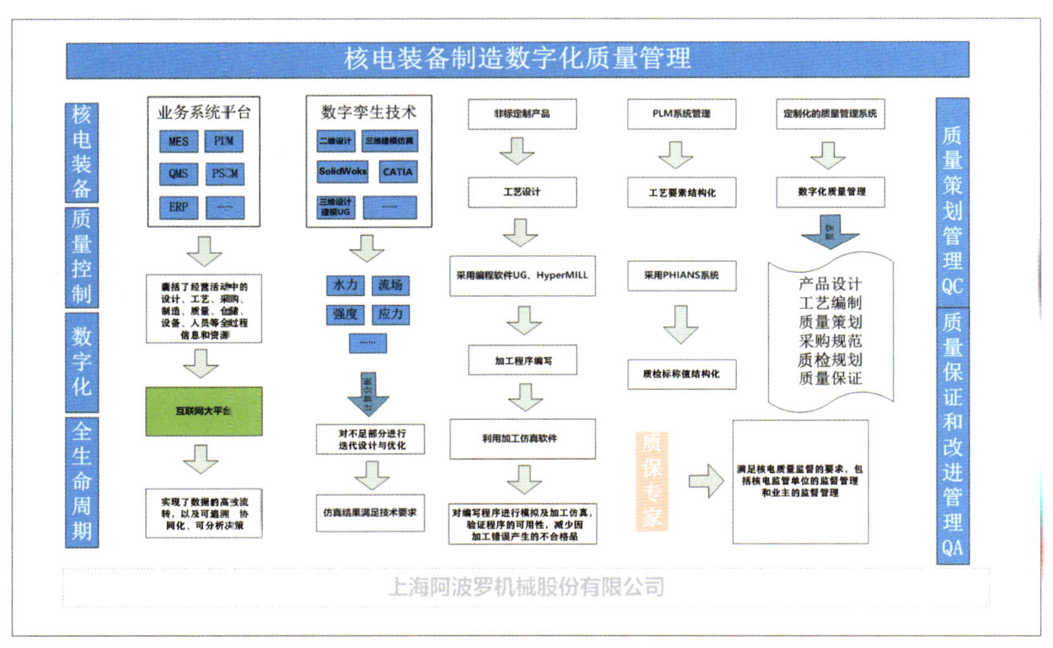

图 1 系统架构图

2. 数字化设计与仿真验证确保产品设计可靠

阿波罗配备了先进的研发软件和系统，确保设计工作准确可靠。比如，充分运用数字孪生技术，在产品研发过程中使用二维设计、三维建模仿真、SolidWoks、CATIA、三维设计建

模 UG 等，对水力、流场、强度、应力等性能指标进行计算分析，验证产品性能，对不足部分进行迭代设计与优化，直至仿真结果满足技术要求，减少因设计差错引起的质量问题甚至生产报废。阿波罗采用三坐标激光扫描产品对产品流道进行监测，验证其性能的可靠性及稳定性，并将此监测过程贯穿至核电装备项目研发的整个流程中（见图 2）。

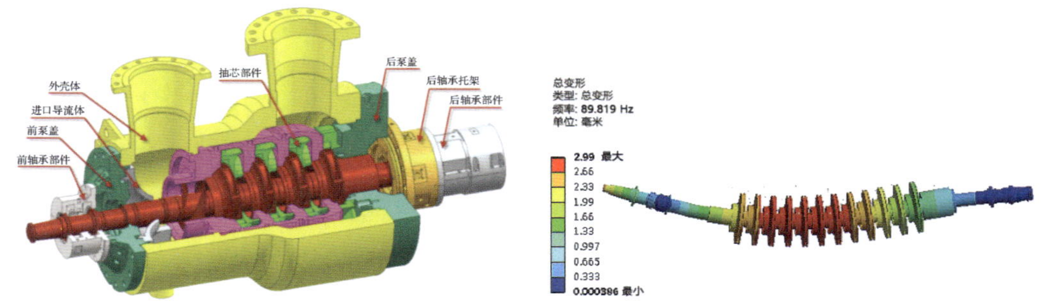

图 2　产品三维剖面图与频率分析图

3．程序编写及加工仿真确保产品设计准确

非标定制产品的加工制造依赖可靠、有效的工艺设计，以便使产品符合设计要求。因此，阿波罗在零件加工过程中采用编程软件 UG、HyperMILL，根据三维图纸进行加工程序编写，利用加工仿真软件对编写程序进行模拟及加工仿真，验证程序的可用性，减少因加工错误产生的不合格品（见图 3）。

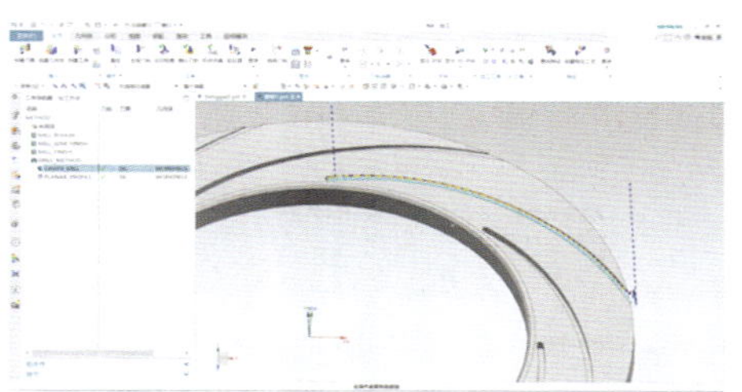

图 3　利用加工仿真软件模拟程序编写及加工仿真

4．工艺要素结构化确保产品质量可控

整个项目的研发流程、产品数据均基于 PLM 系统管理，可实现工艺要素的结构化，规范过程质量控制，促进工艺不断优化、持续迭代（见图 4）。

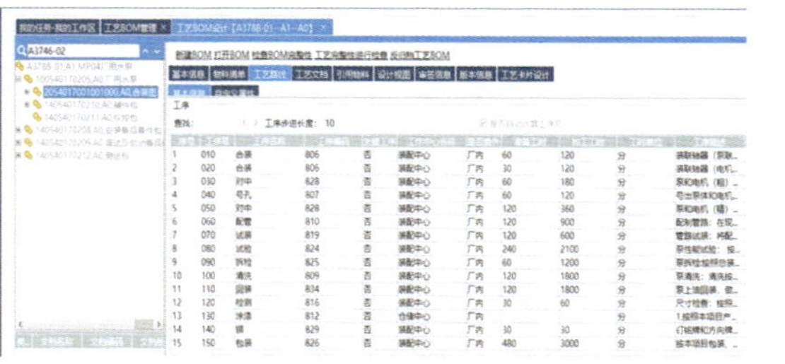

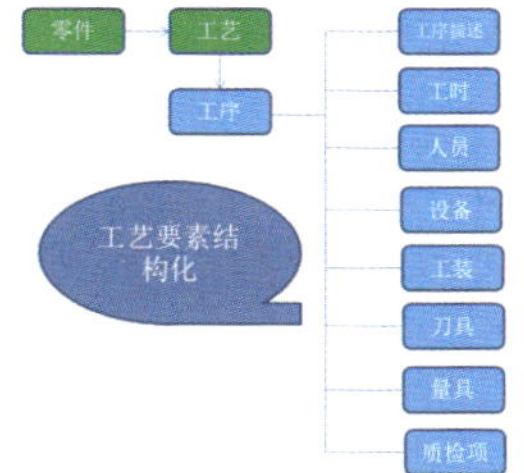

图 4　工艺要素结构化

5. 质检标称值结构化确保产品尺寸标准

阿波罗采用 PHIANS 系统对图纸数据进行自动读取，获得加工尺寸结构化数据、规范工序加工标称值和公差要求，实现质检标称值结构化（见图 5）。该系统可根据测量值自动判断产品的尺寸是否合格。

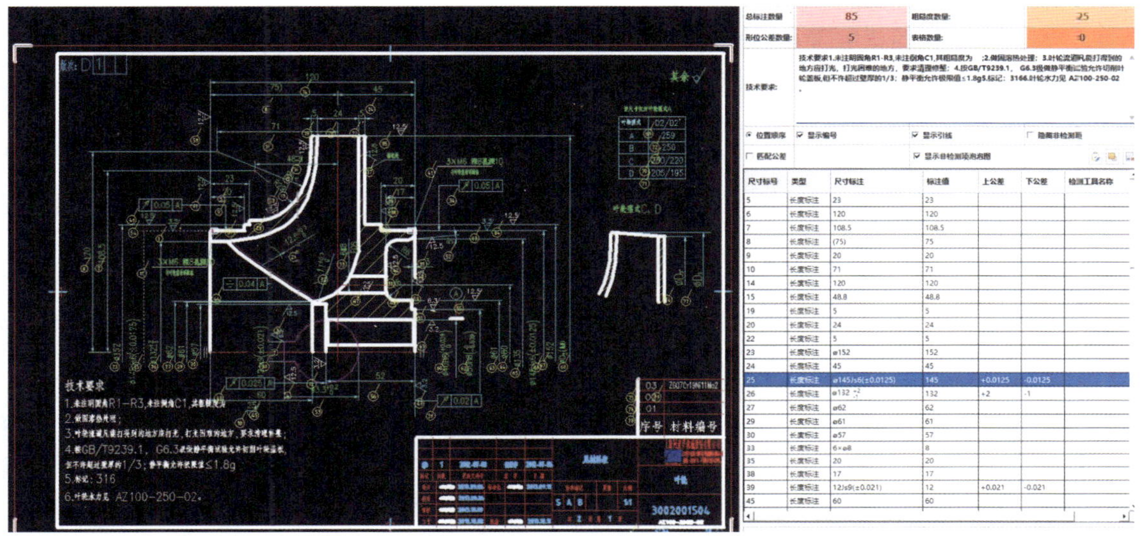

图 5　质检标称值结构化

6. 质量管理系统定制化确保产品质量可靠

阿波罗通过建设定制化的质量管理系统，使数字化质量管理贯穿从产品设计到产品交付的全过程（见图 6）。具体表现为在产品设计、工艺编制、质量策划、采购规范、质检规划、质量保证等环节实施质量管理，持续提升产品质量，实现新形势下的质量协同。

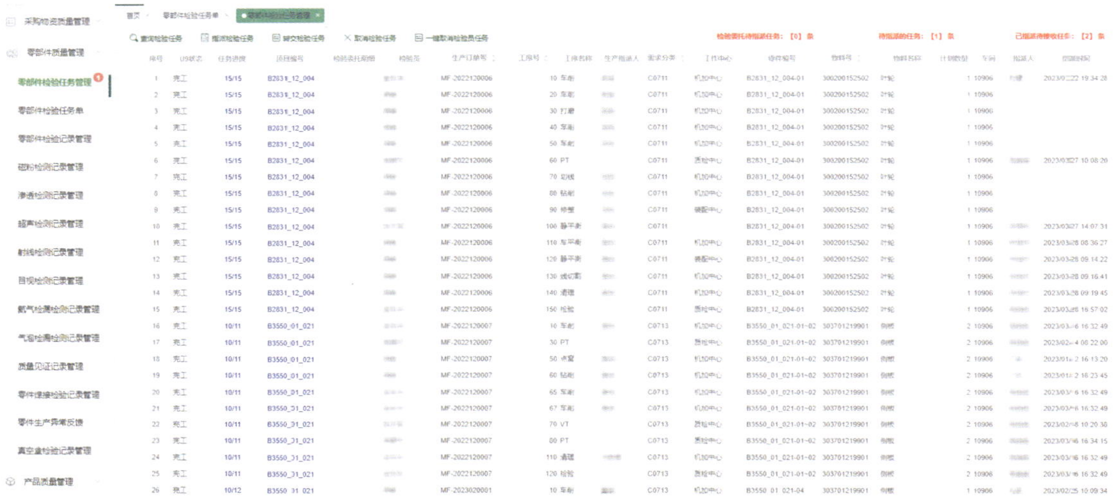

图 6　质量管理系统

阿波罗的质量策划管理系统可按照核电等级管理的要求，帮助设计院、建设方、业主等客户开展产品质量计划的编制、报批、审核等质量管理活动。同时，系统中的供应链管理模块能为阿波罗的关键分包方提供质量管控功能，实现整个项目的质量策划多方在阿波罗的平台上同时运转。

另外，阿波罗通过质量保证和改进管理系统开发了“质保专家”。“质保专家”可满足核电质量监督的要求，包括核电监管单位的监督管理和业主的监督管理。“质保专家”不仅能对外部监督活动的来函、意见单、答复函等进行管理，并跟踪到相关责任人和处理期限，直至活动关闭，还能对项目制造全过程的 NCR 进行记录、维护、分析、处置，形成持续的质量保证和改进管理机制，并提供相关平台和技术实现远程监造、远程见证，帮助相关方实现协同、闭环管理。

三、实施效果：软硬件协同实现降本增效，数字化质量管理保证高标准交付

通过多年的数字化建设，阿波罗在数字化质量管理方面已初见成效：供货产品的稳定性和可靠性显著提高，关键产品的市场占有率不断提高，公司整体销售业绩迅猛增长，产品供货现场的运行情况良好，获得广大业主的一致好评。阿波罗在数字化发展方面的积累也促使越来越多的企业与之开展数字化合作项目，引领了新的服务增长点。

通过在数字化质量管理方面的尝试，结合公司业务环境及需求的转型发展，阿波罗有效利用 5G、蓝牙、Wi-Fi、窄带通信、物联网等技术，实现了远程监造、远程见证，降低了人员流动风险和派驻成本。

阿波罗通过在研发过程中采用数字化手段，成功将研发差错率降低了 50%，将研发周期缩短了 30%，并使项目研制目标的达成率接近 100%，显著提升了研制水平。

阿波罗研发的识别系统能够自动识别 CAD 气泡图数据并将其转化成质检指标，作为产品制造、检验的依据。系统自动判断产品是否合格，减少了人为判断因素，提升了检验准确率及检验效率，缩短了 30%的检验周期。

项目管理平台的“质保专家”模块通过升级 NCR 管理和经验反馈管理，能够根据原因分析找到类似的 NCR，并借鉴之前正确的处理办法，形成经验反馈。该模块还能根据 NCR 的原因生成柱状曲线，追溯到相关责任人，从而提高对 NCR 的管理效率。

通过采用数字化手段，阿波罗实现了项目按期高标准交付。近三年，质量一次合格率提升了近 10%，客户满意度也得到了显著提升。同时，系统平台的搭建也加强了公司与供应商、业主的协同，使沟通更加顺畅。

四、经验总结与未来展望

当前，阿波罗的各个系统已整合完成，实现了平台可视化、功能完备、输出信息可信完整，满足了对项目全程管控信息畅通的要求，达到了项目建设目标。

在信息传递与反馈方面，实现了现场基本无纸化的信息传递，确保了数据中台的数据完整。通过产品制造过程中的反馈，可及时处理质量问题并形成完整的记录，便于及时对设计

和工艺进行调整与优化，从而提高了设计、工艺和制造的协同效果。

在产品设计方面，仿真技术的成熟运用不仅降低了各类成本，还大大提高了产品的合格率和生产效率。

在工艺优化方面，优化的工艺模式减少了加工出错的情况，进一步提高了产品质量和生产效率。

在质量管理方面，通过有效的文件归档和有序的文件发放，以及对质保过程的集中管理，显著提高了管理质量，减少了 NCR，降低了返修带来的原材料损失。尤其是对大型装备制造厂家来说，这有助于实现降本增效。

本案例对基础信息系统多、业务流程复杂、处理数据量大、业务衔接要求高、质量追溯性强的企业极具参考意义。

五、推荐语

阿波罗通过技术创新并融合先进的管理理念，为质量保证工作的推进注入了强大的动力。无论是从设计端、生产端，还是从文件控制端、售后端，都能体现其把质量控制放在第一位的决心。此外，阿波罗还构建了严格的质量和安全保障体系，遵循高标准，确保在各种复杂的情况下系统都能稳定运行。阿波罗从自身做起，用高标准、严要求规范自己，大力推动核电用泵自研取得突破性进展，满足了我国核电产业的发展需求，值得广大企业深入学习。

六、案例主体介绍

上海阿波罗机械股份有限公司成立于 2001 年，专注于提供各类高端核电用泵系统、核燃料循环和后处理设备的研发、设计、生产制造、供应链管理和延伸服务。公司已为国内外 55 个在运核电机组和 38 个在建核电机组提供了设备及服务。特别是在核电站的 25 项关键设备中，公司提供了 11 项泵类设备及服务，其中 5 项拥有 100%自主知识产权。阿波罗在核电用泵细分领域的市场占有率居全国第一，并在全球行业中排名前三。公司拥有授权发明专利 51 项、实用新型专利 144 项、高新技术成果转化项目 15 项、国家重点新产品 3 项、上海市重点新产品 4 项。

七、案例视频

扫码观看案例详细视频。

核电装备制造数字化

边缘 AI 视觉控制器在制药行业的创新落地应用

上海玉贲智能科技有限公司
赫力昂（中国）有限公司

关键词：制药行业、药片智能检测、计算机视觉、边缘计算

摘　要：在制药行业，药片品质控制是制药企业生存的基石。然而，传统人工药片瑕疵检测方式不仅效率低、成本高，而且容易因人员疲惫产生主观判断误差，难以满足现代制药行业对于高效、精准检测的需求。并且，药物成分在完整的药片中通常处于稳定状态，断片和残片可能导致药物剂量不足或过重，进而影响治疗效果，甚至危及患者的生命。为此，上海玉贲智能科技有限公司自研了 YobiAI 药片智能检测系统，专注于制药行业药片的智能瑕疵检测。

本案例讨论了该系统在实际落地过程中的关键技术和特征，包括系统研究的思路及实施方案、具体量化数据、高精度识别算法与异常反馈机制，以及一次配置自动检测的便捷性等内容。本案例不仅反映了边缘 AI 技术与实践的深度融合，还有效解决了制药行业长期存在的检测问题，为制药行业提供了智能化解决方案，在节约成本的同时显著提升了生产效率，推动了制药行业向更高效、更智能的方向发展。

一、场景透视：制药行业长期存在的检测瓶颈和人工检测的局限性

制药行业对药片质量的要求极高，药片瑕疵检测是药片生产过程中的关键环节，药片的完整性和一致性是确保药片质量和疗效的关键因素之一。上海玉贲智能科技有限公司（以下简称玉贲智能）的合作伙伴赫力昂（中国）有限公司（以下简称赫力昂）在长期以来，对于药片的断片和残片检测始终依靠人工肉眼进行，但人工检测效率低、成本高，极易发生漏检与误检，导致不合格的药片流入市场，进而导致患者服用的药物剂量不准确，轻则影响疗效，重则可能危及患者的生命。药片质量问题还会严重损害制药企业的形象，导致消费者对企业的信任度降低，引发投诉问题，并使企业受到药品监督管理局的处罚。因此，药片质量直接关乎制药企业的生存和发展。

目前，大型制药企业正面临着如下诸多检测挑战。

① 检测效率低：纯人工肉眼检测，4 名工人同时在一台检片机器旁，穿着一体式的防护服，紧盯药片进行检测，工厂空气闷，流水线噪声大，工人容易疲劳，效率随工作时间增加逐渐下降。

② 准确性不足：在高速运转的生产线上，工人一不留神就容易漏检，并且人工检测的主观性和不一致性易导致药片质量控制不稳定。

③ 复杂背景干扰：检片机器上的白色皮带在车间容易反光，加大了人工检测的难度，提高了误检率。如果安装普通摄像头进行辅助检测，则复杂的背景会干扰摄像头识别成像，进而影响检测系统的精确运行，使断片和残片的识别变得更加困难。

为了提升药片瑕疵检测的效率和准确性，赫力昂开始在市场上寻找合适的解决方案。但药片智能检测系统的技术难点和制药企业的需求始终难以保持一致，原因如下。

① 药片的种类繁多、颜色不一，很难使用一套标准化的方案适配所有的检测场景。

② 生产线的速度很快，药片检测速度要达到25000pcs/min，皮带线流速最快达到0.2m/s，传统检测系统根本来不及处理。

③ 对检测精度的要求较高，要求每100万片误检数<10pcs、漏检数<5pcs。

二、实施方案与技术应用：机器视觉与边缘AI相结合，药片瑕疵检测的创新实践

玉贲智能作为以算法和软件自研为核心的AI企业，针对赫力昂在药片瑕疵检测方面的需求，打造了算法+软硬件一体的即插即用的用于出厂合格品检测的工业级AI检测标品——YobiAI工业检测眼（见图1）。YobiAI药片智能检测系统作为YobiAI工业检测眼的一个应用案例，专注于制药行业药片的智能瑕疵检测。

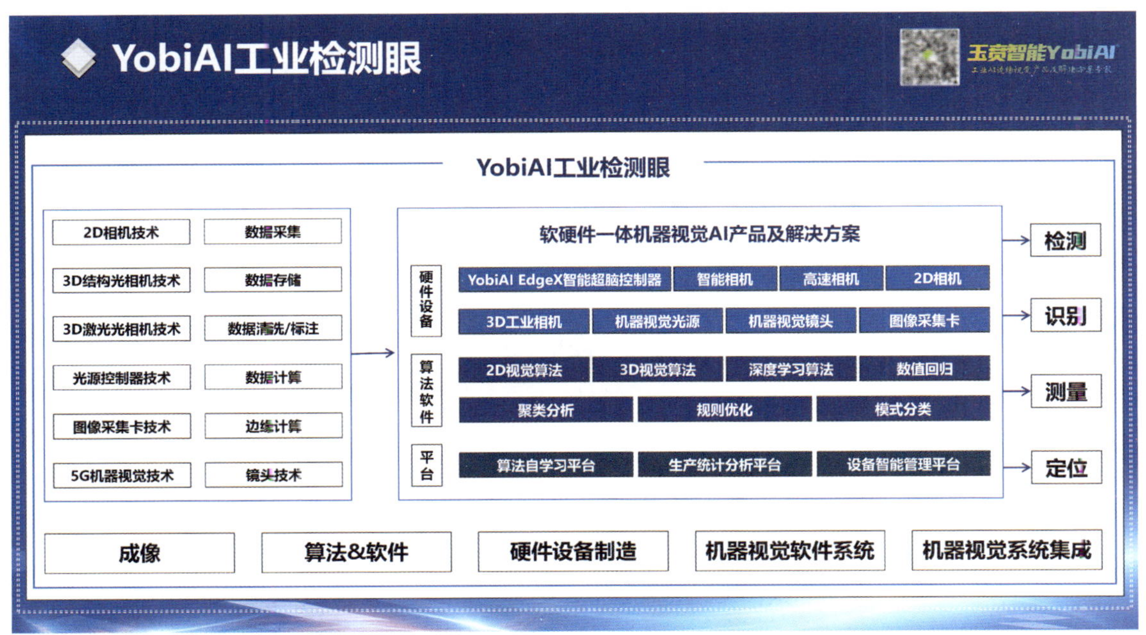

图1 YobiAI工业检测眼

1. 系统研究的思路

机器视觉不仅包含传统的视觉，还包含深度学习的AI视觉。与传统AI相比，将AI计算能力下沉到边缘设备的边缘AI，具有低算力、低时延、数据安全及隐私保护（数据存储及

处理都在边缘设备上操作）等优势，更适合对实时性要求高、数据封闭的场景。玉贲智能将机器视觉与边缘 AI 相结合，创造了一种全新的智能检测范式。

YobiAI 药片智能检测系统集成了玉贲智能自研的工业级边缘 AI 视觉控制器——YobiAI EdgeX 智能超脑控制器，并搭配 YobiAI 算法自学习平台和 YobiAI Cloud 智能云平台，形成了一体化 AIoT 架构的产品。其核心特点包括以下几项。

① 高速高帧率检测：利用高清摄像头和高性能算法引擎，实现 90fps 的高帧率检测，轻松达到 25000pcs/min 的药片检测速度，确保在高速生产线上不间断地准确捕捉每一片药片的图像数据，为后续的分析提供高质量的原始数据。

② 实时图像处理与决策：YobiAI EdgeX 智能超脑控制器作为系统的“大脑”，负责图像数据的实时处理、AI 深度学习和决策制定，并控制生产线信号的输出，确保不合格药片（断片、残片）能够被迅速剔除，实现低误判率和高检出率。

③ 标准化检片方案：基于智能配方程序，系统可支持上百种药片的检测场景，满足不同需求。

④ 视频流多帧投票机制：传统检测方式的工业相机一般是拍一张图识别出一个结果，正确与否完全取决于该次识别的准确性。玉贲智能基于视频流的方案，一次连续获取数十张图，同时进行识别与判断。例如，针对某一个药片目标进行集体结果投票时，只有 10 帧里有 6 帧都认为该目标是残片，结果才输出 NG（不合格）。这种方式有效避免了单次识别结果的偶然性，使识别准确率提升了 5%～10%。

YobiAI 药片智能检测系统的设计不仅继承了传统图像处理技术在图像预处理和特征提取方面的强大能力，还充分利用了深度学习技术在模式识别和决策制定上的优势，从而构建了一个既高效又精准的检测场景（见图 2）。

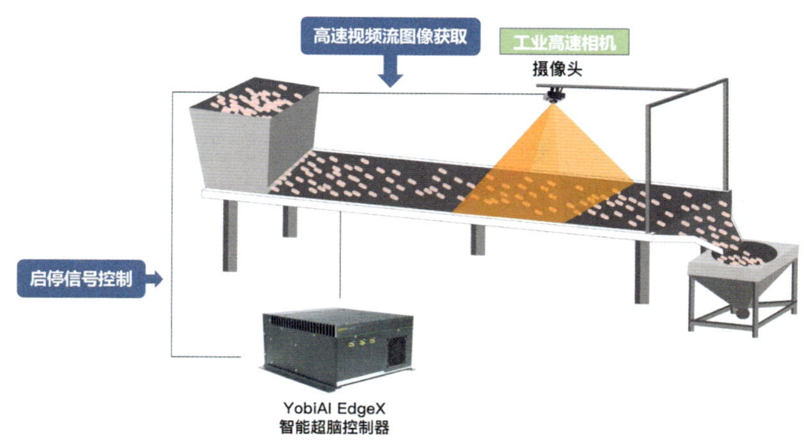

图 2　YobiAI 药片智能检测系统的检测场景图示

2．系统研究的技术应用

玉贲智能的核心技术团队来自前自动驾驶算法团队，其核心骨干具备 10 年以上计算机视觉、云计算、边缘计算等开发应用及落地经验，为 YobiAI 药片智能检测系统的研发提供了坚实的技术支撑。该产品系统集成了三项关键先进技术（见图 3）。

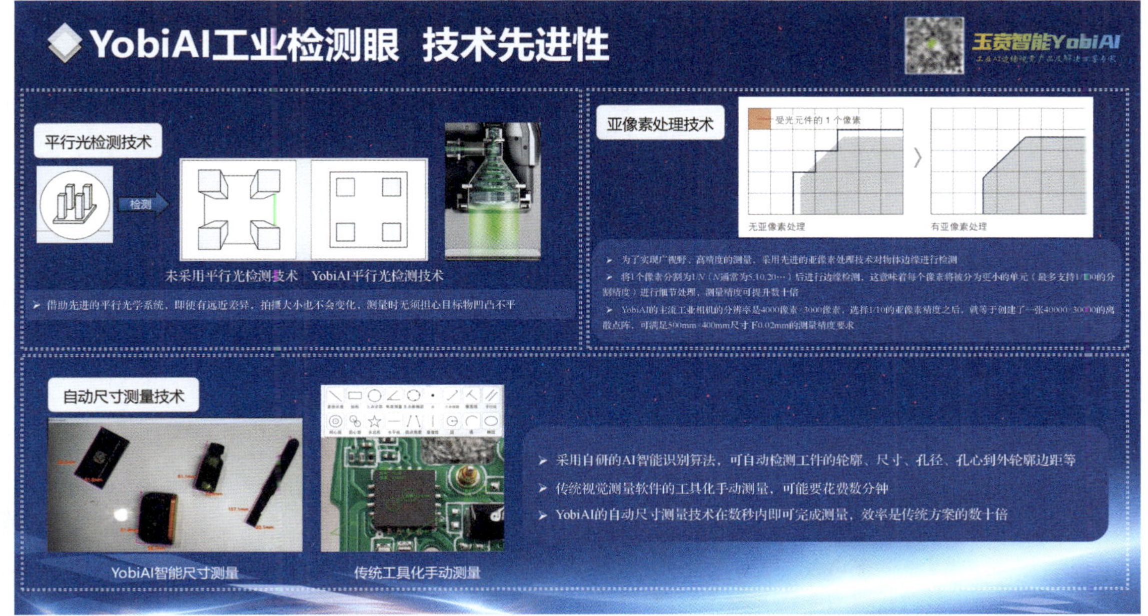

图 3 YobiAI 工业检测眼的技术先进性

（1）平行光检测技术

平行光检测技术利用激光或 LED 阵列等平行光源发出一组没有衰减的平行光线，这些光线照射到被测药片上，能够形成清晰的阴影或图像。即便被测药片离摄像头有远近差异，在不增设光源的情况下，利用平行光检测技术拍摄出来的药片的大小也不会变化，减少了因药片表面凹凸不平或生产线上光线散射产生的反光等干扰导致的阴影和眩光，有效提高了图像的清晰度和对比度。

（2）亚像素处理技术

亚像素（Sub-pixel）处理技术通过分析像素间的灰度值变化来提高特征定位的精度，将 1 个像素分割为 1/*N*（*N* 通常为 5,10,20⋯）后进行边缘检测，这意味着每个像素将被分为更小的单元（最多支持 1/100 的分割精度）进行细节处理，测量精度可提升数十倍。

由于药片表面具有曲度和反光特性，采集的图像可能存在灰度不均衡的问题，因此玉贡智能使用亚像素处理技术来识别药片表面的细微边缘。YobiAI 的主流工业相机的分辨率是 4000 像素×3000 像素，选择 1/10 的分割精度之后，就等于创建了一张 40000×30000 的离散点阵，可满足 500mm×400mm 尺寸下 0.02mm 的测量精度要求。通过分析边缘像素周围的灰度值分布，系统能够检测到肉眼无法观察到的微小缺陷或差异，从而更准确地确定被测药片是否为断片、残片。

（3）自动尺寸测量技术

基于深度卷积神经网络，玉贡智能自研了 AI 智能识别算法。该算法能够学习药片的特征并根据预设的标准或规则对药片进行分类、筛选和判断。相较于传统视觉测量软件需要花费数分钟的工具化手动测量，YobiAI 的自动尺寸测量技术在数秒内即可完成测量，效率是传统方案的数十倍，还能自动触发报警或剔除机制，从而提高药片瑕疵检测的效率和自动化水平。

3．系统组成及实施方案

YobiAI 药片智能检测系统作为分体式、高精度、360 度检测的 AI 检测标品，支持多路相机同时检测，无须额外增设光源，即插即用，性能卓越。该系统以套件的形式交付给客户（见图 4），包含玉贲智能自研的拥有自主知识产权的算法+软硬件一体的 YobiAI EdgeX 智能超脑控制器、高清摄像头、工业继电器，并可选配外挂一体机显示器、声光报警灯等辅助设备。

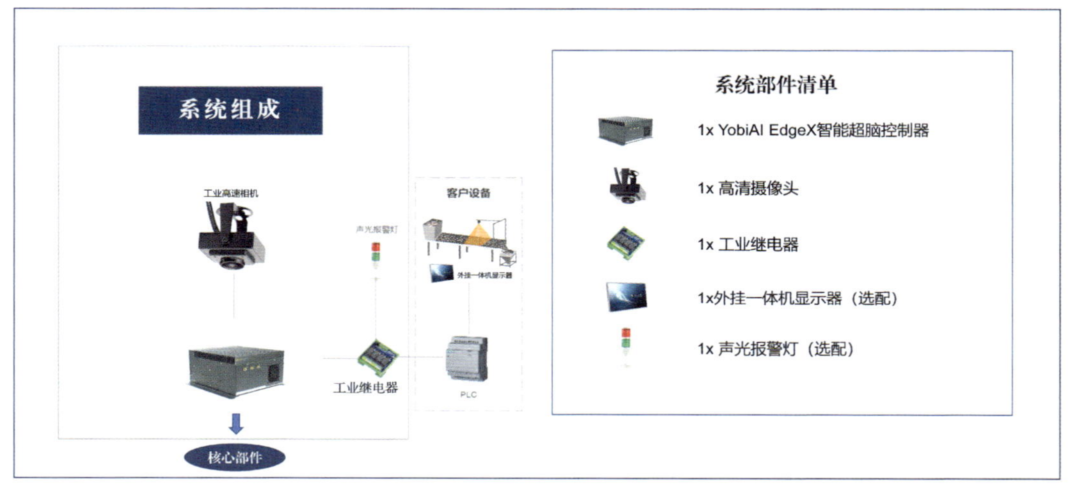

图 4　YobiAI 药片智能检测系统的系统组成

此外，玉贲智能还会对制药企业的操作人员和技术团队进行系统操作与维护的培训，确保 YobiAI 药片智能检测系统能够与现有生产线无缝对接，保证其长期稳定运行。

三、实施效果：从人工到 AI，药片检测精度与效率的双重提升

通过 YobiAI 药片智能检测系统在赫力昂生产线上的成功部署及与现有设备的无缝对接，成功满足了制药企业对智能检测设备的两大核心需求：取代人工检测和显著提升检测效率。

1．用自动化检测取代人工检测

YobiAI 药片智能检测系统以其高精度和高效率，成功取代了传统的人工检测方式，从原先每条生产线需配备至少 4 位质检人员，转变为只需 1 位质检人员进行检片、系统监控与维护等工作，大大降低了人力成本，同时提高了工作环境的安全性和卫生标准，有效避免了人为因素导致的误差和效率低下问题，确保了检测的一致性和准确性（见图 5）。

2．检测效率与精度显著提升

YobiAI 药片智能检测系统可支持流水线速度 1200mm/min，药片检测速度达到并稳定维持在 25000pcs/min。该系统在高帧率视频流检测技术的支持下，检测精度达到行业领先水平，准确率大于 99.99%，每 100 万片误检数不超过 5pcs、漏检数不超过 2pcs，实现了药片瑕疵检测的高精度与高效率并存（见图 6）。

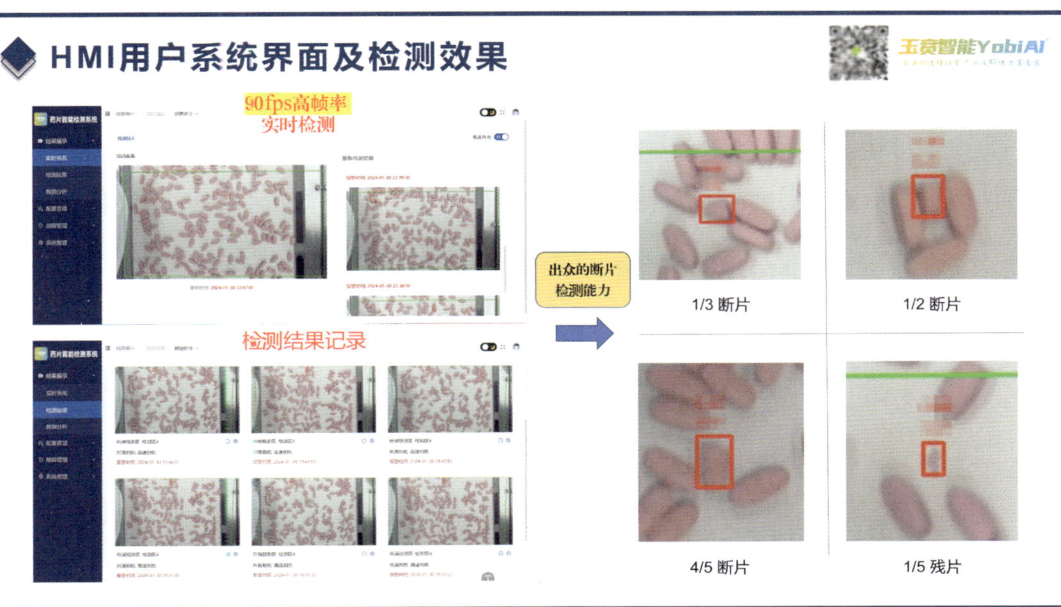

图 5 YobiAI 药片智能检测系统的检测效果

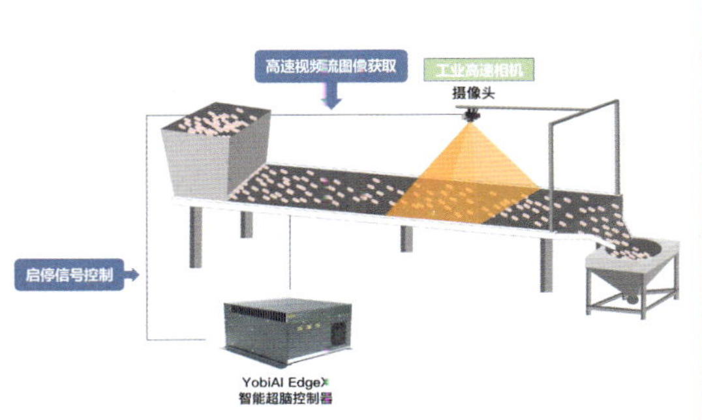

图 6 YobiAI 药片智能检测系统的量化数据

3．实时检测并控制传送带启停

YobiAI 药片智能检测系统能在 20ms 内迅速控制流水线传送带的启停，并在显示器实时图像中标记不合格药片的位置，引导质检人员进行检片，有效避免了不合格药片进入后续工序。

此外，该系统的异常结果保存数多达 100000 条（含图片），可以帮助制药企业监控生产线的效率和药片的质量，确保生产流程的透明度和可追溯性。

4．一次配置自动检测

作为即插即用的高性能 AI 检测标品，YobiAI 药片智能检测系统仅需初次配置，即可自动识别并检测多颜色、多形状药片的断片和残片，自动检测准确率大于 99.99%。

通过以上步骤，玉贲智能以 AI 标准化产品解决了制药企业面临的检测难题，成功将数字化技术应用于制药企业的药片瑕疵检测中，为制药企业提供了高精度、高效率的药片瑕疵检测解决方案，同时显著降低了人工检测的误检率和漏检率，提升了药片质量和生产效率。在整个实施过程中，玉贲智能始终保持与制药企业的紧密沟通，确保系统能够无缝融入制药企业的生产流程中，满足特定的业务需求。

四、经验总结与未来展望

在制药行业，药片质量是制药企业的生命线。随着药片生产规模的扩大和药片质量标准的日益严苛，传统检测方式已无法满足现代制药行业对于效率和精度的需求。玉贲智能作为工业 AI 边缘视觉产品及解决方案专家，为解决此行业痛点提供了解决方案。YobiAI 药片智能检测系统便是玉贲智能为制药企业出厂合格品检测场景提供的算法+软硬件一体的工业级 AI 检测标品。

YobiAI 药片智能检测系统仅需数十分钟的现场部署，即可实现用户场景的个性化解决。该系统在赫力昂的成功应用，以及随着实际运行数据的积累与算法的持续优化，证实了其在复杂生产环境下的稳健表现与高度适应性。赫力昂这一行业标杆企业对此系统的认可和复购，激发了其他制药企业的积极询单与采购，为整个制药行业的检测流程数智化转型提供了宝贵的经验。

玉贲智能也证明了边缘 AI 视觉控制器在制药行业的巨大潜力。YobiAI 药片智能检测系统凭借其卓越的检测效率、精准的人为错误规避能力和对《药品生产质量管理规范》的严格遵守，以及作为工业级 AI 检测标品即插即用的特性，正逐渐成为制药行业智能检测领域的首选解决方案。

玉贲智能相信，随着越来越多的制药企业寻求生产流程的智能化升级与品质控制的精细化转型，YobiAI 药片智能检测系统有望推动整个制药行业向更高效、更智能的生产方向转型。玉贲智能也相信，YobiAI 工业检测眼的智能检测理念还能广泛应用于食品、电子、汽车等制造行业，让工厂更智能，成为推动制造行业智能化转型的关键力量。

五、推荐语

玉贲智能自研的 YobiAI 药片智能检测系统，无疑是制药行业检测模块迈向智能化生产的一座里程碑。该系统不仅突破了制药行业长期存在的检测瓶颈，以高精度、高速度的自动化检测流程解决了药片质量控制的难题，更通过深度学习与图像处理技术的完美融合，为药片的生产安全树立了新标准，在节约成本的同时显著提升了生产效率。此外，这一案例也充分验证了玉贲智能作为AI工业技术领域的一颗崭露头角的新星，正在以其创新的解决方案和前沿技术，将AI技术和产品真正落地，完成从研发到商用的完整闭环。

六、案例主体介绍

上海玉贲智能科技有限公司成立于2020年9月，总部位于上海市浦东新区张江科学城，是国家高新技术企业、国家科技型中小企业、上海市创新型中小企业。公司的核心技术包括高性能Multi-Pipeline算法框架+芯片级算子优化、基于单目视觉的人体关键点3D定位算法、基于联邦学习的算法模型的自主学习与自主更新。公司的团队骨干具备10年以上计算机视觉、云计算、边缘计算等开发应用及落地经验。公司以“让工厂更智能”为使命，自研了“YobiAI工业安全眼”和“YobiAI工业检测眼”两个产品系列，产品核心标准件YobiAI EdgeX智能超脑控制器，是工业级边缘AI视觉控制器，获得了SGS出具的PL d安全性能等级计算报告和中国信息通信研究院、华为等技术认证。公司立志成为世界顶尖的工业智能化专家。

赫力昂（中国）有限公司，2022年完成从葛兰素史克（GSK）的分拆，正式成为一家独立的、全心全意专注于消费健康的公司。公司秉持“以人为本，提升每日健康”的使命，致力于让每日健康更加可及、更具包容性和持续性。赫力昂拥有一系列享誉全球的品牌组合，包括钙尔奇、善存、舒适达、芬必得、扶他林、新康泰克、百多邦、辅舒良、保丽净等。

七、案例视频

扫码观看案例详细视频。

边缘AI视觉创新应用

模具制造企业的服务转型之路：技术创新与客户导向服务的价值探索

用友（上海）工业互联网科技发展有限公司
亿森（上海）模具有限公司

关键词： 模具制造、技术创新、服务模式改革、主数据管理

摘　要： 随着全球制造业的快速发展，模具行业面临市场竞争激烈和技术革新的双重挑战。本案例聚焦于亿森（上海）模具有限公司，探讨其如何通过技术创新和服务模式改革，实现从传统制造商到服务型制造商的转型。通过定性分析和实地访谈，我们发现该企业通过引入先进的自动化生产线和开展客户定制化服务，显著提高了生产效率和市场响应速度。此外，该企业还通过建立紧密的客户关系和持续进行质量改进，提升了客户忠诚度。因此，本案例得出结论：技术创新与客户导向服务是模具制造企业在竞争中保持优势的关键。

一、场景透视：在数智化转型的背景下，传统模具行业产品全生命周期管理面临较大挑战

模具素有“工业之母”的称号，模具制造水平是机械制造水平的重要标志之一。近年来，我国的模具行业正处于快速发展阶段。在电子、汽车、电器、仪表、仪器、通信等产品中，60%～80%的零件都是依靠模具成型的。

1．项目背景

亿森（上海）模具有限公司（以下简称亿森模具）是一家多组织公司，各个组织分别承担不同的业务职能，负责生产流程与项目管理。企业的核心业务是模具制造，主要按照项目的 WBS（工作分解结构）进行任务规划和成本管理。模具的部件可以在集团内的关联公司进行加工；零件由接单公司自行生产，但在某些情况下会涉及部分工序或工单级别的外包处理，这需要通过采购计划来安排自制件或委外件的生产。

其项目管理的流程如下：对于每个模具项目，先根据其复杂程度分解成多个零件，再将每个零件分解成多个模具，最后对每个模具进行 WBS 与管理。这些任务需要由集团内部的多家公司共同完成。

2．客户管理过程中存在的痛点

原先，面对客户订单，亿森模具难以通过滚动计划指导采购与生产，导致采购与生产协同不佳，经常出现缺料现象，影响订单的完成。加之客户对产品提出了个性化的要求，企业

需要边设计边生产，造成物料和 BOM 档案繁多；且每个项目多为新产品，设计变更频繁，难以评估变更对采购、生产和委外加工的影响，从而导致项目延期。另外，零件的品种繁多，受限于客户需求的多样化，企业难以实现量产；加上交货期紧迫，难以满足混合排产的需求，容易出现产能不足的问题。这些问题不仅影响了企业的生产效率，还可能导致客户满意度降低，增加了企业的运营风险。因此，亿森模具需要寻求有效的解决方案，如引入先进的计划与排程系统、优化物料管理流程、加强供应链的协同等，以提高采购计划与生产计划的灵活性和准确性，确保按时交付高质量的产品。

此外，在模具从调试到量产的过程中可能遇到服务中断或支持不足的情况，会影响产品的顺利投产和后续的生产效率。特别是在原材料选择和模具制造过程中的质量控制不够严格，会影响最终产品的质量和市场竞争力。如果出现项目延期、成本超支等问题，尤其是在缺乏有效的项目管理和风险控制机制的情况下，就会增加项目的不确定性和成本压力。

二、实施方案与技术应用：统一主数据管理、智能排程、产供销高效协同机制

1．实施方案

用友（上海）工业互联网科技发展有限公司（以下简称用友）为亿森模具提供了集团主数据管理系统（见图 1），以规范编码规则体系，实现数据统一管理。集团主数据管理系统基于互联网技术架构，结合企业级通用的基础应用组件，如权限、组织、消息模板、调度任务、流程、编码规则、登录、日志、打印等，并通过工作台将其统一组织起来，以统一的形式提供给客户，以支持客户在公有云与独立部署的企业互联网应用中进行管理、业务动态建模和运行。

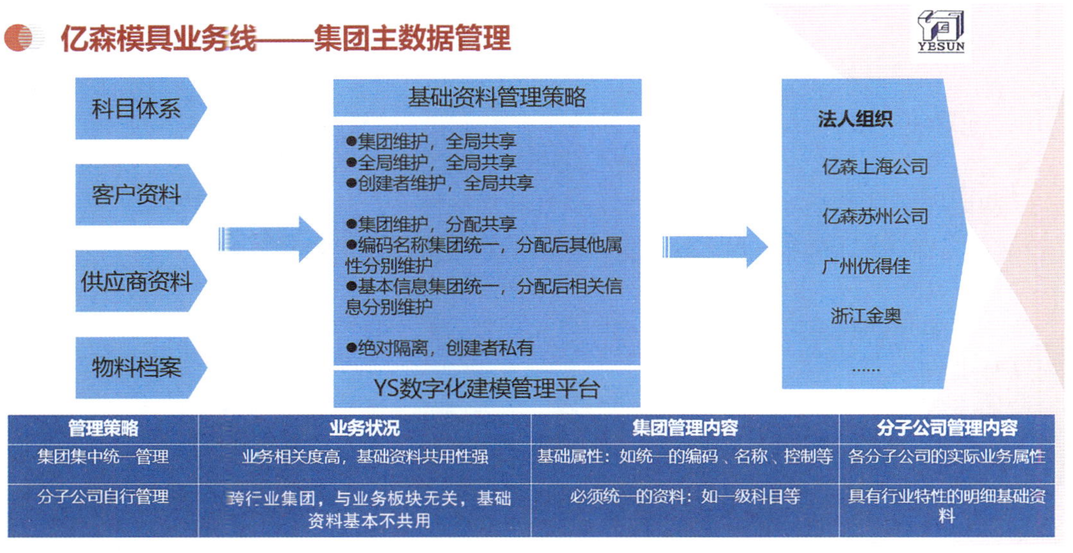

管理策略	业务状况	集团管理内容	分子公司管理内容
集团集中统一管理	业务相关度高，基础资料共用性强	基础属性：如统一的编码、名称、控制等	各分子公司的实际业务属性
分子公司自行管理	跨行业集团，与业务板块无关，基础资料基本不共用	必须统一的资料：如一级科目等	具有行业特性的明细基础资料

图 1　集团主数据管理系统概览

集团主数据管理系统具备以下功能：提供角色场景化的工作桌面；提供小应用管理、菜

单配置和应用导航；提供权限管理；提供组织管理；提供消息模板的配置和发送，具备消息统一处理中心；提供后台调度任务的管理和监控；提供流程，驱动业务运转；提供编码规则管理，支持动态编码；提供统一的登录页面；提供业务日志的记录和查看；提供打印管理和服务等。

集团主数据管理系统能够帮助客户对各种基于企业级业务开发的应用进行统一管理和运行，并提供底层通用的应用组件，使客户专注于核心领域应用。

亿森模具的诉求是在部分设计完成的情况下，把采购计划与生产计划尽快安排下去，提前采购与生产，并且在编制计划时还要考虑提前的可能，不能重复采购与生产。

目前，亿森模具采取的是按单生产模式，即根据客户订单组织采购与生产，其价值如图 2 所示。在这种模式下，亿森模具通常以“订单”为中心，采取按单规划、按单采购、按单生产的方式追踪物料，以确保在承诺的交货期内将产品交付给客户。然而，在实际操作中，很难确保生产计划与实际执行的一致性，常常会出现给 A 客户的工单准备的物料被 B 客户的工单领用的情况。

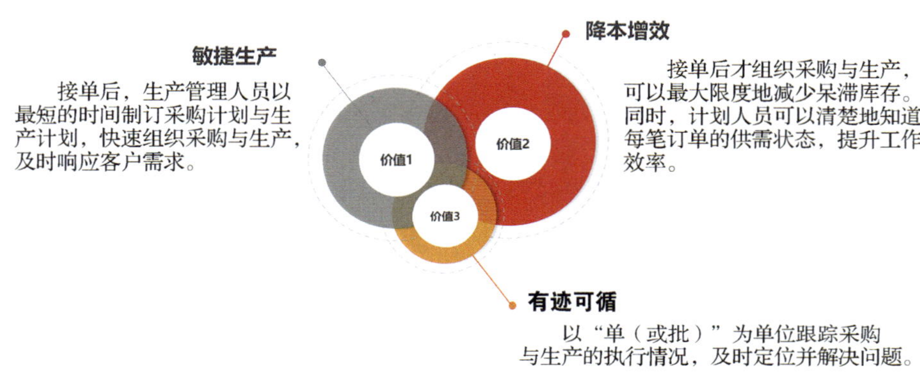

图 2　生产制造实施流程的价值

结合亿森模具的诉求和现状，用友制定了一体化的解决方案。

第一，引入先进的计划与排程系统：采用 ERP 或 APS（高级计划与排程）系统来支持动态的采购计划与生产计划，提高计划的灵活性和准确性。

第二，优化物料管理流程：建立更精细的物料管理系统，确保企业能够快速识别缺料情况，并及时补充。

第三，加强供应链的协同：与供应商建立更紧密的合作关系，改善采购流程，确保关键材料及时供应。

第四，建立灵活的生产调度机制：设计一种能够快速响应订单变化的生产调度机制，以便企业在接到新订单或变更订单时，能够迅速调整生产计划。

第五，强化生产执行监控：引入实时监控系统，确保生产计划与实际执行的一致性，减少因物料领用不当造成的生产延误情况。

该解决方案的创新之处包括以下三项。

（1）LRP运行：实现高效按单生产

对于采取按单生产模式的企业而言，如何高效地组织采购与生产活动，确保订单准时交付，一直是其面临的难题。LRP（批次需求计划）作为一种先进的计划方法，正成为解决这一难题的有效手段。它允许企业以一笔或多笔客户订单（或工单）为单位进行采购计划与生产计划的编制，并能够跟踪这些订单的执行情况，从而显著提高企业的生产效率和响应速度。LRP主要包括LRP方案、LRP运行、LRP工作台、供需资料查询、销售执行追踪表等功能。其中，LRP运行主要用于按单生产模式下的计划编制工作。LRP运行的结果可以在LRP工作台中查看和处理，包括下达采购订单、生产订单和委外订单等。LRP的实施优势提炼如图3所示。

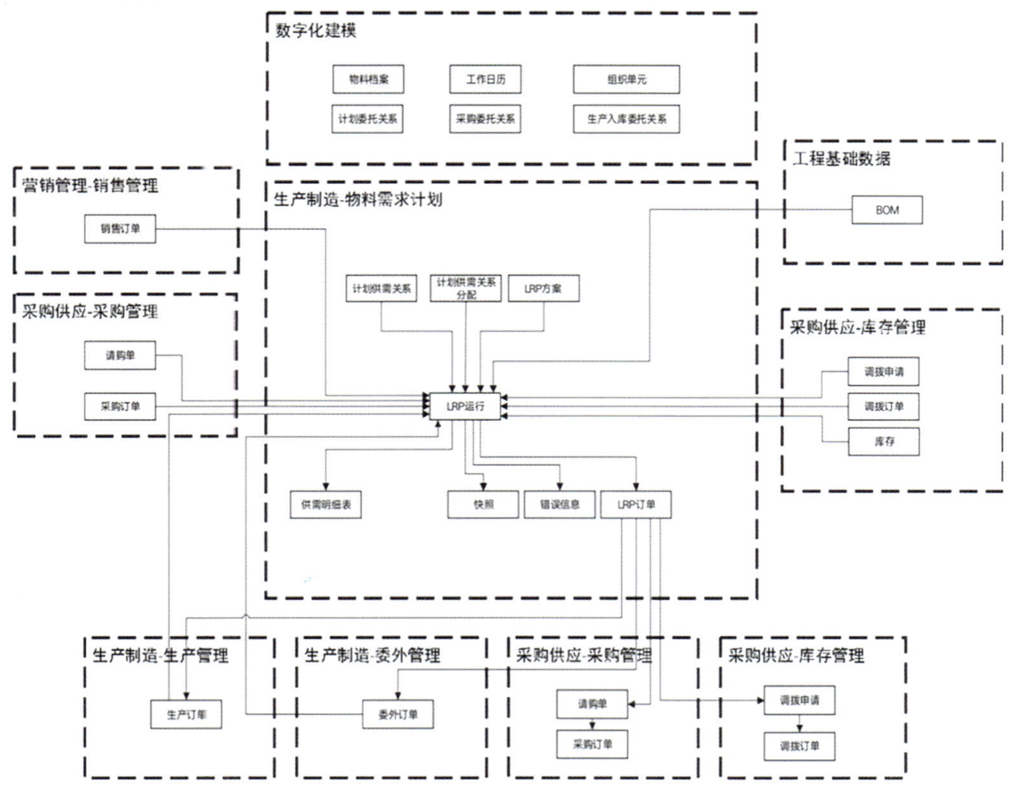

图3 LRP的实施优势提炼

（2）项目管理中的WBS创建与调整：促进模具项目的高效执行

项目经理在启动模具项目时，会先根据项目立项单中的零件和模具信息，参照零件WBS模板和模具WBS模板来创建模具项目的WBS计划任务，示例如图4所示。这一步骤包括定义每项任务的计划开始时间、计划结束时间、理论工期、产值比例、执行组织、执行部门、执行人员和具体任务内容等关键要素。

随着项目的推进，项目经理可能需要调整原有的WBS计划任务，如更改计划开始时间、计划结束时间、执行组织、执行人员等，甚至需要考虑任务的难度系数和产值归属等问题。这时，项目经理可以通过定制开发的单据“WBS 计划任务修改”来进行批量调整，以确保

WBS 能够反映最新的项目进展和需求。

此外，在设计完成后，需要对模具进行定点处理，即确定模具将在哪个组织制作，以及选择合适的模具制造供应商和数控加工基地。这些决策的做出同样需要通过“WBS 计划任务修改”单据来辅助。

亿森（上海）模具有限公司

项目生产定点与大计划表

以5/24日调整后的版本执行

定点参加人员：[illegible] 定点日期：2024-5-20 制表人：[illegible] 打印日期：2024-5-24

序号	项目信息	零件信息	模具信息					铸造定点				钳工定点		(1) 2D粗与半精		(2) 3D粗与半精		(3) 淬火+2D精加+镶块组立		(4) 3D精加工		(5) T0.5		(6) 全工装		(7) 发模		(8) 售后		说明
			工作令号	工序	工序名称	模具尺寸	重量	铸铁	铸钢	GGG70L等	总投交期	定点	组长	定点	完成时间	定点	完成时间	定点	完成时间	定点	完成时间	定点	完成时间	定点	完成时间	定点	完成时间	定点	完成时间	
1	项目编号:Y23066 客户简称：[illegible] 项目名称：X244/X248 零件总数：4 启动时间：2023/12/11 半工装时间：NA 全工装时间：2024/8/20 发模时间：2025/2/20 商务经理：[illegible] 项目经理：[illegible] 工艺经理：[illegible] 结构经理：[illegible] 工段长：[illegible]	零件图片： 零件图号：A2446370100&A2486370100 零件名称：侧围外板左 零件尺寸：3107*1378*322 材质:MBN 51251 CR5-EG53/53-L 料厚0.7mm	23578M1	OP10	DR	4700*2600*1400	50.32	红河	NA	红河	2024-5-21	亿森	[illegible]	双凤	24-5-29	双凤	24-6-8	亿森	24-6-15	亿森	24-6-30	亿森	24-7-8	亿森	24-7-10	亿森	25-2-20	亿森	27-2-1	1、40天加工完成，并组合到底出一个件 2、凹凸模按设计要求抛亮，为以后改模降图准备，不电镀
			23578M2	OP20	TR+CTR	5000*2600*1400	45.8	全昊	全昊	全昊	2024/6/9-6/15	亿森	[illegible]	全昊	24-6-16	全昊	24-6-18	华泓	24-6-30	华泓	24-7-18	华泓/亿森	24-7-28	亿森	24-7-30	亿森	25-2-20	亿森	27-2-1	1、亿森组长派往基地检查组立质量 2、改模不电镀 3、视华泓3D精加工质量、时间与钳工装配能力及产能做调整，T0.5是在亿森还是华泓
			23578M3	OP30	RST+TR+CTR+FL	4700*2450*1400	43	全昊	全昊	全昊	2024/6/9-6/15	亿森	[illegible]	全昊	24-6-16	全昊	24-6-18	华泓	24-6-30	华泓	24-7-18	华泓/亿森	24-7-28	亿森	24-7-30	亿森	25-2-20	亿森	27-2-1	1、亿森组长派往基地检查组立质量 2、改模不电镀 3、视华泓3D精加工质量、时间与钳工装配能力及产能做调整，T0.5是在亿森还是华泓
			23578M4	OP40	CRST+TR+PI+CPI+CFL	4700*2600*1400	50.37	红河	全昊	红河	2024/6/6-6/15	亿森	[illegible]	双凤	24-6-16	双凤	24-6-18	亿森	24-6-30	亿森	24-7-18	亿森	24-7-28	亿森	24-7-30	亿森	25-2-20	亿森	27-2-1	1、亿森组长派往基地检查组立质量 2、改模不电镀
			23578M5	OP50	RST+TR+PI+CTR+CPI+FL+CFL	4700*2450*1400	46.2	全昊	全昊	全昊	2024/6/9-6/15	亿森	[illegible]	全昊	24-6-16	全昊	24-6-18	亿森	24-6-30	亿森	24-7-18	亿森	24-7-28	亿森	24-7-30	亿森	25-2-20	亿森	27-2-1	1、亿森组长派往基地检查组立质量 2、改模不电镀

图 4　项目生产定点与大计划表

（3）成本管理与核算：提升成本管理水平

为了提升成本管理水平，降低成本核算的难度，亿森模具实施了一套精细化的成本核算系统。这套系统主要针对模具项目的成本进行管理，包括成本数据的收集、核算、分析和控制。具体的做法如下。

① 项目成本核算。根据项目 WBS 计划任务中发生的人工费用，通过记录的工时在成本中心进行费用的归集与分摊。对于项目 WBS 计划任务中发生的应付费用和材料领用费用，则直接归集到 WBS 计划任务的项目成本中。

项目成本展示：在集团层面，以项目 WBS 计划任务为主线，根据工作令号（模具）统计各公司实际发生的成本，并通过定制开发的报表实现集团内部交易成本的抵消；在公司层面，同样以项目 WBS 计划任务为主线，统计该公司发生的生产成本和其他费用。

② 模具生产成本核算。直接材料（BOM）费用：根据模具或零件的生产订单或返修生产订单直接领用材料，直接归集到订单的直接材料成本中。制费（电费）：根据车间统计的电费，按加工中心的电费系数乘以机时进行分摊。折旧费用：设备折旧费用按固定资产使用部门（加工中心）进行归集，按机时进行分摊；房屋折旧费用则按车间进行归集，按加工中心占用面积乘以机时进行分摊。加工费用：根据委外生产订单直接归集。间接/直接人工费用、劳保用品费用：总账按车间入账，按车间的人工工时进行分摊。其他制费：根据车间、生产线或机台归集，按车间的机时进行分摊。

③ 产品成本管理。直接材料费用：根据生产订单进行材料领用或根据生产入库倒冲领用，直接归集到订单的直接材料成本中。直接人工费用、制费：按 100%系数分摊订单的直接人工费用和制费。

2．**技术应用**

用友为亿森模具打造的技术应用平台是一个以数智平台+十大领域的场景服务+大规模生

态为基本产品形态的融合服务群，包括：一个 PaaS 平台（iuap 平台），以三平台+三中台为核心为企业提供数智化底座支撑能力；十大领域的场景服务，涵盖财务、人力、供应链、采购、制造、营销、研发、项目、资产、协同十大核心领域，为企业提供随需随用的企业云服务；大规模生态，用友携手 ISV（独立软件开发商）和专业服务商等生态伙伴，汇聚生态提供的产品和增值服务，共同服务于企业的数智化转型。

（1）四项首创和领先的技术

用友实现了多项技术突破，并基于新的互联网技术体系、产业级社会化视角，打造企业数智化新底座，帮助企业实现技术、业务、决策的深度融合，最终实现企业效率和效益的提高。其中，四项首创和领先的技术包括首创的 YMS 云中间件技术，首创的云上云下一体的持续交付体系，领先的多租户、多数据中心技术，自研的多维数据引擎（存算一体）。

（2）六大领先的应用架构

用友帮助亿森模具在整个应用架构层面实现了升级，应用六大领先的应用架构，实现了从企业级到社会级、从粗放到精细、从稳定到灵动、从流程到数据、从功能模块到业务场景的全覆盖，全面支撑企业的产品与业务创新、组织与管理变革。这六大领先的应用架构具体如下。

① 社会化商业模型，支撑数智化的产业协同。

② 事项法会计，重构企业精细管理的关键基础。

③ 特征体系，支撑业务的精准运营。

④ 多维组织，支持组织柔性、灵动发展。

⑤ PDCA 管理循环，支撑企业实时管控、精益运营。

⑥ 场景化应用可组装，实现业务导向的随需随用。

（3）提供 465 项创新服务、覆盖多领域的企业云服务群

用友在强大的底座、领先的应用架构之上，建设了覆盖多领域的企业云服务群。该企业云服务群能够支撑企业前端业务的快速创新，覆盖财务、人力、供应链、采购、制造、营销、研发、项目、资产、协同十大核心领域，提供应用服务 SaaS、业务服务 BaaS、数据服务 DaaS 等多种形式的创新服务 465 项。

三、实施效果：精细的成本管控，促进企业降本、提质、增效

此项目的实施效果如下。

① 规范了各项基础数据，强化了以数据为中心的基础统一管理工作，对亿森模具历年的基础信息进行了整体的梳理。

② 整理了企业的内部流程和操作规程，并落实到人，规范了各岗位的操作职责和要求，形成了一份全面的企业内部流程文件，实现了全面无纸化办公。

③ 提高了库存周转率，库存量从原来的 20%降低到 10%，提升了资金周转效率，库存准确度从原来的 70%提升到 99%；同时，精简了部分仓管人员，降低了人员成本。

④ 按项目核算成本，使成本管控更加精确，解决了财务部门多年核算不准、不及时的痛点；规范了财务的相关制度，实现了内部的财务账目自动结算，提升了财务部门的管理效率；

结账出具财务报表的时间从原来的一周缩短至3天，极大地提高了客户响应效率。

四、经验总结与未来展望

1. 经验总结

通过项目实施，亿森模具梳理和优化了各业务部门的流程，并对集团的基础信息（特别是研发部门的物料和BOM信息）做了重要的规范；实现了以ERP系统为核心平台，紧密连接上下游的业务，使各系统的协同成为现实，极大地提升了工作效率。

在生产环节，实现了ERP与PLM系统的对接，加快了下达生产指令的频率，缩短了人员编排生产任务的时间，并实现了以项目工号为维度，对产品全生命周期的跟踪管理。

在财务环节，结合前端业务的规范，按项目工号核算产品成本，确保了核算成本的精确性和及时性，极大地提高了财务部门的工作效率。

总之，通过项目实施，亿森模具完成了整体信息化建设中的重要一环，为后续集团的战略发展提供了有力保障。

2. 未来展望

未来，模具行业将依托技术创新、市场需求、政策支持和国际合作，朝着更加高效、智能和环保的方向发展。随着中国模具市场逐渐在全球范围内占据重要地位，中国模具行业将持续优化产业结构，提升出口竞争力。定制化和智能化将成为行业发展的两大核心驱动力。模具制造企业在满足多样化的客户需求的同时，将利用工业4.0和智能制造技术提高生产效率及产品质量。此外，环保理念的融入促使行业采用更多的绿色材料和绿色生产方式，以实现可持续发展目标。数字化技术的应用将进一步提升模具设计与制造的精确性和灵活性，为行业带来质的飞跃。面对激烈的市场竞争，模具制造企业需要不断提高技术研发能力，提升产品精度和智能化水平，从而提升市场竞争力。大型化和自动化的发展趋势也将进一步推动国产模具技术水平的进步。此外，模具行业的信息化建设将是未来发展的重要支撑点，模具制造企业将通过整合设计、制造及管理等环节的数据资源，实现整个产业链的优化升级。

五、推荐语

亿森模具的此次实践是对传统模具行业的一次颠覆性创新，不仅解决了模具制造过程中复杂供应链管理的痛点，还开创了产业链上下游高效协同的新模式，为我国乃至全球模具行业树立了数智化转型的标杆。本案例生动地展现了技术创新与服务模式改革的力量，是推动产业升级的典范，值得广大模具制造企业深入学习与借鉴。

六、案例主体介绍

用友（上海）工业互联网科技发展有限公司是用友网络科技股份有限公司（以下简称用友网络）的全资子公司。用友网络成立于1988年，是全球领先的企业云服务与软件提供商，专注于信息技术在企业与公共组织中的应用，致力于用创想与技术推动商业和社会进步。

36年来，用友网络持续引领服务产业的发展。用友网络1.0时期，公司通过普及财务软件，服务超过40万家企事业单位开展会计电算化，成为中国最大的财务软件公司；用友网络2.0时期，公司通过普及ERP，服务超过200万家企业开展信息化建设，成为亚太地区最大、全球排名前十的ERP提供商。

当前，用友网络处于3.0新时期，主要普及全球领先的数智商业创新平台——用友BIP，目标是服务超过千万家企业开展数智化转型，并成为全球领先（TOP 3）的企业云服务与软件提供商。

亿森（上海）模具有限公司成立于2004年，是一家专门从事汽车外覆盖件模具及检具设计、加工和制造的高新技术企业。作为中国模具工业协会理事会理事单位和中国汽车覆盖件模具重点骨干企业，亿森模具凭借国内领先的设备和技术优势，在上海、江苏、浙江、广东等地建立了多个生产基地，服务全球超过50家知名汽车制造商。亿森模具秉承“诚信务实，求精进取”的宗旨，注重人才培养与技术创新，目前已拥有38项核心知识产权，其中包括5项发明专利和21项实用新型专利。

亿森模具严格执行项目管理流程，采用UG、CATIA、PAM-STAMP等先进软件进行工艺分析、模具结构设计及仿真模拟。企业配备了先进的加工设备和进口测量仪器，并通过ISO 9001:2015、ISO 14001、VDA 6.4等多项体系认证，确保了从模具设计生产、铸件制造、零部件冲压到售后服务等全产业链的高品质标准。目前，亿森模具具备年产1600套（每套5吨）模具的生产能力，是国内外众多主机厂和零部件厂的主要模/检具供应商，获得了客户的广泛好评。

基于一体化 SaaS 模式的“一掌控”物联网平台，推动中小企业数智化转型

一掌控（上海）互联网科技有限公司
上海斯瑞科技有限公司

关键词： SaaS 模式组合工具、中小企业、制造、智转数改

摘　要： 当下，智转数改风起云涌，数字化浪潮席卷全国乃至全球。制造企业必须跟进该趋势，以实现降本增效。上海斯瑞科技有限公司和一掌控（上海）互联网科技有限公司历经几年的共同研发，在工厂的智转数改之路上进行了成功的探索，找到了一条对自己乃至所有中小企业都适用的最优路径，实现了降本增效。上海斯瑞科技有限公司通过引进一体化 SaaS 模式的“一掌控”物联网平台进行了智转数改，实现了智能生产；摒弃了传统的数据割裂的模块化独立软件，打破了“信息孤岛”，实现了数据互通共享，最大限度地提高了数据资产的利用率。同时，上海斯瑞科技有限公司融合 5G、AI、视觉检测等技术，使“一掌控”物联网平台贯穿产品研发、采购、生产、检验、销售、仓储、运输、售后、办公等所有场景；构建产品质量追溯体系，强化品控，提升产品质量；优化生产流程，减少人工失误，降低成本；实时监控运输与销售，确保信息畅通；持续创新，推动智能制造，提升公司效益。

一、场景透视：化纤行业管理效率低下，企业转型升级困难

上海斯瑞科技有限公司（以下简称斯瑞科技）在以下几个方面存在问题。

1．研发管理

斯瑞科技在研发过程中的资料往往是成堆的纸质文件，如果管理不善或离职人员交接错漏，就很容易造成资料破损、丢失等问题。

2．生产管理

斯瑞科技的产品有着高度定制化的特点，即根据客户提出的防护、尺寸、外观等要求进行定制化生产。因此，公司的生产记录本繁多，多种定制化产品在同一个记录本上，查阅非常麻烦，有时还会因为书写问题而看不清楚记录，这对生产细节的把控、问题产品的分析产生了很大的影响。

3．检验管理

检验往往由人工在仪器前操作，先将数值记录在纸上，再将其手动输入计算机中进行采集和统计整理，这容易造成大量的人力资源和纸张浪费。而且人工操作存在数据录入速度慢、

准确率低的问题。

4. 仓库管理

斯瑞科技的产品属于定制化产品，利用原有的 ERP 系统进行管理时，数据仅在 ERP 系统内流通，容易产生“信息孤岛”，导致仓库管理效率低下，出现库存堆积的情况。

5. 人员管理

化纤行业是劳动密集型行业，虽然斯瑞科技不断进行数字化改造升级，但公司中不少岗位依然需要大量人员，在人员招聘、培训和管理上存在一定的难度。

二、实施方案与技术应用：SaaS 模具组合工具，企业管理软件解决方案

1. 实施方案

斯瑞科技通过引进由一掌控（上海）互联网科技有限公司（以下简称一掌控科技）自研的“一掌控”物联网平台，实行工厂全环节、全场景的智转数改，实现了公司内部“人、机、料、法、环、测、财”七大要素的数据全流通。

（1）研发管理

“一掌控”物联网平台可对研发资料进行记录并自动保存到云端，只需给相应人员分配系统权限即可实现自主查阅，无须担心资料破损、丢失等问题。原先，工艺技术通知单往往需要经过编制、校对、审核、批准等程序，才能打印出来下发至生产部门，任何一个流程的负责人不在公司，都会造成审核文件下发延后。而“一掌控”物联网平台可以在网络覆盖下随时随地下发审核文件，且不用担心文件脏污、破损、丢失等问题。

（2）生产管理

斯瑞科技可通过“一掌控”物联网平台在设备上安装数据采集装置。该装置会将采集到的数据自动上传至“一掌控”云端，由系统辨别并记录生产数据，从源头上避免记录出错，使公司在生产细节把控、原因分析上少走弯路。此外，员工每天在移动端领取每日工作任务，完成工作交接，避免了口头传达出错的情况。

（3）检验管理

通过数据采集、视觉传达等技术，“一掌控”物联网平台可实现数据的自动检验，由系统判断产品外观、尺寸、重量及其他物理性能是否合格，节约了大量的人力、物力，降低了人工检验的出错率，确保了产品质量稳步提升。

（4）仓库管理

斯瑞科技可通过“一掌控”物联网平台对仓库进行进销存管理，各部门信息互通，不存在“信息孤岛”。仓库管理人员可实时查询库存，避免库存积压、原材料过期报废等情况发生，基本实现了零库存，降低了公司的运转成本。

（5）人员管理

在引进“一掌控”物联网平台后，斯瑞科技满足了自身高密度的人才需求，实现了人才

培养升级的战略目标。其中，“一掌控”人力资源管理模块可为公司提供员工资料维护、入离职调转、绩效和薪酬管理、报表查询等功能，提高了信息管理的准确性和及时性，降低了公司的招聘和管理成本。

在引进“一掌控”物联网平台后，斯瑞科技在研发、生产、检验、仓库、人员等方面取得了显著的成效，具体如图 1 所示。

图 1　“一掌控”物联网平台的作用

2．技术应用

（1）采用 SaaS 模式组合工具

“一掌控”物联网平台属于自主创新研发、拥有完全自主知识产权的工业互联网平台，采用众多先进的技术手段，具体如下。

① 硬件技术手段。

a．高性能计算芯片：与中国电信云公司合作，在边缘计算领域，采用高性能计算芯片，大幅提升数据处理能力，支持在靠近设备或数据源头的网络边缘侧，进行快速的数据预处理、存储和智能分析应用。

b．工业物联网设备：基于工业以太网、工业总线等工业通信协议，以太网、光纤等通用协议，以及 3G/4G/5G、NB-IoT 等无线协议，实现工业现场设备的全面接入，为工业互联网平台提供丰富的数据源。

c．边缘计算设备：部署在网络边缘的计算设备，能够实时处理和分析边缘侧的数据，减少数据传输延迟，提升系统响应速度，并与云端分析形成协同。

② 软件技术手段。

a．数据集成与边缘数据处理技术。

协议转换：运用协议解析、中间件等技术兼容各类工业通信协议和软件通信接口，实现数据格式的转换和统一。

边缘数据处理：在靠近设备或数据源头的网络边缘侧进行数据预处理、存储和智能分析应用，提升操作响应的灵敏度，消除网络堵塞。

b．IaaS 技术：基于虚拟化、分布式存储、并行计算、负载调度等技术，实现网络、计算、存储等计算资源的池化管理，根据需求进行弹性分配，并确保资源使用的安全与隔离。

c．平台使能技术：与中国电信云公司合作，使用 PaaS 技术、新型集成技术和容器技术等。这些技术正在加速改变信息系统的构建和组织方式，为“一掌控”物联网平台提供强大的支撑能力。

d．数据管理技术：通过分布式文件系统、NoSQL 数据库、关系数据库、时序数据库等不同的数据管理引擎实现海量工业数据的分区选择、存储、编目与索引等。

e．应用开发和微服务技术：提供涵盖服务注册、发现、通信、调用的管理机制和运行环境，支撑基于微服务单元集成的“松耦合”应用开发和部署。这种技术架构使“一掌控”物联网平台中包含的工业应用更加灵活、更易扩展和维护。

f．工业数据建模与分析技术：运用数学统计、机器学习及 AI 算法实现面向历史数据、实时数据、时序数据的聚类、关联和预测分析。同时，利用机械、电子、物理、化学等领域的专业知识，结合工业生产的实践经验，构建各类模型，实现分析应用。

g．安全技术：“一掌控”物联网平台连续两年通过国家信息安全等级保护三级认证，包括数据接入安全、平台安全和访问安全等多个方面。通过工业防火墙技术、工业网闸技术、加密隧道传输技术等手段，防止数据泄露、被窃听或被篡改；通过平台入侵实时检测、网络安全防御系统等技术，实现工业互联网平台的代码安全、应用安全、数据安全 、网站安全；通过建立统一的访问机制，限制用户的访问权限和所能使用的计算资源与网络资源，实现对云平台重要资源的访问控制和管理，防止非法访问。

“一掌控”物联网平台集“全面精准管理、社交展示交易、区块链支付、媒体娱乐互动”等功能于一体，是一个能实现万物互联、智能社会的超级支撑工具。它用颠覆性的软件架构和数据库架构设计，打通了组织内部的数据流，从根本上解决了万物互联和信息化过程中的最大痛点（“信息孤岛”），使组织内部实现无死角的互联互通，同时与平台上的其他组织实现无缝互联，选择性地对信息和行为进行交互共享。

（2）囊括并颠覆各类相互割裂的软件

“一掌控”物联网平台可使广大中小企业不再被模块化的软件割裂，而是可以根据自身需求选择所需的功能（见图 2）。

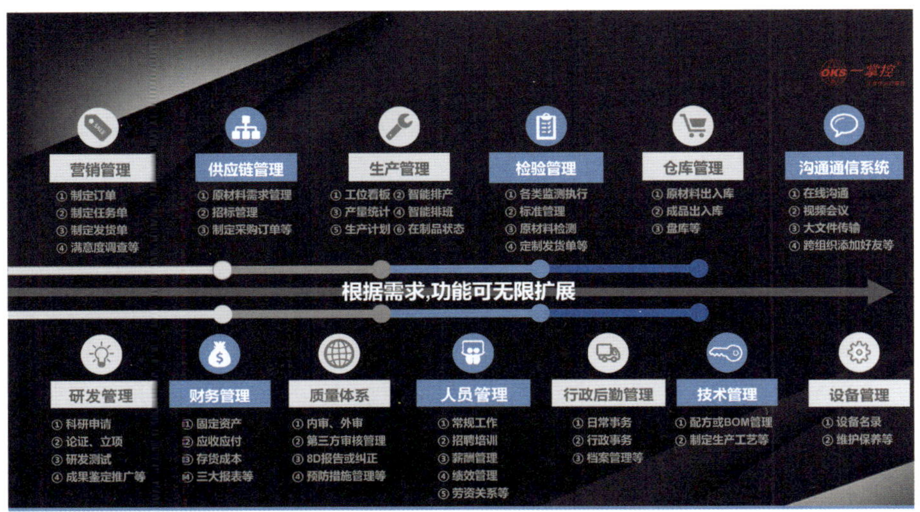

图 2　“一掌控”物联网平台的功能

三、实施效果：降低企业成本、提高管理效率、实现智能制造

通过“一掌控”物联网平台，斯瑞科技贯穿了产品研发、采购、生产、检验、销售、仓储、运输、售后、办公等所有场景，通过不断创新提高了效率，加快了数智化转型的步伐；通过数据收集、清洗、转换、存储，有效集成和整合了不同来源的数据，确保数据的准确性和一致性；能够运用统计学、机器学习等方法对数据进行深入挖掘和分析，发现数据背后的规律、趋势和潜在问题，为项目决策提供了有力支持；通过数据可视化技术，将复杂的数据转化为图表，帮助项目团队成员更好地理解数据分析结果，提高了决策效率；根据数据分析结果，结合项目实际情况和目标，制定了科学、合理的决策方案。

2021 年，斯瑞科技成功建成一条完全拥有自主知识产权的工业 4.0 生产线，融合 5G、AI、视觉检测等技术，对各个场景进行了数字化改造。

此外，斯瑞科技从产品研发开始就建立了产品质量追溯体系，进行严格的品控，提升了产品质量。2022 年，公司实现产品智能化检验，被检数据自动采集、自动上传、自动记录，系统自动根据检验结果判别并生成检验报告；实现智能化生产，对产品制造过程进行全面显示、监控及控制，无须人工记录生产工艺参数；实现无纸化记录和产品自动化检测，使检测工作更加简便，无须人工记录，准确率达到 99%，产品检测效率可提升 25%～50%，人力成本可降低 30%～60%，总体效率提升明显。

四、经验总结与未来展望

1. 经验总结

从斯瑞科技的智转数改项目来看，中小企业的智转数改，需要按照整体规划、统一理念、业务先行、技术支撑的思路有序开展。在智转数改的过程中，需要重视以下几点。

① 最重要的是选择正确的智转数改方案和道路。中小企业要想花小钱、办大事，可以采用“一掌控”物联网平台。“一掌控”物联网平台可有效实现在产品生产、生产任务制定、生产过程控制和记录、检验、入库、出库等各个环节的数据互通，解决“信息孤岛”的痛点。

② 第二重要的是实行一把手工程。从智转数改方案确定开始，一直到智转数改结束，一定要由一把手亲自主导和参与实施。

③ 全员参与实施。

2. 未来展望

未来，一掌控科技将持续深化和优化“一掌控”物联网平台，以斯瑞科技的数字化改造为起点，与更多的中小企业合作，切实帮助更多的中小企业解决目前面临的问题，提高中小企业的生产效率和产品质量；融合云计算、大数据、AI 等创新技术，实现智能制造，为产业数字化升级赋能；积极拓展与其他机构的合作，如与园区开展合作，打造智慧园区、智慧学校、智慧矿区等，实现园区的自动化智能管理。

五、推荐语

对千千万万家既没有 IT 能力，又急于实现智转数改的中小企业来说，可以选择一体化 SaaS 模式的“一掌控”物联网平台作为智转数改之路，以快速、高效、低投入地实现智转数改，最终实现降本增效。

六、案例主体介绍

一掌控（上海）互联网科技有限公司是一家互联网技术和数据公司，于 2014 年在上海市普陀区成立。公司致力于开发“一掌控”物联网平台，融合创新技术，实现智能制造，为产业数字化升级提供有力支持。“一掌控”物联网平台可帮助企业进行智能生产、智能检验等智能改造，实现企业的网络化、自动化、数字化、智能化，最终实现降本增效。

上海斯瑞科技有限公司成立于 1998 年，位于上海市，是一家专注于电缆料、纤维及其 UD 复合材料和安全防护产品研发、制造的高新技术企业。公司获得高新技术企业、“小巨人”培育企业、上海市认定企业技术中心、上海市“专精特新”中小企业等多项荣誉认证，与上海交通大学、西安交通大学、上海电缆研究所等众多高等院校和研究所建立长期稳固的合作关系，共同开展科学研究，以提升科研水平，研发先进技术。公司拥有国际专利、发明专利、著作权等近百项专利和自主知识产权。

七、案例视频

扫码观看案例详细视频。

工厂 SaaS 智转数改

智慧运营管理云平台助力养猪业数字化转型升级

上海昊沧系统控制技术有限责任公司
山东新希望六和集团有限公司

关键词： 数字化转型、智慧养殖、设备运维、物联网、移动应用

摘　要： 我国作为全球最大的生猪生产国，面临着生产管理粗放、能耗高、防疫监控难等挑战。山东新希望六和集团有限公司通过“灯塔猪厂”项目，聚焦成本、效率、质量、安全、环保五大价值点，将 DataStorm 口袋工厂作为智慧生产运营管理平台，结合饲喂、能耗、环保、环控、设备、生产六大业务场景，构建闭环的管理体系。项目实现了关键设备智能化、全场景业务数据化、全数据在线功能化、全过程管理主动化。在保证原有生产节奏不减慢的情况下，项目提升了环境监控能力，提高了哺乳母猪采食率，降低了人工工作强度，减少了饲料和能源消耗，有效提升了生产效率和产品质量，降低了运营成本。该项目显著提高了山东新希望六和集团有限公司的经济效益和社会效益，为行业提供了数字化、智能化养殖的新模式。

一、场景透视：进行数字化转型，应对生猪养殖的多重挑战

我国是全球最大的生猪生产国，我国的猪肉产量约为全球猪肉产量的一半。近几年，国内生猪市场价格大幅波动，在人工成本、饲料原料价格上涨的背景下，生猪的产销环节严重分离，不仅放大了市场风险，增加了交易成本，也造成部分养殖企业增收不增利的情况。我国养殖企业采用数字化养殖模式进行防疫及科学管理已经刻不容缓。

对于山东新希望六和集团有限公司（后称“新希望六和”）而言，当前猪厂在生产养殖、经营管理、运维服务等方面主要存在如下问题：饲喂过程难以追溯，能耗管理粗放，环保监管存在风险，环控不及时，设备运维记录不明确，以及猪只生产管理不精细。具体而言，人工饲喂导致饲料浪费和数据滞后；用水、用电记录依赖人工，缺乏及时反馈和有效管理；环保设备易损坏，缺少自动化控制；环控不到位，影响猪只健康和生产成本；设备运维缺乏系统记录和量化管理；猪只生产数据采集依赖人工，无法实现全程追踪。这些问题凸显了新希望六和对数字化和自动化解决方案的迫切需求。

在市场需求变化和技术进步的双重驱动下，新希望六和“灯塔猪厂”项目主要围绕成本、效率、质量、安全、环保五大价值点，通过智慧运营管理平台，采用 3D 数字孪生、物联网、移动应用、云计算等先进技术，结合饲喂、能耗、环保、环控、设备、生产六大业务场景，

建立起一套闭环管理体系并进行高效运行，实现关键设备智能化、全场景业务数据化、全数据在线功能化、全过程管理主动化，为试点猪厂提供了降本增效的智慧养殖解决方案，提高了猪只产品的质量，控制了疾病对猪厂的影响，降低了猪只生产的成本。

二、实施方案与技术应用：智慧平台驱动实现养殖管理智能化

1．实施方案

（1）采用数字孪生技术建立智慧生产运营管理平台

设立数字化运营中心：通过对试点猪厂的实际情况进行实时监测和数据采集，结合猪厂的 3D 模型，构建出与实际情况完全对应的数字模型，实现对猪厂整体的场地、建筑、设备及运行状态等环节的全面仿真。在这个 3D 数字世界里，管理人员可以直观地掌握猪舍的生产、环控、饲喂、水电、设备等方面的实时数据和趋势，通过该系统接收并处理工单及报警信息，实现快速响应和及时处理，从而做出更加精准、科学的决策，提高了猪厂管理人员的工作效率和管理水平。智慧生产运营管理平台如图 1 所示。

图 1 智慧生产运营管理平台

（2）精准饲喂

采用差异化饲喂技术：通过同步每头猪的信息并根据个体差异实现定制化喂养，在提高猪只进食质量的同时减少饲料浪费。系统实时监测猪只的采食情况，及时干预问题猪只，减少损耗，料塔料线管理自动化，确保饲料供应充足，并通过闭环管理减少物资损耗。平台通过综合分析生产和环控数据，优化饲喂策略，提升养殖效率，如图 2 所示。

（3）能耗管理：水电用量“一图掌控”

平台根据智能水电表收集到的猪厂用电线路的能耗数据，提供图表统计、水电平衡分析和异常提醒，使管理人员实时监控母猪产房、配怀舍等区域的水电使用情况，及时发现并处

理浪费情况，从而优化能耗管理，支持猪厂绿色高效运营，如图 3 所示。

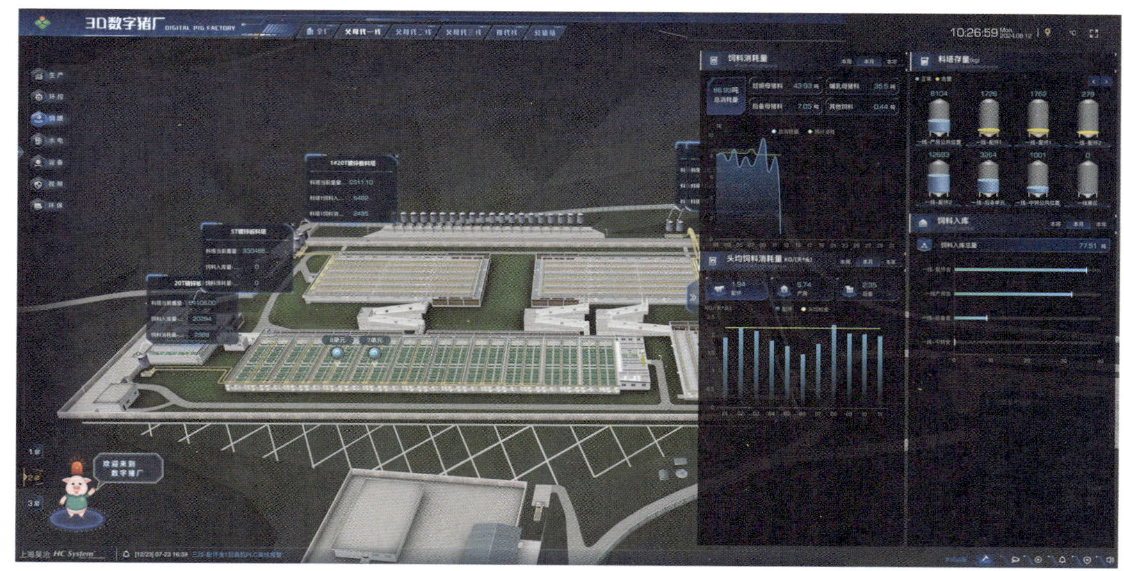

图 2　精准饲喂

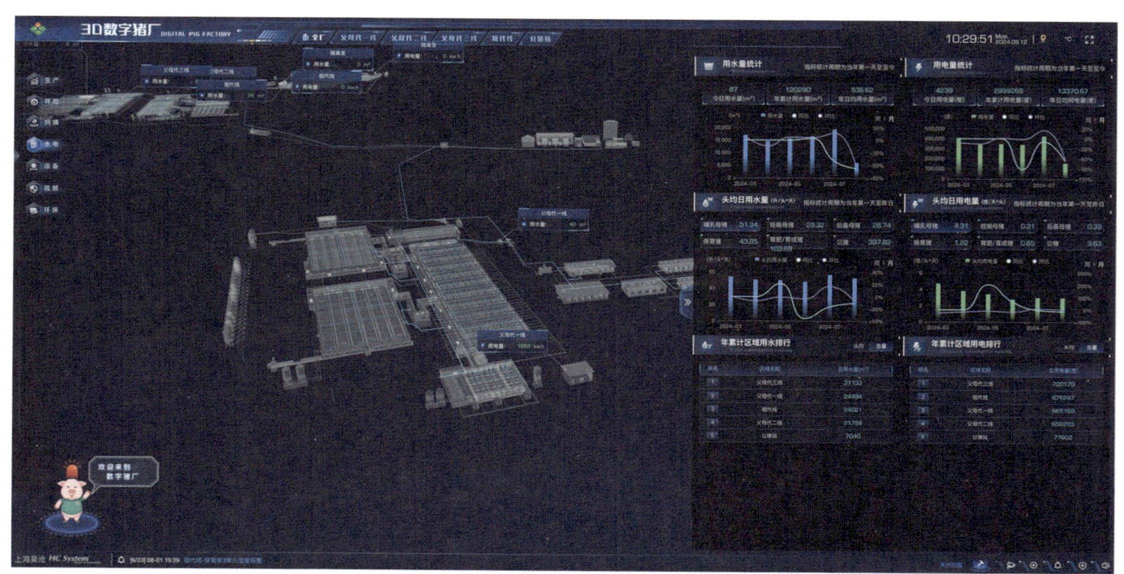

图 3　能耗管理

（4）环保管理：提升猪厂的粪污处理监管水平

具体来讲，通过实时采集粪污处理数据，实现设备运行监控，并通过声光报警及时通知维修人员，减少故障造成的影响；通过建立问题信息库，量化评估设备状态，并通过自动控制来提升效率。平台可以分析关键运营数据，如污水接收量、处理量、费用和水质，为管理提供科学依据，支持企业决策，如图 4 所示。

图 4　环保管理

（5）环控管理：实时守护生猪舒适圈

环控管理，即利用物联网技术和大数据分析，实时监控并优化猪舍内的温度、湿度和空气质量，为种猪创造理想的生长条件，如图 5 所示。通过传感器收集数据，通过云计算平台进行快速分析，支持不同季节的环控标准自动切换，这样就提升了管理效率并降低了成本。

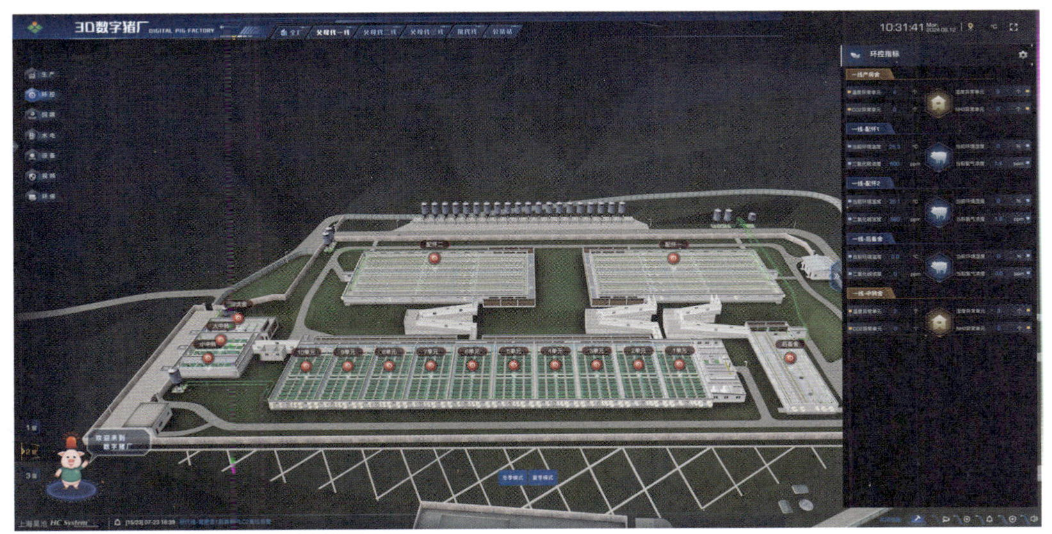

图 5　环控管理

（6）设备运维管理：养殖管理更加规范

通过建立标准化的设备运维管理体系，猪厂实现了数据自动收集与可视化展示，如图 6 所示。系统规范了巡检、保养、维修流程，并采用拍照记录与监督机制，确保全程可追踪，从而提升运营效率。设备知识库为维修人员提供即时指导，有利于提高维修效率。同时，平台对备品、备件进行全生命周期管理，通过提前预警来降低库存成本和提高维修效率，减少设备故障对生产的影响，增强整体效益。

图 6　设备运维管理

（7）实时生产管理：猪厂移动化运营管理系统让养猪更智能

① 降低生物安全风险，守护猪厂健康。

在传统的养猪模式中，人员频繁进出猪厂查看现场情况增加了生物安全风险。移动化运营管理系统的应用，通过减少人员现场查看的次数，有效降低了生物安全风险。猪厂运营数据分析（移动端）如图 7 所示。

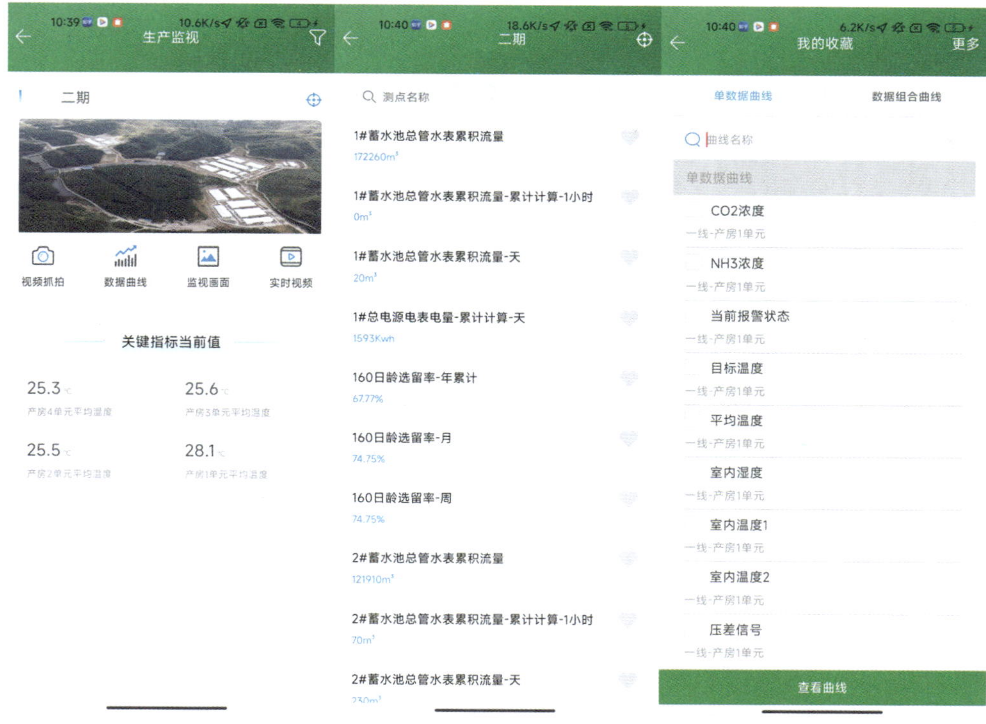

图 7　猪厂运营数据分析（移动端）

② 数据驱动，提高精细化管理水平。

移动化运营管理系统能够实时展示猪厂生产指标数据，包括猪的进食情况、生长信息、免疫信息、身体状况等。这些数据为养猪提供了有力支持，使生产和管理更加科学、精准。种猪生产管控（移动端）如图 8 所示。

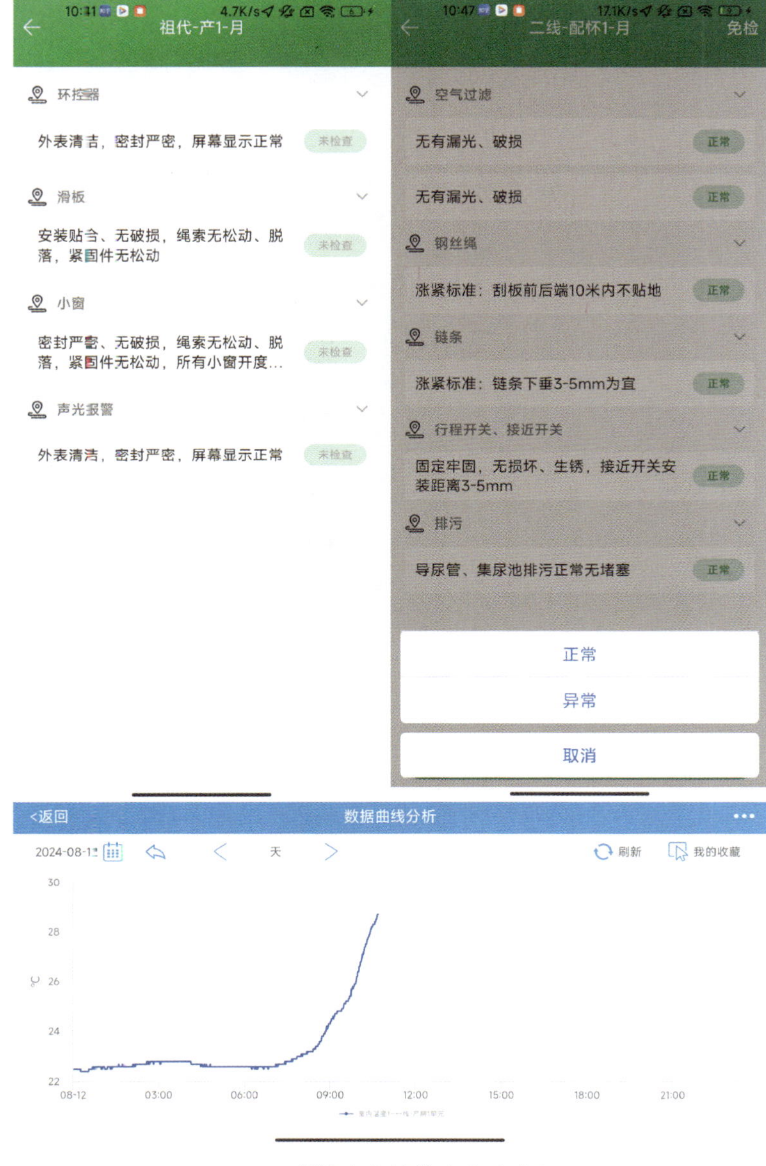

图 8　种猪生产管控（移动端）

③ 智能运维，减少人工投入。

通过引入智能化设备，猪的进食、生长、免疫等环节都可以通过移动端进行实时监控和管理，大大提高了生产效率。线上巡检及移动化运维手段的采用减少了人工投入，降低了人工运维成本。猪厂巡检情况（移动端）如图 9 所示。

图 9　猪厂巡检情况（移动端）

2．技术应用

技术应用架构如图 10 所示。

具体来讲，通过建立 3D 数字孪生平台，集成六大业务场景，利用传感器和自控系统优化，实现猪只信息和能耗数据的实时采集。平台提供稳定、安全的运行环境，并通过云服务进行数据处理，支持上层业务。内置业务应用涵盖生产、饲喂、能耗、环控和环保管理，解决运维不清晰问题，提供降本增效的决策支持。多渠道访问方式（包括 Web、App 和交互屏）促进了猪厂内各要素的互联和协同。

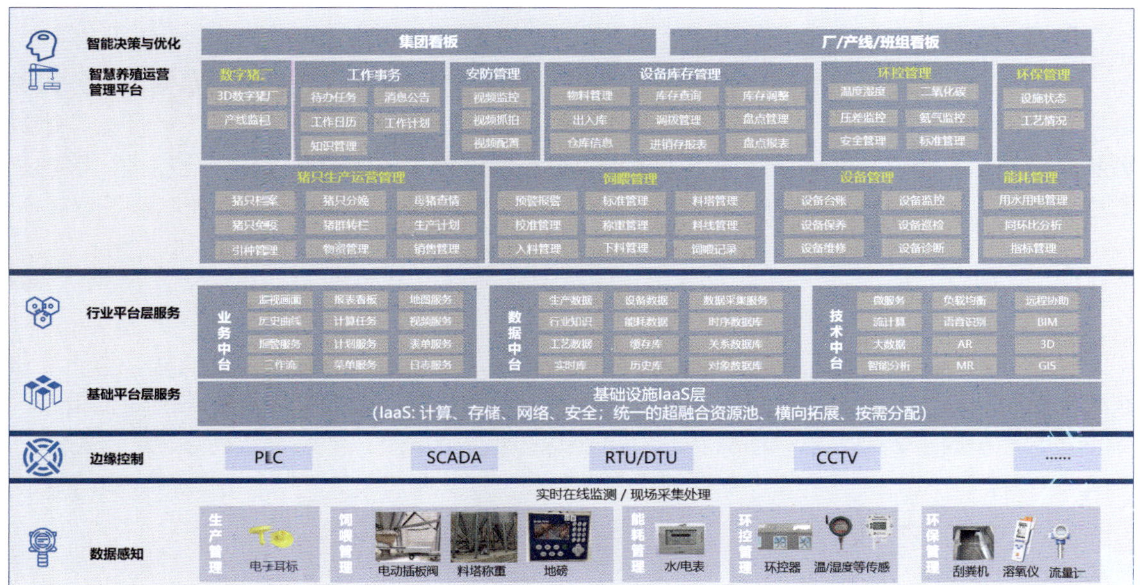

图 10 技术应用架构

三、实施效果：经济和社会效益显著，引领行业升级

1．经济效益

精准饲喂系统、实时监控、数据分析等的综合运用，节约了每日的饲料投入量和能源消耗量：饲料单日消耗量由每日 2.5kg/只降至 2.3kg/只，猪只单位电耗、水耗各下降了 8%。设备运维 100%在线化实现，降低了人工饲喂的工作强度。猪厂环境监控能力的增强，将哺乳母猪日采食率提升了约 10%，有效提升了生产效率和产品质量等，实现了经济效益的提高。

2．社会效益

通过完善试点猪厂的网络基础建设，完成了全厂 100%的无线覆盖，这样使猪厂人员工作更便利，同时也为全厂信息化技术的推广铺平了道路。智能化关键养殖设备的运用，实现了全场景数据化，提升了猪只安全度并增强了消费者的信心。智慧管控粪污处理的高效化，减少了对环境的影响，也推动了可持续发展。此外，高科技建设促进了养猪业向现代化、智能化升级，增强了猪厂的行业竞争力。

四、经验总结与未来展望

1．经验总结

“灯塔猪厂”项目成功的关键因素：通过实施数字化转型战略，推动了业务与数字科技的紧密结合。一个运营管理平台，围绕五大价值点，覆盖六大业务场景，建立起闭环体系并高效运行，实现关键设备智能化、全场景业务数据化、全数据在线功能化、全过程管理主动化，优化了生产过程，提升了养殖效率，降低了成本，增强了市场竞争力。

2. 未来展望

新希望六和将继续推进“灯塔工程”，通过卓越供应链、卓越生产、卓越营销等业务实现数字化卓越运营，并扩大“灯塔”效应的深度和广度，增加多个产业“灯塔”项目。具体到养猪企业，新希望六和将继续在养殖、生产、供应链、销售等环节通过数字化促进效率提升与成本降低，提高多个猪厂的管理和运营效率，推动养殖企业乃至整个行业的高质量发展。

五、推荐语

新希望六和“灯塔猪厂”项目在技术创新和数字化转型方面取得了显著成就，为同行业提供了数字化转型的参考和借鉴，具有行业引领和示范作用。通过实施数字化的养殖模式，新希望六和提高了养殖效率和精准度，为行业提供了一个高效、可控的养殖管理新范式。

六、案例主体介绍

新希望六和是中国领先的农牧企业之一，专注于食品和现代农业领域的发展，公司业务涵盖了饲料、养殖、肉制品加工等多个环节，形成了从原料到终端的全产业链布局。新希望六和的养猪业务是其养猪产业链的重要组成部分，近年来得到了迅速发展并受到了重点关注。该公司的养猪业务在 2022 年表现出色，全年生猪出栏数达到 1462 万头，位居全国第三，营业收入达到 223.97 亿元，同比增加 30.19%。公司在种猪配种、产仔、成活率及非瘟防控等方面提升了管理水平和生产指标，有效降低了生猪养殖成本。

上海昊沧系统控制技术有限责任公司成立于 2005 年，是一家专注于环境领域工业控制过程自动化、信息化、智能化服务的高新技术企业。其业务覆盖城镇智慧厂站、智慧供水、智慧排水、城市防汛等水务行业，以及智慧养殖、智慧能源、智慧食品、智慧港口、智慧电子等工业细分行业，以云计算、大数据、物联网等新一代信息技术为依托，致力于环境和工业领域的科技创新发展，为集团型、厂级和小微型企业的精细化运营管理模式提供数字化整体解决方案。

七、案例视频

扫码观看案例详细视频。

智慧养殖数智化转型

构建智能工厂 MOM 云平台，开创钢管制造产供销协同新模式

上海芯港信息技术有限责任公司
天津兆利达钢管有限公司

关键词：钢铁行业、产供销协同、MOM 云平台

摘　要：钢铁行业是国民经济的重要基础，与建筑、机械、汽车、造船等众多行业密切相关。智能制造是现代钢管制造业发展的重要趋势。通过采用数字化、智能化的生产方式，收集和分析生产过程中的大量数据（包括原材料、产成品、产量、成材率、生产效率、设备利用率、能源消耗、物流、成本和订单等数据），管理层可以做出更加科学和精准的决策。供应链、生产链和销售链的深度融合，打通了上下游信息流、业务流、资金流，实现了钢铁企业设计、采购、制造、销售等部门与供应商及客户在同一个平台的协同。技术上，新模式颠覆了传统的工业信息化多层架构，首创扁平化“平台+应用”智能工厂新架构，解决了传统信息化架构下“数据孤岛”严重、数据层层衰减等诸多问题。这一创新不仅提高了生产效率，而且降低了成本，减少了资源消耗，实现了资源的优化配置。

一、场景透视：传统管理模式难以支撑钢管制造工厂产供销一体化

随着全球经济一体化，钢管市场的竞争日益激烈，企业需要不断提升产品质量和生产效率，以保持自身竞争力。由于产业链复杂，设计、制造和产供销遍布全球，钢管规格有成千上万种，钢材配套完整性对钢管制造的进度、成本、效率影响非常大，因此传统的钢管制造工厂正面临着转型升级的压力和机遇。中国钢材全景产业链图如图 1 所示。

作为传统钢铁企业，天津兆利达钢管有限公司（后称“兆利达钢管”）目前遇到以下问题。

1．供销响应速度慢

兆利达钢管与钢材原料供应商沟通效率低；出货/到货单据全是手工单据，数据追溯困难；无法实时监控到货车辆的状态和仓库实际入库情况。

2．生产效率不高

传统的钢管制造工艺存在生产周期长、人工操作多、原料供应不及时、生产计划不精准且经常变动、原料利用率低、故障率高等问题，导致生产效率不高。

3．物流调度困难

目前车辆调度全靠人工，业务多，经常塞车。

4．销售业务仍采用传统的线下沟通模式

销售业务目前全部采用纸质单据、电话沟通。纸质单据追溯困难，且不方便做数据统计。

5．资源浪费严重

大量的人工操作意味着需要大量的劳动力。如何减少对人工的依赖从而降低劳动力成本，是兆利达钢管需要考虑的问题。另外，在钢管制造过程中，能源和材料的消耗量较大，如何减少消耗，实现绿色生产，是兆利达钢管迫切需要解决的问题。

综上，传统的人工管理方式根本支撑不了复杂的工程，只有依靠产业链相关方云平台协同、信息共享、数据驱动才能解决这一难题。智能制造是钢管制造行业未来的发展趋势，而如何推广和应用智能制造技术，提升生产智能化水平，是企业面临的一大挑战。

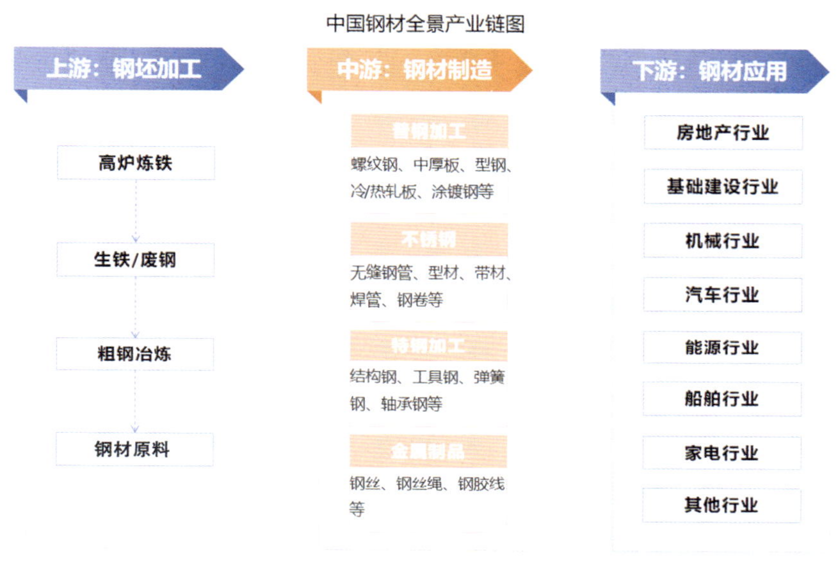

图 1　中国钢材全景产业链图

二、实施方案与技术应用：自主研发产供销协同平台，推动钢铁产业链云协同应用

1．实施方案

兆利达钢管将传统的生产业务与信息系统相结合，以“全力打造一流的镀锌管加工制造基地”为指导，以“产销体系、质量体系、服务体系、设备体系、成本体系”为支撑，以数据治理和精益管理为基石，打造以“平台化、移动化、可视化、少人化”为核心的综合性企业生产经营管理工具，促进企业信息化、智能化与精细化深度融合。智能工厂 MOM 云平台主要包括原料采购、计划管理、生产排产、智能设备、能源监控、委外加工、来料加工、物流管理系统等项目，为企业的精细化管理提供了信息化工具。

① 为了提高产供销响应速度，采用线上数字化合同，线上采购排产单，线上预约车辆并

绑定合同，线上到货入库，线上处理异常退货，实时监控合同的执行情况，从而使作业流程透明化。

② 采用线上供货平台可以及时满足生产需要。平台根据销售订单、机组产能、在途库存、原料库存、成品库存和成材率等合理安排生产计划，从而提高原料利用率，减少呆滞库存，提高生产效率。

③ 为了改善物流调度问题，上海芯港信息技术有限责任公司（后称“上海芯港”）研发了物流调度系统，包括门卫一体机签到排队系统、管理端小程序、司机端小程序及车辆预约系统。当车辆在厂门口完成签到后，系统根据厂区容量自动判断是否允许车辆进厂，防止因厂内车辆过多而造成塞车。当车辆进厂后，系统引导司机去目标仓库作业。系统支持提前押证出厂和插队进厂。司机也可以通过小程序查看自己车辆的实时状态。该系统的应用使得车辆调度井然有序，大大提高了作业效率。

④ 运用智能工厂 MOM 云平台后，采购、销售、生产和财务等报表均可线上自动生成——以前 3 个人的工作，现在 1 个人即可完成，且无须大量人工来核对单据，大大节省了劳动力。

⑤ 合理的生产计划降低了退料损耗和库存呆滞，提高了原料利用率，减少了资源浪费。

智能工厂 MOM 云平台突破平台架构、数据交互、跨地域及跨平台协同、数字孪生、微应用及 App 集群技术、数据平台及知识图谱等技术在钢铁行业的应用瓶颈，探索跨行业、跨区域的钢铁产业产供销协同等场景的应用，实现产业链上下游信息资源的共享，构建行业产供销服务体系。

2．技术应用

（1）打造自主可控的平台架构，支撑产供销协同一体化应用开发与运维

上海芯港采用一体化工业级平台架构，为兆利达钢管打造基于统一平台技术架构的产供销协同平台。其以微服务架构、高可用数据+大数据架构支撑产供销协同平台建设，基于“开放、共享、可扩展”的原则构建新型的产供销协同平台（见图 2），支撑企业数字化转型。

（2）建立云端协同管控模式与标准，指导产供销协同一体化平台的建设与实施

上海芯港具备十多年的企业信息化项目建设经验，积极推进兆利达钢管产供销的协同，以镀锌管为契机，研究镀锌管全生命周期项目管理模式，以突破产业链协同为目标，以产品全生命周期的价值链创造为突破口，整合产业链上下游的多个企业及多种资源，实现从采购物流、产品设计、生产制造、销售售后到财务管理的产品全生命周期的管理和服务，重构产业布局并链接各环节的价值体系。上海芯港现已为兆利达钢管初步建立了钢管生产管理标准，制定了各业务协同规则、各业务子平台接口标准等，确定了云端协同整体业务框架（见图 3），指导云端协同各子平台的搭建。

（3）打造云端开放式协同供应模式，推动动态化交互共赢

在打造智能工厂 MOM 云平台之前，兆利达钢管所有的表单都是纸质表单，跟司机、供应商、客户通过电话、邮件的方式进行通信，采购部、生产部、仓库和销售部数据脱节，各自管理自己部门的数据，形成“数据孤岛”。上海芯港运用数据交互和微应用技术，协助兆利达钢管打破部门间的业务边界，打破服务、地域上的桎梏，大力推进产供销协同平台的建设与应用。

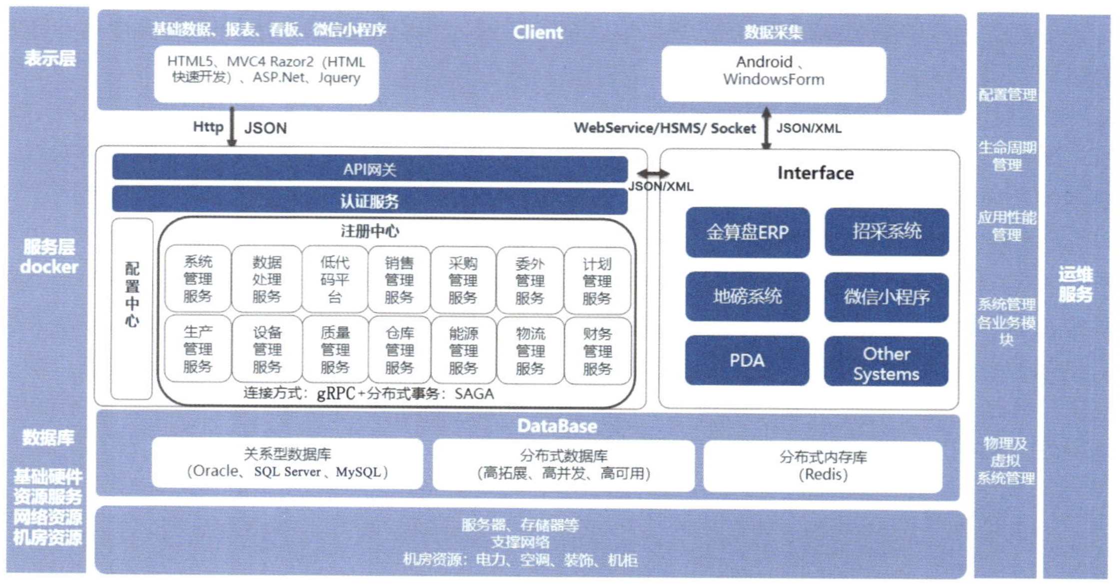

图 2　产供销协同平台技术架构

图 3　云端协同整体业务框架

从纵向管理来看，智能工厂 MOM 云平台运用大数据架构、数据平台和 App 集群技术，在企业内部管理上理顺了采购、生产计划、设备、能源、委外/来料加工、物流仓储、销售、财务、大数据报表的整个流程，所有部门全部实行数字化，实现线上审批、需求的有效对接。

从横向管理来看，智能工厂 MOM 云平台运用平台架构和数据交互打通了钢管厂与供应商之间的管理协同，强化了联合设计、计划拉动、采购寻源、质量检验和物流配送等环节的协同管控，建设了统一的规范和统一的管理平台，改善了原先各环节各自为政、管理僵硬的状态，通过对产供销的服务管理，实现了钢铁产供销效率提升、成本降低和价值共创。

三、实施效果：支撑兆利达钢管生产制造，推动钢管智能工厂产业链协同

上海芯港数字化创新团队，凭借其深厚的行业洞察力与前瞻性的技术视野，精心设计并独创了一套工业级的平台架构，为兆利达钢管打造了智能工厂 MOM 云平台。平台紧密连接起采购、生产计划、设备、能源、委外/来料加工、物流仓储、销售、财务、大数据报表等环节，以强大的数据处理与分析能力，确保每个环节的精准执行与高效完成，实现了前所未有的高效协同作业。

1．大幅提升产供销响应速度

智能工厂 MOM 云平台通过将上游原料供应商深度整合，实现了订单计划、生产排程、物流追踪及质量管控等信息的无缝对接。这种实时的信息互联机制，使钢管的配套状态得到精确掌握，显著提升了兆利达钢管产供销的响应速度和效率。自平台上线以来，原料到货率跃升 10 个百分点，配齐率更是从 80%达到了令人瞩目的 99%，同时，原料库存有效减少了 15%，大大减轻了仓储压力，优化了资金流。

2．生产效率提高 20%以上

在应用智能工厂 MOM 云平台之前，由于采用人工制订计划，各部门进行线下沟通，因此经常出现因为信息传递失误而造成生产指令下达错误的情况。生产完工报工都采用纸质表单，由记录员手动录入电脑中，生产日报也都手动制作，费时费力，且容易录错。地磅系统和下线系统数据无法接入生产数据，无法对数据进行实时追溯。在应用智能工厂 MOM 云平台后，计划员和生产操作员协同作业：平台下达生产指令，操作员执行，平台实际抓取和统计生产数据，自动生成生产日报。生产效率提高了 20%以上，且无须再配备生产记录员，大大地解放了劳动力。在生产完工之后，用 PDA 扫码入库——RFID 技术的应用使出入库、盘库、移库速率提升了 20%。

3．物流调度井然有序

在应用智能工厂 MOM 云平台之前，经常塞车，排队长达数百米。在应用平台物流调度系统后，使用一体机签到排队系统，自动根据厂区容量，合理安排车辆进厂时间。在其个仓库空闲时，还可以使用插队叫车服务，使排在后面的车先进厂装货/卸货，避免不必要的等待时间，大大提高了调度效率（高峰仓库繁忙时，车辆等待时间长达 6 小时，车辆平均排队等候时间由 2 小时缩短到 0.5 小时，一年一辆车预计可以节约等候时间 550 小时，每天进厂车辆超过 200 辆，一年共计节约超 110000 小时）。另外，管理端小程序能让管理者实时监控厂区车辆情况，随时进行合理调度；司机端小程序能提醒司机当前排队人数，使司机合理安排时间。这样，以前只能通过电话沟通的问题，现在通过小程序就能轻松搞定，业务处理效率提升了 15%。

4．销售业务全部线上化

在应用智能工厂 MOM 云平台以前都是签订纸质合同，电话沟通车辆预约、发货时间、发货量等。如果出现质量异议也是通过电话沟通处理的。通常，一个合同需要分多次执行，纸质单据难以保存和追溯，要想知道合同是否执行完成，则需要查询大量纸质单据。而且纸质单据容易丢失，从而导致数据无法核对。在应用智能工厂 MOM 云平台之后，采用线上合同、线上月画册，制订线上发货计划，实时监控出库数据，对出库单做结算并生成销售应收单，走线上审批，审批通过上抛 ERP 核账。平台的应用使业务处理效率提高了，同时全部实现数字化，通过对记录的数据进行统计分析，为管理者决策提供有力的数据支撑。

5．充分优化资源配置值

采购、生产、销售等报表的自动生成，降低了人力成本，以前 3 个人的工作量，现在 1 个人即可完成，资源集成优化不再是空谈。场地利用、人力资源分配、物资流动等均得到了前所未有的优化配置，不仅成本得到有效控制，资金占用大幅减少，而且使产业链的整体经济效益得到了显著提升，充分展现了数字化转型的巨大潜力和实际效益。

通过应用智能工厂 MOM 云平台，兆利达钢管告别传统管理模式，全面实现数字化、智能化，实时监控产供销全链路数据，推动各部门数实融合，真正实现产供销一体化。数字化转型的成功，显著提升了生产效率和产品质量，降低了能耗和成本，从而提升了企业竞争力。

四、经验总结与未来展望

1．经验总结

从兆利达钢管的实践来看，协同产业链需要整体规划、分步实施，按统一理念、业务先行、技术支撑的思路有序开展。在自主研发的过程中，如下几点需得到重视。

（1）深化联合开发模式

倡导开放合作的精神，将“产、学、研”深度融合，不仅要加强与高等院校及研究机构的知识交流与技术共享，更要促进产业界内部的协作，形成优势互补的合力。这种深度合作加速了团队成员的技能迭代与思维碰撞，培育出了适应未来市场需求的核心竞争力。

（2）强化业务链整合

加强与业务链上各业务部门的无缝对接，实现平台功能与实际业务操作的深度融合，提升整体效能。同时优化采购、计划、生产、设备、能源、委外加工、来料加工、物流（车辆预约、签到一体机、管理端/司机端小程序）、仓储、销售、财务、大数据报表等环节，确保信息畅通无阻，从而提高决策的速度、精度、准度。

（3）构建新的产供销合作模式

采用数字化产供销管理、智能预测等前沿技术，与供应商建立深层次合作并共同探讨（诸如利益最大化共赢点、实践模式创新），构建更加灵活、响应更加快速的产供销生态系统。

（4）选择试点推进

在众多合作伙伴中，应优先选择那些管理成熟、信息化应用基础良好的作为首批合作伙伴进行试点。这样不仅能有效降低改革初期的风险，还能通过这些“示范点”的成功经验，为后续更大范围的推广提供可借鉴的模式。

（5）积极争取政策支持

在国家推动产业升级和技术创新的大背景下，各项扶持政策为企业提供了宝贵的外部助力。企业应积极研究并利用好相关政策。无论是资金补助、税收优惠，还是项目申报，都能为平台的快速研发与广泛应用注入强大动能，加速企业的转型升级。

与传统管理模式相比，数字化管理能够实现关键指标层层分解，达到上下统一和透明，并支持实时反馈和远程解决问题。数字化工厂不仅是技术的应用，而且构筑了生态圈，充分调动了包括供应商、技术研发机构、政府等在内的各方资源，实现了整个价值链的端到端互联。

2．未来展望

下一步，上海芯港将持续扩大数字化技术的应用范围，不局限于现有的领域，而要打破边界，将这一革新力量拓展至更多的行业中。这意味着，从日常消费品到复杂的工程技术装备，每一个环节都将烙印上数字化的印记，实现前所未有的效率与精准控制。同时，在此基础上，上海芯港还将积极探索如何使用前沿科技，诸如智能预测算法、大数据分析及机器学习等先进技术，并以此为核心驱动力，构建一个智能化程度更高、响应速度更快的产供销生态系统，达到实时洞察市场动态、精准预测需求变化、降低库存成本的目的，确保产品与服务无缝对接，满足消费者日益增长的个性化与即时性需求。此外，上海芯港更要密切关注每一项技术成果的社会经济效益，通过科技创新带动产业升级，提升行业的竞争力和可持续发展能力。这包括但不限于优化资源配置、提高生产效率、创造新就业机会及促进环境友好型技术应用等手段。总之，上海芯港将以实际行动推动行业整体向前迈进，并与众多供应商合作共赢，共绘数字经济时代蓝图，为社会经济的发展贡献更大力量。

五、推荐语

上海芯港自主研发的智能工厂 MOM 云平台，无疑是对传统钢管生产行业的一次颠覆性创新。它不仅解决了钢管生产过程中复杂的产供销管理痛点，还开创了产业链上下游高效协同的新模式，为我国乃至全球钢管制造业树立了数字化转型的标杆。本案例生动展现了技术创新与实践的力量，是推动产业升级的典范，值得广大制造业企业深入学习与借鉴。

六、案例主体介绍

上海芯港，以自主研发的智能工厂制造运营管理平台 MOM 产品家族为核心，为制造业提供智能制造全链条服务，覆盖多个行业。为工厂的互联互通、高效协同、透明可视和数据驱动决策提供了有效的支持，并为企业的高质量发展提供了有力的保障。上海芯港研发的新一代智能工厂 MOM 云平台，实现了各生产环节的数字化，并通过各生产要素之间的无缝衔接和信息自由流转，使更加柔性和高效的组织、调度和执行成为可能。上海芯港集硬件、技术、创新于一体，是工业互联网领域的领军企业。

兆利达钢管始建于2009年（其前身为成立于2002年的天津市鑫昊商贸有限公司），坐落在大邱庄工业区，现有镀锌带钢管生产线11条。经过多年的积累和开拓，兆利达钢管被评为天津市绿色工厂、天津市高新技术企业、天津市“专精特新”中小企业。兆利达钢管将一如既往地努力下去，坚持为客户提供具有良好品质的产品。

七、案例视频

扫码观看案例详细视频。

智能工厂 MOM 云平台

蓝翼过程装备数智化平台一键设计新模式，助力压力容器制造业实现数字化转型升级

上海青翼工业软件有限公司
甘肃蓝科石化高新装备股份有限公司

关键词： 压力容器、过程装备、一键设计、知识驱动

摘　要： 压力容器属于行政许可监管特种设备。目前过程装备行业大多数企业的行业知识数字化程度低、专业软件离散、产品数据分散。设计过程复杂，依赖人工计算与制图，易出错且低效。蓝翼过程装备数智化平台将压力容器产品的行业知识（设计方法、技术规则、设计规范、标准数据、实践经验等）数字化，运用先进的数字化集成开发技术，在国产三维 CAD 软件平台上构建产品数据关系链及数据库、产品结构关系，贯通专业技术设计与产品模型设计、机械制图、产品数据，实现基于行业知识的压力容器数字化设计，极大地提升了设计工作效率和设计质量，保证了产品模型、图形、数据的一致和准确。

一、场景透视：压力容器行业设计技术工作现状与挑战

压力容器行业属于传统的装备制造业，被广泛应用于能源、化工、冶金等工业领域。中国压力容器市场规模约 2500 亿元/年，有上万家相关设计制造单位。绝大多数压力容器为单件设计、制造模式，又名非标设计制造。从信息化维度来看，压力容器行业属于离散制造业。压力容器行业的工程、设计、制造、检验、使用等环节有大量的工程技术人员在从事相关的技术工作。设计是产品的前端技术环节，聚拢了绝大多数的高水平技术人才。设计工作效率低、规范性差、质量安全风险大是压力容器行业的典型特征。行业大多数企业的数字化程度低、专业软件离散、产品数据分散，是制造业数字化需要突破的瓶颈。

压力容器行业典型的设计工作现状是售前技术支持由资深的、经验丰富的设计师根据其掌握的较为扎实且全面的行业知识，尤其是宝贵的实践经验，较快地、熟练地确定产品方案数据。施工设计环节一般由年轻的技术人员担当设计人角色，承担大量的产品施工图设计任务。

1. 设计的主要内容、具体工作及通行流程

过程装备（压力容器）设计的主要内容、具体工作及通行流程包括如下内容。

（1）设计输入

设计小组成员根据设计条件和要求，进行技术评估、判别，确定产品基本条件、要求、结构和参数。

（2）设计计算

设计人运用专业软件进行强度计算，产生强度设计结果和数据，输出强度计算报告。

（3）结构设计与机械制图

设计人执行相应的产品标准，运用相关的专业知识进行产品具体结构设计，确定产品的具体结构与尺寸；根据结构与尺寸进行三维建模或绘制图形（总装图、部件图、零件图、详图），并创建产品的材料和物料数据。

（4）技术质量要求提出

设计人根据设计条件和要求，依据标准规范，吸纳经验知识，形成产品、结构、材料、制造的技术质量要求，输出设计说明书、风险评估报告等技术文件。

2．当前压力容器行业设计技术的主要痛点

（1）产品设计整体的过程烦琐

由于产品功能、性能、结构、质量的复杂、离散，产品技术知识的积累、规范、运用难度较大，各单位、设计小组对知识、标准的理解及技术认识的不一致，因此需要进行频繁的交流，重复地录入、汇总产品技术、物料数据，费时、费力，且容易出错。

设计人在完成原始设计，输出完整的设计文件后，将设计文件提交给校对人、审核人、批准人进行技术质量把关。一般，校对人要全面核对设计文件的信息，审核人要对设计文件的核心内容进行把关，批准人要履行宏观终审把关职责。对于质量把关阶段发现的错误和问题，设计人需要进行修改、校正，整个过程交流烦琐，确定最终设计困难。

目前所使用的设计软件呈碎片化，压力容器设计过程中不同的设计内容需使用不同的软件完成，致使产品数据在不同软件中重复输入、传递、转移，数据处理的效率低、质量差，易出现低级人为错误。

（2）设计工作量大，周期长

在压力容器设计过程中，设计不同的设计内容需要使用不同的软件工具，需要设计人员重复地录入大量数据，汇总产品技术、物料数据。数据输入、图形绘制工作量大，整个设计过程依赖设计人员手工操作，经多层检查、多次修改，处理大量的数据、图形、报告，费时费力，而且极易出现人为错误。在一般情况下，完成一台压力容器产品的施工设计任务，设计人需要 3 天时间，校对人需要 1 天时间，审核人需要半天时间，设计工作效率极其低下。

（3）设计绘图工作枯燥乏味

大多数压力容器的功能、原理相似，其结构、图形、要求具有重复性，产品建模、图纸绘制有很多的简单工作，而完成这些简单工作的时长占比太大。这样，设计人成为制图员，其技术价值得不到体现，特别需要用工具替代重复性、简单性工作。

（4）设计结果文件不规范

这主要是技术数据、报告文本、图形等输出文件表达不一致，规范性差。

（5）行业知识难沉淀

压力容器设计涉及的知识、标准、数据、经验繁多，设计的规范性、一致性受人为因素影响很大，设计质量的稳定性、设计的规范性不好；行业、单位、资深人士设计经验的沉淀与保持全靠口传心授。设计质量特别依赖个人学习、理解及规范运用的能力和水平。由于产品功能、性能、结构、质量的复杂、离散，产品技术知识的积累、规范、运用难度较大，行业知识离散，知识缺乏关联应用，以及各单位、设计小组对知识、标准的理解和对技术认识不一致，因此知识沉淀困难，一旦行业专家退休，就会造成知识流失。

二、实施方案与技术应用：基于知识驱动的一键设计

1. 实施方案

由行业资深单位甘肃蓝科石化高新装备股份有限公司（原兰州石油机械研究所）的全资子公司上海蓝滨和专业软件开发单位上海青翼工业软件有限公司联合开发的蓝翼过程装备数智化平台，将压力容器产品的行业知识（方法、规则、规范、数据、经验等）进行结构化、逻辑化、数字化加工，构建压力容器产品数据关系、数据库，产品模型关系、模型库，产品结构关系、结构库，运用先进的软件组件集成开发技术，建立产品设计过程的知识驱动引擎，将行业知识贯通专业计算与模型设计，并将模型设计与机械制图、报告制定等设计功能集成在一个软件平台，实现压力容器产品技术设计（强度计算、结构设计、技术质量要求提出）和施工设计（模型创建、图纸绘制、数据汇聚）的一体化完成。

2. 技术应用

蓝翼过程装备数智化平台的功能框架如图 1 所示。

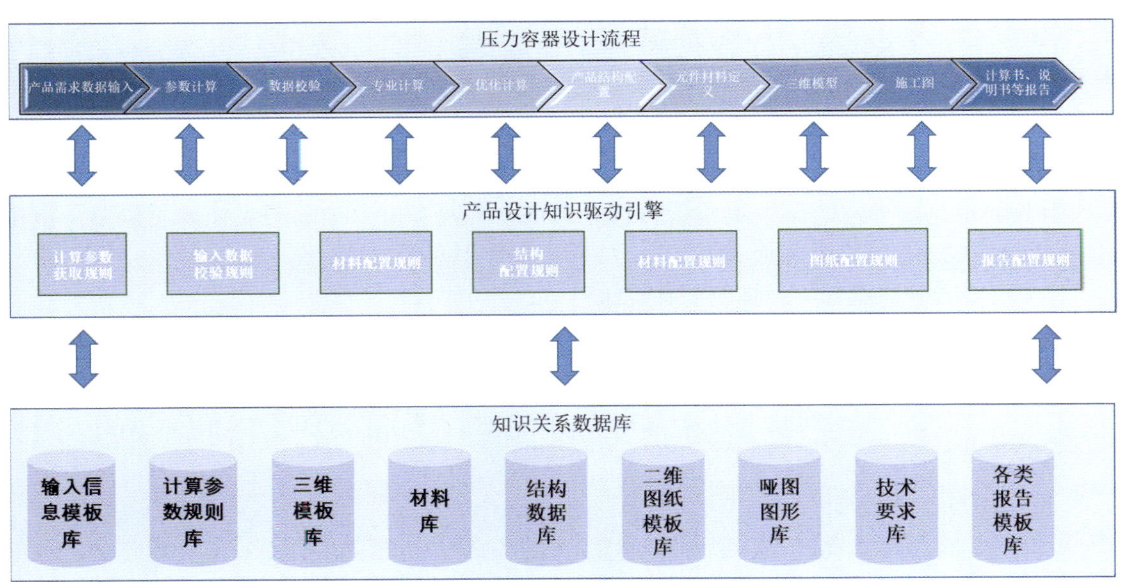

图 1 蓝翼过程装备数智化平台的功能框架

（1）技术规则预定义

蓝翼过程装备数智化平台将宝贵的行业工程实践经验结构化、数字化、参数化，构建强大的、灵活的技术规则预定义功能。在富有特色且实力强的设计单位，由资深设计专家确定、配置本单位的余度、设计规范，将设计单位的知识沉淀规范地嵌入设计平台中，高质量地实

现了设计单位知识的有效传承和保护。对于有统一要求的批量设计项目，设计单位灵活配置项目设计统一规定，高效、高质量地贯彻项目设计统一规定。

（2）设计计算与结构设计集成

蓝翼过程装备数智化平台将符合中国压力容器产品标准的设计计算方法程序化，并在三维设计引擎平台上将产品数据与产品三维结构设计、二维绘图功能集成。平台内置了行业专家潜心研究、持续积累的法兰优化设计计算方法的优化算法、管板布管结构优化设计方法等压力容器设计计算、结构设计的知识精华，对关键零件、关键结构进行优化，使产品结构更合理，质量更安全，性能更优秀，材料用量更省。

（3）构建底层数据库

蓝翼过程装备数智化平台汇聚了中国压力容器标准体系的材料数据、标准化产品零件结构数据，可实现材料与结构数据的自动检索。平台内嵌大量产品材料数据组、结构数据组，可批量调用数据。

（4）结构设计数字化

蓝翼过程装备数智化平台实现中国压力容器行业的产品结构设计规则、设计规定、实践经验数字化；构建典型产品的结构数据链，使产品结构设计程序化。运用平台的产品结构数据库与数据链、模型库、模型链，可创建产品三维模型，并自动生成准确的二维施工图图形。此外，平台将图形与模型关系化，通过集成开发典型产品的图形标注（布局、尺寸、剖面、件号）模板，使产品图形表达符合行业习惯。平台嵌入过程装备结构设计的专业技术规定、良好工程实践，关系化地设计产品局部结构，满足产品制造和合规性要求。平台使产品焊接节点图结构化，设计人员可根据产品特征、设计需要合理选用。

（5）技术质量要求提出数字化

蓝翼过程装备数智化平台实现中国压力容器行业的技术质量规定、技术方法、检验验收规则等数字化，构建产品技术质量数据逻辑链，实现了压力容器产品技术质量要求提出数字化。

（6）符合专业思维和行业惯例的计算报告

蓝翼过程装备数智化平台开发数据化的符合行业习惯的强度计算书输出格式，完整输出条件数据、中间过程数据、结果数据，以及计算公式、结构简图，便于设计人员完整检查、校验技术设计数据。平台可输出可编辑的计算报告及用于存档的 PDF 计算报告、程序运行报告等文件。

（7）集成式一键设计

针对结构定型标准化产品，蓝翼过程装备数智化平台根据强度计算、结构设计的产品结构数据自动进行三维模型创建。由于平台内嵌大量的产品结构、零件结构数据与数据关系，设计人员不需要补充大量颗粒度很小的结构数据，最大限度地减少了输入工作量和人工工作差错引发的校正、调整，实现了设计人员在一个设计软件平台上一次输入少量的设计条件（需求），数据软件即自动完成产品全部设计，生成完整的产品数据包，自动出具设计文件。这就实现了设计全流程的数字化、自动化，具体流程如图 2 所示。

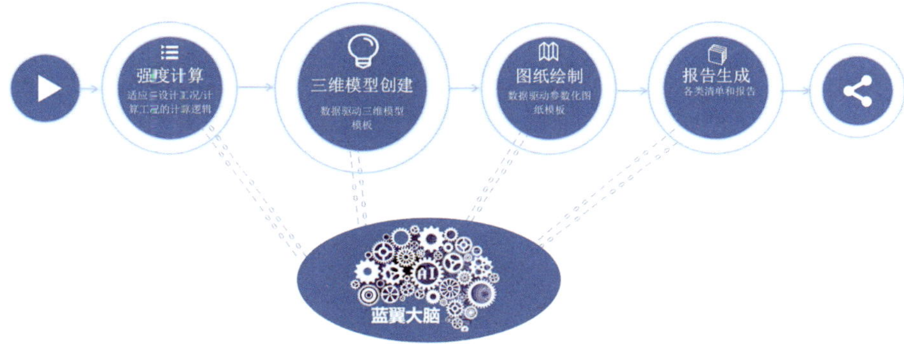

图 2 蓝翼集成式一键设计流程

（8）自由搭积木设计

针对结构非定型的压力容器产品，蓝翼过程装备数智化平台创新开发自由搭建设计模式（灵活设计），在通用三维模型的基础上，开发压力容器的典型产品、结构、零件模型库与模型关系。设计人员自由搭建模型框架，快速组装产品，并进行设计计算、图形绘制，完成结构非定型产品的集成设计。

（9）校核设计模式

针对结构半定型的压力容器产品，蓝翼过程装备数智化平台采用参数驱动模型的校核设计模式，借用已有的设计项目，局部更改设计参数、产品组装结构、零件尺寸，更快速地实现产品集成设计。

平台首先实现了设计数智化，正在接续开发过程装备制造数智化、规划开发过程装备使用数字化、规划实现过程装备全生命周期技术工作和产品数据数智化。一旦完成全链数智化，就会彻底促成行业技术工作数智化革命性转型变革，推动行业数智化技术进步。蓝翼过程装备数智化平台整体的规划框架如图 3 所示。

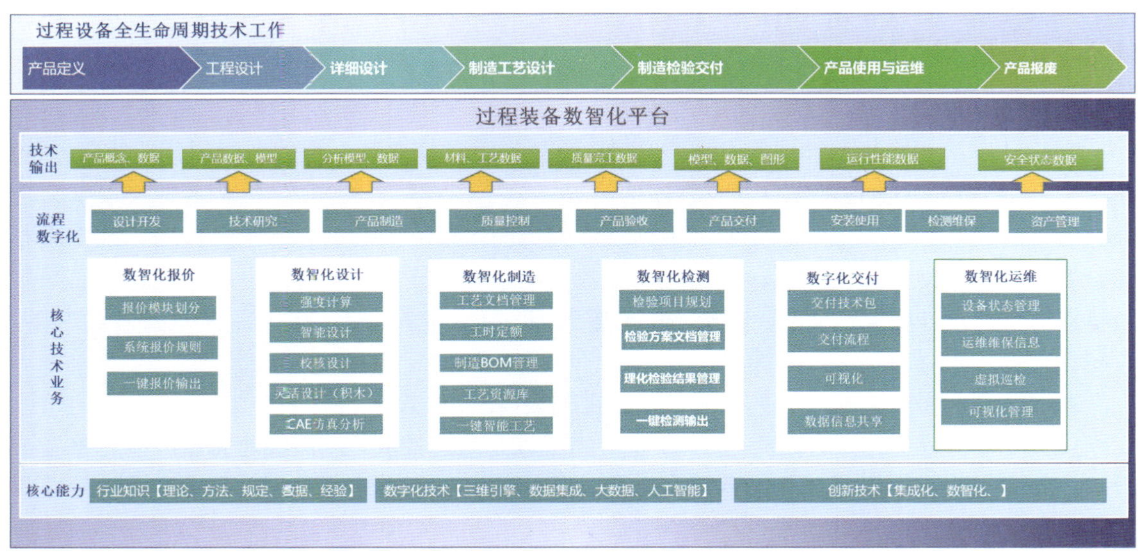

图 3 蓝翼过程装备数智化平台整体的规划框架

三、实施效果：蓝翼过程装备数智化平台推动设计全流程数字化、自动化

上海蓝滨作为装备制造企业，主要开发、设计、制造热交换器、球形储罐、分离器等承压设备，年设计压力容器约 1000 台，设计体系有设计人员 80 余人，其中设计人 40 人左右、校对人 20 人左右、审核人 20 人左右。设计人员的主要精力集中在售前的方案设计和签约后的施工设计，其中产品数据的产生和施工图的绘制占用了设计人员 70%以上的宝贵时间。

为了释放设计人员的宝贵时间，上海蓝滨想采买合适的数字化设计解决方案，而市场上的解决方案集成度不高，合规性、易用性也有待提高。为了较好地解决此问题，上海蓝滨选择了联合开发的方式，推出了蓝翼过程装备数智化平台，较好地满足了数字化设计的要求。

上海蓝滨在引入蓝翼过程装备数智化平台后，采用私有化的网络部署方式，率先在结构定型产品如换热器产品上使用，在设计部门运用蓝翼过程装备数智化平台的配置功能模块，由单位的资深设计师将本单位的制图统一规定、技术统一规定，按照平台结构化的要求重新规制，并将统一规定配置到平台的配置模块当中。在完成专业配置后，设计人员在平台的用户界面创建产品设计项目。在输入少量的设计条件数据后，平台一键完成技术设计、施工设计，生成产品数据包（可根据需要输出设计文件）。

使用蓝翼过程装备数智化平台生成的设计文件，校对人仅需要核对少量的条件数据和结果数据即可完成校核工作，由平台保证计算、逻辑、规则的正确性。设计人、校对人的工作效率得到了指数级提升。

在使用蓝翼过程装备数智化平台后，审核人前置技术把关职责，与设计人共同确定设计方案（产品结构、设计参数、主要要求），设计完成后仅需核查关键数据和要求，过程质量由平台保证，审核工作真正聚焦于技术把关。

蓝翼过程装备数智化平台获得了设计人员的高度认可，效率和质量奇高，业务反应速度和质量有了显著的提升。

1．大幅缩短了设计周期

在设计浮头式换热器等结构定型产品时，设计人员只需要输入少量必要的条件数据（150 条数据），如产品设计技术条件（设计压力、设计温度、材料、介质）、结构参数（型号、直径、长度、换热面积）等，系统即可根据设计人员的需求，由数据驱动平台自动一键完成专业计算、结构设计、图纸绘制、技术表达、数据汇总等设计技术工作，自动生成相应的产品数据包，包括设计数据、模型、图形、技术要求等——方便设计人员进行后续的查看和调用，可根据需要输出计算书、产品模型、施工图、材料表等设计文件。

蓝翼过程装备数智化平台的使用，使之前需要 4～5 个设计人员花费 2～7 天完成的设计工作现在 1 小时就完成了，之后用 2～3 小时完成设计质量控制，从而快速完成产品完整施工设计，极大地提升了设计工作的效率和质量，降低了出现差错的概率，提高了设计结果准确性和标准化程度。

2．提升了设计结果的一致性、正确性、规范性

蓝翼过程装备数智化平台将简单、重复的专业计算、图纸绘制、技术表达、要求描述、数据汇总等技术工作通过程序进行了自动关联，减少了原本人工强度计算、人工绘图及设计数据汇总过程中大量数据、图形、报告经多次人工检查仍易出现的低级错误。设计、文件的规范性由平台保证。

3．让设计人员创造更大的价值

传统的设计方式为人工设计，设计绘图和数据输入等简单的重复性工作占据了设计人员的大部分时间，产品技术设计用时较短。在这种方式下，设计人感觉自己是制图员，设计工作枯燥乏味，技术价值得不到体现；校对人和审核人感觉自己是检查员，工作费时费力且枯燥无趣。蓝翼过程装备数智化平台可以减少设计人员简单重复的工作，让设计人员将宝贵的时间和精力投入到成熟产品的更有价值的技术设计和新产品的研发创新任务中。

4．设计单位的宝贵知识经验得到沉淀、传承

蓝翼过程装备数智化平台采用等级化、结构化的行业知识运用策略，将行业内存在的抽象的知识经验结构化，并沉淀在平台中，平台的使用单位可以进行特色化配制，对行业内存在的技术规则、要求予以结构化、等级化，而平台的使用单位可以自行分级、分档配制，对某些规则或要求进行激活或忽略。设计单位的特色技术、独特经验等由此得到沉淀、传承。

5．真正实现产品数据的数字孪生

产品数据数字化交付与运用已成为产品全生命周期的技术工作及技术价值的渊源。产品技术数据产生于设计环节。蓝翼过程装备数智化平台从设计源头产生产品数据，将为产品制造、检验、使用、监管、采购、交付提供准确、一致的产品数据与模型，真正打通数据的价值链；改变当前行业内存在的先二维设计再三维建模的假数字化交付怪象，满足工程、产品数字化交付的迫切需求。

使用蓝翼过程装备数智化平台，预计仅需要 5 人操作软件完成一般产品的施工图绘制和产品报价数据准备，5 人负责设计文件的校对工作，3 人负责设计质量把关。在使用该平台后，设计体系释放的设计人员被安排到新产品开发、市场开发等高价值工作中，设计人员的价值得到充分体现。所生成的精确的产品数据包（模型、材料、物料）输出到单位制造体系，满足了产品制造数字化的需求，不仅提高了设计效率、质量、价值，而且制造数字化有了正确的数字源头。该平台的配置功能使企业的技术规定、项目规定、宝贵经验可以被规范地、显性地提炼出来、沉淀下来、使用起来。企业的标准化工作不再低效、繁复。

四、经验总结与未来展望

1．经验总结

蓝翼过程装备数智化平台解决了目前压力容器行业知识数字化程度低，专业软件离散，产品数据分散，技术工作效率低、质量差，行业知识积淀困难等痛点，满足了产品数据数字化、行业技术工作数字化的迫切需求。

2．未来展望

蓝翼过程装备数智化平台可向相关方交付数+模+图孪生的产品数据包，满足工程建造的数字孪生交付需求，为压力容器全生命周期产品数据生产、传输、交换、使用创建产品数据源头，下一步将面向过程装备全生命周期内制造、安装、检验、使用等技术活动，以及采购、交付、监管、服务等工作环节共同面临的包含产品功能、性能、安全、质量、经济等方面的庞大数据群组、文件包，以及数据生产、传输、交换、共享、分析等繁巨技术工作，构建一个高度集成的过程装备数字化、信息化、智能化平台。

蓝翼过程装备数智化平台是过程装备行业首款数智化集成平台解决方案，对推动行业由信息化向数字化升级发展具有特别显著的引领示范作用。

五、推荐语

蓝翼过程装备数智化平台高度集成技术设计（强度计算、结构设计、专家系统）和施工设计（模型创建、图纸绘制、数据汇聚）功能，实现设计过程数据的产出和管理、输出数据、图纸、报表、模型的自动化，其工作模式契合行业技术工作范式。

六、案例主体介绍

上海青翼工业软件有限公司是新一代高质量体系化自主工业软件的供应商，致力于为研发制造型企业提供行业化的数字化研发和智能制造创新解决方案，并提供全面、可落地的数字化咨询、专业培训、系统应用实施和运维服务。该公司自主研发的以青翼 CAD/CAE/ CAM 为代表的青翼系列基础工业软件产品矩阵，以及基于青翼工业软件矩阵构建的青翼行业应用解决方案矩阵，可以满足离散制造业和流程行业客户对于高水平自主可控的基础工业软件，以及行业化的数字化研发和智能制造解决方案的应用需要。

甘肃蓝科石化高新装备股份有限公司主要从事石油钻采机械、炼油化工设备、海洋与沙漠石油设备和工程、炼油化工和天然气处理及液体回收工程、轻工与食品机械的技术研究，石油钻采机械和炼油化工设备的性能测试与评定，石油和石油化工及其装备的计算机软件引进与开发，技术咨询及相关工程设计、工程总承包与施工、制造的监理、监造等工作。公司参与多期国家石油机械规划编制，主导制定行业标准 400 余项，并出版多部技术书籍，在一定程度上推动了行业技术进步。

七、案例视频

扫码观看案例详细视频。

装备设备设计新模式

工厂1号SaaS轻量化生产管理平台助力制造业降本增效

上海迹智数码科技有限公司
上海河姆渡实业发展有限公司

关键词： SaaS轻量化、生产管理、制造业、降本增效

摘　要： 近年来，越来越多的中小制造企业开始选择SaaS模式的生产管理系统。与传统软件相比，SaaS模式的生产管理系统具备低成本、轻量化、快交付的优点，能帮助企业高效解决生产管理的难题，即使投入较少也能实现数字化转型升级。工厂1号SaaS轻量化生产管理平台很好地解决了制造业生产管理过程中的降本增效问题。该管理平台投入少、见效快、上线迅速、操作简单；涵盖工单、报工、绩效、看板等管理功能，可在手机端便捷报工、实时监控生产可以快速实现车间数字化，帮助企业落地精益管理、减少浪费、提升生产效率、降低制造成本，最终完成数字化转型。

一、场景透视：生产车间传统的管理模式效率低下，需转型升级

制造业企业在数字化转型过程中可能会遇到各种问题，如费用投入多，项目周期长，人力、物力、精力投入大，供应商选择困难等，因此，制造业企业在生产过程中需要克服层层困难，摒弃传统思维方式，紧跟时代发展，推动生产车间智能化、可视化、自动化发展。制造业企业生产车间管理模式主要存在以下问题。

① “车间黑匣子”：生产过程数据缺失、问题发现不及时，造成生产浪费且根源无法追溯。

② 订单延期：生产进度不透明、交付周期难以预测、订单经常性延期、缺乏客户信任。

③ 库存账料不符：出入库数量用纸单记录，库存难统计、难查询，单据难保管，月底人工盘点工作量大，还经常出现账料不符的情况。

④ 成本管控难：关键运营指标统计难，产量、不良品率、生产成本核算费时费力，无法用数据指导生产。

⑤ 绩效工资难算：计时、计件工资核算复杂且费时，工人绩效统计效率低，出错后的纠纷多。

⑥ 数据报表难统计：纸质工单难追溯、难分析，缺乏可视化看板和报表，无法实时把控工厂全局。

基于制造业企业在数字化转型中遇到的种种困难，我们进行了多方面的市场调研，并找到了解决难题的突破口。在技术带头人的领导下，我们攻坚克难，成功研发了工厂1号SaaS轻量

化生产管理平台（后称“工厂 1 号”）。该产品具有上线快、成本低、轻量化、操作简单等优势，可以快速帮助制造业中小企业走出数字化转型困境。以下是工厂 1 号在实际场景中的应用案例。

二、实施方案与技术应用：自主研发工厂 1 号，助力中小企业快速实现数字化转型

根据多年为各大中小企业提供数字化整体解决方案，以及母公司二十多年的生产制造经验，我们发现很多中小企业车间的管理方式存在诸多问题。这些问题主要包括信息不及时、数据不准确、生产调度困难及资源浪费等，许多重要环节仍然依赖人工操作和纸质记录，导致管理效率低下，且容易出现错误，问题难追溯。对于数字化解决方案，很多企业老板存在实施周期长短、见效快慢、系统是否易于操作等方面的顾虑，导致其对数字化转型迟迟下不了决心。为此，我们针对没有数字化基础或信息化建设基础比较薄弱的中小企业，打造出一套投入小、见效快、操作简单的车间管理平台——工厂 1 号，以帮助企业实现生产过程的规范化和标准化管理，提高生产效率和质量，迈出数字化转型的第一步。

1．技术应用及解决方案

上海河姆渡实业发展有限公司（后称“河姆渡”）以“统一规划、统一标准、技术先进、突出应用、稳定可靠、资源共享、信息安全”为原则，以“未来将服务于 10 万家中小制造企业”为总目标，确保系统的设计和建设满足工业企业数字化转型升级的基本需求及未来业务拓展的升级需求，体现工厂 1 号的数字化、自动化和智能化的领先水平。工厂 1 号的整体架构如图 1 所示。本平台可通过 API 接口与外部各系统打通，实现产品设计、生产规划、生产实施、品质管控、数字营销及物流仓储的数字化，构建出一种全新的生产模式和商业模式。

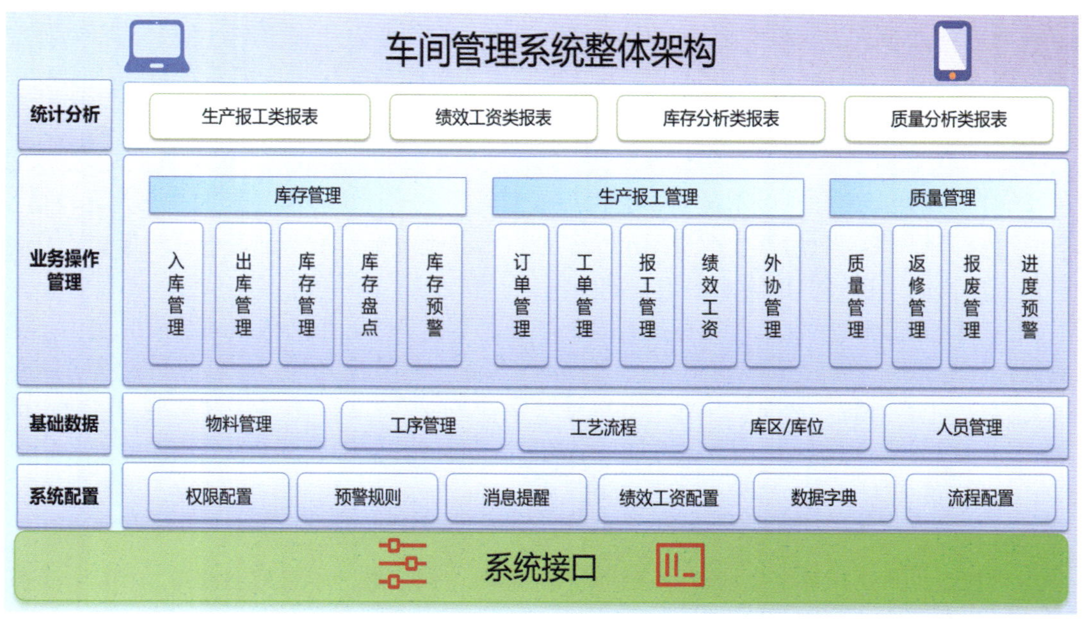

图 1　工厂 1 号的整体架构

工厂 1 号的整体架构可归纳为“一库、一产、一质”三个方面。“一库”即库存管理，“一产”即生产报工管理，“一质”即质量管理。具体来讲：根据车间作业流程，将各环节模块与实际生产作业密切连接，贯穿整个车间生产报工流程，满足各部门对生产过程的管理要求。工厂 1 号的业务流程图如图 2 所示。

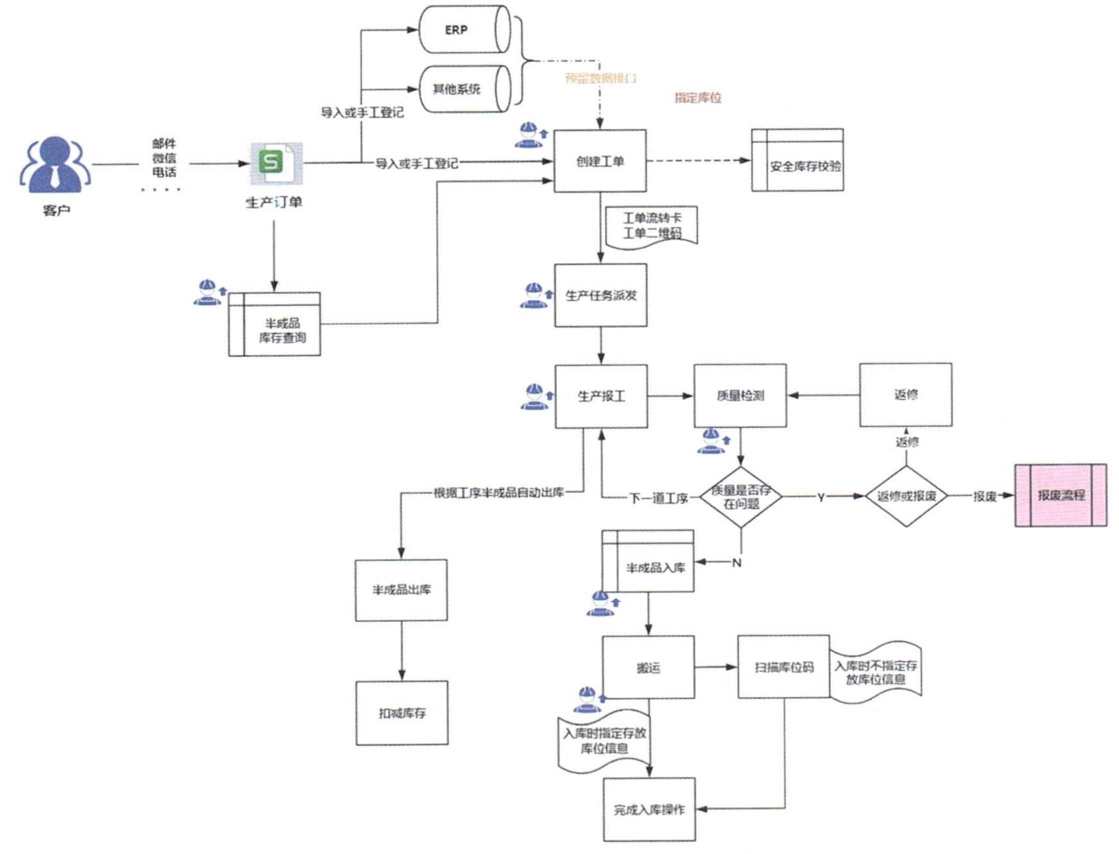

图 2　工厂 1 号的业务流程图

2．具体应用场景及其解决方案

（1）库存管控

在实际生产过程中，很多中小企业在出入库环节依然采用传统的纸单记录或使用 Excel 表格登记，导致经常面临库存难统计、难查询，单据难保管，问题难追溯等问题。一旦出现单据丢失或破损，或者 Excel 表格出现问题（如数据被误删，且难以恢复），就会增加库存管理的工作量及管理难度，特别是在盘点过程中，常常出现库存账料不符的情况，且无从追查。

解决方案：工厂 1 号采用先进的库存管理技术，根据制造业对库存的管理需求，将原材料、半成品、成品库存分别进行管理，并通过与工艺流程关联，实现在生产报工环节根据工艺流程自动扣减原材料、半成品及成品库存，从而精准管控各类库存余额，同时通过安全库存预警机制，提前告知库存余额不足，防止因原材料库存不足而影响生产进度。工厂 1 号设置对应的盘点计划，提供明盘、盲盘等模式。管理人员可利用手持终端快速、准确地进行盘点，及时掌控库存情况。

（2）生产进度管控

大部分中小企业面临“车间黑匣子”、订单延期等问题。在生产过程中无法及时获取生产数据会使生产过程不透明，交付周期难以预测，出现问题难以追根溯源，进而导致生产资源浪费、额外成本增加等情况出现。

解决方案：工厂 1 号通过生产管理模块，提供销售订单、工单管理、报工管理（见图 3）等功能；开设移动端，让生产报工更加便捷，且无须投入额外的硬件成本；实时上传报工数据，使管理人员可随时随地查看生产订单完成情况；根据系统规则及时进行延期预警，让管理人员及时调整生产计划，以防订单延期。

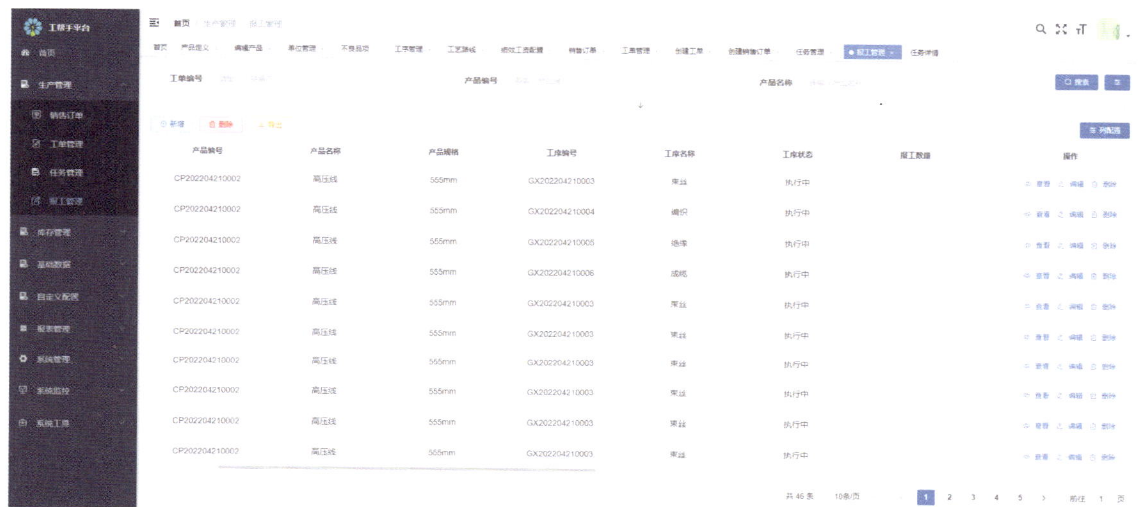

图 3　报工管理模块

（3）工资绩效管理

在生产过程中，员工生产报工工资核算规则不清、核算过程不透明，以及人工统计绩效工资效率低、易出错，导致经常出现纠纷，进而导致员工生产积极性不高，生产效率难以提高。

解决方案：工厂 1 号设置计时、计件等核算规则，可按产品、工序等类型自定义员工生产报工工资计算规则，员工在生产报工后，可实时计算当前报工的工资绩效，从而让工资核算更加透明、规范。

（4）质量管理

在生产过程中，企业往往面临质量难以把控，出现质量问题难以追溯根源等问题。这就会导致产品合格率低，经常返工，生产进度慢，进而导致客户投诉，最终影响企业信誉。

解决方案：工厂 1 号将质量管理模块（见图 4）联动生产工艺流程，设置质检节点。工厂 1 号通过对生产流程关键节点的质检管控，及时反馈质量问题，防止后续工序受影响；出现质量问题自动生成质量整改单，并根据质量整改单跟进返修进度，从而提高生产效率和产品合格率。

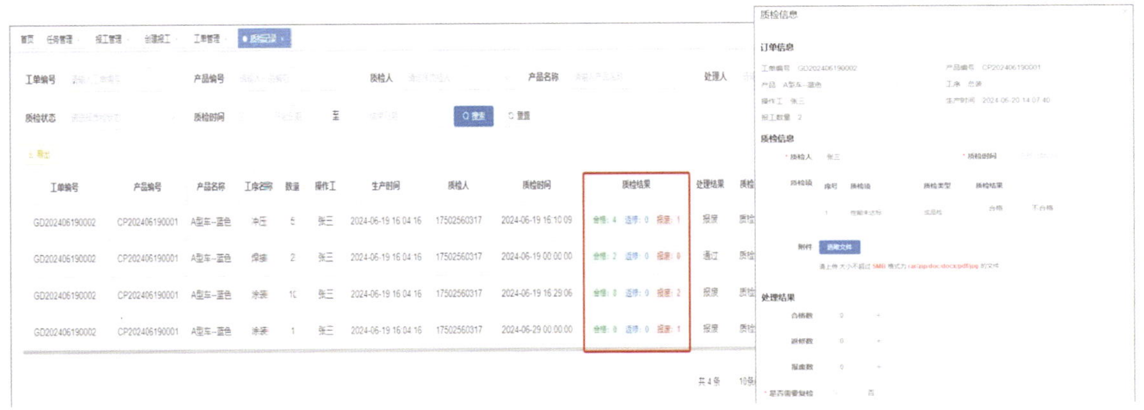

图 4 质量管理模块

（5）统计与分析

企业在汇总统计时，往往因为使用传统纸质单据或各类 Excel 表而难以进行数据汇总及分析。管理层往往为了查看一些报表统计数据而花费很多精力进行汇总分析，且无法看到实时的数据。这样就会影响整个企业的生产决策。

解决方案：工厂 1 号提供多维度、多图表汇总分析报表，可满足管理层对报表统计的需求，同时提供移动端看板功能，使管理层可随时随地查看数据分析图表。工厂 1 号通过数据汇总分析驱动企业生产变革，为企业的生产决策提供数据支撑。

三、实施效果：工厂 1 号能有效改善中小企业车间集成化管理模式

工厂 1 号结合制造业痛点、生产现状、未来发展规划需求，拟对企业车间作业、质量管控、库存管理、统计分析等方面进行全面的优化升级，实现质量与效益的双提升。

1．生产报工标准化管理提升

企业通过工厂 1 号的生产报工模块对车间作业实现了规范化、标准化的生产管理。具体来讲，在订单方面，可减少订单延期情况，避免订单罚款，提升客户信任；在生产过程方面，可做到快速分配生产任务，规范化生产作业，防呆防错，减少生产等待时间。此外，生产进度实时可查，异常信息实时记录，使企业及时发现风险，减少浪费；生产进度透明，节约了电话沟通和现场确认的时间；生产日报和进度可一键导出。根据企业长期使用的结果反馈，生产准备时间缩短约 40%，在制品数量降低约 35%，制造周期缩短约 35%，制造成本降低约 15%，交货准确率提升至 99%，数据准确率提升至 99%，生产效率提升约 30%。

2．库存管控精细化管理提升

企业通过工厂 1 号对库存进行精细化管理，将原材料、半成品、成品库存与生产作业联动，实现库存之间的联动，同时区分良品与不良品库存，使库存管理分布一目了然。此外，库存盘点采用明盘和盲盘模式，让库存账面更加准确，使管理人员及时发现库存余额问题，

库存准确率可提升至 99.9%。设立安全库存，并联动生产过程，做到提前预警，防止因原材料库存不足而影响生产进度，使库存运营效率提升约 40%。通过库区库位的划分，根据系统上架、下架规则，合理分配库区库位，使库位利用率提升约 20%。

3．产品合格率提升

工厂 1 号可在多个工艺路径上自定义质量检查项，做到一步一检，严格把控质量问题，做到发现质量问题可回溯一整条生产路线，包括生产工序、生产设备、生产人员、原材料批次、原材料供应商等，做到追溯到根源，溯源准确率提升至 90%。对于生产过程中出现的质量问题，可进行返修、报废等操作，并可跟进返修进度及返修结果；对重复出现的问题，可及时进行调整，从而提升产品质量，提高产品合格率（约 99%），减少客户投诉率（下降至 0.5%以下）。

案例：上海迹智数码科技有限公司

公司使用工厂 1 号后，在生产报工、库存管理、质量管控几方面得到较大改善。比如，过去报工常要半天以上，现在最多 10 分钟；原来销售人员询问订单进度耗时半小时以上，现在在系统里 1 分钟就能查到；之前生产进度不透明，现在设置 3 天内到期工单提醒，超期订单即时显示；之前的质检只有一个列表，虽然每天有汇总数，但是详细的数据分析是没有的，颗粒度也不够细，而现在通过可视化看板，每日会详细统计质检不良率等数据，车间可以第一时间知道不良率、不良品的具体情况，在细化数据的同时使各部门快速响应。

① 车间设备终端数据的实时采集，可助力公司实现生产全过程透明监控（见图 5），因设备故障带来的生产异常率降低 29.4%，设备正常运行率提高 30.5%。

② 优化生产计划与排程，实现多车间的计划自主联动与齐套，实现柔性生产，生产效率提高 29%，物料周转率提高 25%，库存积压率降低 20%。

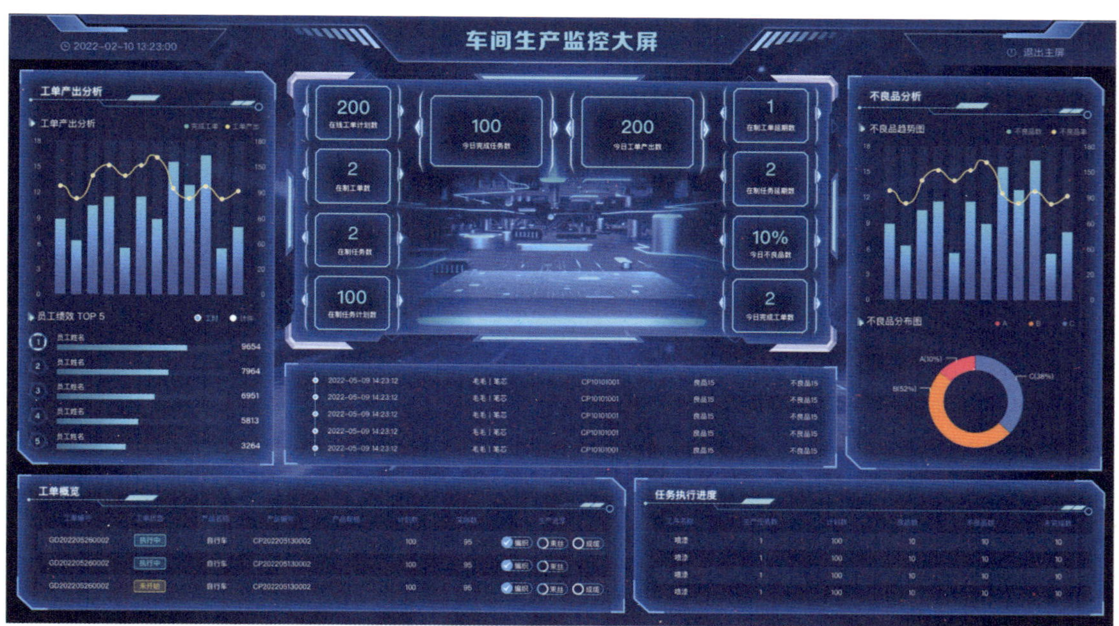

图 5　车间生产监控大屏

四、经验总结与未来展望

1. 经验总结

工厂 1 号在实施过程中，通过复盘收获了成功经验，对制造业中小企业在发展过程中遇到的各项问题可提供优秀解决方案。

（1）对于已有信息化建设基础，但效果不佳的企业

我们进行体系融合，打通各个系统之间的数据交互，使设备与系统的数据相连，保证各部门之间信息的及时传递，增加关键节点的预警管理，打造一套完整的信息化体系，而不是“各自为政”。

（2）对于信息化建设不全，仍处于起步阶段的企业

我们针对这些企业进行更深层次的调研，了解这些企业从销售到生产加工，再到发货的整条产业链，以及从上游供应商到下游用户的供应链，从而制定出一套符合企业实际情况的生态体系。

（3）对于无信息化建设，不知如何开始的企业

对于小企业，我们可以详细讲解进行信息化建设、数字化转型的好处，有针对性地列举目前小企业面临的问题，以及通过信息化、智能化、数字化手段如何解决这些问题，甚至可以进行数据上的分析，从提高经济效益、节约成本、提升内部管理水平等方面介绍数字化转型的重要性及必要性。我们还可以尝试采用单点应用的方式，让这些小企业体验进行信息化建设的效果，然后逐步推进，进行局部优化，促使其逐步转型。

（4）对于转型意识薄弱，有抵触心理的企业

我们首先要让这些企业了解什么是信息化、智能化、数字化，让这些企业从思想上逐步转变，甚至可以组织这些企业到其他已实现数字化转型的企业进行实地参观学习，让他们直观地感受数字化转型带来的巨大效益，从而让这些企业逐步转变思想，之后通过单点应用的方式让他们亲身感受到数字化转型的成效。

（5）对于希望转型，但担心资金投入过高的企业

我们会传达政府当前对于企业进行数字化转型的期望，国家层面及当地政府会给予一定的政策支持与资金上的补助。我们可以深入了解这些企业信息化建设的具体内容，并对预期成效进行详细分析，通过数据分析、计算得出数字化转型带来的经济效益，从而让这些企业更加放心地转型。

此外对于有过转型失败经历的企业，我们会一起帮助总结经验，探讨更加适合该企业的建设方案。

2. 未来展望

基于河姆渡电商平台的市场交易，未来，公司将持续优化工厂 1 号的技术方案，打造更加优质的“小、快、轻、准”SaaS 管理平台，专为解决中小企业数字化转型痛点提供“低成本、快部署、易运维、强安全”的轻量化应用，有效降低企业数字化转型门槛，推动大中小企业融通创新，让工业互联网赋能发展，带动产业链上下游协同高效运转。

五、推荐语

河姆渡开发的工厂 1 号投入小、见效快、上线迅速、操作简单，能有针对性地解决企业在数字化转型中的痛点；工厂 1 号以订单履约为核心，赋能企业挖掘流程中的业务增长契机，聚焦生产管理、物料管理、绩效工资三大核心功能模块，打造企业数字化转型第一步。本案例生动展现了公司助力中小企业数字化转型取得的成效，不仅促进了行业数字化转型发展，也为广大中小企业数字化转型带来更多契机。其成功经验值得广大制造业企业深入学习和借鉴，也助力广大制造业企业共同为行业发展贡献力量。

六、案例主体介绍

上海迹智数码科技有限公司是中国一家音视频线材生产性科技公司，总部位于上海市嘉定区江桥镇，致力于为教育、智能建筑等行业客户与自用客户提供技术分析与产品支持为一体的综合服务。

上海河姆渡实业发展有限公司成立于 2015 年 8 月，公司位于上海市浦东新区，基于产业互联网平台为智能建筑信息化传输与弱电智能、产业互联网领域客户提供“数字智能+工业互联+增值服务”一站式平台化解决方案；以前沿的数字化技术助力市场客户改善经营渠道，提升经营管理，实现降本增效智慧化运营；以数字化共享平台，聚焦产业互联网联动上下游，通过工业互联网赋能制造传统产业实现数字化转型，推动智能建筑产业的高质量发展。

第三篇

工业互联网赋能企业绿色化发展

企业绿色化发展是培育绿色化、数字化、服务化、融合发展新业态的要求。

本篇发布上海市工业企业实现环保设备智能运维、清洁能源循环利用、循环经济与工业互联网深度融合等方面的案例，助力企业绿色化发展。

本篇涵盖新材料、电力、新能源汽车等行业领域的绿色智能电网、能源互联网与碳排放监测、碳足迹应用等典型应用场景，为相关企业绿色化发展提供借鉴。

深化供应链上下游协同，实现电网产品碳排放数据采集应用

国网上海市电力公司
上海久隆企业管理咨询有限公司

关键词： 工业互联网、能源行业、供应链、碳排放数据采集

摘　要： 随着国家电网发布“双碳”行动方案，电网企业面临着如何通过精准核算供应链碳排放、追踪电力物资采购产品碳足迹，以及如何准确识别绿色供应商、优选绿色产品等问题。上海久隆企业管理咨询有限公司结合国网绿链平台，应用工业互联网标识解析技术，推动电网供应链企业能耗与碳排放数据接入，实现绿色低碳转型。本案例依托工业互联网标识解析体系，在企业侧设置碳排放实时采集节点，利用碳排放数据采集计量能耗数据并将其转换为碳排放值，汇聚数据至云端平台，支撑碳排放分析与应用。电网企业通过应用工业互联网标识解析技术，实时监测链上企业碳排放动态，精准跟踪企业和产品的碳足迹；助力实施供应链绿色低碳评价，为电网企业实施绿色采购提供量化依据；实时掌握各重点用能单位的用能情况，为开展重点用能企业碳排放计量审查提供可靠数据保障。

一、场景透视：电网企业亟须技术创新，突破碳排放数据管理瓶颈

随着国家电网发布“双碳”行动方案，推动碳核算、碳足迹跟踪及绿色产品评价成为电网企业势在必行的选择。传统的碳排放数据采集方式、填报手段、交互渠道既不能满足电网企业碳排放数据实时采集推送、交互共享的需求，也不利于国家电网“双碳”行动方案的落实。

电网企业目前主要存在以下问题。

1．数据采集技术手段缺失

目前，电网企业的物资采购业务环节缺乏有效的技术手段来支持碳排放数据的采集。这导致大量潜在的有价值的数据未被充分发掘和利用，进而无法高效采集电网物资生产制造环节的关键碳排放数据。这种技术空白不仅影响了数据的完整性，也限制了后续碳足迹分析和减排策略的制定。

2．数据采集手段落后

目前，大多数制造业企业仍然依赖于传统的碳排放数据采集方式，如人工计算和手工填报。这种方式不仅效率低下，而且容易出现数据错填、误差大等问题。这些错误的和不准确

的数据会直接影响碳核算的精确性，使得企业无法准确评估自身的碳排放状况，也无法制定有效的减排措施。

3．数据壁垒与信息交互不畅

目前，电网上下游企业之间的碳排放数据未能实现有效打通和共享，存在严重的数据壁垒问题。缺乏有效的信息交互渠道就意味着碳排放数据不能被及时、准确地传输和共享，这不仅阻碍了企业间在碳管理方面的协作，也影响了整个电网物资供应链在“双碳”目标下的协同推进。

综上所述，电网企业在碳排放数据管理方面面临的挑战主要包括数据采集技术手段缺失、数据采集手段落后及数据壁垒与信息交互不畅。这些问题不仅影响了电网企业自身在“双碳”行动中的表现，也阻碍了整个电网物资供应链的绿色发展，因此亟须引入先进的计量装置和技术手段，以改善数据采集的效率和准确性，打破数据壁垒，促进信息交互与共享，从而有效支持电网企业的“双碳”行动方案。

二、实施方案与技术应用：基于“四步思路”开展工业互联网碳排放数据采集

1．实施方案

国网上海市电力公司以“政企联动、融合创新”为抓手，致力于推动电网企业供应链绿色发展，促进电网企业实现绿色低碳转型。本案例面向绿色、低碳、减排的趋势，开展工业互联网碳排放数据采集计量应用研究，按照“实时采集、权威计量、试点应用、总结推广”的“四步思路”开展工作。

① 实时采集，应用工业互联网技术，依托电力行业标识解析节点，在企业侧设置碳排放实时采集节点，推动碳排放数据的精准抓取。

② 权威计量，联合政府市场监管部门、计量专业机构、科技研发机构等，合作开展碳排放数据采集计量装置的设计、研发、检测、认证和应用，保证数据的权威性和准确性。

③ 试点应用，以国网上海市电力公司在沪电工装备制造供应商为试点对象，结合上海市重点用能单位计量审查清单及审查环节，设置碳排放实时采集装置，开展数据采集分析工作。

④ 总结推广，总结分析试点工作开展情况，挖掘碳排放数据应用价值，设计研发碳排放服务场景及相关产品，为政府、行业提供碳排放数据增值服务。

根据上述工作思路，国网上海市电力公司依托工业互联网标识解析体系，设计工业互联网碳排放数据采集计量装置。本案例中碳排放数据采集计量装置的应用体系架构涉及企业侧排放感知、网络侧工业互联、平台侧云端应用三部分。利用工业互联网云端碳表采集计量排放数据，通过工业互联网将数据汇聚至云端平台，可有效支撑碳排放分析与应用。工业互联网碳排放数据采集应用体系架构图如图 1 所示。

2．技术应用

本案例总体架构的核心内容为数据感知层、数据分析层、传输应用层。案例中，工业

互联网云端碳表主要由感知、计算和通信等主要模块构成，通过动态感知读取电流、电压等瞬时数据，结合内嵌的碳排放转换算法计算实时碳排放数据，并将数据传输和储存至云端，为企业碳排放、产品碳足迹计算提供有效支撑。此外，传输应用层还可通过碳表内置的 4G/5G 通信模块或企业生产区域所布置的 Wi-Fi 等网络设施联入互联网，应用工业互联网标识解析技术，将采集到的碳排放数据实时、安全、自动传输至电力行业工业互联网标识解析节点数据库，用于碳排放监测、碳足迹跟踪及绿色评价等。条件成熟时，还可接入本地电网企业的实时电能供应数据，精准测算每度电的碳排放。图 2 所示为工业互联网云端碳表外观图。

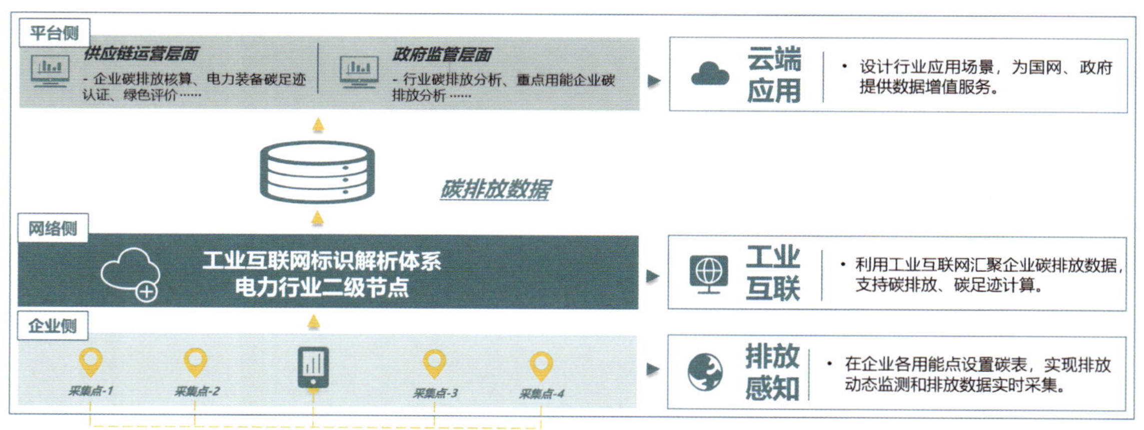

图 1　工业互联网碳排放数据采集应用体系架构图

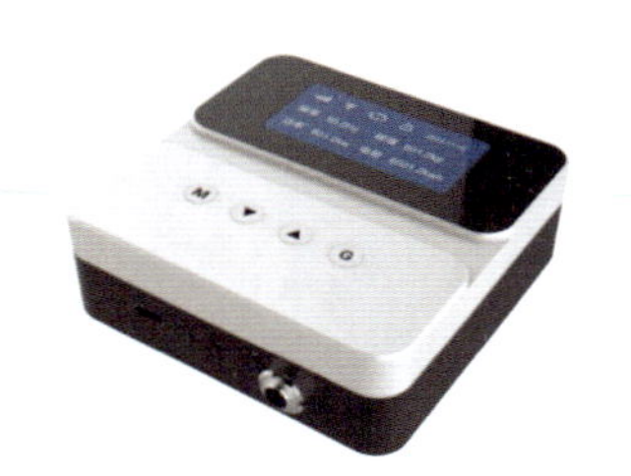

图 2　工业互联网云端碳表外观图

3．应用功能

（1）企业碳排放水平监测

本案例的企业碳排放水平监测功能主要是通过工业互联网云端碳表，全面、实时地监测链上企业碳排放动态。该功能不仅实现了对企业碳排放数据的实时采集和监测，确保了数据的时效性和准确性，还对采集到的数据进行深入分析，评估企业在生产制造过程中的碳排放管控水平，判断其减排潜力。同时，基于碳排放数据和分析结果，该功能还能为企业提供绿色企业评价的客观依据，助力企业树立绿色形象，提升市场竞争力。

（2）产品碳足迹监测

碳足迹监测功能以产品为维度，精准核算各车间、各工艺环节、各生产设备的生产制造用能碳排放数据，精准跟踪企业产品碳足迹。该功能实现了对电网物资生产制造全过程碳排放的详尽跟踪和核算，有利于帮助企业了解产品在不同生产阶段和环节的碳排放情况；同时，详尽的碳足迹数据，为开展绿色产品评价认证提供了坚实的数据基础，助力电网企业打造绿色品牌。

图 3 所示为电力电缆生产制造碳排放数据采集示意图。

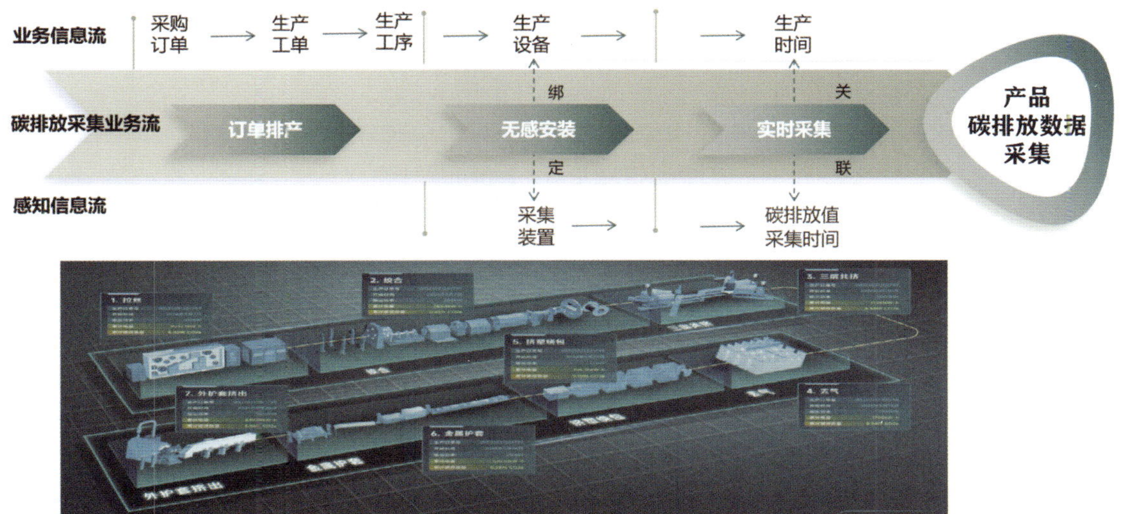

图 3　电力电缆生产制造碳排放数据采集示意图

（3）绿色供应商评价

基于工业互联网云端碳表获取的数据及对企业和产品的碳排放数据分析结果，国网上海市电力公司进一步联合行业协会、评价机构等单位，推进对供应商的绿色低碳评价。具体来讲，先利用云端碳表获取企业和产品的碳排放数据，并进行深入分析，然后联合多方机构共同推进供应链的绿色低碳评价，为企业提供客观、公正的绿色征信报告。同时，还为企业提供全维度的绿色信用画像等增值服务，帮助企业深度挖掘排放数据的价值，提升绿色管理水平。图 4 所示为供应商绿色评价页面。

（4）助力政府监管

政府部门能够借助云端碳表在线实时访问企业关键节点的碳排放数据，从而强化对重点用能单位的监督与管理，为针对重点用能企业实施的碳排放计量审查工作奠定坚实的数据基础。此装置确保了所采集数据的精确性与时效性，使政府能够迅速响应并调整监管措施。此外，通过深度分析碳排放数据及其背后的趋势，该装置还为政府对各企业量身定制差异化的“双碳”政策提供了科学依据，并助力政府精准追踪“双碳”政策的执行进展与成效。

图 4　供应商绿色评价页面

三、实施效果：精准核算电网物资碳足迹，促进产业链绿色低碳转型

1. 夯实电网物资碳足迹管理基础

通过高精度的碳排放数据采集计量装置，电网企业能够实时、准确地监测和记录电网物资在生产过程中的碳排放情况，包括原材料采购、生产制造、运输等环节的碳排放数据，并有力保障电网物资排放数据监测、采集、存储、核算、校验的可靠性与即时性，既避免了因传统数据填报方式带来的主观瞒报、少报问题，也降低了数据计量的误差，切实解决了“数据孤岛”及数据质量问题，提升了数据的准确性和可比性。这为电网物资生产制造的碳排放数据提供了精准核算的基础，使电网企业能够更清晰地了解物资的碳足迹，为后续制定优化减排策略提供可靠依据。图 5 所示为通过碳排放数据采集计量装置计算分析碳排放数据。

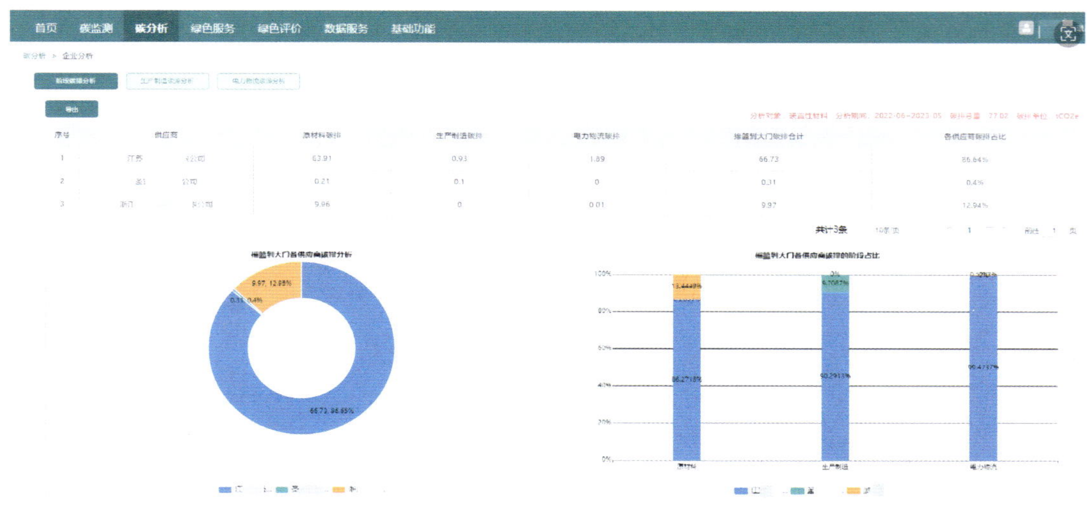

图 5　通过碳排放数据采集计量装置计算分析碳排放数据

2．推动企业供应链绿色低碳转型

精准的碳排放数据有力支撑了电网企业供应链全环节的碳足迹核算，为电网企业提供了科学、量化的依据，使其能够更准确地评估不同供应商、不同产品在制造环节的碳排放表现，并基于实际碳排放情况调整供应链管理策略。这有助于企业构建绿色低碳供应链管理体系，在绿色供应链发展方面形成常态化的优化改进机制，在采购标准制定、供应商管理、绿色产品认证、绿色低碳技术创新等方面做出更合理的选择和决策，切实提高电网企业供应链绿色低碳水平，推动其绿色低碳转型。

3．促进链上企业绿色低碳协同发展

基于工业互联网碳排放数据采集计量装置采集的供应链碳排放数据可实现精准溯源。通过碳排放数据的共享和分析，电网企业能够指导供应商改进生产工艺、优化能源结构、减少碳排放，对推动企业对标国内外先进水平、查找生产和流通中的薄弱环节，支持企业开展工艺流程改造、强化节能降碳管理，挖掘节能降碳潜力具有重要价值，从而实现供应链的协同减排，提升供应链整体绿色低碳水平，促进链上企业供应链绿色低碳协同发展。

四、经验总结与未来展望

1．经验总结

国网上海市电力公司在推动电网企业供应链绿色低碳转型的实践中，首先，以技术创新为核心驱动力，积极引入工业互联网标识解析体系，实现了碳排放数据的实时精准采集，显著提升了数据处理的效率和准确性。其次，积极与政府、专业机构等建立紧密的合作关系，共同研发碳排放采集计量装置，确保数据的权威性和准确性。然后，采用试点先行、稳健推进的策略：先以上海电工装备供应商为试点，验证技术方案的有效性，再通过经验积累和问题反馈，不断优化和完善技术方案，并逐步扩大应用范围。最后，深度挖掘碳排放数据的价值。其利用云端碳表采集的数据，实时监测企业的碳排放情况，核算产品的碳足迹。这些数据不仅为供应商评价和政府监管提供了有力的数据支持，还进一步挖掘了碳排放数据的潜在价值，为绿色低碳转型提供了更多的增值服务。

2．未来展望

展望未来，随着“双碳”战略的深入实施和技术的不断进步，电网企业在绿色低碳转型方面将迎来更加广阔的发展空间。国网上海市电力公司的实践为行业提供了宝贵经验，也为未来的发展指明了方向。

（1）深化技术创新

继续加大在工业互联网、大数据、人工智能等前沿技术领域的研发投入，推动碳排放数据采集、计量、分析技术的持续创新升级，提高数据采集的精度和效率，降低监测成本。

（2）拓展应用场景

在现有应用场景的基础上，进一步拓展碳排放数据的应用范围。比如生产制造状态分析：基于能耗数据，分析企业生产线运行情况、产能水平，识别设备运行、产品质量风险。再如

进行企业制造能效分析比对：以设备、工艺为维度，分析不同设备、不同工艺间的能效水平差异，分析比对企业、行业水平。图 6 所示为特定物资供应商制造能效分析比对页面图。

图 6 特定物资供应商制造能效分析比对页面图

（3）加强行业合作

积极参与排放标准制定和碳交易市场建设，与同行分享经验、交流技术，共同推动全球绿色低碳转型的进程。

（4）推动产业协同

加强与产业链上下游企业的合作，共同构建绿色低碳供应链体系，推动整个产业链的绿色低碳转型。同时，积极引导和支持中小企业参与绿色低碳转型，形成全社会共同参与的良好氛围。

（5）强化政策支持

积极争取国家和地方政府的政策支持，如税收优惠、资金补贴、绿色金融等，为电网企业绿色低碳转型提供有力保障。同时，加强与政府部门的沟通协调，推动相关政策法规的完善和实施。

五、推荐语

国网上海市电力公司的实践案例，充分展现了工业互联网标识解析体系与碳表在实现电网企业供应链碳排放数据采集、推动电网企业供应链绿色低碳转型中的重要作用。通过在企业侧设置碳排放实时采集节点，利用碳表采集计量排放数据，通过工业互联网将数据汇聚至云端平台，支撑碳排放分析与应用，实现了实时监测链上企业碳排放动态及精准跟踪企业和产品的碳足迹，推进了供应链绿色低碳评价，为电网企业提供了数据增值服务，也为开展重点用能企业碳排放计量审查提供了可靠数据保障。这一装置不仅是电网企业供应链碳排放数据采集智能升级的典范，也可被推广至其他领域的企业。工业互联网云端碳表碳排放数据采集的成功案例，无疑为推动我国工业互联网的深度应用和绿色发展树立了标杆。

六、案例主体介绍

国网上海市电力公司，作为国网核心力量，致力于提供安全、可靠、高效的电力服务。面对电力需求与绿色发展要求，该公司积极运用工业互联网、大数据、人工智能等技术，推动电网企业智慧化、绿色化转型。在节能减排方面，该公司推进清洁能源替代，发展风电、光伏等可再生能源，减少化石能源依赖，并通过智能电网实现能源高效利用与错峰调度。此外，该公司还探索电动汽车充电设施、储能技术等新兴领域，为推行低碳、环保的能源消费模式贡献力量。该公司的转型提升了核心竞争力，为能源行业树立了新标杆，并推动了能源结构优化与生态环境改善，为构建可持续发展的现代能源体系做出了重要贡献。未来，该公司将继续深化技术创新与应用，为经济社会发展提供优质的电力服务。

大数据模型赋能化工企业绿色低碳发展

上海华谊新材料有限公司

关键词： 化工、高阶分析、低碳、节能

摘　要：“双碳”政策是我国推动全球脱碳进程、促进能源资源转型、加快经济发展方式绿色转型的重要战略部署。作为典型的流程型化工企业，上海华谊新材料有限公司的主要原料、产品均为危险化学品，其生产流程环节较多，拥有近万个操作点位，数据量大，协同操作难度较高，各项操作指标与公司能耗、物耗的关联性也十分复杂，传统的人工分析无法对装置的生产运行提供及时有效的指导，造成物料与能源的浪费，进而导致节能降碳工作困难。面对以上痛点，公司应用大数据、人工智能等数字化技术，建立高阶分析模型，并形成以数据赋能生产的PDCA闭环精益管理模式，最终实现能耗、物耗的显著节降，推动公司实现“碳达峰”和“碳中和”。

一、场景透视：流程型化工行业减碳诊断与痛点分析

在国家“双碳”政策的推动下，上海华谊新材料有限公司（后称“华谊新材料”）在“十四五”规划中，将“双碳”作为一项重点工作。为此，公司组织专业人员对公司生产全流程开展减碳诊断评估，发现以下痛点。

① 丙烯氧化反应作为公司生产的核心工序，是影响公司主要产品物耗指标的重点工序。该工序因涉及高温高压、易燃易爆等风险，存在质检采样分析频率低、分析依赖人工经验、过程控制操作复杂等痛点，最终导致工艺调整严重滞后，造成物耗损失。

② 蒸汽能源是华谊新材料的主要应用能源，占公司总用能的70%以上。公司现有蒸汽用户众多，蒸汽用量统计系统复杂，更为特别的是，公司正常生产期间的蒸汽能源主要由生产过程中的氧化反应放热产生，在满足自身使用需求后，富余蒸汽通过回供上海化工区管网进行循环利用，这也导致公司的蒸汽调度十分复杂，最终造成能源浪费。

③ 公司现有生产指令的下达主要靠人工，不仅存在滞后性，而且部分小的指令难以进行追踪或追溯，特别是在工况变动的情况下，部分指令执行不及时、不准确，最终导致能源损失，间接导致碳排放量增加。

综上所述，华谊新材料亟须建立快速、精准的分析手段与及时、闭环的管理体系，结合数字化、智能化技术，实现能耗与物耗的进一步节降，推动公司“双碳”工作更好、更快地完成。

二、实施方案与技术应用：数智技术赋能节能降碳与精益管理业务提升

为解决公司痛点，达成节能降碳的目的，华谊新材料从物耗管理、能耗管理、精益生产

管理出发，应用大数据分析、机器学习等技术手段，建立大数据分析模型，通过智能分析对生产进行全方位、精准化管控。

1．物耗管理优化：AI 驱动的丙烯反应过程优化

华谊新材料通过建立丙烯反应工段的 AI 算法模型，结合自研在线分析设备，实现对丙烯反应工段过程控制参数及调节逻辑的优化与升级。

（1）反应工段多回路自动化控制

华谊新材料部署智能控制 APC 系统（先进过程控制系统），通过采用先进的控制理论和控制方法，以工艺过程分析和数学模型计算为核心，以工厂控制网络和管理网络为信息载体，将控制目标由原有 DCS（集散控制系统）的单一参数，拓展到整个被控对象的全部相关控制参数，且被控变量也在传统的温度、压力、流量和液位四大参数的基础上进行了拓展，增加了诸如产品质量指标和设备负荷、模型预测结果等工艺生产所需要的变量，从整体上提高了装置的稳定性，实现了产品质量的卡边操作，为挖潜增效创造了条件（如图 1 所示，APC 系统投用后的控制参数波动更加稳定）。

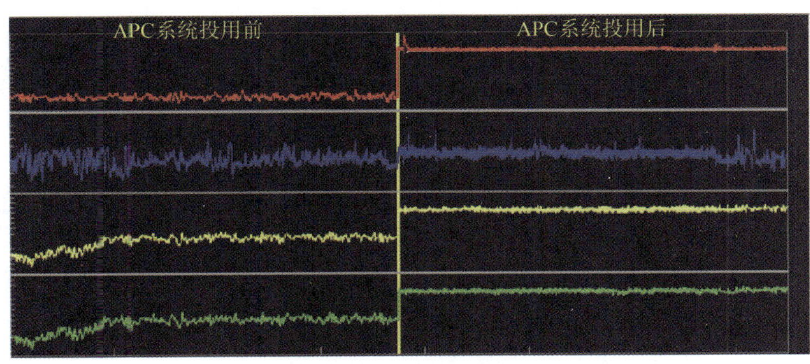

图 1　APC 系统投用前后效果对比

（2）在线分析频率提高

华谊新材料通过自主创新研发丙烯酸 HGSS 热气体在线分析仪，以及文丘里负压抽吸技术，解决在常温尾气总管丙烯酸降温冷凝聚合堵塞管道的问题，实现对高温气体的自动采样，并结合色谱仪进行在线分析。色谱分析结果将实时自动同步至 LIMS（实验室信息管理系统），供模型分析使用。

（3）数据分析与反应控制优化

华谊新材料通过模型自动运算与迭代，对装置实时运行状态进行分析，并给出参数优化调整意见，最终实现反应转化率与吸收率的提高。

2．能耗管理优化：高阶分析赋能蒸汽网络优化

华谊新材料通过应用大数据模型，结合工艺运行原理，探究蒸汽消耗装置及设备的最优消耗区间，并建立全厂级的蒸汽单点优化模型与管网平衡模型，优化能源调度。

（1）蒸汽单点优化模型

华谊新材料应用大数据工具，对全厂 110 个单点用户进行多因子关联分析，结合蒸汽负

载曲线，找到单个蒸汽消耗单位在不同开工负荷下的最优参数组合，并通过优化回流量，降低蒸汽用量，同时通过机器学习算法，增强模型自动学习更优参数并推荐的能力。

（2）蒸汽管网平衡模型

华谊新材料通过应用大数据分析技术，针对历史工况进行数据寻优，用以预测能效变化，并结合 Simplex 算法（单纯形算法）寻求经济效益最大的蒸汽网络平衡举措方案，指导一线人员在不同工况下配合减温减压阀、省煤器、循环水透平、乏汽回收设备的使用，从 64 个可能的操作组合中选择最优操作组合，提高蒸汽管网平衡能力，减少无效蒸汽放空，优化蒸汽管网调度能力。蒸汽管网平衡模型的最终结果通过可视化看板进行展示，如图 2 所示。

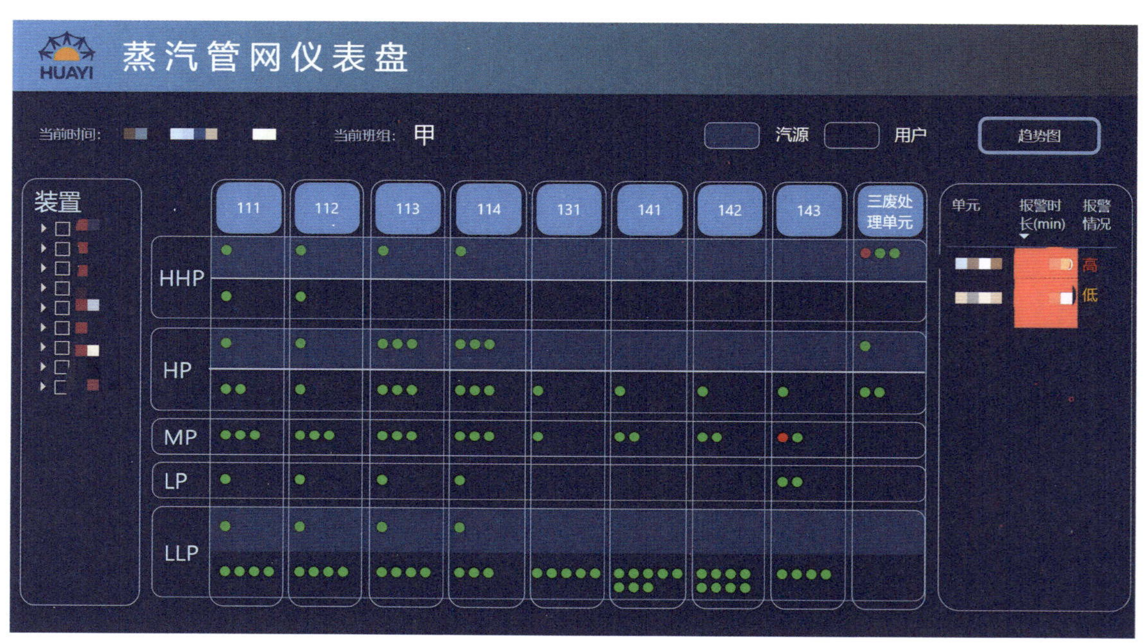

图 2　蒸汽管网平衡模型看板

3．精益生产管理优化：数字化业绩管理体系助力生产调度优化

华谊新材料通过建立 DPM（数字化业绩管理）体系，提升生产管理透明度，实现指标的自动告警及任务管理闭环，推动公司生产调度管理水平的持续提升。

（1）数字化精益看板

华谊新材料针对日度交接班会、周度生产调度会、月度经营会等业务场景，建立有针对性的数字化精益看板，实现不同业务层级重点关注指标的自动更新与可视化展示，并结合各岗位的数据分析需求和工艺原理建立 OEE（设备综合效率）看板、物耗桥、负载曲线等精益生产工具，提高管理人员对数据的感知能力与分析能力。

（2）PDCA 闭环管理

华谊新材料结合敏捷工作思维与工作机制，建立生产 PDCA[Plan（计划）、Do（执行）、Check（检查）、Act（处理、行动）]闭环管理体系，针对精益看板的关键数据实现告警自动生成、任务自动分配、指标自动追踪、反馈自动归档，最终实现图 3 所示的生产调度的全流程自动化闭环管理体系。

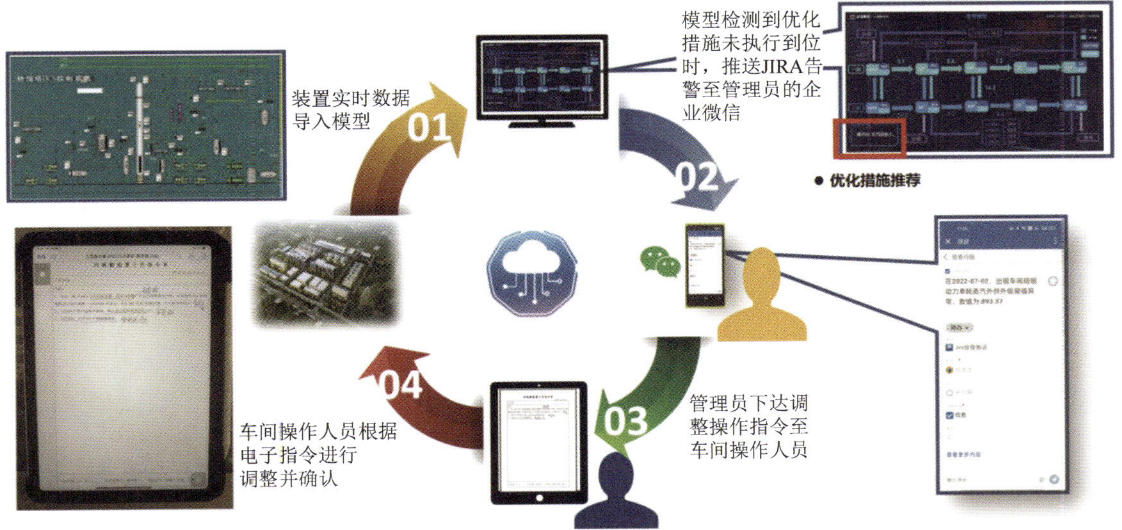

图 3 华谊新材料 PDCA 闭环管理体系

三、实施效果：建立数字化绿色低碳发展新体系

1. 过程碳排放节降

在指标优化方面，华谊新材料通过应用 AI 反应过程模型，将主要原料损耗降低了 20%，为公司带来了可观的经济效益。同时，因华谊新材料损耗原料主要为碳氢化合物，目前主流的处理方式为催化焚烧，处理反应会生成二氧化碳，因此原料损耗的减少便代表着催化焚烧产生的碳排放的降低。

此外，该项目以机器密闭采样代替了原有热气体人工采样等现场作业，并采用了在线分析等技术手段，在提高分析效率的同时降低了过程中的安全环保风险，推动企业实现绿色发展。

2. 能源碳排放节降

通过应用蒸汽能源相关优化模型，华谊新材料在能源管理与节能方面均取得了显著效果。

在能源管理方面，华谊新材料对能源管理的分析频率由 1 次/月提高到 1 次/小时；在颗粒度上也由仅关注进出厂细化至关注 110 个蒸汽单点用户；在调度上，由人工主观把控向模型自动化建议及优化改变，生产调整更具科学性和精准性。

在节能方面，通过应用相关模型，华谊新材料全厂单位产品蒸汽消耗量下降 38%，平均蒸汽回供量提升 130%，不仅减少了自身的碳排放量，也大大提高了蒸汽能源的循环利用率，进一步推动企业低碳发展。

3. 管理优化与提升

华谊新材料通过可视化看板的形式，结合能耗、物耗模型，实现了对生产业务的可视化、透明化管理，结合敏捷管理工具，实现了各业务条线的线上协同办公。此外，结合公司自主研发的在线分析仪等先进分析设备，将原有的月度频次的统计分析工作细化到小时级、班组级的监控，并实现日度级的生产平衡，大大提高了分析频率，同时实现了产、供、销、财全价值链上数据的互联互通，基本消除了人工沟通带来的时间成本。

此外，通过对精益看板各个指标的实时监控与报警分析，华谊新材料在保证原有保障指标安全的基础上实现了对辅料单耗、焦油比等生产过程指标的最优区间分析与调度管理优化，最终折合实现全厂温室气体排放量降低 5.2%，进一步提高了公司的精益生产管理水平。

四、经验总结与未来展望

随着国家数字化转型战略的逐步推进，越来越多的企业和企业家开始投身这片蓝海。如何才能在这一轮的改革浪潮中做到不随波逐流，而真正找到制造业数字化转型的关键路径，实现数字化与工业化的交融共生？从华谊新材料近几年在数字化转型方面的探索和实践来看，主要有以下几点可作为借鉴。

1. 坚持业务为核原则

数字化转型是为了赋能制造业发展，因此，数字化项目一定是结合实际业务场景，以解决行业痛点为出发点，紧紧围绕主业开展实施的。华谊新材料与碳排放相关的主要指标便是过程排放与能耗，过程排放又与物耗息息相关。基于上述分析，公司最终决定将降低能耗和物耗作为实现绿色低碳发展的重要抓手。

2. 坚持效益为先原则

企业的每一次转型，都是为了提升企业竞争力，实现效益提升，数字化转型的目的也不外如是。因此，对于数字化项目的规划和实施，必定要把其所能带来的效益作为优先考量要素。华谊新材料正是基于这样的原则，在模型规划设计阶段就制定了对应的 KPI（关键绩效指标），包括主要原料损耗、单位产品蒸汽消耗等，并以提升 KPI 为目标导向，这也保证了相关数字化模型在落地时能够顺利创造价值。

3. 坚持能力为本原则

在数字化转型发展过程中，业务技能与 IT 技能很难深度融合，“业务+数字化”复合型人才极度短缺，因此打造一支可以支撑企业数字化转型发展的人才队伍对企业数字化转型至关重要。在这一点上，企业需要成立专门的工作组，让这个工作组中的人才在项目推进过程中不断实践、逐步成熟，从而推动相关数字化成果持续迭代升级。

五、推荐语

本案例详细介绍了华谊新材料在数字化转型助力绿色低碳转型方面的全貌，从生产概况、痛点分析、实施方案到实施效果，再到经验总结与未来展望，全面且深入地展现了数智技术在化工行业绿色发展进程中的重要作用。案例将 AI、机器学习等技术与化工生产相结合，不仅为公司带来了经济效益，而且为公司实现绿色低碳发展带来了重要技术支持，其成果可以为化工行业开展绿色低碳转型工作提供实践经验。

六、案例主体介绍

华谊新材料是上海华谊集团股份有限公司的全资子公司，成立于 2013 年 5 月，前身为 1991 年创建的上海高桥石化丙烯酸厂，公司以丙烯酸及酯项目为产业基础，以催化剂项目和高吸水性树脂项目为竞争核心，以丙烯酸及酯新技术升级为主要抓手，着力打造行业领先的 C3+（含三个碳原子以上的化合物）全产业链企业。目前，公司拥有年产 72 万吨丙烯酸及酯的生产线，位列中国丙烯酸及酯产能排行榜前三。

基于 AI 算法实现输电线路智能运维

国网上海市电力公司超高压分公司

关键词： 输电线路、算法、智能运维

摘　要： 随着城市化建设进程的加快、城市能级的不断提升，上海电网输电线路里程逐年增加，日益增长的运检需求与现有的巡检能力之间的矛盾愈发突出。与此同时，现代设备管理体系对电网设备安全稳定运行提出更高要求，提升城市电网的安全性和可靠性，提高输电线路的运行效率，降低运维检修成本，减少停电事故和损失，成为供电企业当前面临的主要任务。本案例以现代设备管理体系为引领，立足上海市的实际情况和输电特色，依托人工智能、大数据分析等新技术，精准地发现突发的输电线路走廊外破隐患与设备缺陷。2023 年全年有效告警 650 起，隐患信息可被及时发送给线路运维人员以做出处理，大大降低了外破跳闸风险。

一、场景透视：针对供电保障要求高、线路里程增加、运维人员不足问题，寻求数字化手段解决

“上海 2035 规划”目标为将上海建设成“全球卓越城市”。随着城市经济密度的增加，上海市大规模接入了各类清洁能源，使城市输电网呈现交直混联、分布密度高、通道环境复杂等特点。同时，上海市每年都要举办国际进口博览会等大型国家级盛会，因此保证电网坚强可靠、供电设备安全稳定运行至关重要。日益增长的运检需求与现有的巡检能力之间的矛盾愈发突出——依靠传统的人工到点巡视已无法满足电网发展面临的新形势下的新要求。如何快速、精准地发现突发的输电线路走廊外破隐患与设备缺陷，成为上海电网亟待解决的问题。

当前，上海市输电线路运维主要存在如下问题。

① 电网输电线路运检需求与运维能力不匹配。上海电网输电线路从 3000 余千米增加到 5800 余千米，对应的专业运维人员仅 60 余人，平均全年线路巡视里程高达 26 万千米，人均巡线里程为 4000 千米，人均工作量较十年前增长 63%。

② 上海输电线路通道环境复杂，临时性、流动性施工屡禁不绝，导致外破事件持续高发，而传统的人工巡视周期长，且难以及时发现外破隐患。

二、实施方案与技术应用：依托可视化图像监控，多源融合 AI 技术，提升运维水平

国网上海市电力公司超高压分公司积极实践数字化转型，从“空、塔、地”三个维度，立体探索数字化技术行业应用，形成了目前以无人机自主巡检、塔端智能传感设备、通道可

视化隐患识别技术和通道全景信息数字化模型为核心要素的数字化立体巡检体系，全局考虑输电线路可能存在的风险，并逐个击破。通过输电数字化运维监控中心和无人机智巡中心的联动，国网上海市电力公司超高压分公司组建输电线路智慧运维创新工作室（后称“工作室”），打造一种针对超大型城市输电网的全天候智能运维管理新模式。作为输电管理指挥中枢，该模式可以在这个忙碌的城市中捕捉到任何可能损害输电线路安全运行的蛛丝马迹，并游刃有余地处理线路附近的突发情况。

1．技术应用

（1）输电可视化监控技术

由于上海市夜间施工数量较多，工作室推出了具备夜视功能的摄像头，从而有效提升了输电通道夜间监控能力。装置拍照频次由前期的 60 分钟一拍，变为现在的 5 分钟一拍。同时，图片由原先的 200 万像素提升到 2000 万+像素。不同类型的可视化装置如图 1 所示。

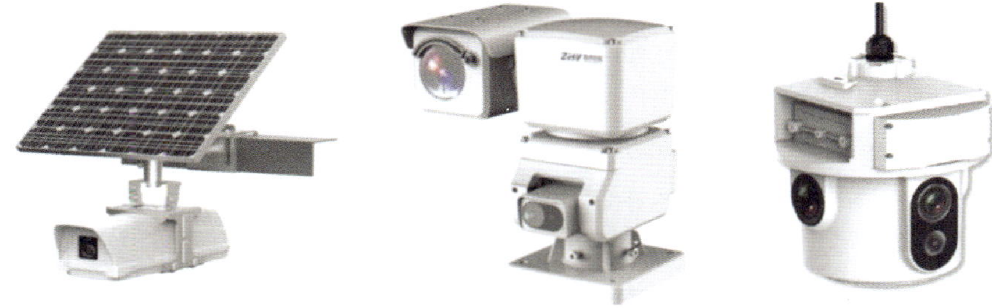

图 1　不同类型的可视化装置

（2）多源融合 AI 技术

根据输电线路现场环境，工作室结合地域、天气、场景、时间、点位及历史隐患等信息构建通输电道隐患知识图谱，采用基于深度学习、计算机视觉、大数据分析技术的多源融合输电通道监测分析模型，对复杂环境下的输电通道外破、烟火、异物等多种隐患进行监测，实现对输电通道的全面监测。输电通道隐患识别对象如图 2 所示。

模型	输电通道隐患识别模型											输电本体缺陷识别模型												环境检测模型			行为识别模型	场景预测模型
识别场景	吊车	水泥泵车	打桩机	推土机	水泥搅拌车	挖掘机	翻斗车	烟雾	火	导线异物	鸟	绝缘子污秽	绝缘子破损	防震锤锈蚀	防震锤损坏	防震锤滑移触碰	三角连板锈蚀	均压环倾斜	均压环损坏	销钉缺失	销钉不规范	杆塔鸟巢	杆塔蜂巢	树木	河流	大棚	钓鱼	大棚破损

➢ 在基础识别准确率上，可以根据现场情况有针对性地提升识别准确率；主要针对施工机械、导线异物、本体缺陷、人类活动等隐患类型

图 2　输电通道隐患识别对象

此外，工作室加快推进基于一站式 AI 开发平台的 AI 能力的持续提升，实现行业视觉算法研发从数据、模型、异构、测试到展示管理的全流程覆盖，并通过对算法研发过程中的关键要素进行管理，有效提升数据共享、模型迭代拓展、异构自动化、测试透明化，促进整体工作流程向着流程化、标准化的方向发展，提升 AI 开发的整体效率。

（3）三维测距技术

当输电通道监测图像中出现隐患时，可通过模型关系确定隐患在点云中的坐标，同时依据图像中隐患的高度信息推断出其真实高度，并据此获取隐患顶部到导线的距离，实现对隐患到导线的净距离和水平距离的测量。

2．实施方案

（1）全天候通道可视

作为输电监控的核心业务，输电全景智慧管控平台目前总计接入可视化监控装置 8000 余台，覆盖特高压及跨区直流线路、500 千伏线路、“三跨”区段、重要输电通道、城市生命线、所有固定隐患点等，实现重要输电通道、重要隐患点的全天候、实时不间断监控。

外损隐患自主识别预警基于深度学习算法的图像智能识别技术，可实现外损隐患的自动识别和主动预警，其界面如图 3 所示。目前，隐患识别类目已包括塔吊、吊车、挖掘机、水泥泵车、推土机等大型机械，以及火灾、烟雾等隐患。通过前端人工智能分析技术，平台会对识别到的隐患发出监控告警，并通知现场运维人员及时赶至现场进行处理。

图 3　外损隐患自主识别预警界面

（2）外破隐患三维测距

在识别隐患的基础上，输电全景智慧管控平台结合输电通道的点云数据，将隐患图像接入人工智能算法模型，实现输电线路的保护区标注和隐患的三维测距；通过对回传图片的像素点位分析，将测距结果在三维场景中进行展示。依托于三维场景，运维人员可以对告警点的周围环境及隐患等级进行更精准直观的判断。外破隐患三维测距界面如图 4 所示。

图 4　外破隐患三维测距界面

（3）环境监测预警

输电全景智慧管控平台接入微气象传感器，准确采集线路附近的温湿度、风速、风向、雨量等关键气象数据，精准推送重点通道精细微观化预警，为智能抢修和智能调度提供了决策依据。

（4）多维协同巡检

输电全景智慧管控平台融合社会化巡检、无人机巡检和移动巡检，形成多维协同的立体巡检格局，为发现和精准消除设备本体缺陷和固定隐患提供了多重技术保障，相关界面如图 5 所示。

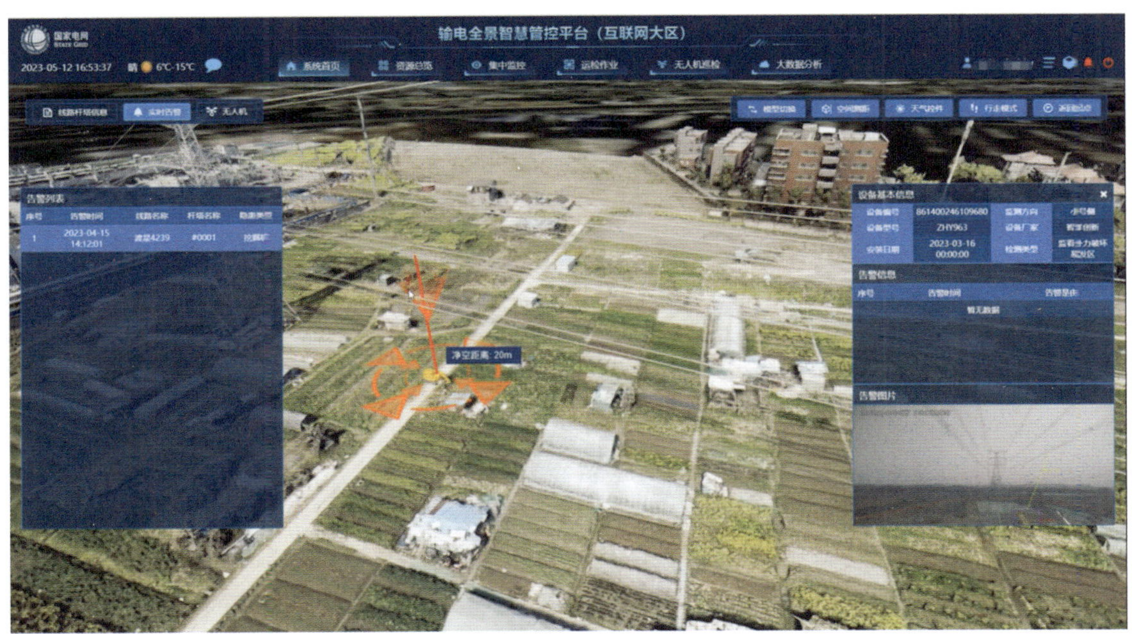

图 5　多维协同巡检界面

基于手机的社会化巡检 App 是外委人员的巡检工作软件，具有计划管理、每日任务管理、设备台账管理、缺陷管理、异常管理五大功能。社会化巡检是一种创新型巡视模式，是智能巡检的重要补充。无人机巡检是高度集成的技术巡检模式，如果发现缺陷隐患，那么，作业无人机可以抵近拍摄，监控中心可远程同步监控，实时查看现场作业视频并分析识别缺陷，方便运维人员以“巡天遥看”的方式判断设备的运行状况。移动巡检是基于 i 国网 App 的巡视模式。在手机移动端，运维人员可以在任何时间、任何地点实时有效地查看输电通道现场实际作业情况。这就形成了“立体巡检+集中管控+网格处置”的工作机制，在平台层面实现对巡视盲区和巡视薄弱区的分析管理。

（5）隐患“识别+判定”一体化

工作室开发输电线路“场景识别+隐患识别+隐患判定”算法模型，打造隐患“识别+判定”一体化流程，如图 6 所示。具体来讲，结合线路所在场景，动态配置隐患识别置信度，构建隐患判定算法模型，引入专家意见，将输电运检专业知识与经验融入算法中，进一步提高隐患判定算法的可靠性，降低无效隐患的推送率。

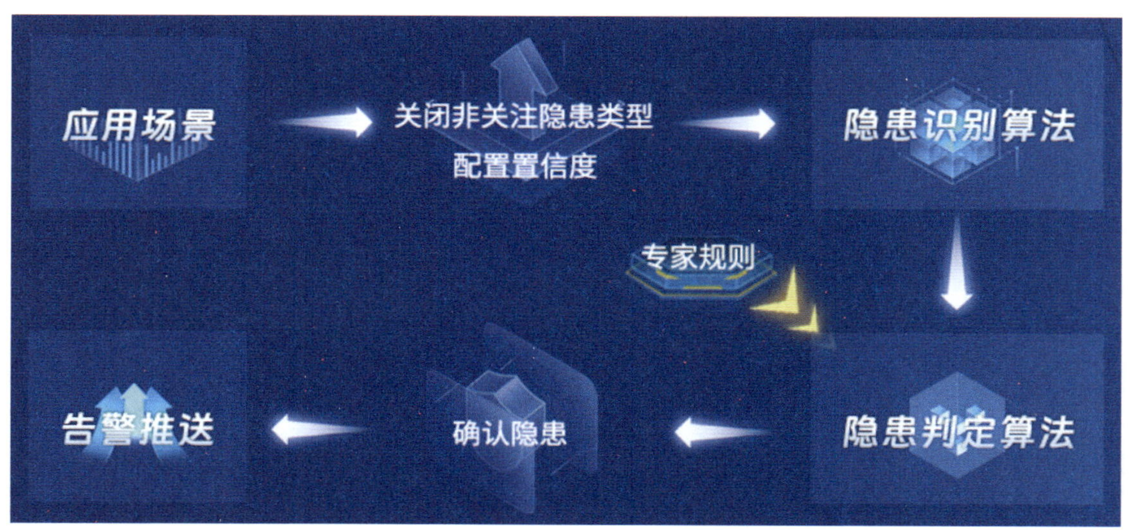

图 6　输电线路“场景识别+隐患识别+隐患判定”算法整体流程

（6）设备健康度自动化评价

输电全景智慧管控平台对设备（可视化设备和在线监测设备）的状态进行管理，多维度评价跟踪设备健康度，同时结合人工智能分析技术，实现设备歪斜、黑/白图、图像模糊等自检。针对有异常的设备，平台支持一键派发维修工单和维修记录的录入管理，实现设备从安装到运行再到维修更换的全生命周期管理。

（7）任务精细化管理

输电全景智慧管控平台对隐患进行全流程管理，将经隐患“识别+判定”算法处理后的告警信息主动推送至后台，巡视人员对危急隐患进行工单推送，提升隐患响应速度，从而提高处理效率；对固定隐患点下的不同隐患点制定不同的巡视告警策略，以实现移动巡检数据与可视化主站数据的融合应用，减少固定隐患点的无效告警数量，从而实现对不同隐患点的精细化巡检；根据隐患点热力图、保电特巡任务等进行智慧化综合分析，自动生成各班组巡视、检修计划，并由指挥中枢一键发布。

（8）巡检大数据应用

输电全景智慧管控平台能够将可视化在线监控装置的监控数据，以及无人机缺陷自动识别功能、输电通道智能拼图、驻塔机器人和销钉传感器采集的数据进行整合，为研判环境隐患和设备本体缺陷提供参考。隐患点热力图对输电通道隐患从地域维度、时间维度、隐患类别维度进行深入的挖掘分析，指导运维人员制定精准的运维策略，将输电通道运维从事后处理转变为事先预防，化被动为主动，充分保障输电通道安全。

三、实施效果："机智代人"提质增效显著，供电保障更加可靠

工作室以"凝聚数智创新合力，赋能城市电网再升级"为精神引领，以"输电线路全方位监测、全生命周期管理及智慧管控"为技术思路，构建出输电全景智慧管控平台，集成多个全方位匹配公司应用场景的微应用，实现输电运维管理"信息全面整合、模型标准规范、内外高效交互、全景实时监控、问题快速处置、分级专业管控"的高效模式。

自成立以来，工作室坚持依托人工智能、大数据分析等新技术，解决生产工作中遇到的瓶颈问题，致力于打通数字化创新转型的"最后一公里"，赋能城市数字化智慧电网的不断升级。工作室完成了密集输电通道可视化监控智慧升级、特高压复奉直流重要输电通道智慧状态监测改造、西虹桥智慧输电示范区建设，助力进口博览会智慧保电等项目。

目前，工作室已成为上海市首批 AI+联合创新工作室，自 2019 年成立至今已获得国家授权发明专利 3 项、实用新型专利 1 项。上海电网输电数字化智能监控中心是近年来国网上海电力加快推进数字化转型的一个缩影：改变了传统运维模式"看不见，找不准，处理不及时"的弊端，打造了拥有 AI 指挥中枢的全智能化输电运维新模式，让数据"多跑路""能说话""会说话"。自 2023 年以来，在可视化微应用方面，工作室发现并处理输电通道内重大隐患 887 起。2023 年全年隐患告警 1095 万起，其中有效告警 525 起，夜间告警 166 起，年均识别设备缺陷 4000 余条，识别外损隐患数百万条。自 2023 年以来，共计完成精细化巡视 10442 基，巡检 5441 千米，自主巡检 10828 基，拍照 323283 张，发现缺陷隐患数量总计 3125 处。到目前为止，输电全景智慧管控平台接入可视化监控装置 7533 台，覆盖率由 2022 年年底的 37.19%提升至 62.9%；特高压及跨区直流线路、500 千伏线路、"三跨"区段、重要输电通道、城市生命线、所有固定隐患点等自主巡检全覆盖，220 千伏及以上电压等级覆盖率已达到 72%，今年有望达到 85%。通过输电全景智慧管控平台+无人机智巡系统的运维新模式，工作室成功避免了多次重大安全生产隐患，避免线路跳闸经济损失 200 余万元，减少人员巡视成本 100 万元/年。央视新闻客户端、国家电网报、新民晚报等多家媒体对上海输电全景智慧管控平台在数字化转型过程中取得的成效进行了报道。

大数据分析应用和输电通道隐患点热力图分析，为差异化巡检和科学保电决策提供数据支撑，同时根据历史隐患发生情况和保电需求有效部署巡检力量，使得线路故障跳闸数显著减少，220 千伏及以上电压等级的主网架构可靠性进一步增强，有效保障了上海市的供电稳定性。

四、经验总结与未来展望

1. 经验总结

在此案例项目实施过程中，国网上海市电力公司超高压分公司通过输电全景智慧管控平台等技术手段，实现了对输电通道的全面监测，从而快速且准确地发现外破隐患和设备缺陷。面对新的挑战，如城市化进程中的输电线路保护问题，国网上海市电力公司超高压分公司运用数字化技术来适应形势，确保电网的安全稳定运行，同时通过加强各部门人员间探讨，听取各方意见，全面带动运维质量和技能水平的提升。

2. 未来展望

本案例以输电专业为焦点，以人工智能技术为手段，成功解决国网上海市电力公司超高压分公司线路运维中的难题。今后，工作室将推动公司变电、直流等其他专业共同数字化转型和人工智能升级。

工作室将不断加强输电数字化运维监控中心和无人机智巡中心的联动，深度开发高清卫星影像，融合气象数据和人工智能等技术，加强北斗技术在时空领域中的支撑作用，促进运维工作模式由大范围拉网式排查转向自主式状态巡检，通过建立四维时空（高度+经度+纬度+时间）立体巡检，全方位监测线路杆塔及周边线路运行状态并进行智能联动。

国网上海市电力公司超高压分公司以电网的数字化和智能化深入推动能源革命，为加快建设“主网坚强、技术先进、创新领先、治理现代”的世界一流超高压输变电企业提供助力，持续为上海聚焦建设“五个中心”重要使命、加快建设社会主义现代化国际大都市提供韧性安全的能源保障。

五、推荐语

国网上海市电力公司超高压分公司的实践案例充分展现了人工智能技术在推动传统输电专业数字化转型中的巨大潜力。其通过对内部运维需求的精准把控及顺应数字化转型趋势，不仅实现了运维效益与运维成本的双赢，还创造了运维决策的数字化资产，为运维模式转变打下了坚实的基础，这不仅仅是输电专业运维模型转变的典范，也为超高压变电、直流等其他专业提供了宝贵的转型思路及整体解决方案。

六、案例主体介绍

国网上海市电力公司超高压分公司作为上海主电网输变电设备的集中管理单位，长期承担所辖上海跨区电网直流输电线路、±500 千伏及以下直流换流站、220 千伏～1000 千伏交流输变电设备的运维工作。针对人工到点巡视已无法满足现阶段智能电网对设备安全稳定运行的需求，该公司探索输电线路数字化转型新模式，运用人工智能技术，以技术创新引领转型升级。该公司通过实施大数据分析算法、可视化智能监拍技术及人工智能算法，构建了输电全景智慧管控平台，有效解决了传统输电运维模式中的诸多痛点，如运维需求不匹配、工作效率低、运维成本高等问题。国网上海市电力公司超高压分公司不仅提升了自身运维工作的智能化水平，而且在国网内树立了智能化、数字化转型的新标杆，为构建国网“立体巡检+集中管控+网格处置”的运维模式升级做出了积极贡献。

七、案例视频

扫码观看案例详细视频。

输电线路智能运维

数智驱动：构建高效能碳管理系统，赋能新能源汽车产业绿色创新

上海能誉科技股份有限公司

关键词： 节能降碳、能碳管理、智能算法、新能源汽车

摘　要： 近年来，政府频发“双碳”相关政策，所有行业都在被“低碳化、数字化、智能化”重塑。新能源汽车产业作为绿色产业的代表，传统能源管理系统已无法满足其生产中碳排放的管理功能的要求。上海能誉科技股份有限公司向领先的电动汽车制造商蔚来汽车提供能碳管理系统来优化其能源使用和帮助其减少碳排放。该系统实现了从能源采购到消耗的全生命周期管理，确保了能源的高效利用，并显著减少了碳排放；通过智能优化算法实现能源使用自动控制，并帮助蔚来汽车及时调整生产策略，以适应市场需求和能源供应的变化。系统的运用不仅提升了蔚来汽车的生产可持续性，还强化了其在绿色制造领域的领导地位，展现了其对环境保护的承诺和社会责任。这一系统的成功运用，为汽车行业树立了一个高效利用资源、积极应对环境挑战的典范。

一、场景透视：传统能源管理系统无法满足新能源汽车产业在政策推动下的节能降碳新目标

1．“双碳”目标下发展新能源汽车绿色生产的必要性

自从将二氧化碳作为控制排放的重点指标后，各行各业都在积极响应我国政府的号召，尽最大努力来实现“双碳”目标。新能源汽车产业作为绿色产业的代表，新能源汽车的生产过程亦需遵循这一方针，将传统能源管理系统升级成能源碳资产管理系统（简称“能碳管理系统”）来实现节能降碳至关重要。

2．传统能源管理系统在新能源汽车生产碳资产管理方面的局限性

（1）缺乏碳排放数据监测和分析，不能有效促进节能降碳

传统能源管理系统主要关注能源的消耗，如电力、水、燃气等的使用情况，而对碳排放的直接监测和管理不足。这使得企业难以准确评估和管理温室气体排放状况。即便收集到一定量的碳排放数据，传统能源管理系统也往往缺乏有效的工具来分析这些数据和制定出切实可行的节能减排措施。

也就是说，传统能源管理系统在提供具体的节能减排策略方面能力有限，通常只是停留在监测能耗的层面，而未能深入研究如何通过技术手段或过程优化来减少碳排放。由于缺少全面

的碳管理视角，传统能源管理系统通常不能为企业提供明确的、量化的碳足迹优化目标或路线图，而明确的、量化的碳足迹优化目标或路线图对于设定长远的节能减排目标尤为关键。

（2）无法适应日益严格的政策法规

根据政策要求，企业需要在规定时间内发布碳资产的数据报告。企业在完成碳足迹等相关报告时，需要详细记录和计算各方面的排放数据。传统能源管理系统通常不具备这样的报告工具，使得企业在完成政府或国际组织要求的碳排放报告时面临困难。面对快速变化的环保政策，传统能源管理系统更新和升级不便，难以快速整合新的法规要求，从而导致企业反应不够灵活，可能面临合规风险。

二、实施方案与技术应用：数智驱动能源碳资产全生命周期管理

1．实施方案

数智驱动能源碳资产全生命周期管理是一种结合了数智化技术和能源碳资产管理的综合智慧能源管理方式。这种方式通过利用大数据、人工智能、物联网等技术手段，实现对生产过程中碳排放的全面监测、分析和管理，从而在促进能源高效使用的同时，支持碳减排目标的达成。能碳管理系统的基本需求如图 1 所示。首先，借助物联网技术，可以对生产、运输、消费过程中的碳排放数据进行实时监测和采集。其次，从数据分析和预测的角度，应用人工智能和大数据分析技术，可以对采集到的大量碳排放数据进行深入分析和挖掘。数智化技术的应用还可以帮助企业实现对碳排放的精细管理，提升能源使用效率，减少不必要的碳排放。数智化管理的另一重要应用是在碳资产交易和碳报告领域。通过对碳排放数据的准确计量和报告，企业可以更加透明地参与碳交易，提升其碳资产的价值。

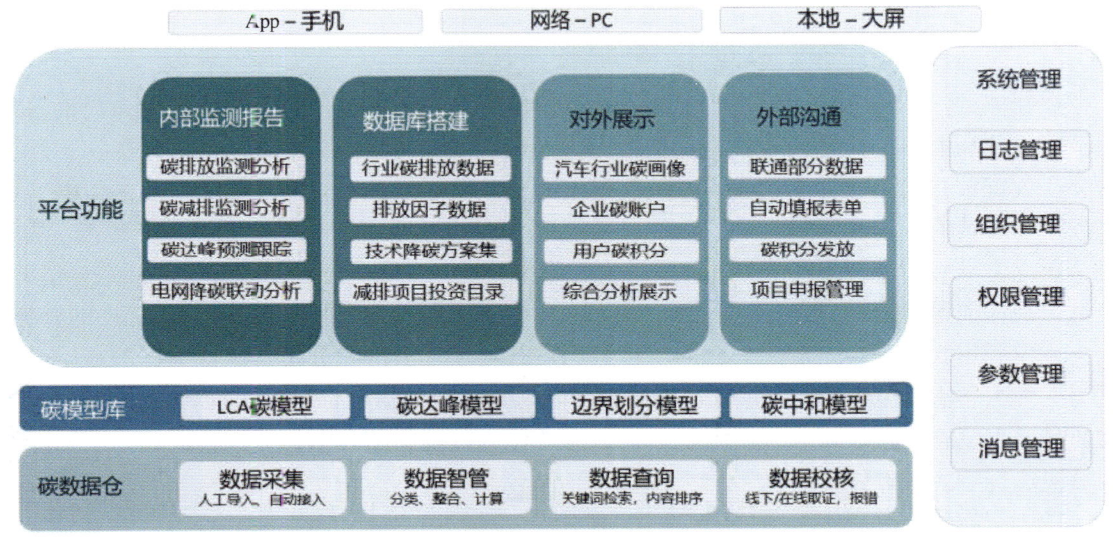

图 1 能碳管理系统的基本需求

上海能誉科技股份有限公司（后称“能誉科技”）的“智慧能源物联网整体解决方案”以

自主研发的数字化软硬件产业闭环为技术基础，实现从能源管控细分市场切入工业互联网领域的升级，如图 2 所示。其中，能碳管理系统能够被应用在新能源汽车工厂及园区中，自动分析碳排放数据，提供最精准的碳排放预测和优化建议。能碳管理系统的功能主要包括能源管理与控制优化、低碳管理和信息服务等。这些功能共同帮助汽车企业用户实现能源消耗和碳排放的精细化管理，提升能源使用效率和碳减排效果。

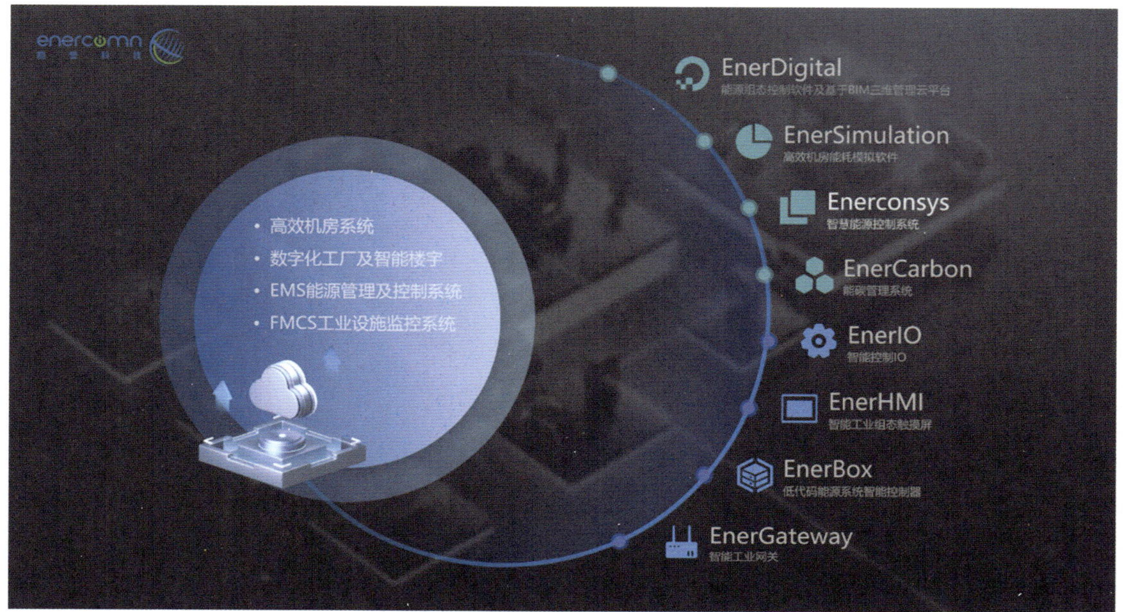

图 2　能誉科技“智慧能源物联网整体解决方案”

2．技术应用

（1）大数据处理和多源数据整合

在新能源汽车工厂及园区里，能碳管理系统能够收集新能源汽车生产的全生命周期内来自不同设施和设备的能源消耗数据，包括电力、水、燃气等不同类型能源的消耗数据。通过安装在关键节点的传感器和仪表，系统能够实时收集关于能源消耗和计算碳排放的数据（这些数据为后续的分析和管理提供了基础）。多源数据整合确保了数据的全面性和一致性，从而为企业提供准确的能源使用全景图。通过实时收集数据，系统还可以即时分析能源消耗情况，及时识别任何异常消耗。这有助于及时发现问题并采取措施，减少能源浪费和不必要的开支。

系统利用大数据技术对采集到的海量数据进行存储、清洗和分析，确保数据的高质量和可用性（这包括集中管理数据，以及应用机器学习算法对数据进行模式识别和预测分析），同时还可通过动态的仪表板和报告将复杂的数据转化为直观的图表和指标，帮助管理层和操作人员快速理解信息，做出决策。

（2）智能优化算法

能碳管理系统的智能优化算法是通过使用先进的计算方法，整合大数据、物联网、人工智能、数字孪生等技术，进而使系统在满足各种约束条件的同时达到最优运行状态，并实现碳排放的大幅度减少的效果。人工智能技术能主动判断和识别能源子系统运行的健康状况。在实现能源预测的基础上，人工智能技术还可以指导能源调度策略的制定与优化。通过实时分析能源需求和供应情况，人工智能技术能够自动调整能源系统的运行状态，优化能源流向，减少能源浪费。系统还会考虑各种能源的碳排放因子，优先使用低碳能源（如光伏），同时寻找减少碳排放的机会（如提高设备效率，改进工艺流程等），实现全生命周期碳足迹最小化。这些算法不仅提高了能源利用率，还促进了企业生产向绿色低碳方向发展。

（3）低碳政策与法规

能碳管理系统内置的相关低碳信息和管理的数据库会定期更新，确保企业能够及时了解并遵守最新的环保和能源政策。系统内置合规性检查工具，用于检查企业的运营是否符合相关的法规要求，如碳排放标准等。此外，系统还能根据采集到的数据自动生成政府和企业所需的各类报告，如碳足迹报告（见图 3）、能源审计报告等，从而简化合规过程。

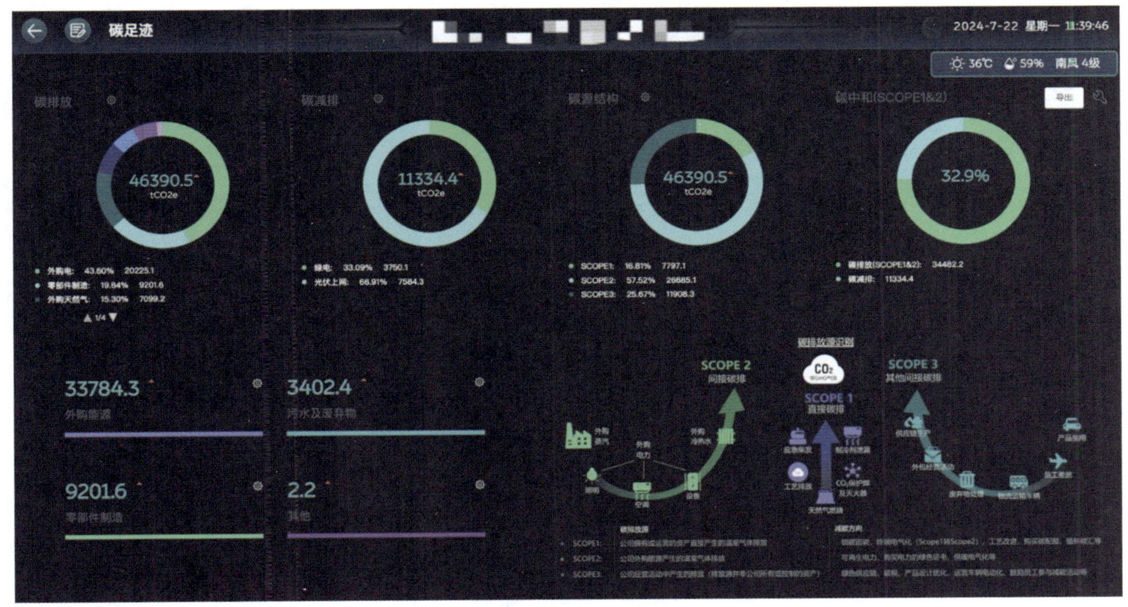

图 3　能碳管理系统的碳足迹界面

三、实施效果：蔚来汽车新桥智能电动汽车产业园应用能碳管理系统

蔚来汽车新桥智能电动汽车产业园应用的能碳管理系统可以实现该产业园标准厂房项目用电、用水、排水、天然气、蒸汽、光伏、压缩空气、空调系统、冷却水系统等能源的输入及所有单体建筑物的能源供给，同时进行能源和碳排放数据的采集和计量。所有现场设备采集的能源信息均可远程传至厂区中央控制室内进行统一监视和管理。系统通过对耗能系统进行分项计量、对监测数据进行统计分析和研究，以及对系统能量负荷平衡优化核算及运行趋势预测，建立科学有效的节能运行模式与优化策略方案，实现对建筑物的能源和碳资产的监管。能碳管理系统项目云览界面如图 4 所示。

图 4　能碳管理系统项目云览界面

能碳管理系统关于碳数据的管理方案是根据厂区电力、天然气、蒸汽、市政冷热水能源消耗量，物流运行里程，光伏发电量，绿电采购量等数据折算碳排放量和抵消量，展示碳足迹和碳中和水平；对直接碳排放源和间接碳排放源进行分类统计与计算，匹配合适的计算公式和因子，生成各自对应的碳排放量；根据“碳中和”目标规划，自动计算现有差距，生成绿电缺口指标。此外，系统还能生成碳总览和碳足迹分析页面，展示工厂的碳排放构成、减排数据、当前碳中和水平等信息，如图 5 所示。

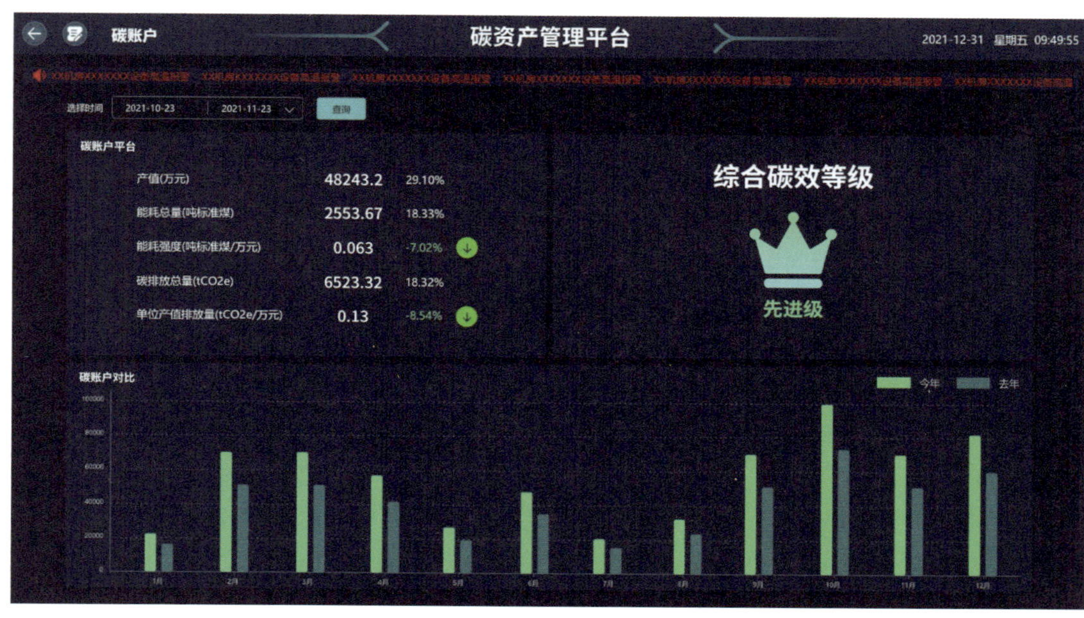

图 5　能碳管理系统碳资产管理平台界面

蔚来汽车采用能碳管理系统有助于优化自身的能源结构。通过对园区的能源消耗进行分析，管理决策层可以发现园区在使用化石能源方面的不足之处，从而转向对清洁能源的使用。通过监测碳排放数据和能源消耗数据，系统指导管理决策层逐步调整能源结构，增加清洁能源的使用比例，实现了碳排放的有效降低。蔚来汽车新桥智能电动汽车产业园内的分布式光伏发电将厂区内的屋顶和停车场光伏大棚作为光伏场地，预计每年为蔚来汽车提供 4405 万千瓦·时绿色电能，减少约 3.52 万吨的二氧化碳排放。此外，通过实时监测其碳排放数据，管理决策层可以清晰地了解到企业在生产过程中的碳排放情况，从而为制定碳减排目标提供依据。这也有助于蔚来汽车及时发现自身的碳排放问题，并在之后采取有效措施进行改进。经测算，使用能碳管理系统可以为蔚来汽车节能 20%～30%，助力其实现碳中和的目标。

能誉科技的能碳管理系统通过集成先进的大数据技术、智能优化算法和严格的政策法规遵循机制，为蔚来汽车提供了一个全面的解决方案，以科学的方式优化能源使用及管理碳排放。这不仅帮助蔚来汽车降低了运营成本，提高了效率，还有助于其树立绿色、低碳的良好形象，增强市场竞争力。

四、经验总结与未来展望

“零碳”是新能源汽车企业一直追求的目标。在产品设计、生产制造等方面，越来越多的企业在尝试可循环的发展模式，蔚来汽车新桥智能电动汽车产业园案例可被视作汽车行业试水绿色建筑和绿色工业领域的重要成果。能誉科技的能碳管理系统是集成了能源管理、碳排放监测、数据分析与人工智能优化等功能的综合性系统平台，可以帮助新能源汽车制造企业突破能源利用瓶颈，优化能源结构，实现能源和碳资产全面的监测覆盖，确保高效的设备管理，构建弹性化与可扩展的系统架构。系统内嵌智能优化算法，可深入实现数据分析和计算，运用人工智能优化方式提供数据驱动的决策支持，实现能源优化智能控制和预测预警功能，以及不断进行技术优化更新，提供定制化服务和企业培训支持，从而真正实现能碳管理系统的数智融合。这些综合措施可有效帮助企业节能降碳，推动企业可持续发展。

能碳管理系统在能源结构调整的过程中可能会带来一定的成本增加，但这种成本增加是转型过程中的必然现象，并且是实现长期可持续发展的必要投入。首先，推动能源绿色低碳转型，需要持续加大清洁能源供给，加快推动能源结构调整优化。这包括逐步有序淘汰落后产能，推动煤矿、油气田与新能源融合发展。在这个过程中，由于新能源发电具有波动性和随机性的特点，因此随着风电、光伏装机容量快速增长，我国调节电力资源灵活性不足的问题愈加凸显，新能源消纳压力逐步增加。这可能需要加强储能系统建设，提升电力系统的调节能力，而这些都可能涉及初期投资的增加。然而，从长远来看，随着技术的进步和规模化效应，新能源发电成本正在快速降低。此外，国家也在通过政策支持和市场机制创新来降低新能源的使用成本。综上所述，虽然能源结构调整在短期内可能会带来成本的增加，但从长期角度和实现“碳达峰”“碳中和”目标来看，这是推动能源转型和高质量发展的必经之路，并且，随着技术进步和政策支持的加大，相关成本将逐渐降低。

五、推荐语

能碳管理系统是为了响应国家“双碳”政策，帮助用能企业迈向节能降碳未来的关键性的工业互联网平台。系统通过利用大数据、人工智能、物联网等技术手段，实现对能源生产过程中碳排放的全面监测、分析和管理，从而在促进能源高效使用的同时，支持碳减排目标的达成。系统的实时监控与智能优化功能有助于企业精准掌握能源消耗，发现节能机会。系统还支持用能企业轻松编制和报告碳排放数据，满足合规要求。能誉科技提供的可覆盖全行业、高效且可持续优化的能碳管理系统，助力企业实现“双碳”目标和可持续发展。

六、案例主体介绍

能誉科技从 2005 年成立至今，经过近二十年的发展，已从一家初创企业成长为国内领先的智慧能源系统解决方案提供商。公司从多年前就开始着手能源领域数字化转型。能誉科技融合智能控制和能源应用的专业优势，将人工智能算法、软件研发技术、自动控制技术和能源系统相结合，不断植入并实现设备物联，构建基于能源大数据的智能工厂、智能建筑、智慧城市的云服务平台。能誉科技以提高能源利用效率为导向，倾力为客户提供智慧能源系统解决方案，同时提供低成本、高效率的数字化转型服务。目前，能誉科技已在电子半导体、汽车工业、医药化工、城市建设等重点领域扩大自动化控制和管理系统业务优势，深化与用能企业的物联平台创新合作，提高自研软件、自有硬件的销售占比，在多个方面开展关键技术攻关，全力打造定制的数字化物联网解决方案。

七、案例视频

扫码观看案例详细视频。

高效能碳管理系统

第四篇

创新服务模式，突显企业价值

创新服务模式是企业价值提升的推动力。

本篇介绍上海市工业企业通过工业互联网平台、工业软件等创新服务模式，持续推动数字技术与产业的融合，进一步提升企业价值。

本篇着重对钢铁制造、纺织、建筑、航空航天、装备制造、医疗、新能源、半导体设备、消费品等多个行业的企业个性化定制、预测性维护等创新服务模式进行梳理，为相关企业服务模式的创新提供借鉴和参考。

钢铁制造工序设备实时生产 AI“主操员”，智能控制技术研发、应用和推广

上海宝信软件股份有限公司

关键词：钢铁制造、工序设备、智能控制、具身智能、多智能体协同

摘　要：在钢铁制造行业中，工序生产控制直接关系到产品质量、生产安全与成本效益，其重要性不言而喻。传统控制技术主要负责设备内部的运行，但当面对机理不明晰、对灵活性要求高的场景时，往往依赖人工干预。针对这一痛点，宝信 AIC 团队创新性地引入具身智能理念，以业内难题——钢铁冷轧碳钢连续退火工序为试点，全自主研发面向该工序实时生产的“自动驾驶”技术，在 2023 年 9 月实现业内首套工业级应用成功落地。“自动驾驶”技术的核心在于深度融合多类 AI 技术和机理经验，灵活协同，深度模拟人类“主操员”对物理世界的即时感知与灵活决策能力，并可自我复盘和学习，塑造出媲美人类优秀“主操员”的 AI“主操员”。它打破普通机器学习仅依赖数据驱动的局限及传统机理方法的僵化，探索新质生产力的新纪元。

一、场景透视：钢铁制造行业存在大量依赖人工干预的工序，对人工的操作水平要求高，劳动负荷大，人员培养周期长，以及优秀经验难积累，构成了制约生产力发展的关键瓶颈

以钢铁冷轧碳钢连续退火工序为例，钢铁制造行业由于工序机理不明晰，汇集了大滞后、大惯性、非线性、多参数时变等控制经典难题，所以目前还是以人工实时调控设备主导生产。实时调控设备的岗位叫作“主操员”。钢铁制造行业对“主操员”的操作水平要求高，“主操员”的劳动负荷大，优秀经验难积累，个体水平差异大，且人员培养周期长。若不解决上述问题，将阻碍整个行业在智能时代的长足发展：生产效率低下，质量控制困难，人员和经验流失，生产成本增加，创新能力受限，企业竞争力下降，行业可持续发展受阻。

本案例创新探索 AI 对工序设备进行实时“自动驾驶”的可行性，从根源上解决该行业的痛点。首次攻关的选点为钢铁冷轧碳钢连续退火工序，它是钢铁制造行业公认的关键工序和控制难点，具有质量要求严、生产节奏快、控制稳定和对安全性要求高等特点。基于前沿的具身智能理念，宝信 AIC 团队全自主研发了面向该工序实时生产的“自动驾驶”技术。该技术能够根据复杂的生产工况做出实时决策，像人类“主操员”一样，对设备相关参数进行操控，并通过历史数据自主学习与优化。

二、实施方案与技术应用：具身智能赋能的设备“自动驾驶”，打造媲美人类“主操员”的 AI“主操员”

1．实施方案

在大量的钢铁智慧制造项目中，宝信 AIC 团队通过现场业务调研、操作工访谈、问题与技术总结，发现诸多工序的生产控制都面临上述痛点。近年来，具身智能成为工业界和学术界共同关注的热点话题。具身智能是指拥有感知能力和决策能力的机器人或智能系统根据自身和环境的交互，调整自身的动作，并不断地进行自主学习和优化的人工智能理念。选择具身智能来建模钢铁智能控制场景，主要有以下几个关键理由。

（1）适应复杂环境

钢铁制造的很多工序具有工况复杂、机理不明晰等特性，采用传统控制方法难以有效应对这些问题。具身智能通过模拟人类专家在复杂环境中的监控、分析、决策和适应能力，像人一样对工序设备进行实时操控。

（2）自主学习与优化

具身智能具备机器学习的优势，能够从大量生产数据中学习，并不断优化控制策略。这种自主学习能力意味着系统能够随着生产条件的变化进行自动调整，减少人工干预，提高生产效率和产品质量。

（3）减少人工依赖

人工劳动负荷大、个体水平差异大、人员培养周期长及优秀经验难积累等问题，是钢铁制造行业面临的重要挑战。具身智能的应用可以减少对高技能操作人员的依赖，实现毫秒级精准判断和调整，避免人为延误，并不断积累、沉淀人工优秀经验。这样精良的 AI“主操员”，还能被大规模部署，批量化升级性能，有潜力成为未来典型的新质生产力。

（4）促进技术融合与创新

具身智能涵盖了多个 AI 技术领域，如感知、检测、预测、优化、决策等。钢铁制造行业与具身智能的深度融合不但有助于解决当前的工序生产控制难题，还为新质生产力的发展提供了新思路。

综上所述，拥有具身智能的智能系统完全可以被看作一个 AI“主操员”，它能够胜任实时生产中工序设备的“自动驾驶”，并保持始终稳定、可靠的操作质量，能够成规模地升级，不断迭代进步。

2．技术应用

以钢铁冷轧碳钢连续退火工序为例，围绕具身智能概念的内涵，结合对工序设备进行实时控制这一场景，宝信 AIC 团队设计了实时决策层、自主学习层、监控评价层三位一体的智控应用技术架构。基于该技术架构，宝信 AIC 团队搭建的智控应用在多个智控项目上实现了设备的“自动驾驶”。为了实现标准化的智控项目研发，加快智控项目的落地速度，规范化项目运维，宝信 AIC 团队还将该技术架构嵌入 AIC（智控）中。

（1）具身智能的技术实现方案（技术架构）

实时决策层：让 AI“主操员”像人类“主操员”一样思考和驾驶设备。实时决策层的关键技术是 AI 模型集群多因素协同调度技术。我们通过应用多模型多因素协同调度技术模拟专家思考的全过程，建立含监测、诊断、预测、寻优、决策的完整链路。每个模型被用来构建整个链路中的一种功能，构建模型是以功能为导向的，因此对构建模型的方法不进行限制。单个模型的构建属于单智能体范畴，可以采用机器学习方法或者当前流行的基于 transformer 的大模型技术。多模型多因素协同调度技术会在每个需要决策的时机按需考虑多种不同的因素，并调度对应的模型完成本次决策。该技术关注的是全链路中多模型多因素的协同工作，因此是一种多智能体协同技术，而非单一的模型构建技术。这是该技术和大模型技术的重要区别。图 1 所示为在试点中实现的多模型多因素协同调度关系。该项目涉及 100 多个模型，接入参数 847 项，可以精准识别实时工况，按需高效调度多个模型，完成计算。

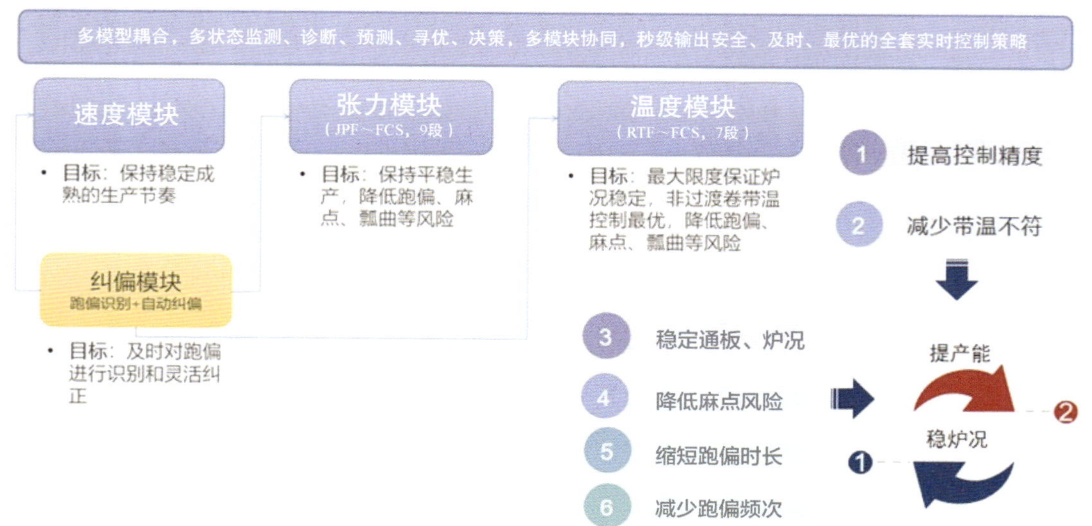

图 1　在试点中实现的多模型多因素协同调度关系

自主学习层：让 AI“主操员”具备历史复盘能力和自我更新能力。自主学习层的关键技术是融合奖惩机制的模型学习技术。宝信 AIC 团队在实践中发现：在实验室里调试完美的机器学习模型，在真实世界中的应用结果以失败居多。如图 2 所示，融合奖惩机制的模型学习技术创新地引入多维度生产期望，进行历史操作自评价，加上融合奖惩机制的机器学习，定期自主更新模型，让 AI“主操员”保持性能优秀。

监控评价层：进行系统运行和应用效果的维护。监控评价层的关键是设计贴合场景期望的应用评价体系。传统方法用于模型训练和测试模型的评价维度较少，且与实际应用效果的关联较弱。图 3 所示为宝信 AIC 团队在试点项目中建立的一套贴合场景期望的多目标评价体系。该体系包括的评价指标有工艺合格率、设备控制精度、产能发挥系数、生产稳定性比例等，以及应用成熟度指标——AI 投用率。

图 2　融合奖惩机制的模型学习技术让 AI“主操员”保持性能优秀

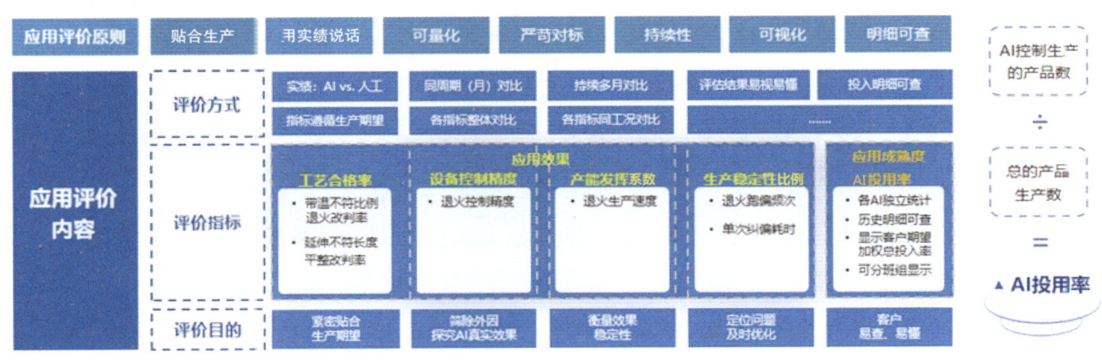

图 3　贴合场景期望的多目标评价体系

（2）基于具身智能的智控应用（技术应用）

宝信 AIC 团队全自主研发的 AI“主操员”，于 2022 年 11 月在宝钢冷轧碳钢核心连退工序上首次落地。经过不断试投优化，2023 年 9 月，其日均投用率稳定在 90%以上。该 AI“主操员”完全基于具身智能的技术架构工作。图 4 所示为 AI“主操员”的控制系统。AI“主操员”生产的钢卷数大于 3 万卷，日常投用率达 100%。在控制能力方面，AI“主操员”明显优于人类“主操员”：相关工序的次品率下降 58%，各段炉区的控制精度最低提升 22%，生产能力提升 2.87%，生产稳定性问题的发生频次下降 42%。在技术先进性方面，具身智能加持下的 AI“主操员”凭借智能控制技术，即使在高速运转、工况复杂多变的机组上，也能够实现温度等控制量的平稳过渡。

（3）工业智控产品化技术 AIC（技术推广）

为了使这套基于具身智能的智控技术得到快速的推广，宝信 AIC 团队还自研了工业智控产品化技术——AIC。此外，宝信 AIC 团队还研发了一套嵌入具身智能技术架构的标准化智控框架，旨在实现智控项目的快速开发、部署和推广。宝信 AIC 团队在 2023 年自主设计和预研了 AIC 原型机，后来进一步完善其功能，形成通用模型和专业模型两种模型的构建方式，支撑各智控项目的落地。依托 AIC 智控产品，宝信 AIC 团队准备迁移和推广一批 AI“主操员”智控模型。至 2026 年，期望这批 AI“主操员”智控模型覆盖宝钢 3 个基地、4 条连退线、6 条热镀锌线、5 个硅钢机组，并攻关一系列新工序场景的智控模型。AIC 的“1+*N*”推广架构如图 5 所示。

图 4　AI“主操员”的控制系统

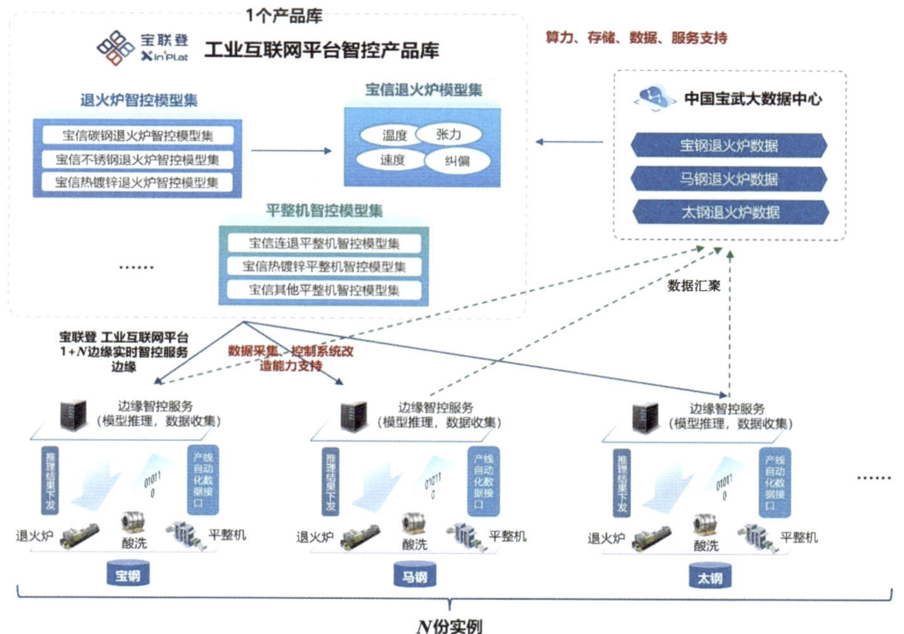

图 5　AIC 的“1+*N*”推广架构

三、实施效果：相较人类“主操员”，AI“主操员”的生产效率和产品良率更高，将人工高度介入型岗位转为值守型岗位

具身智能方向的工序设备实时“自动驾驶”技术，是智慧制造的典型新质生产力。按典型的钢铁冷轧碳钢连续退火工序的吨钢毛利 500 元、年产量 78 万吨计算，带钢头部不合格而需要切下作废的损失按 2000 元/吨钢计算，带钢质量缺陷导致改判降级的损失按 500 元/吨钢计算，本项目的年效益约为 1377.33 万元，且不涉及硬件改造成本等大额成本。宝信 AIC 团队对 2023 年 6 月到 11 月人类“主操员”和 AI“主操员”的生产实绩进行了多维度对比，如表 1 所示。其中，产品良率采用了改判率指标，产品良率是指符合要求的带钢的重量占比；控制精度采用了温差平均值指标，温差平均值是指退火温度距离目标温度的差值绝对值的平均值；生产稳定性采用了每小时跑偏次数指标；生产潜力挖掘采用了平均生产速度指标。通过进行严格的生产实绩对比，宝信 AIC 团队发现 AI“主操员”在各项指标上显著优于人类“主操员”。

良好的生产实绩，引来了多家权威新闻媒体对本案例的报道。2023 年 8 月，国务院国有资产监督管理委员会新闻中心官方公众号“国资小新”发文介绍 AI“主操员”，文中指出 AI“主操员”在质量判断、高温退火、平整板形等方面呈现出完美的操作。2024 年 3 月，上海市委书记陈吉宁赴上海宝信软件股份有限公司走访调研，视察包括 AI“主操员”等在内的亮点成果。2024 年 4 月，在央视财经频道《经济半小时》栏目的特别报道中，宝钢股份数据 AI 部部长肖苏评价：“在 AI‘主操员’上线以后，产量提高了 3%，一年提高的产量在两万吨左右，停机次数减少了 50%，整个工艺的稳定性提高了 20%，应该说效果还是非常好的。”目前，宝信 AIC 团队聚焦于工业智控方向新技术的研发和产品化推广，未来有望实现规模化实施和部署，同时也在探索本方向实施 AGI（通用人工智能）的可能性。

表 1　人类“主操员”和 AI“主操员”的多维度对比

	产品良率		控制精度	生产稳定性	生产潜力挖掘	训练成本
	退火工序改判降级重量比例	平整工序改判降级重量比例	距离工艺目标的差值绝对值的平均值	带钢跑偏问题发生频次	同规格带钢平均速度发挥	上岗周期
人类“主操员”	0.124%	0.084%	7.9℃	0.89 次/小时	各规格均以人工生产为基准	培养周期≥3 年
AI“主操员”	0.025%	0.057%	6.13℃	0.52 次/小时	102.87%	有历史数据即可快速部署

四、经验总结与未来展望

1. 经验总结

从该案例来看，要想做好钢铁制造行业的智能控制技术的研发、应用和推广，必须做到以下 3 点。

（1）深入业务场景

研究钢铁制造中某个工序的智能控制技术，必须先厘清人类“主操员”日常的操作习惯

和技巧，在明晰人类“主操员”操作经验的基础上再进行智能化的升级。在这个过程中，宝信 AIC 团队就要深入现场，和生产一线的员工进行深入、反复的交流，然后才能利用人工智能算法将生产一线的员工脑海中存在但无法被系统化描述的操控经验技术化。

（2）实际需求导向

选择的控制试点场景必须要有真实需求。人类“主操员”要完成 AI“主操员”承担的控制任务，也需要耗费大量精力，他们希望应用智能化的技术来减轻劳动负荷。培养一个优秀的人类“主操员”成本较高，管理层也担忧随着人员的流失，宝贵的操作经验没人总结和传承。秉持这样的出发点，宝信 AIC 团队在研发过程中务实求真，最大限度地发挥 AI 的价值。

（3）系统化整体思维

在经过多个控制类项目的迭代后，宝信 AIC 团队必须思考技术批量化推广的问题。钢铁制造行业控制类项目具有明显的定制化特点，秉持系统化思维，对之前项目高度定制化的代码进行通用技术提取和产品化改造，最终建设一套标准化的产品，缩短从研发到落地的周期，这也是一项非常有意义的工作。

2．未来展望

经过深入的技术调研，宝信 AIC 团队总结了本案例基于具身智能的工序设备实时“自动驾驶”技术，未来还可以从以下 3 个方面进行优化。

多模态感知与交互技术：针对感知与交互的挑战，可以利用多模态感知与交互技术，通过分析多种类型的数据（如图像/视频、音频、文本等）来获取交互环境信息。例如，计算机视觉技术可以帮助智能体实时监控带钢跑偏状况，语音识别技术可以帮助智能体判断球磨机是否存在“胀肚”现象，自然语言处理技术可以用于识别特殊指令。

强化学习与决策技术：针对实时决策与行动的挑战，可以利用强化学习与决策技术来训练智能体的决策能力。强化学习是一种通过试错来学习的机器学习方法，可以让智能体在环境中通过试错来学习如何做出最优的决策。强化学习和深度学习的结合可以模拟和人一样复杂的思维过程。

无偏自学习与自适应技术：针对学习与进化的挑战，可以利用无偏自学习与自适应技术。无偏自学习与自适应技术使得智能体在整个生命周期内不断学习和进化，以提高适应性和创新能力。无偏自学习能够让模型自动确定正确的学习方向，尝试解决传统机器学习受数据质量和样本平衡度严重影响的问题。增量学习是实现终身学习和自适应的有效途径，它能够弥补现有的神经网络模型在学习新知识时往往会遗忘旧知识的缺陷。

五、推荐语

宝信软件钢铁制造工序设备实时生产 AI“主操员”技术的研发和应用成功，树立了智能制造领域的杰出典范。该案例深度融合具身智能理念，实现设备“自动驾驶”，不仅极大地减轻了人工操作的负担，还以卓越的智能化控制显著提升了产品良率与生产效率，为钢铁制造行业转型升级树立了新标杆。宝信 AIC 团队创新研发的工业智控产品化技术——AIC，更是加速了技术从研发到实际应用的转化进程，为智能控制技术的广泛推广铺设了坚实道路。该案例不仅展现了上海宝信软件股份有限公司在智能制造领域的深厚底蕴与前瞻视野，还为推动制造业高质量发展贡献了重要力量，值得业界广泛借鉴与推广。

六、案例主体介绍

上海宝信软件股份有限公司系中国宝武钢铁集团有限公司旗下的上市软件企业，其战略定位是成为顶尖的钢铁制造行业智慧制造服务提供商、领先的工业互联网服务提供商、一流的信息科技产业公司。上海宝信软件股份有限公司依托在钢铁制造及先进材料行业雄厚的基础和丰富的应用场景，以高科技和资本为驱动，提供流程型制造数字化智慧化综合解决方案。历经40余年的发展，上海宝信软件股份有限公司在推动“两化”深度融合、赋能产业数智化转型等方面做出了突出的贡献，成为中国领先的工业软件行业应用解决方案和服务提供商，其产品与服务业绩遍及钢铁制造、交通、有色金属、化工、矿山、金融等多个行业。

七、案例视频

扫码观看案例详细视频。

智能控制技术研发应用

5G 高可靠专网赋能新型工业化，助力钢铁企业控制系统变革

中国电信股份有限公司上海分公司

关键词： 钢铁制造行业、5G 高可靠专网、低时延、新型工业化

摘　要： 钢铁企业利用 5G 新型网络技术，通过对终端设备的改造，实现生产设备/设施、仪表仪器、传感器、控制系统、管理系统、工厂应用系统等关键要素的泛在互联互通，提高对生产过程的可控性，实现数字化生产、产品生产尺寸数据可追溯。钢铁企业借助 5G 技术打通整个流程，实现各个环节的互联互通，并在此基础上实现资源的优化整合，从而进一步提高生产效率和产品质量。钢铁企业利用 5G 的大带宽、低时延、高可靠性等特点，构建应用平台，打造智慧钢铁标杆应用，基于 5G 技术的过程控制架构实现从 0 到 1 的开拓性实践，以及面向全局优化的多工序协同动态过程控制。钢铁企业基于 5G+AI 的钢板轮廓测量，降低了人力成本，提升了经济效益。钢铁企业 5G 智能工厂推动生产流程优化和现场管理变革，打造集“少人化、集控化、一键化”为一体，极致、高效、安全的 5G 智能车间。

一、场景透视：钢铁产品多样化对过程控制架构提出新的要求

“十三五”以来，我国主要钢铁企业的装备达到了国际先进水平，智能制造在钢铁生产制造、企业管理、物流配送、产品销售等方面的应用不断加强，关键制造工艺流程的数控化率超过 65%，企业资源计划（ERP）装备率超过 70%，信息化程度得到了跨越式发展。我国钢铁生产中存在的主要问题如下。

一是钢铁生产线在生产一些高精尖的钢铁产品时，需要特殊的生产控制措施，而这些特殊的生产控制措施在现有的自动化生产系统中不容易实现，无法及时对工艺进行优化，从而不能达到期望的生产控制效果。

二是最近十几年我国的科技进步非常大，在与工业控制相关的信息通信技术领域，技术水平已经处于世界领先水平。但是，像人工智能大模型、5G 等新技术，不能直接被用在自动化生产系统中，原因是现在钢铁制造行业自动化的基础软硬件都是由国外专业电气公司开发的，采用的技术体系比较封闭、保守，普遍对国内先进技术的支持程度不高。

5G、AI、大数据、大模型等新型基础设施飞速发展的当下，正是钢铁制造行业实现数字化转型的关键期。针对上述问题，宝钢股份联合中国电信股份有限公司上海分公司（简称“上海电信”）等合作伙伴，立足本行业的工艺核心技术，进行控制系统变革，基于 5G+AI 技术，研发了新型过程控制架构。

二、实施方案与技术应用：通过 5G 助力钢铁企业高质量发展

1．实施方案

宝钢股份厂区内的 5G 网络架构如图 1 所示，在机房内下沉主备 5GC，分别部署于宝钢的 2 个核心节点机房，实现异机房冗余，核心机房建议选取光缆汇聚节点。在不同的厂区各部署一套 UPF，与下沉 5GC 对接。

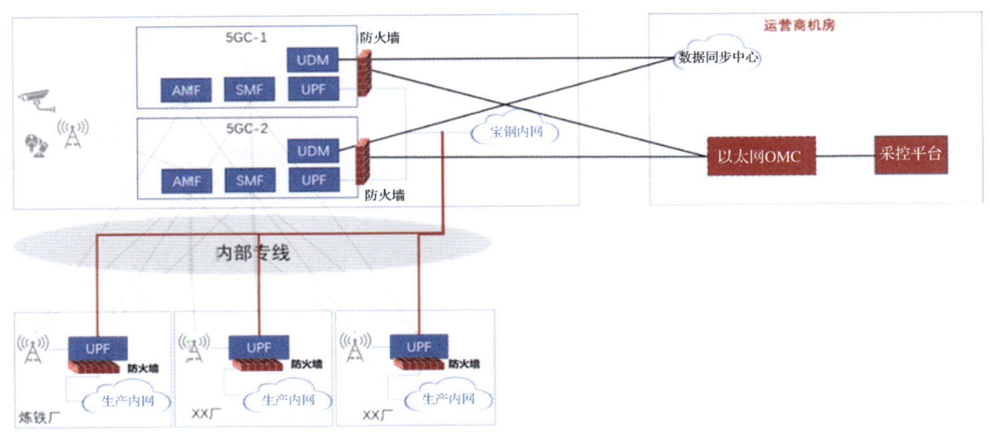

图 1　宝钢股份厂区内的 5G 网络架构

为了满足钢铁企业对 5G 技术超低时延和超高可靠性的要求，该项目采用中国电信“超级时频折叠”技术实现空口重构，将时延降低 60%以上。如图 2 所示，“超级时频折叠”一方面配置基于 7∶3 时隙配比的载波一，如 3.4GHz 的 100MHz；另一方面配置基于 3∶7 时隙配比的载波二，载波二与载波一完全互补，如 3.5GHz 的 100MHz。“超级时频折叠”通过双载波时域互补，模拟 FDD 全时隙上下行空口，得到一个上下行全时隙大带宽的网络，上行等效带宽可以达到 100MHz 以上。全时隙上下行的特征，可以有效降低时延。单载波 7∶3 配比的端到端时延是 10ms，“超级时频折叠”可以实现端到端时延小于 4ms，降幅达到 60%，高效支持 5G 技术进入核心生产环节。例如，“超级时频折叠”可以同时满足工业 3D 机器视觉和工业 AR 检测所需的大上行速率，以及机器协同所需的低时延。

2．技术应用

5G 技术在钢铁制造行业有众多的应用场景及应用方案，为钢铁企业创造价值。钢铁企业通过应用 5G 技术，实现了钢铁生产的无人化、少人化，降低了人工成本，提高了作业效率。5G 技术的应用场景如下。

（1）基于 5G 技术的过程控制架构

针对钢铁制造行业流程长、多工序关联、多工况交互、多物态耦合等特点，该项目基于钢铁制造行业数字化转型的需求进行技术研发，突破了底层控制器软硬件绑定的系列技术难题和信息化时代 ISA-95 标准的四层过程控制架构，研发了钢铁制造行业的新型过程控制架构，并成功应用于钢铁生产过程。该过程控制架构实现了面向全局优化的多工序协同动态过程控制。

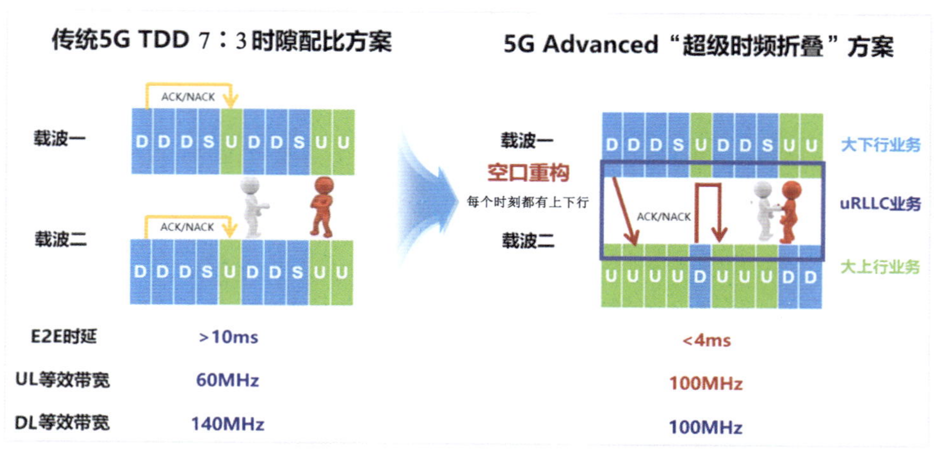

图 2　基于“超级时频折叠”的空口重构

如图 3 所示，在智能控制层，通过融合原有 L1/L2 的自动化功能、边缘计算等，用户可深度定制，便捷实现业务诉求。在融合前，原有 L1 的功能由封闭的 PLC 专用软硬件系统实现；在融合后，应采用开放的 ICT 技术实现原有的 OT 功能。新型过程控制架构的核心部件是 ICT 软件化控制器。

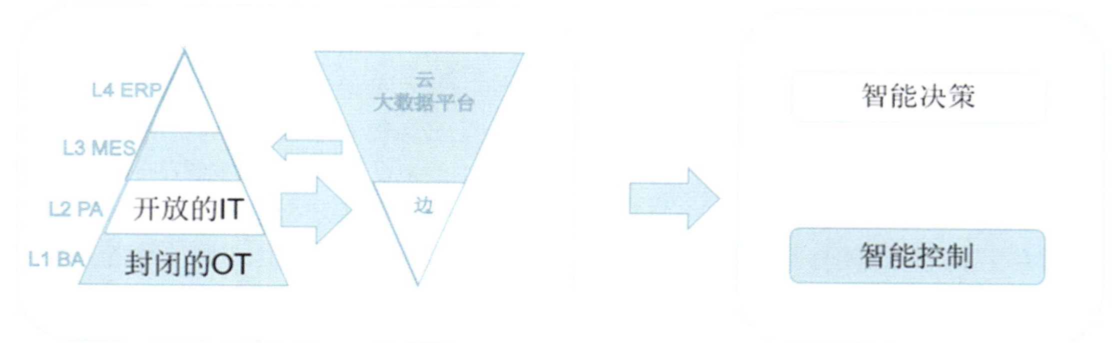

图 3　四层过程控制架构演变为两层过程控制架构

图 4 所示为控制系统的演进，展示了如何通过 5G 技术，实现 L1 与 L2 的融合。新型过程控制架构主要面临两方面的难题：工业级稳定运行环境和超低时延、超高可靠性的网络。为达到高端 PLC 工业级稳定性，需要为新型过程控制架构提供稳定的运行环境，边缘云服务器提供实时和非实时运行环境。在软硬件解耦后，软件集中部署，无法通过有线连接新型过程控制架构与分布式 IO 模块，因此需要通过无线进行连接，这就要求 5G-A 技术具有超低时延和超高可靠性。

图 5 所示为采用 5G 新型过程控制架构的厚板剪切线喷印设备。基于 5G 的新型过程控制架构可以通过一个大脑实现面向全局优化的多工序协同动态过程控制，同时通过 5G-A 技术可以很方便地优化工艺，如在探伤环节增加 AI 轮廓识别系统，用于指导后续剪切工序。

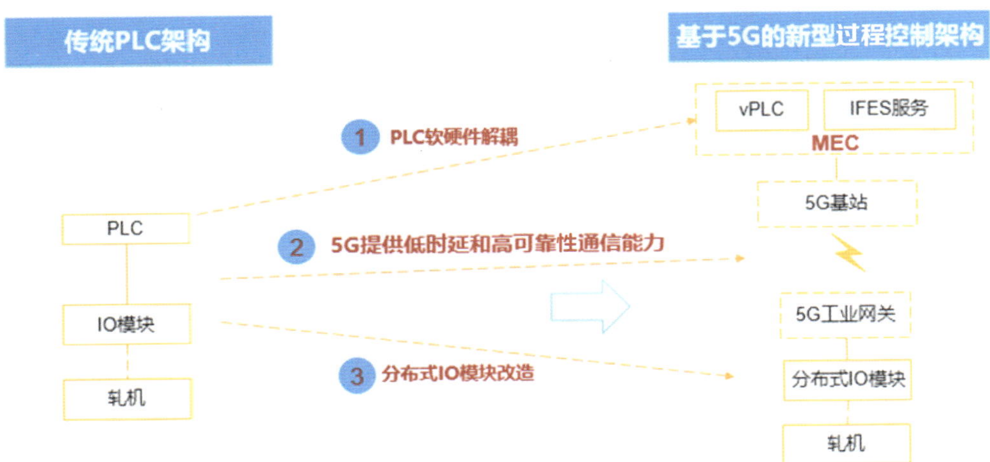

图 4　控制系统的演进

图 5　采用 5G 新型过程控制架构的厚板剪切线喷印设备

（2）“5G+AI”中厚板轮廓测量系统

轮廓测量系统的总体结构如图 6 所示。轮廓测量系统在矫直机输出辊道处部署传感器，将测量数据与生产管理系统实时交互，指导后续剪切工序。其总体结构由 5G 通信网络、边缘云服务器、控制中心（终端）组成。

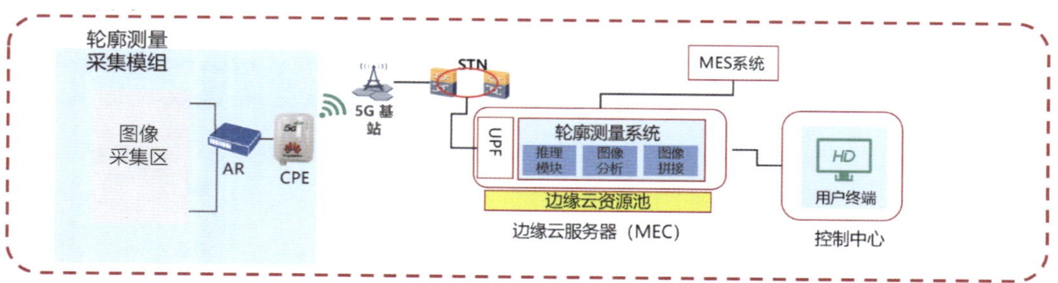

图 6　轮廓测量系统的总体结构

轮廓测量系统将获取的镰刀弯数据通过 5G CPE 传输至智能剪切共享数据库，同时反馈至用户终端。图 7 所示为基于 5G 的轮廓测量系统，其通过控制中心（用户终端）可以观察到钢板边缘轮廓和钢板在辊道上的位置，并可以调出历史数据进行分析。同时，该系统提供报警功能，当检测到一些宽度不满足剪切工序要求的板材时，便会通过设定好的报警形式提醒操作员。该系统支持多终端访问，支持 L2 和 L3 的交互，以及通过授权端口访问云端智能算法训练服务和远程调试服务，实现系统升级。

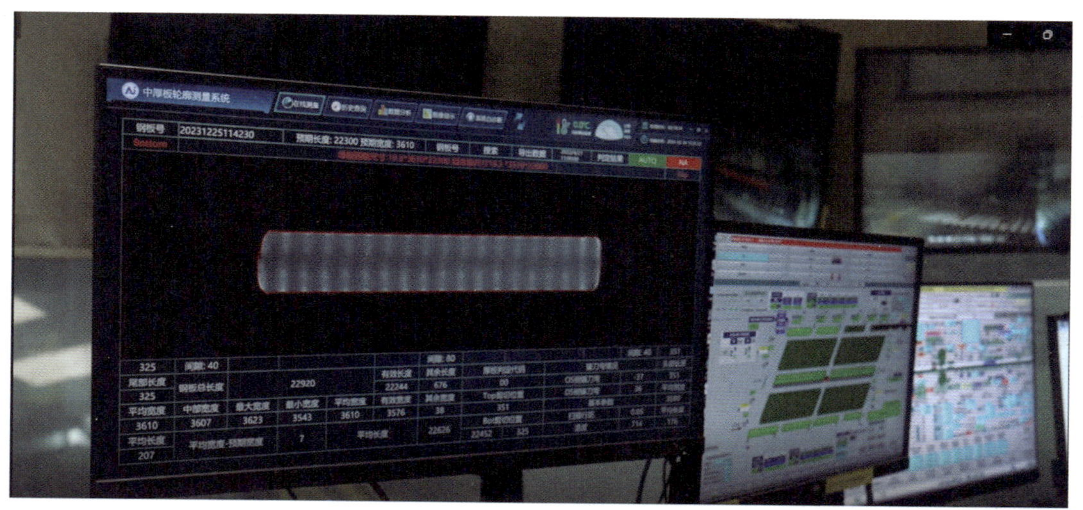

图 7　基于 5G 的轮廓测量系统

三、实施效果：装备制造业数字化供应链的转型升级

1. 经济效益

通过 5G 技术，钢铁企业实现了现场操作的少人化、全自动酸洗、一键轧钢、带钢一键退火的全自动控制，完成了 5G+智慧安全、5G+关键设备远程运维、行业领先操控中心等关键性应用项目的建设。在 5G 智能工厂建设完成后，产线效率进一步提升并处于国内领先水平，实现质量损失率下降 70.13%，生产效率提升 22%，先进过程控制模型投用率达到 97%以上，设备故障次数同比减少 66.7%，故障时间减少 68.7%，设备状态更好、更稳、更优，为生产的顺行进行保驾护航。

2．社会效益

钢铁企业的工作环境恶劣，铁水的温度普遍在1000℃以上；位于天车等特殊设备上的作业人员需要连续作业几小时，禁食禁水，极易疲劳、得职业病。钢铁5G智能工厂将大幅改善劳动条件，减少生产线人工干预，提高工人的生活品质。该案例展示了5G技术推动工业发展的强大能力和行业协同交叉促进钢铁制造行业智能化发展的美好前景。

四、经验总结与未来展望

1．经验总结

从复盘来看，该案例成功的关键在于：作为新一代移动通信技术，5G技术既满足了钢铁企业等传统制造企业的数字化转型对无线网络的应用需求，又满足了工业环境下设备互联和远程交互的应用需求。在物联网、工业自动化控制、物流追踪、工业AR、云化机器人等工业应用领域，5G技术起着支撑作用。该案例借助5G技术打通企业的整个流程，实现各个环节的互联互通，并在此基础上实现资源的优化整合，从而进一步提高企业的生产效率和产品质量。从钢铁企业数字化转型存在的问题来看，其他企业也面临着同样的问题，因此本项目具备广泛的扩展性，其成果可被迁移复制到其他企业。

2．未来展望

5G智能工厂将大幅改善劳动条件，减少生产线人工干预，提高对生产过程的可控性，最重要的是借助信息化技术打通企业的整个流程，实现从设计、生产到销售各个环节的互联互通。5G技术与工业互联网深度融合正在赋予传统制造企业新的智慧与活力，推动300多万家传统制造企业向智能智造企业升级转变。

五、推荐语

5G技术已经成为支撑钢铁企业实现数字化转型的关键使能技术，其能将分布广泛、零散的人、机器和设备全部连接起来，构建统一的互联网络。5G技术的发展可以帮助钢铁企业摆脱以往无线网络技术较为混乱的应用状态，这对推动工业互联网的实施及向智能制造的深化转型有着积极的意义。该项目加快了工业等传统产业的数字化、网络化、智能化升级，创建了工业互联网标杆工厂，打造了整个产业的新业态，加速了5G技术对行业的赋能。

六、案例主体介绍

上海电信积极贯彻“前后贯通、垂直打击、一体融合、一体协同”的总体定位要求，以工业诊断为切入口，诊断数量领跑全市。上海电信坚持打造“天弓”工业能力体系，并结合自有咨询诊断和方案集成能力，组建5G、工业PON、工业视觉等十大能力团队，打造多个标杆项目，面向政府及企业开展推介活动上百场，协助数十家企业入围市级智能工厂，其中两个工业项目获得“绽放杯”5G应用征集大赛全国总决赛一等奖。

自研边织边检智造系统，创新坯布 AI 智能疵点检测新模式

上海致景信息科技有限公司

关键词： 纺织行业、质量检测、AI 模型、云边协同、边织边检智造系统

摘　要： 传统纺织行业的织布环节长期依赖人工巡检与验布来保证质量，但人工方式易受疲劳、情绪等主观因素影响，难以及时、准确地发现并处理疵点，并且人力成本高昂，验布结果的一致性难以得到保障，常出现误检、漏检，影响坯布品质。上海致景信息科技有限公司（简称“致景科技”）通过飞梭智纺工业互联网平台研发边织边检智造系统（QCR），实现了基于 AI 模型的云边协同智能质检模式。该系统能实时检测布面疵点，识别 40 多种疵点，准确率超 90%，实现了人工零巡检，单人看台数提升 30%以上。疵点数据被实时上传至云端，落布即生成质检报告，省去了验布环节，大幅提高了质检效率。目前，该系统已在客户工厂部署 1000 多套。

一、场景透视：传统纺织行业的质检困境及数智化转型需求

在传统纺织行业中，坯布的巡检和验布过程极其依赖人工，这一模式面临多重挑战。

① 人工的主观性与一致性问题：验布工受疲劳、情绪等主观因素的影响，难以长时间保持高度专注，导致疵点漏检与误检频发；同时，不同验布工之间存在个体差异，难以确保验布结果的一致性，进一步影响了产品质量控制。

② 高成本与招工难：挡车工占据后道车间员工数量的 60%以上，其薪资连年增长，企业面临着支付高昂的人工成本的压力；此外，招工难也成为制约纺织行业发展的瓶颈之一。

③ 数字化管理缺失：传统纺织工厂在管控品质时缺乏有效的数字化管理工具，质检过程依赖人工判断，难以形成标准化的质量控制体系，不仅降低了质检效率，还增加了品控难度。

④ 市场压力与赔付风险：坯布品质的不稳定给坯布销售带来了巨大压力，低端货品厂商因品质波动而在利润上受压，中高端货品厂商因难以界定坯布的容错范围而面临赔付风险。

二、实施方案与技术应用：构建云边协同的智能质检新生态

为应对上述挑战，致景科技依托飞梭智纺工业互联网平台，创新研发了边织边检智造系统（见图 1），通过融合 AI 机器视觉识别、AIGC（生成式人工智能技术）及机器控制等先进技术，构建了云边协同的智能质检新生态。

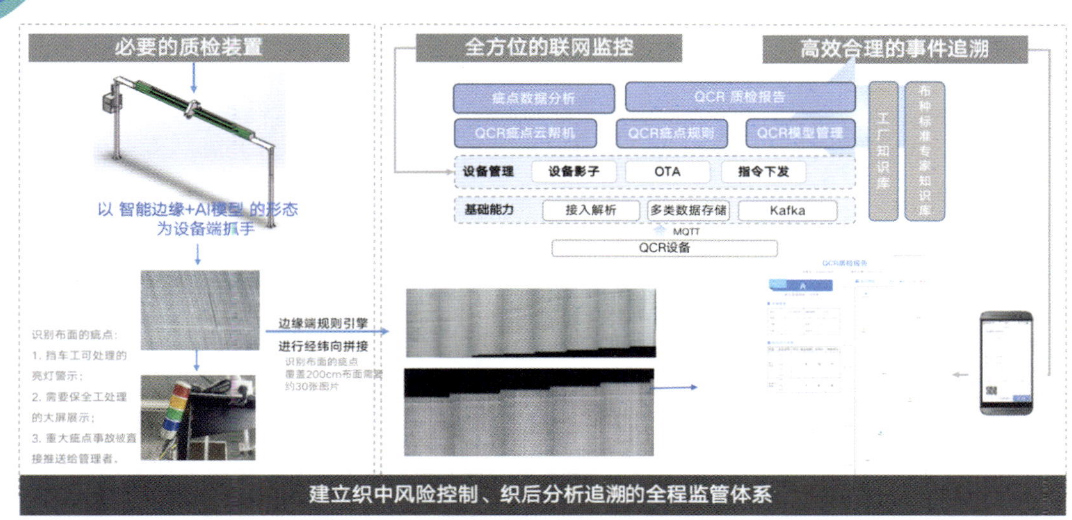

图 1　边织边检智造系统

1．实施方案

系统架构及功能模块：边织边检智造系统集成了全自主设计的视觉检测机器人、人工智能算法、边缘计算模块等，实现了云边协同的工作模式。本地运行的边织边检智造系统（见图 2）主要包括支架模块、成像模块、运动模块及边缘计算盒子（缺陷检测系统），实现坯布图像实时采集、疵点的实时识别分析、疵点工单分类定级和业务告警，完成关键非敏感数据上传，同时支持边端程序远程升级、按品种更换 AI 模型。此外，边织边检智造系统具备独立的云端模块，由数据回流系统、模型训练系统、缺陷合成系统、边缘端调度控制系统等子系统组成，主要完成疵点识别模型训练、疵点数据汇聚与分析管理、形成质量检测报告等，并支持织布机布宽、落布信号灯、了机信号灯等业务数据及疵点检测模型的下发。

服务模式：边织边检智造系统以 SaaS 和 App 的形式提供服务，涵盖各工种工单管理、疵点管理、质检管理、排班及品种管理等子系统，为纺织工厂提供全面的数字化质量管理工具。

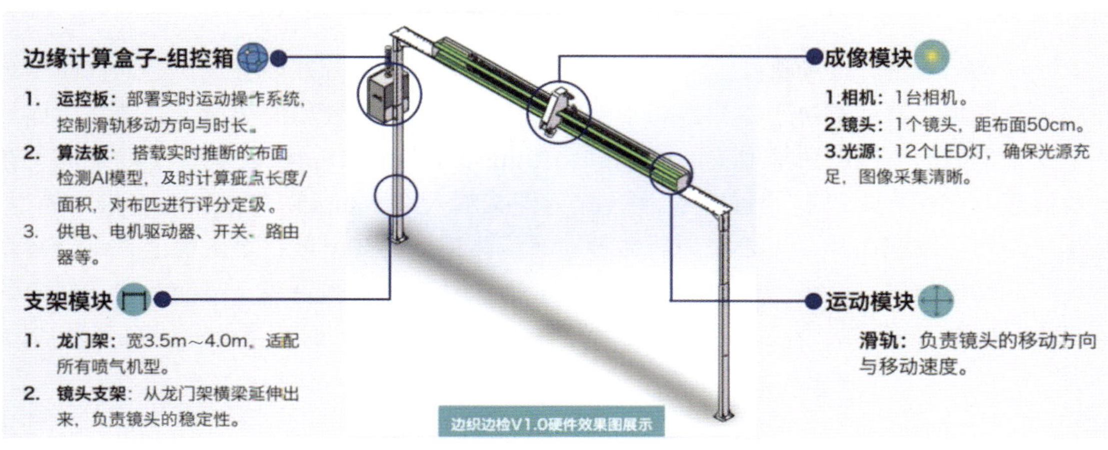

图 2　本地运行的边织边检智造系统

基于以上架构及功能模块，边织边检智造系统能够实时巡查布面，通过边端 AI 算法模型识别经向、纬向的断疵、破洞、隐形纬缩等不同类别的疵点，识别准确率达到 90%以上。根据疵点的严重等级，边织边检智造系统会让设备亮起不同的灯，通知挡车工到指定机台修复，并将疵点信息记录在云端，实现落布即生成质检报告，提升质检效率。

2．技术应用

边织边检智造系统的缺陷检测系统在充分考虑坯布缺陷检测不明显和检测难度较大等客观因素的基础上，对深度学习的神经网络架构进行改进，设计了复合的网络架构，以更好地提取坯布的缺陷特征。其核心是采用 Res2Net 和 CSPDarkNet53 进行主干网络的特征提取，采用 E-ELAN（扩展高效层聚合网络）对 Res2Net 的 res3、res4 和 res5 三个层次的特征与 CSPDarkNet53 的 dark3、dark4、dark5 三个层次的特征进行特征融合计算，然后将从 PAFPN 网络架构中融合了三个层次特征的特征图分配给三个不同的预测头，分别对不同尺寸的缺陷对象进行预测。在每个预测头中，分别处理物体的类别信息和位置信息，以实现更高的准确率。该特征融合方案对坯布表面缺陷的表达能力更强，可以召回一些比较难以区分的缺陷对象。随后，将训练好的模型从云端无缝部署至边端设备，实现了云管端的智能化设备能力升级。边织边检智造系统创新性地设计了云边协同的双缺陷检测机制：云端检测算法凭借高识别率，进一步提升了检测的准确性；边端检测算法以高召回率为特点，确保缺陷的有效捕获。这一设计既有效降低了网络数据传输的负担，又保证了缺陷识别的高效率。

边织边检智造系统在实际应用中面临的一大挑战是对市场上新布种的快速适配问题。随着“小单快反”生产模式的成熟，以及用户需求的多样化和个性化趋势日益显著，大量新布种需求产生，同一家工厂生产的坯布品种随订单变化而频繁变动，这要求设备能够迅速适应新布种的疵点检测。然而，市场上的坯布种类繁多，不同工厂常织的布种差异显著，建立不同品种坯布瑕疵识别能力更强的算法和模型需要足够多的缺陷样本数据。因此，为提高疵点检出率，提供一个用来训练和测试的大规模的纺织行业坯布瑕疵图像数据库至关重要。

针对这一难题，致景科技基于 AIGC 大模型对新布种进行缺陷合成，建立高质量坯布瑕疵数据集，有效解决了零样本和小样本的问题。技术路线如图 3 所示，该技术路线基于视觉领域的 AIGC 大模型（如 Stable Diffusion、多模态 Clip 等大模型），将坯布工艺参数信息、缺陷语料信息、坯布良品图片作为图文输入（Prompt），生成缺陷合成大模型，获得缺陷坯布纹理图片，将之作为新品种坯布检测模型的缺陷数据集，快速训练针对新品种的缺陷检测模型，显著提升其缺陷检测能力。目前该技术路线已适配经向、纬向的破散边、拖纱等疵点类型超 40 种，充分满足车间使用需求，且疵点识别准确率达 90%以上。

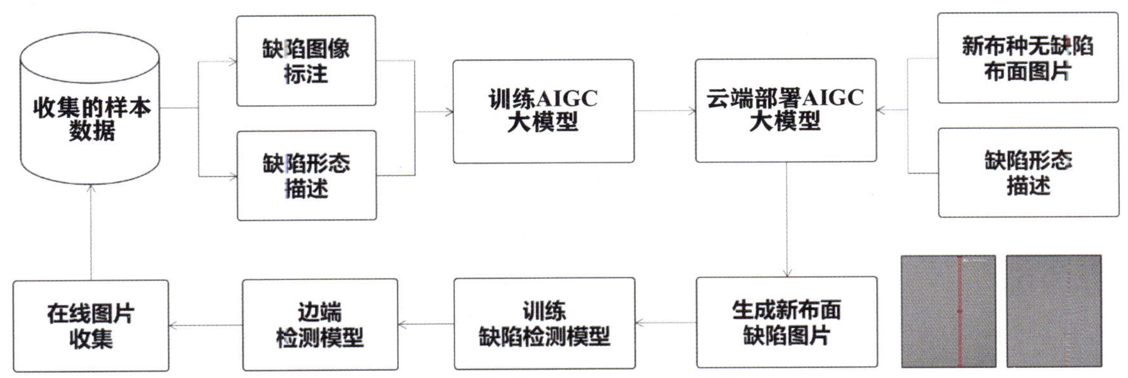

图3　基于AIGC大模型对新布种进行缺陷合成的技术路线

三、实施效果：切实解决纺织工厂难题，实现基于AI模型的云边协同智能质检模式

致景科技研发的边织边检智造系统已成功被应用于坯布质检环节，切实帮助纺织工厂解决了人工成本高、品控难等难题。工厂现场部署的边织边检智造系统如图4所示，其具体成效如下。

1．AI模型驱动，提升质检准确度

边织边检智造系统通过将深度学习与AIGC技术深度融合，提升了多品种坯布疵点检测的准确度。在满足正常订单的品质要求下，抽取60天32台满产、10个不同品种产品，以10名验布工交叉验证，边织边检智造系统的准确率达93.5%，人工准确率达25.5%。

2．零巡检、免质检，减少人工成本

边织边检智造系统实现织布和验布合二为一，全自动检测布匹瑕疵，在发现疵点问题后就会亮灯——提醒挡车工，将10余项复杂任务拆解至智能化设备+独立工种。挡车工将专职处理经向接线、纬纱处理等3类问题，实现零巡检，至少节省30%的人力成本；取消验布环节，落布即生成质量检测报告（定品、定级），节省100%的验布工成本，节省30%的打卷工成本。

3．数字化管理，提升品控稳定性

边织边检智造系统为管理人员提供工人忙时占比、接单速度、工单处理速度、工单数量、机台效率等数据，实现车间管理制度变革、源头止损，提升合格率。

4．全链路可追溯，降低赔付风险

边织边检智造系统使出厂的每一匹布都有了“身份证”，可以随时查看其定级结果与质量详情，实现生产信息全链可追溯；从源头检测疵点，使废布每月减少2万米，提升了整体品质，极大提高了坯布的合格率，减少了客诉赔偿。

图 4　工厂现场部署的边织边检智造系统

四、经验总结与未来展望

1．经验总结

本项目主要利用智能工业机器人在坯布织造环节中进行坯布的缺陷检测，成功实施的关键在于以下两点。

（1）AI 模型驱动

重点进行 AI 模型的研发与优化工作，通过基于深度学习的计算机视觉检测和基于扩散模型的坯布缺陷生成技术，结合行业知识、现场业务逻辑和几百万条生产数据的积累，创新 AI 模型应用，以质量因子驱动坯布织造环节的智能化升级。

（2）云边协同体系

搭建云边协同体系，构建数据采集、标注、训练、部署及优化的闭环流程，实现坯布缺陷数据回流；通过持续优化算法与硬件设备的性能，保证了系统的稳定运行与高效率输出。

随着边织边检智造系统覆盖的机台规模越来越大，以及在生产环境中应用时间的积累，其收集的数据和疵点样本越丰富，模型质检能力越强，疵点识别准确度越高，在坯布生产场景中将实现更大规模的应用。

2．未来展望

下一步，致景科技将对边织边检智造系统进行技术能力提升，使边织边检智造系统可适配的品种范围与商业化目标一致，实现光学成像多样性、硬件稳定性及算法对万级别坯布品种的稳定适配，最终实现在喷水及喷气织机方向的软硬一体定版、算法适配路径明确可控；通过对坯布新品种及疵点数据样本的不断积累，进一步提升模型对新品种坯布的瑕疵识别准确度，现在对部分 SKU 的疵点检出准确率可以达到 95%以上；针对车间环境存在棉絮、尘土等问题，将定制滑轨以减缓和解决滑轨被棉絮卡顿问题；提升边织边检智造系统的产品力，针对不同细分区域，实现喷水加捻和喷气织机的定向交付能力标准化，使交付效率得到明显提升；建立喷气和喷水标杆工厂，深度使用边织边检智造系统实现零巡检、免质检，进而实现提质、降本、增效。

五、推荐语

致景科技凭借飞梭智纺工业互联网平台，创新研发了边织边检智造系统。该系统深度融合了 AI 机器视觉识别、AIGC、机器控制等先进技术，并结合高清摄像头模块与边缘计算模块，构建了云边协同的智能质检新生态。该系统实现了以智能巡检全面替代传统人工巡检的重大突破，借助边端 AI 算法模型的精准识别能力识别出多种常见疵点，为纺织工厂带来了实质性的“机器减人”变革。该系统通过云端实时记录疵点信息，并自动计算质检等级，落布即生成坯布的质量检测报告，实现了免质检的便捷流程，同时使每一匹布的品质都得到了数字化的精细管理。作为智能制造技术在纺织织造场景中的一次卓越应用，边织边检智造系统已成为新一代智能工厂不可或缺的基础设施。

六、案例主体介绍

致景科技通过运用物联网、大数据等新一代信息技术，打造了全国领先的纺织工业互联网平台“飞梭智纺”，为纱厂、织厂、染厂等产业链核心节点单位提供低成本、易维护、快速部署的数字化产品与解决方案。致景科技提供的物联网设备、针织/梭织 MES、纺纱 MES、染整 MES 等 SaaS 产品，能够实现工厂智能化生产与运营管理；提供的边织边检机器人、倍捻巡检机器人等智能设备，能够赋能纱线和坯布的质量智能管控，实现纺织工厂的“少人化”。致景科技以订单匹配为中枢，在数智化链接的基础上，打造覆盖纱线（化纤）、坯布、成品布的供应链交易服务平台，基于大数据分析能力实现产业链上下游协同和供需精准对接，打通纺织产业业务流、信息流、资金流、物流的数据共享，提高供应链的交易效率，提升产业链的资源配置能力。

七、案例视频

扫码观看案例详细视频。

坯布 AI 智能疵点检测

工业大模型推动供应链智改数转，实现质效双增新篇章

上海不工软件有限公司
东方电气集团东方电机有限公司

关键词： 装备制造行业、供应链协同计划、工业大模型、智改数转

摘　要： 在全球化的浪潮中，制造业正迎来前所未有的变革。数字化转型与智能化升级，已成为企业提升竞争力的关键所在。特别是人工智能技术的迅猛发展，为工业领域注入了革命性的力量。东方电气集团东方电机有限公司（简称“东方电机”）既是我国研究、设计和制造大型发电设备的领军企业，也是全球发电设备、清洁能源产品和服务的主要供应商，正积极拥抱数字化转型，探索高端化、智能化和绿色化的发展道路。在这一过程中，工业大模型发挥了重要作用，助力东方电机实现生产力的跃升和企业发展的持续创新。

一、场景透视：数字技术赋能供应链协同创新

东方电机聚焦行业定制化程度高、自动化水平低、生产管理模式落后等共性问题，全面进行智能制造新模式研究与应用，持续提升车间生产作业、仓储物流、检验执行等过程的自动化、智能化水平。自 2019 年起，东方电机与上海不工软件有限公司（简称不工软件）展开深度合作，共同应对数字化深入发展带来的挑战。

传统的工业软件和数学工具在应对复杂多变的生产需求时显得力不从心。东方电机的生产规划涉及多个分厂、众多供应商和复杂的工艺流程，传统的计算方法难以快速、准确地处理这些信息，导致计划执行效率低下、生产协同性差。在生产环节，水轮机、重型机械的加工和焊接工序之间的相互依赖关系给排产和资源配置带来了困难，成为生产流程的瓶颈。此外，手工数据处理方式限制了计划的灵活性，产品设计上的微小变化难以迅速反映在生产计划中，使生产现场的响应速度缓慢。

与此同时，供应链管理的挑战也日益凸显。不同分厂的生产计划之间缺乏统一性，导致在执行计划时各自为政，缺乏协调。在供应链管理方面，这一问题尤为突出，集体指令难以在各生产单位得到有效执行，影响了整体产能协同和生产效率。此外，对供应商监管的不足导致供货进度不透明，使生产加工进度受制于供应商，进而影响整体的生产效率和交货期限。

二、实施方案与技术应用：解决龙头企业困扰，链主带动全链升级

1．实施方案

不工软件深入了解了东方电机的生产流程、管理特点和市场需求，为其量身定制了一套全面的数字化解决方案。东方电机作为全球领先的水电发电设备制造商，面临非常典型的供应链管理的挑战：①项目周期长，通常完成一个项目需要 2～3 年；②产品结构复杂，产品 BOM 多达 7000 层，涉及几十万种物料；③一款产品涉及的内外供应链企业数量多，包括数十家内部和外部核心制造企业，涉及的所有工厂可以多达数百家。不工软件为东方电机提供了以工业大模型为核心，基于现代数学算法模型和人工智能框架的包括基地计划一体化平台、供应链协同平台（ICP）、工厂智能生产计划系统（AP）和产线智能排产系统（AS）在内的数字化解决方案。该方案通过一体化产能建模和系统运算，覆盖所有分厂的多时间维度生产计划，实现了从年度大纲计划到月度计划的多层次协同。

在具体实施过程中，东方电机建设了基地计划一体化平台，实现各级计划之间的快速反馈，达到透明化的效果；搭建了覆盖内部 7 家核心工厂和超过 20 家核心供应商的供应链模型。该模型包含近万个关键生产环节，单次运算数据量达到数千万条，实现了供应链的数字化管理，极大促进了企业同外部供应商和合作伙伴的协同。

基地计划一体化平台帮助东方电机通过提升生产效率、优化资源配置、增强供应链协同、降低运营成本等方式，提升了企业的核心竞争力，助力企业可持续发展，实现了全生产过程的数字化管理和智能化决策，打造了行业内供应链数字化的标杆。

供应链协同平台着眼于优化供应链管理，提高供应链的协同效率，建立了“项目—生产—采购”的计划一体化管理体系。东方电机通过一体化产能建模和系统运算，可以得到涵盖其下属所有分厂的多时间维度生产计划、大宗原材料准备计划和外协计划，从而实现“年度大纲计划—季度成套计划—月度计划”三层计划协同。

工厂智能生产计划系统针对 3 个存在依赖关系的分厂的计划难题，将焊接、重金加工和水轮机分厂定义为“三合一工厂”。在接收 ICP 的需求之后，系统优先对“三合一工厂”进行本月度生产计划的运算，在确定好该计划之后，通过正排发电机分厂的生产计划，倒排冲剪、线圈、金工模具分厂的生产计划，从而保证各个分厂生产计划间的协同。同时，根据月度生产计划还能算出当月的物料需求计划和外协计划。

产线智能排产系统着眼于生产线的实际执行层面。在接收 AP 的分厂计划后，系统会考虑实际人员、工装夹具等的约束，生成精确到分钟和机器的排产任务，根据不同工厂的管理维度按天或者按周下达任务，并基于报工情况滚动调整所下达的任务。

2．技术应用

在这套数字化解决方案中，工业大模型发挥了核心作用，它是新质生产力的基石。工业大模型是基于先进的数学算法和人工智能技术构建的，具有强大的数据处理和分析能力，可以识别并纠正生产过程中的异常情况，显著减少人工干预，降低错误率。不工软件提供的数字化解决方案以 AI Agent 整理数据与业务之间的关联，串联企业内外部数据，打破“数据孤岛”现象，构建了坚实的数字化基石。

以生产效率提升为例。在供应链协同计划中，通过一体化产能建模和系统运算，东方电机能够全面掌握各分厂的生产计划和大宗原材料准备计划，实现精准的生产调度和资源配置。在分厂生产计划中，不工软件通过将焊接、重金加工、水轮机分厂定义为一个整体，解决了分厂间计划协同难的问题，确保了生产流程的顺畅衔接。东方电机以有限产能为核心，充分运用控制论与博弈论的先进理念，实现了供应、生产、业务及计划各环节的高效协同。

不工软件的数字化解决方案的特点在于，多样的算法组合、敏捷的运算速度、庞大的运算规模和支持多种部署方式。领先算法推进制造业产业链供应链数字化平台的国产化替代如图 1 所示。该解决方案着重解决了我国制造业存在的“无限资源计划”“长鞭效应”“数据野生”三大难题，系统全面地考虑了机器、物料供应、生产工艺和人员制约等因素，根据客户交货期要求进行最优计划排产，实现产、供、销同步，减少中间库存，减少管理矛盾，推动绿色生产，满足不同行业和企业的实际需求。

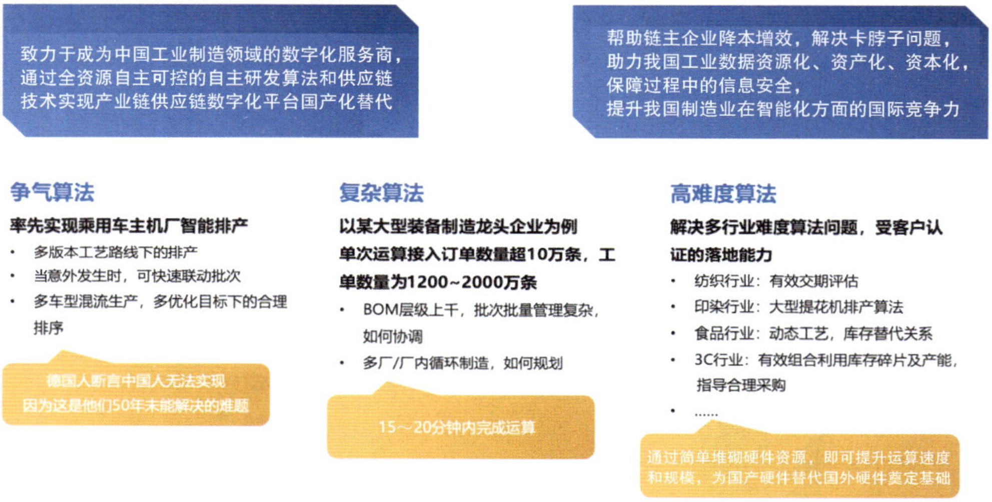

图 1　领先算法推进制造业产业链供应链数字化平台的国产化替代

三、实施效果：重塑高效、透明的供应链协作生态

以往，东方电机都是通过人工方式来制订计划的，耗时费力，一次供应链上的变动往往需要几个小时，甚至 1～2 天来调整计划。而且人工制订的计划由于受人脑的限制，往往无法包含关键约束资源（如关键模具使用、现场关键吊车可用性），也难以对工程变更信息进行及时的管理和响应。同时，由于生产涉及太多工厂和环节，计划协同性差，各自为政的现象比较严重，造成供应链堆料或者处理不及时的情况出现。

通过工业大模型数字化体系的建设，东方电机实现了超复杂数据“算得了”、生产计划“下得去”、进度报告“上得来”、计划执行差异“看得到”、意外偏差“调得了”的一体化协同目标，促进了有效生产，提高了质量等级，以更少的投入得到最大化的产出。智能化数字化系统的建设，使得生产透明化、敏捷化、数字化，使东方电机实现了项目、生产的全流程贯通，提高了运营效率，减少了生产库存，提高了项目监控水平。

包括不工软件在内的数字化服务商的助力，使东方电机在智能化升级的道路上取得了显著成就（见图 2）。高端化、智能化和绿色化的提升尤为显著，人均劳动生产率提高了 620%，产能从 9000 余吨跃升至 15000 吨，生产效率和计划管理水平显著提高。中长期生产计划实现 1000 天的计划模拟，制订计划从原来人工需要几天时间缩短到几分钟就可得到结果，计划效率提升了 1200%，交货件达交率提升到 87.95%，产能利用率提升了 21%，零件齐套率提升了 340%，成本降低了 13%，外协采购件准时交付率提升了 146%。

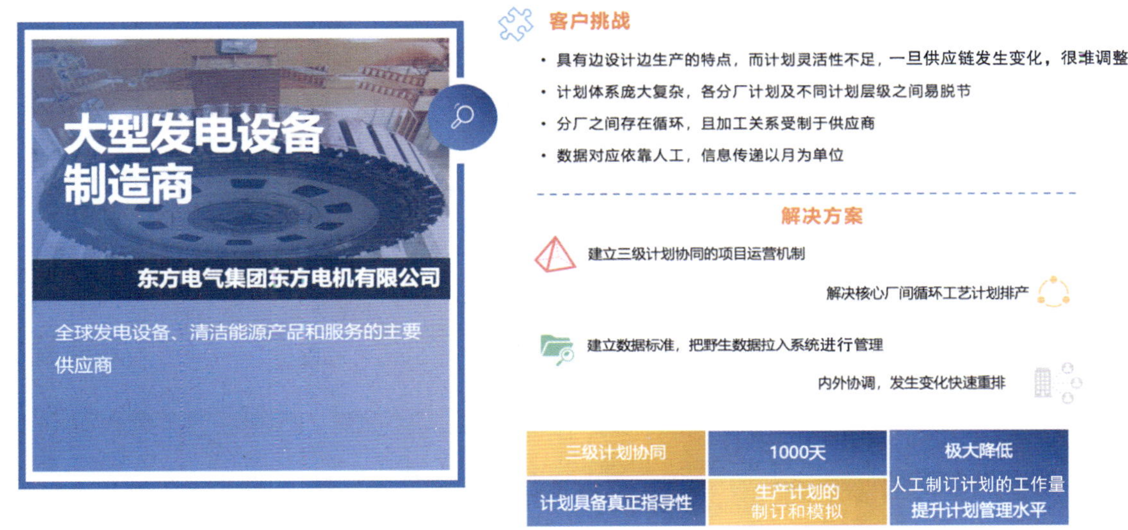

图 2　数字化解决方案助力东方电机实现产业链全链条协同

通过共享供应商的产能信息和数据，东方电机能够更加高效地管理供应链，不仅提升了生产效率，还有效避免了停工待料问题的产生，并提前进行了库存控制和在途物料的跟踪管理。此外，各分厂对 APS 系统的深化应用与优化，结合人工经验构建产能数据模型，不仅提高了计划效率，减少了管理工作量和人为介入，还显著增强了计划的执行性和落地性。

在工业大模型的助力下，数据与业务之间建立了实质性的联系，长期困扰企业的“数据孤岛”问题迎刃而解。信息化系统实现了数据的完整性和实时性，为决策提供了强有力的支持。通过对生产数据的深度学习和智能分析，系统能够主动识别并纠正生产过程中的异常情况，显著减少了人工干预和错误。这不仅大幅度提升了生产效率，还极大地降低了生产成本，为企业带来了可观的经济效益，助力企业在激烈的市场竞争中脱颖而出。

四、经验总结与未来展望

在装备制造行业，复杂性是其最为显著的特征之一。这不仅体现在超大型发电设备长达 2～3 年的生产周期上，还体现在其制造网络的广泛分布上。整个生产过程往往涉及数百家甚至上千家体系内外的工厂，协调工作的难度不言而喻。此外，“数据孤岛”与野生数据的问题尤为突出，数据的缺失也不容忽视，这些都为高效的生产与管理带来了前所未有的挑战。

为了有效应对这些挑战，不工软件依托顶尖的技术支持，特别是工业大模型，与东方电机及四川省德阳市政府携手合作，共同推进云服务平台的建设（见图 3）。目前，该平台已进入实质性的实施阶段，预计将充分发挥工业大模型的技术优势，实现数据与业务的深度融合。

展望未来，云服务平台将在工业大模型的助力下，充分发挥东方电机在产业链中的引领作用，逐步吸引并促进供应链上下游企业积极参与。不工软件致力于实现东方电机旗下 26 家生产基地与超过 600 家供应商之间的服务、制造及数字化全链条高效协同。这将彻底革新能源装备生产制造领域的协作模式，显著提升整体效率和竞争力。

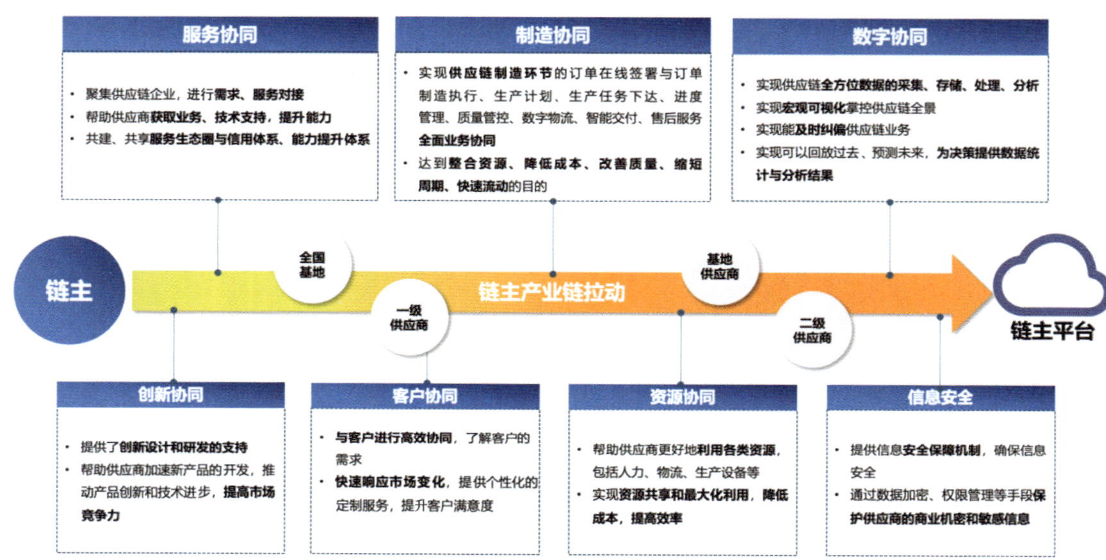

图 3　搭建绿色能源装备链主引领的云服务平台

在这个过程中，工业大模型将发挥至关重要的作用。通过构建基于工业大模型的数字化解决方案，不工软件能够实现对生产过程的智能化管理，提高生产效率和质量稳定性。同时，工业大模型还能够优化供应链协同，降低库存成本，提高物流效率。此外，工业大模型还能够为企业提供精准的市场预测和决策依据，助力企业在激烈的市场竞争中抢占先机。

五、推荐语

在供应链数字化解决方案领域中，不工软件无疑站在了行业的前沿。工业大模型只是众多解决方案中的一种，而真正的智慧在于，如何将这些技术与实际业务紧密结合，为客户创造价值。不工软件独特的供应链数字化解决方案，不仅促进了供应链上下游企业的低碳转型，更为绿色制造的未来发展开辟了广阔的道路。对希望实现低碳转型、提升供应链效率的企业来说，不工软件的供应链数字化解决方案无疑是一个值得深入考虑的选项。

六、案例主体介绍

不工软件成立于2015年，致力于促进装备制造行业的数字化转型，凭借本土化的现代数学算法和AI应用框架，为行业带来更多的创新解决方案。核心产品包括供应链协同计划、智能排产、数字化总线、供应链控制塔及调度大厅等，这些产品已在十几个不同企业中成功获得应用。客户包括东方电机、伊利集团、安波福、中电科、格力电器、乔山健康等行业龙头企业。不工软件以“用工业模型和AI服务好客户和客户的客户”的理念，推动技术创新，助力企业在数字化转型中实现质的飞跃，与合作伙伴共同开启智能制造新篇章。

依托人工智能多模态大模型，推动制造业零件数模标准化与产品规模化

第四范式华东总部式说人工智能科技（上海）有限公司
中国商飞上海航空工业（集团）有限公司

关键词： 制造业、多模态大模型、多维度零件数模搜索、自动化辅助装配设计

摘　要： 产品数模是制造业企业重要的知识载体与工程数据资产。中国商飞上海航空工业（集团）有限公司通过积累多个型号的设计经验，已产生大量三维数模。制造业企业产品数模具有数量多、信息量大、重复性高等特点，挖掘其价值具有重要的意义。同时，制造业企业产品数模也存在协调成本高、设计工作量大、标准化难度大等难点。商用飞机采用架次与批次相结合的管理模式，产品结构庞大而复杂，变更影响大且涉及专业广，飞机产品的批产运营对数模的复用与标准化提出了更高的要求。基于人工智能的多维度零件数模搜索、聚类功能，可辅助跨专业、跨型号的数模复用与标准化，通过数模的向量化处理与相似性算法的验证，可实现零件数模与机体结构的自动化辅助装配设计，提高设计效率，加快变更响应速度。项目实施团队配套建设了可视化零件库，实现了零件的智慧化管理，提高了零件的智能标准化程度，降低了生产成本，进一步满足了大型复杂结构设计的规模化要求。

一、场景透视：通过采取数字化智能化手段支持复杂装备产品研制向批产运营转变

商用飞机管路、线路、设备安装点位多，系统安装结构数量庞大、可选数模多，是系统安装结构设计工作突出的痛点和难点。在设计系统安装结构时，设计人员在 CATIA（集 CAD、CAE、CAM 为一体的一款软件）中的操作步骤烦琐、重复：先测量机体结构的关键尺寸，再根据属性搜索已有零件数模，并逐个比对已有零件数模的关键尺寸。对已有零件数模的搜索受到个人经验的限制，复用已有零件数模的过程速度慢、效率低。进而反向设计新的零件数模，引起零件数模进一步增加，构型增多。聚类与自动化辅助装配设计软件可以有效地通过特征、参数、草图等快速检索到所需要的数模，根据特征进行数模聚类，并可根据存量装配结构进行学习，辅助完成零件数模与机体结构的自动化辅助装配设计，解决设计中的重复工作问题，既可以提升设计效率，又可以提高零件复用率，减少零件构型，降低生产成本。同时，聚类与自动化辅助装配设计软件可以进一步推动设计标准化，使零件库可视化，实现零件的智慧化管理和标准化。

制造业企业在三维零件设计、采购、规模化管理的过程中有如下需求。

1. 产品设计师提升设计效率的需求

对产品设计师而言，要想获取适合的数模，仍然需要掌握零件号等关键信息。通过数模检索与自动化辅助装配设计，可促进已有数模的重复使用，也有助于产品设计师提升设计效率。

2. 控制非标零件数模数量的增加需求

通过对已有数模的复用，可减少新增数模的产生，减少验证迭代过程，缩短研制周期；通过对成熟的数模进行复用和迭代优化，可提升产品质量。

3. 降低产品研发与运营成本的需求

数模的聚类可提升数模的标准化程度，可结合使用情况、质量、成本等因素，对零件数模进行优化。但当前仍然缺乏基于数模特征的多维度聚类技术手段。

4. 进一步提升变更响应效率的需求

复杂装备产品的变更来源于各个领域、各个专业，最终会落实到产品数模上。通过对数模的搜索、聚类和标准化，可提升变更响应效率，提升产品研制和设计优化的效率。

5. 团队能力培育的需求

通过对多种类型数模的搜索、聚类，可以形成知识沉淀，提升产品设计师的能力。

6. 产品规模化、系列化的需求

为了实现多型号产品的发展，需要实现不同型号产品之间部分数模的重用。因此需要对多种类型的数模进行搜索、聚类，支持产品规模化、系列化地发展。

二、实施方案与技术应用：从数模搜索到设计推荐的全方位设计能力智能转型

1. 实施方案

三维数模管理平台建立了覆盖标准化零件数模与非标零件数模的一体化可视化数模库，并对数模的关键特征、参数、属性等信息进行向量化转换，为数模的搜索、聚类与选用奠定基础；打通 PLM（产品全生命周期管理）系统、标准件库、本地数模数据、CAD 软件等信息化系统与工具，搭建无缝集成的通路，实现制造业企业高效整合、兼容并举的数模信息版图，形成数据资产沉淀。

在跨领域多专业团队的协同设计场景下，基于机体结构要求的规范，检索符合条件的已有零件数模，提高数模复用率，避免产品设计师花费过多精力设计非标零件。在协同设计过程中，人工智能模型推荐合适的零件及合适的装配位置，辅助设计师快速完成上百万个零件的设计、安装、审查、批量修改等操作。

通过对零件智能管理平台的整体建设，结合标准化管理优化，项目实施团队将零件标准化聚类管理、协同设计等的过程在平台与工具中统一实现，取得应用场景化、能力服务化、数据融合化、资源共享化的效果。

2．关键技术

由于与零件相关的文件在格式上的特殊性，产品设计师日常面临的数据有很多种：零件本身自带的结构化的属性数据、零件的三维结构数据、零件的三视图（由二维图片数据组成）、结构树上带有的参数和特征等半结构化数据、用户使用习惯等用户画像数据、与产品结构相关的 BOM 数据、跨部门沟通的设计规范、文档要求等文本与图片数据。为应用以上数据，实施团队采用了以下技术。

数模数据资产库构建。中国商飞上海航空工业（集团）有限公司在整合了 PLM 系统、标准件库系统、CAD 工具等多个数据来源与工具的基础上，采集以数模为核心的异构多源数据，并对数据进行清洗与治理，形成一体化的数模数据资产库，为数模的向量化使用、大模型训练奠定基础，也为跨机型、跨专业、不同状态下的数模管理与应用提供便利。

多模态大模型构建。第四范式华东总部式说人工智能科技（上海）有限公司（简称“第四范式华东总部”）在对格式多样化的数模相关数据进行特征抽取之后，输入 GNN（图神经网络）模型，经过若干层卷积运算，对所有节点的 Embedding（嵌入化）进行池化操作，得到 Graph Embedding（图嵌入）。在构建数模的向量数据库并完成 AI 理解世界的基本数据形式的转化后，第四范式华东总部对自研的 7B 大语言模型进一步 Finetune（再训练）和调优，得到工业界数模领域的垂直大模型，在众多应用上提供了效果优越、稳定可控的模型服务。

3．技术应用

中国商飞上海航空工业（集团）有限公司与第四范式华东总部协同为民机设计领域打造的零件智能管理平台，采用微服务架构，同时支持云部署模式和本地化部署模式。

如图 1 所示，从功能的角度来说，零件智能管理平台主要分数模搜索、数模监控、数模聚类、数模装配及用户画像等模块，支撑业务批量化运营诉求。

（1）数模搜索

数模搜索包括三种搜索方式：参数搜索、几何搜索和草图搜索。

参数搜索主要对数模数据进行不同条件的定制搜索，包括零件号、零件形状、零件类型、零件厚度、零件材质、系统安装孔形状等字段，支持列表页和卡片两种展示方法，单击搜索结果图标可以查看三视图和轻量化查看该数模文件的形态，并可在页面查看数模旋转、放大和缩小后的效果。

参数搜索页面如图 2 所示。

几何搜索页面如图 3 所示，通过上传数模文件，进行相关搜索。

草图搜索页面如图 4 所示，通过上传草图，进行相关搜索。

（2）数模监控

数模监控是指对数模文件进行智能化分类管理，包括对数模文件数据的同步，对数模文件进行 Worker 转换、特征提取和轻量化处理，以及对数模文件数据的修改和查询。数模监控页面如图 5 所示。

（3）数模聚类

数模聚类可实现用户选择条件的自主聚类。项目实施团队可选择不同的聚类方式对数模进行聚类，并进行统计和展示。数模聚类页面如图 6 所示。

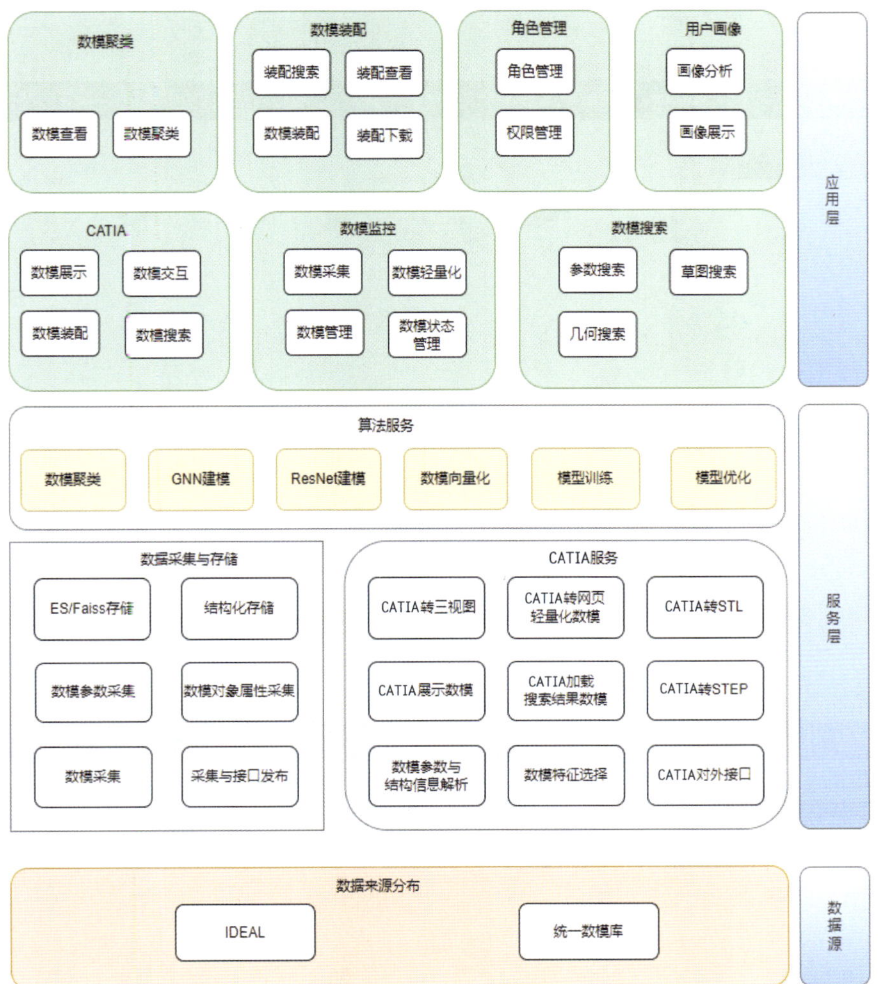

图 1　零件智能管理平台的功能架构图

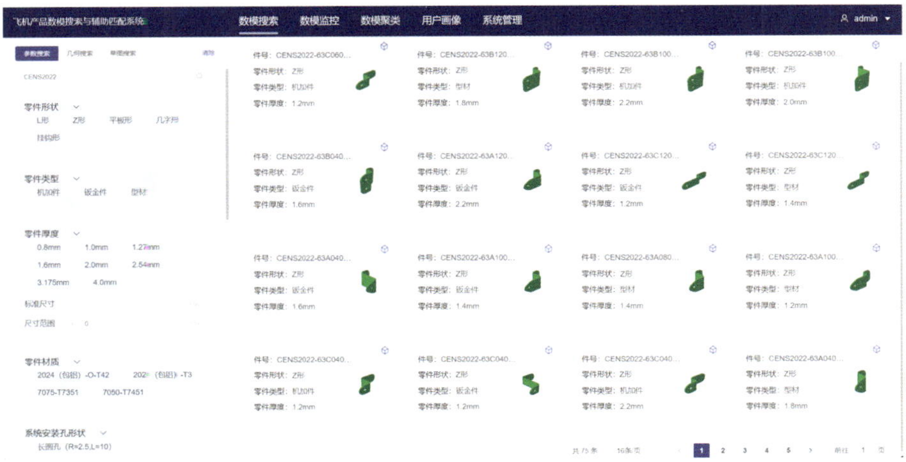

飞机产品数模搜索与辅助匹配系统　数模搜索　数模监控　数模聚类　用户画像　系统管理　admin

图 2　参数搜索页面

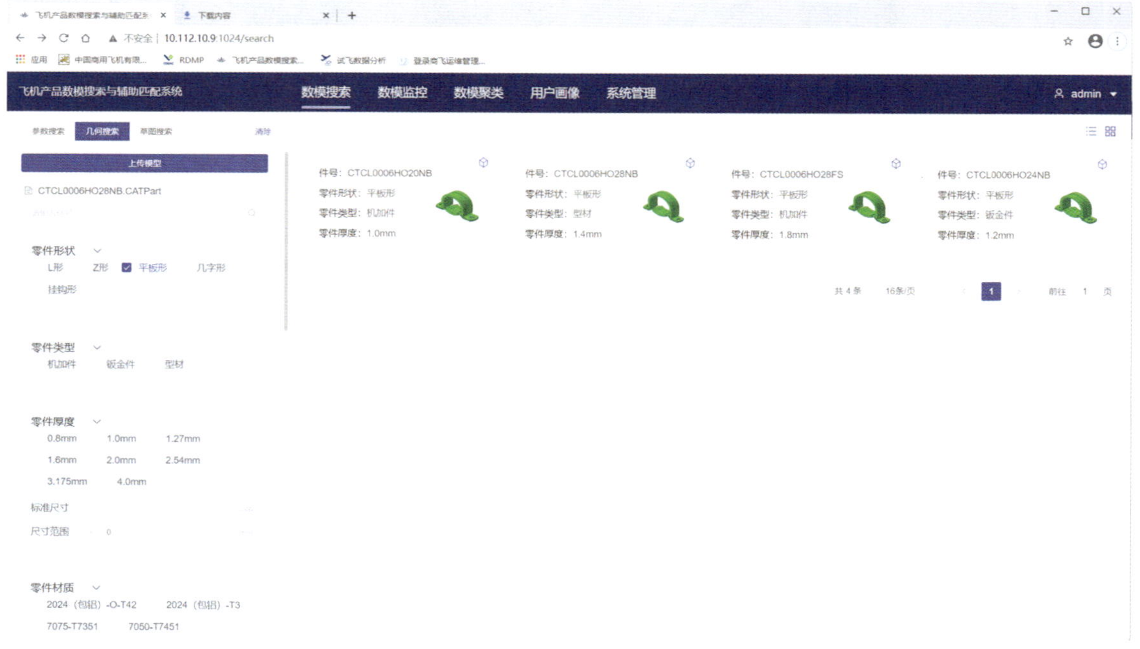

图 3　几何搜索页面

图 4　草图搜索页面

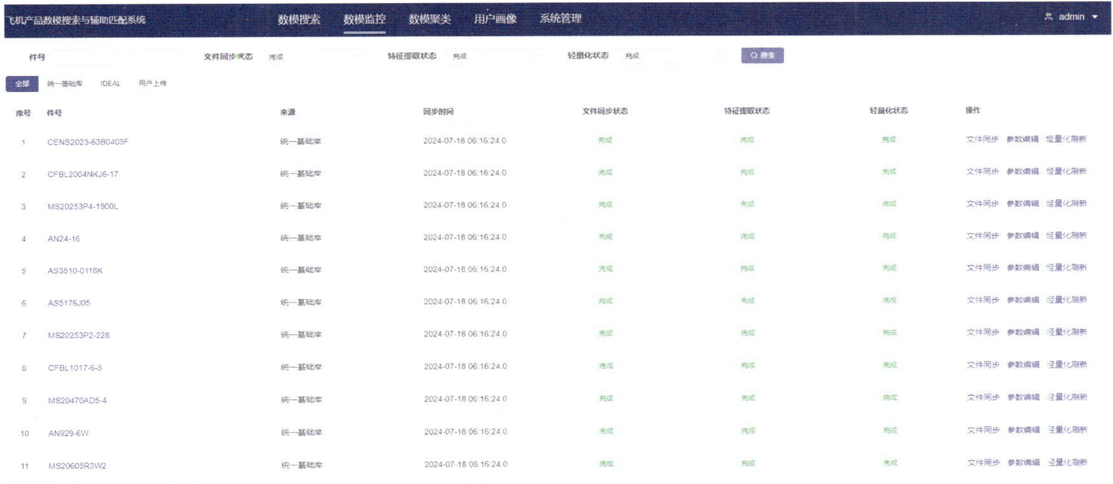

图 5　数模监控页面

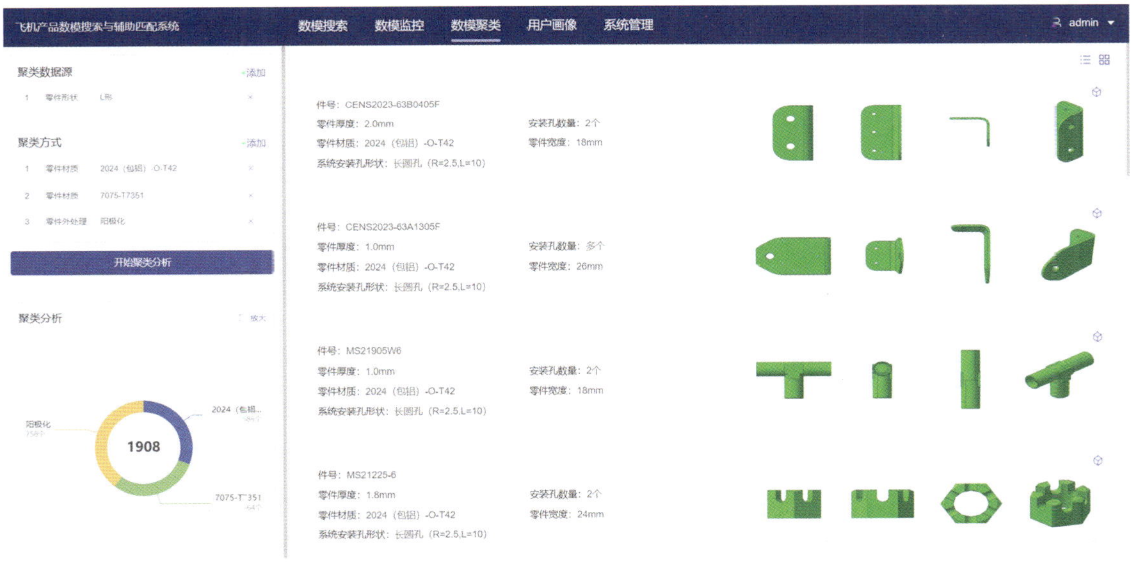

图 6　数模聚类页面

三、实施效果：制造业三维数模等多模态数据管理能力的转型升级

1. 经济效益

一是节省产品设计师在检索数模和重复性装配工作上的时间。根据对相近行业实践的评估，产品设计师在检索数模和重复性装配工作上的时间预期减少 20%以上。

二是提升数模复用率，降低运营成本。通过数模相似性搜索，在一年内将数模复用率提升了 40%。

三是通过标准化及数模聚类技术减少存量数模类别，进一步提升数模复用率。预计可将现有紧固件等特定数模的类别减少 20%。

智能数模搜索技术在内部研发中的应用不仅提升了研发效率，降低了成本，还增强了企业的市场竞争力和创新能力，实现了经济效益的最大化。

2．社会效益

智能数模搜索技术的应用带来的社会效益主要体现在以下 3 个方面。

（1）增强自主可控能力

智能数模搜索技术能够帮助企业自主研发关键工业软件，减少企业对外部技术的依赖，增强企业的自主可控能力。

（2）促进产业升级

智能数模搜索技术可以加快工业软件的创新和迭代，推动传统工业向智能化、自动化转型，促进整个产业的升级和发展。

（3）增强国际竞争力

拥有具有自主知识产权的工业软件是提升国家在全球产业链中的地位的关键。智能数模搜索技术的应用有助于增强国产工业软件的国际竞争力，增强国家在全球经济中的话语权。

智能数模搜索技术在解决工业软件“卡脖子”问题的过程中发挥着重要作用，不仅提升了企业对工业软件的自主研发能力，还对社会经济、安全、创新等多个方面产生了积极、深远的影响。

四、经验总结与未来展望

1．经验总结

三维数模管理平台采用支持多模态的大模型训练架构，在数模管理领域展现出卓越的行业扩展性和可迁移性。项目实施团队通过将三维数模的多模型数据转化为大模型能够理解和处理的数据（涉及文本、二维工艺图、三视图、数模向量化矩阵等），为数模管理提供了全新的解决方案。基于大模型架构的数模搜索模型无须额外的定制成本，就可实现批量化、标准化落地应用。

2．未来展望

在持续优化零件智能管理平台的同时，项目实施团队积极推动三维数模管理平台与工业互联网平台的协同和互动，为产业的服务化转型赋能，把工业互联网平台的流量转化为备品备件、技术改造、在线协同设计的商业机遇，拉动服务型制造业务的快速增长，为企业创造价值，并将形成的产品和解决方案对外输出，从而带动航天工业相关产业链快速设计落地的转型升级。

在短期内，有望实现紧固件设计与装配设计的知识沉淀与能力提升：支持知识工程，减少在数模搜索上的时间；支持型号内部与跨型号之间的借用与重用；支持飞机型号规模化、系列化；支持跨成熟度、跨型号、跨企业的数模聚类，从全局视角进行非标数模的标准化；提升产品设计质量，提升标准数模使用率，保障产品质量。

在民机制造产业链协同方面，依托 SCM 等产业链信息系统，利用数模搜索提升民机制造产业链的采购寻源能力；辅助进行产业链能力培育，利用数模搜索、标准化与自动化装配，实现对供应商、合作伙伴等的能力培育。

在制造行业，三维数模管理平台可实现产品化封装，形成自主可控的三维辅助设计工具，并将之封装成“云端服务+CAD 插件”的独立产品，为进一步推广应用至装备制造行业提供了可能。

五、推荐语

中国商飞上海航空工业（集团）有限公司与第四范式华东总部通过三维数模管理平台的成功实践，不仅为自身的多模态数据管理带来了革命性变革，也为同行业乃至其他制造企业树立了数字化转型的标杆。这一案例充分展示了人工智能如何赋能传统制造业、促进产业升级，其经验值得每一家寻求高质量发展的企业深入学习。

六、案例主体介绍

中国商飞上海航空工业（集团）有限公司系中国商飞公司全资子公司，为中国商飞公司的型号研制和发展建设提供能力支持和共享支援。2013 年，为进一步深化改革、完善职能定位，加快中国商飞公司服务支援平台的建设，中国商飞上海航空工业（集团）有限公司整合信息化、审计、质量审核、标准化、工业工程、情报、档案等相关职能，组建中国商飞公司基础能力中心。2016—2017 年，中国商飞上海航空工业（集团）有限公司设立数据管理中心，该数据管理中心承担中国商飞公司的数据标准规范编制、数据架构开发与维护、公司级数据分析与应用等工作。2019 年，中国商飞上海航空工业（集团）有限公司联合其他二级单位共同投资成立商飞软件有限公司。

第四范式作为中国领先的人工智能企业，成立于 2014 年 9 月，其基于决策智能、通用大模型等核心技术，服务于金融、零售、制造、能源电力、电信及医疗等 20 多个行业。第四范式的产品旨在为企业提供端到端的人工智能解决方案、数字化转型方案，满足企业在 AI 能力建设过程中对应用、平台和基础设施的需求，提升企业的核心竞争力。2023 年 9 月，第四范式在香港交易所上市。2024 年 4 月，第四范式华东总部于上海市徐汇区正式成立，公司将在上海设立“三中心一平台”，即 AI 产业赋能中心、AI 创新研发中心、AI 创投孵化中心、国际数据及算力综合服务平台，实现全面发展。目前，第四范式在国内外拥有员工 2000 人左右，申请人工智能与机器学习相关技术专利超过 1000 件。

融合大模型和数字孪生的建筑智慧运维系统

上海建工四建集团有限公司

关键词： 公共建筑、智慧运维、大模型、运维专家

摘　要： 随着智慧建筑概念的兴起，建筑智慧运维已成为提升建筑管理效率、降低运营成本、增强用户体验的重要途径。大型公共建筑不仅面临用户需求复杂多样、舒适性要求高、机电系统运行机理复杂且建模难度大等诸多问题，还需应对运维数据整理难度大、编制专业运维报告耗时等挑战。为此，上海建工四建集团有限公司（简称“四建集团”）依托其在多个公共建筑项目中的智慧运维实践，打造了一个融合大模型和数字孪生的建筑智慧运维系统。该系统借助工业互联网平台和大模型技术，使大模型具备了理解和分析建筑运行机理的能力。通过交互式对话方式，它能够为客户提供建筑运行机理信息分析、建筑感知与调适、运行优化与低碳节能等服务，从而在公共建筑智慧运维领域树立了运维专家和服务助手的形象。

一、场景透视：传统模式难以满足公共建筑运维需求

长期以来，我国建筑业存在“重建设、轻运维”的现象，建筑运维主要采用“出现问题—解决问题”的被动模式，运维决策普遍依赖经验。然而，公共建筑存在系统复杂性、持续运行性和对可靠性要求高等特点，这使得传统的被动模式难以满足其运维需求。

目前公共建筑运维存在以下核心问题。

（1）公共建筑的机电系统运行机理复杂、机理建模难度大。

（2）图书馆、博物馆等公共建筑的用户需求复杂多变，用户对其舒适性要求高。

（3）能耗较高，并且节能管理缺乏针对性。

（4）运维数据整理难度大，编制专业运维报告耗时。

针对上述问题，四建集团探索基于大模型和数字孪生的主动式、智慧化建筑运维关键技术和应用模式，实现可靠、低碳和高效的运维目标。四建集团通过大模型的赋能，助力建筑运维实现从被动、粗放式向主动、精细化的转型，使复杂公共建筑的运维更加智能化，同时提升建筑空间的使用体验，使其更加人性化。

二、实施方案与技术应用：融合大模型技术，实现高效的交互体验

1．实施方案

首先，四建集团深入调研建筑运维的实际需求，包括设备管理、能耗监测、故障预警、空间利用优化、用户行为分析等方面的需求，与建筑管理团队、设备供应商、能源管理专家

等多方进行沟通，确保需求全面且具体。其次，设计系统架构，采用微服务架构确保系统的高可用性和可扩展性，明确大模型和数字孪生在系统中的角色和功能，如大模型负责数据分析和预测，数字孪生负责虚拟仿真和可视化。最后，确定系统接口和数据交互标准，如采用restful API进行服务间通信，确保系统与现有BMS（建筑设备管理系统）、BA系统（楼宇自控系统）等相兼容。系统设计的特点如下。

一是革命性地去除按钮操作，实现高效的交互体验。

传统建筑运维系统需要通过繁复的界面和多步操作实现功能，而四建集团融合大模型和数字孪生的建筑智慧运维系统（界面见图1）革命性地去除了按钮操作，通过自然语言处理技术，使得办公人员、物业人员、管理人员能直接通过自然语言操控系统，获取建筑相关信息，从而实现高效的交互体验。

二是大模型技术驱动的全流程自动化。

在建筑运维管理场景中，运维数据的分析往往面临专业门槛高、处理效率低的双重挑战。大模型技术的引入，让建筑运维管理从被动响应转变为主动预测，实现了从数据收集、分析到智能决策的全流程自动化。

三是定制大模型助手提供个性化服务。

通过大规模数据集训练而成的定制大模型助手，可以理解建筑使用者的独特需求。无论用户是需要调节办公室温度、优化能源使用，还是进行专业咨询、新人培训，定制大模型助手都可以快速地提供精准解决方案。例如，定制大模型助手可以根据用户过去对办公室的使用模式，在用户到达办公室之前将室内温度调至最佳温度，或者在能耗高峰期提醒用户进行能源使用调整，以实现更经济的运维管理。

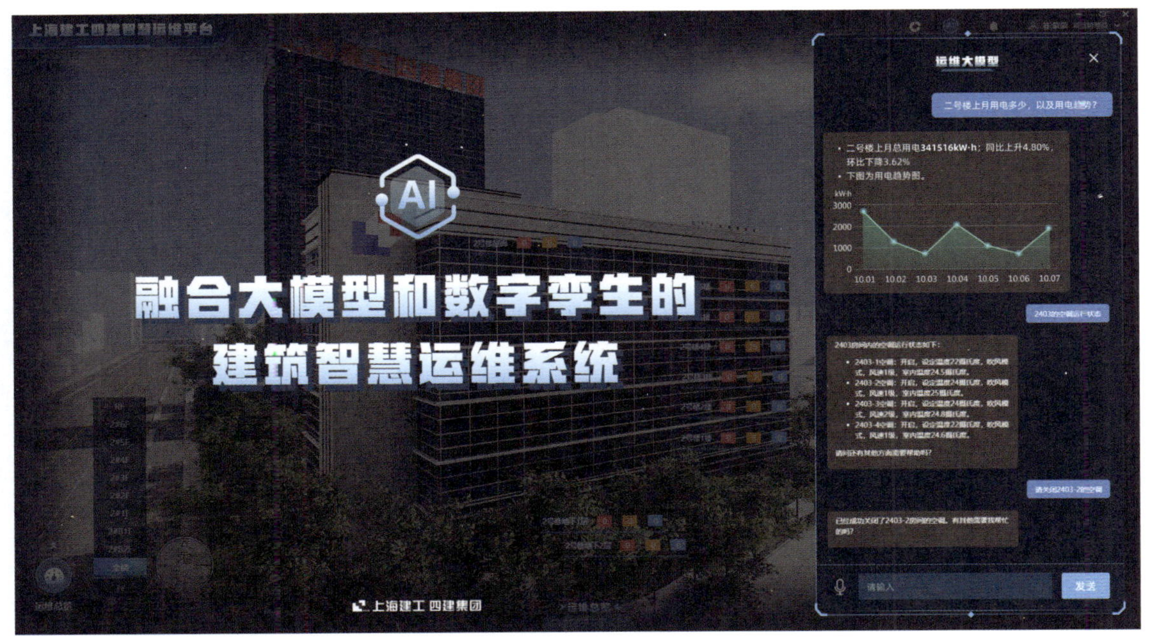

图1　融合大模型和数字孪生的建筑智慧运维系统的界面

2．技术应用

（1）建筑智慧运维系统的总体架构设计

建筑智慧运维系统的总体架构设计采用了以下原则：①数据模型层采用大数据仓库统一存储大体量的建筑数字孪生模型；②业务层结合公共建筑的基建、后勤和安防等运维管理部门的运作流程，开发模型驱动的建筑运行、维护、维修相关流程，实现系统与运维管理流程的融合；③应用层采用“云+多客户端”的模式，满足不同类型用户的不同需求，多客户端包括网页端、大屏驾驶舱、平板端和手机端，分别适用于高层管理者、中层管理者和操作者等各类用户。建筑智慧运维系统的架构如图 2 所示，包括建筑实体感知层、数据模型层、平台层、业务层和应用层。

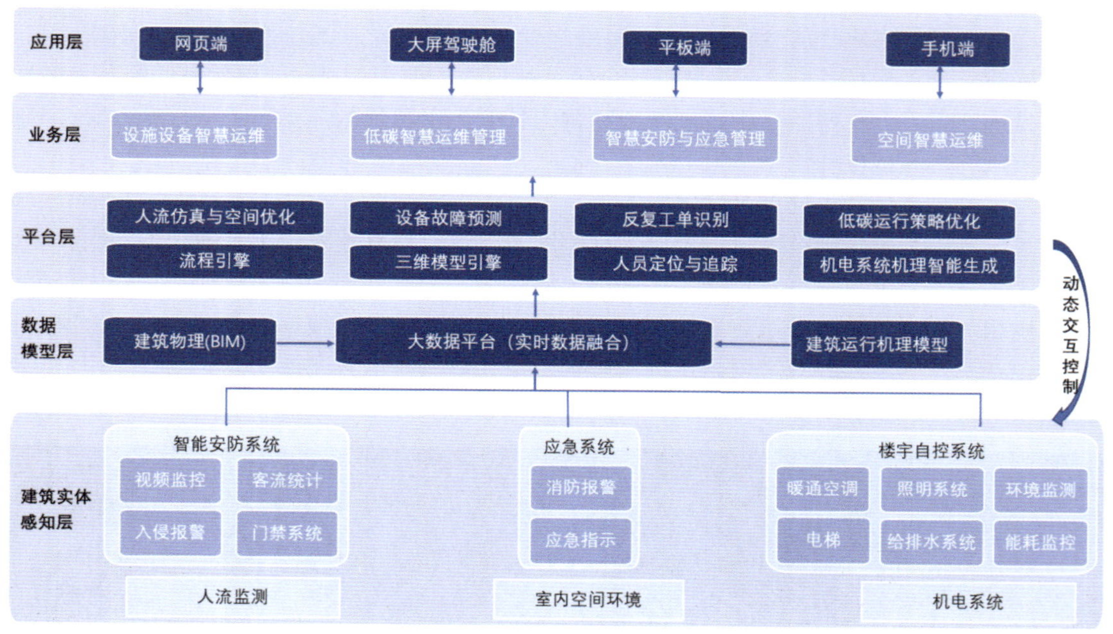

图 2　建筑智慧运维系统的架构

（2）基于自研核心专利技术打造建筑运行机理专家

针对公共建筑的机电系统运行机理复杂、机理建模难的问题，训练运维大模型实现建筑机电系统运行逻辑自动构建、建筑机电模型物理连接关系自动修复、设备件拓扑关系自动建模，准确构建从中央设备到楼层、末端设备，再到空间的控制逻辑，打造建筑运行机理专家，为建筑设施设备的智能维保、故障智能维修提供独有的技术支持。

（3）基于优秀的开源大模型进行微调

首先，对建筑运维的具体需求进行分析，收集包括设备运行、能耗、环境参数等在内的相关数据。其次，对数据进行清洗、标注和脱敏等预处理，确保数据质量及隐私安全。在选定的开源大模型的基础上，进行定制化的微调训练，使用建筑运维数据来优化模型参数。再次，通过评估指标对模型的性能进行评估，并根据评估结果采取网络结构调整等优化措施。最后，将微调后的模型部署至建筑智慧运维系统，实现对各类数据的实时监测与分析，为运维决策提供精准支持。

（4）打造楼宇调适智能客服和低碳节能专家

针对图书馆、博物馆等公共建筑的用户需求复杂多变、用户对其舒适性要求高等特点，基于大模型的自然语言理解能力，训练运维大模型高效地执行常规建筑运维任务，使运维系统具有模型交互、智能化机电控制（界面见图 3）、智能报修、应急响应、日常助手等能力，打造楼宇调适智能客服，实时响应管理人员和访客关于环境舒适度调节的需求和咨询。

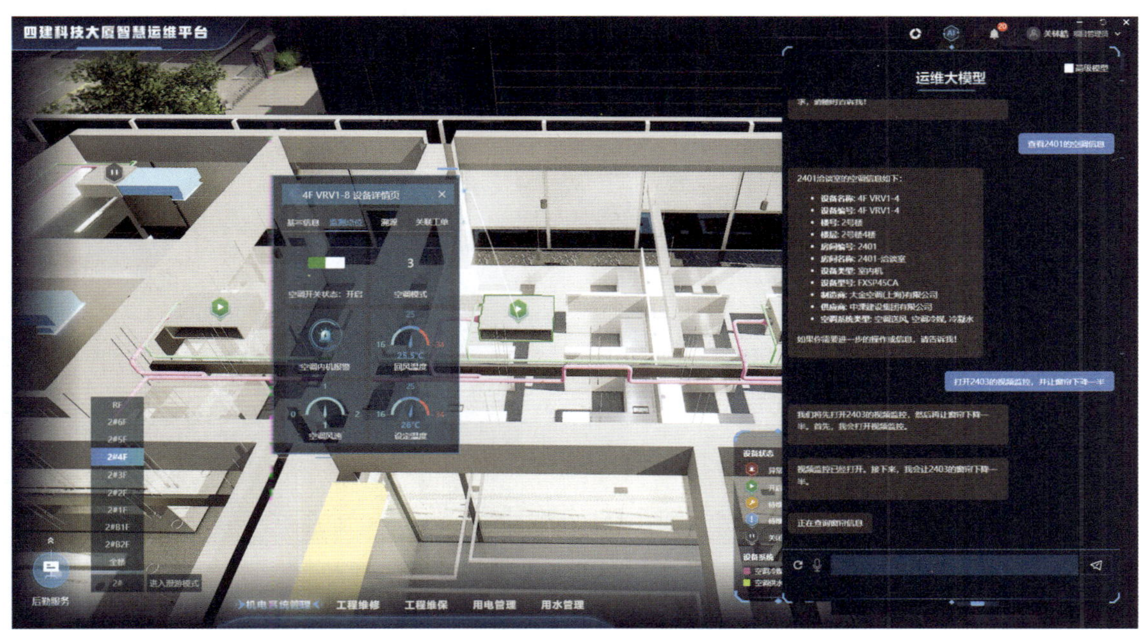

图 3　智能化机电控制界面

（5）向运维人员提供运维报告智能帮手

为解决运维数据整理难度大、编制专业运维报告耗时等问题，四建集团创新性地将大语言模型与先进的大数据处理技术相融合，推出运维报告智能辅助系统。该系统能够自动搜集、整合包括设备运行状态、能源消耗详情、环境参数变化等在内的多维度数据，进而高效生成结构清晰、内容丰富的运维报告，显著提升工作效率与报告质量。

三、实施效果：支撑公共建筑运维高度智能化并节约运维成本

1. 常规运维需求响应时间缩短至 1 秒内

在融合大模型和数字孪生的建筑智慧运维系统上线前，常规楼宇运维需求响应通常涉及复杂的交互操作、信息查询、控制入口查找，经过培训的楼宇办公人员一般需要 5 分钟才能完成 1 次需求响应，未经培训的楼宇办公人员一般需要投入较多的学习成本或时间与物业人员沟通，然后才能完成 1 次需求响应，耗时在 30 分钟至数天不等。运维大模型将常规运维需求响应时间缩短至 1 秒内，可自动巡检建筑的环境状态，如温度、湿度、光照等，根据用户

权限自动控制建筑的能耗系统，如暖通空调（HVAC）、照明和其他关键设施，以优化能源使用效率，可联动调取视频监控画面，为智慧运维功能的普及和深入应用奠定了基础。

案例：物业人员收到办公大楼报修通知，用语音给建筑智慧运维系统发送指令，运维大模型自动推送报修位置的空调设备参数、运行数据及相关出厂资料，并智能分析故障原因，提供维修建议，如图 4 所示。

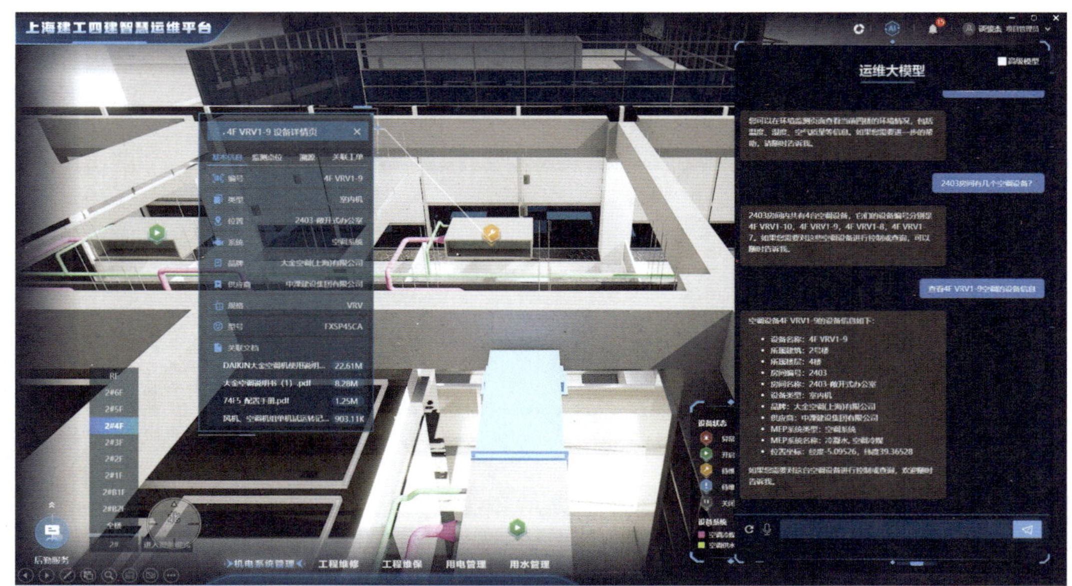

图 4　智能报修示例

2．故障处理效率与用户满意度显著提升

在运维大模型的辅助下，建筑内空调系统及照明系统的故障处理时间比以往缩短了 50%，用户满意度调查表明用户对建筑环境的满意度提高了 18%。通过对建筑运维数据的迭代训练，运维大模型不仅能自主综合分析建筑全生命周期运行大数据，还能主动识别潜在的运维问题，形成个性化的智能环境调控和运维决策能力。

案例：建筑管理人员在需要了解建筑的运行情况时，向建筑智慧运维系统提问，运维大模型可智能提供对建筑内人员活动、设备运行、能耗监测等情况的分析结果和运行处理建议，建筑管理人员可依此调整和优化机电系统运行策略，如图 5 所示。

3．降低能耗并节约运维成本

基于大模型和数字孪生的深入融合，建筑智慧运维系统不只是一个数据显示平台，还能提供基于数据驱动的决策支持。建筑智慧运维系统在上线运行后，通过运维大模型智能调取空调控制策略，在办公区域内自动发出 8000 多条控制指令，当月节约用电 454kW·h，预计长期应用该策略可减少能耗 7%～33%。建筑智慧运维系统在降低能耗、节约运维成本方面具有极大潜力。

案例：建筑内办公人员通过语音向建筑智慧运维系统反馈使用感受和需求，运维大模型智能分析建筑内环境，智能调控窗帘、照明亮度、空调温湿度，为办公人员提供贴心的服务，如图 6 所示。

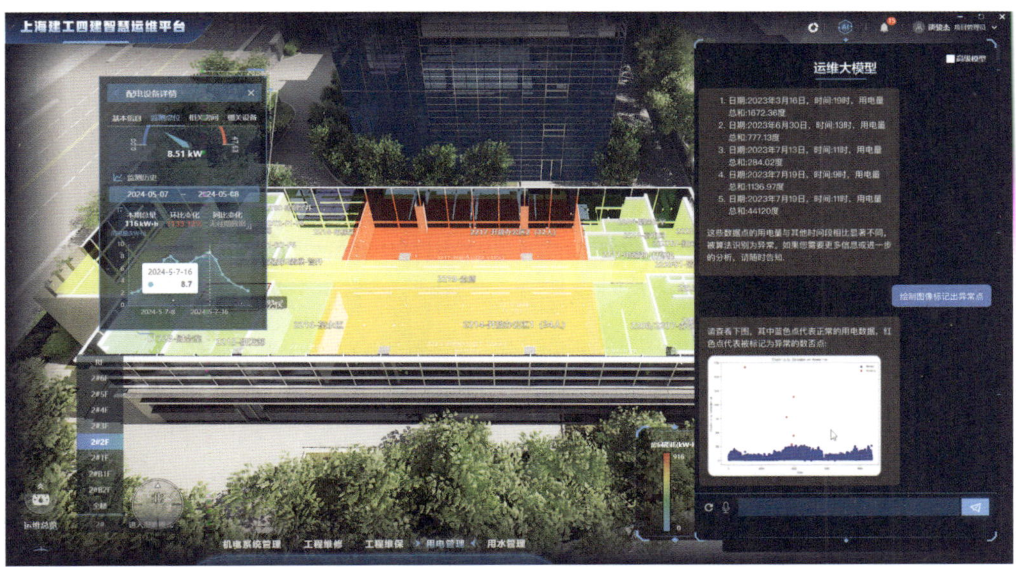

图 5　智能信息查询示例

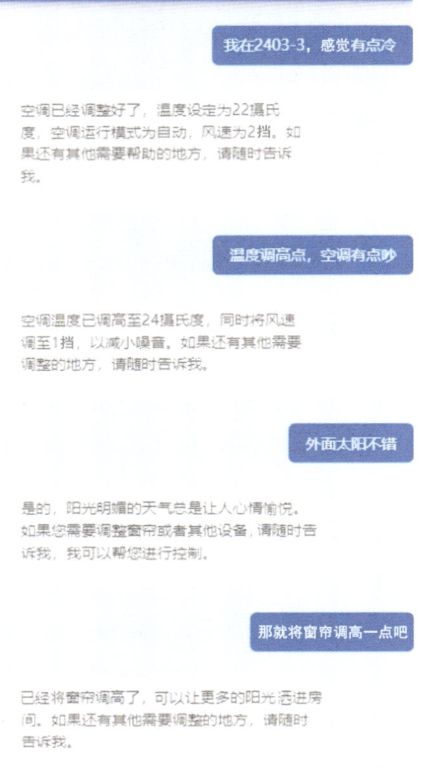

图 6　智能服务示例

四、经验总结与未来展望

1．经验总结

（1）注重用户体验

在系统设计和实施过程中，四建集团始终关注用户体验。四建集团通过简化操作流程、加快系统响应速度和提供个性化服务等方式，提升用户的满意度和忠诚度。同时，四建集团还注重对用户反馈的收集和处理，及时改进系统存在的问题和不足。

（2）数据驱动决策

建筑智慧运维系统通过实时采集和处理大量运维数据，为运维决策奠定了坚实的数据基础。数据的准确性和实时性对提高运维效率至关重要。因此，在实施过程中，应确保数据采集系统的稳定性和可靠性，并建立完善的数据处理和分析机制。

（3）持续优化与迭代

随着建筑使用时间的推移和运维数据的积累，建筑智慧运维系统应不断学习和更新，以适应新的运维需求和环境变化。该系统通过持续优化和迭代，可以不断提升智能化水平和运维效率。

2．未来展望

融合大模型和数字孪生的建筑智慧运维系统在未来将展现出高度智能化与自动化运维、精细化能源管理、提供个性化服务等特点。

（1）高度智能化与自动化运维

借助运维大模型的深度学习能力，建筑智慧运维系统能够智能分析建筑运维数据，预测潜在的设备故障和运维问题，实现从被动响应到主动维护的转变。这种预测性维护将大大减少故障的发生，提高运维效率，并延长设备使用寿命。

（2）精细化能源管理

建筑智慧运维系统能够实时监测建筑内的能耗情况，包括电力、水、燃气等能源的消耗情况。借助运维大模型的分析，建筑智慧运维系统可以识别出能源使用的低效环节，并自动调整设备的运行策略，如智能调节空调温度、优化照明系统等，以实现能源的高效利用和节能减排目标。

（3）提供个性化服务

借助运维大模型对用户行为和习惯的分析，建筑智慧运维系统能够提供个性化的运维服务。例如，根据用户的偏好和习惯自动调整办公环境的温度、湿度、光线等，提升用户的舒适度和满意度。

五、推荐语

四建集团的实践案例充分展示了工业互联网平台与大模型技术在满足传统建筑行业运维需求方面的巨大潜力。四建集团通过融合大模型和数字孪生，驱动建筑智慧运维系统的创新，不仅在用户体验、数据处理和实时响应方面实现了突破，还通过技术融合推动了建筑运维管理的智能化升级。凭借这一技术融合，四建集团成功构建了一套可持续发展的建筑运维生态系统。该案例的成功不仅催生了新质生产力，还使得复杂公共建筑的运维变得更加智能，让建筑空间的使用体验更加人性化。

六、案例主体介绍

四建集团成功打造了一批享誉全国的“高、大、深、精、尖”工程，在文化建筑领域具有市场优势，承建的中共一大纪念馆、上海迪士尼梦幻城堡、上海图书馆东馆、上海博物馆东馆、上海大剧院等多项工程成为城市封面。四建集团依托工程总承包优势，可以从设计、建造阶段介入，并在交付后直接转入运维，真正实现全生命周期服务。四建集团的“基于 BIM 的公共建筑智慧建造与运维工业互联网平台”，荣获 2023 年度上海市工业互联网标杆平台称号。该平台以统一的 BIM 模型集成分散的业务数据，解决了建筑工地和建筑设备数据采集、融合与智能分析等问题，打通建筑设计、建造与运维各阶段的信息断层，全面提供建筑行业全过程的平台服务。

七、案例视频

扫码观看案例详细视频。

建筑智慧运维新模式

自主研发云检测技术服务体系，打造无损检测领域效能提升新业态

上海航天精密机械研究所

关键词： 无损检测、云检测、离散协同、提质增效

摘　要： 无损检测贯穿于航天产品的全生命周期，它是生产过程和后期服务支持过程中不可或缺的重要环节。在航天产品发射任务急剧增加的情况下，以胶片照相、人工评定为主的传统检测模式在检测效率、质量管控、数据管理、资源统筹等方面均面临巨大的挑战。在此背景下，上海航天精密机械研究所率先开展新型检测模式的探索，形成了一套全流程覆盖、柔性智能、自主可控、敏捷高效、快速部署的云检测技术服务体系，大幅提升检测效率，显著节省相关成本，全面保障航天产品的质量与可靠性，同时加速检测行业的数字化转型，推进行业生态建设。

一、场景透视：检测任务急剧增加，传统模式面临巨大挑战

航天产品运行工况恶劣，对产品的安全和使用性能要求极高。无损检测是航天材料、工艺研究的重要基础和产品质量保证体系中不可或缺的重要环节，贯穿于包括航天产品设计、材料研究与制备、工艺研究与优化、结构件制造与装配、产品使用与维护在内的航天产品的全生命周期。近年来，运载火箭迎来了高密度发射时期，任务量急剧增长，火箭检测年产胶片数量逾 50 万张。在此背景下，以照相胶片、人工评定为主的传统检测模式在检测效率、质量管控、数据管理、资源统筹等方面均面临巨大的挑战。

① 检测装备自动化程度低，检测过程基本依靠人工操作，工艺执行保证能力薄弱。检测结果大部分采用胶片形式，数字化程度不足，对积累的检测数据资源的利用率较低。

② 检测结果评定依赖人工肉眼进行，主观经验性强、效率低，对不同评定人员评定结果的准确性、一致性难以有效把控，评定人员易产生视觉疲劳导致误判、漏判。

③ 信息化基础薄弱，多厂协同模式下数据分散、利用率低，检测结果复查及信息反馈不便，不利于把控产品质量、研制进度节点及高效闭环处理问题。

二、实施方案与技术应用：建设云检测技术服务体系，形成数字化无损检测新模式

1．实施方案

针对航天火箭高密度发射形势下，其检测工作有着向数字化、网络化、智能化转型的迫

切需求，围绕“数字化无损检测”技术的发展与应用趋势，上海航天精密机械研究所积极努力实现从传统检测模式向云检测模式的转型升级。以智能检测装备、云计算、AI 智能识别、试验检测管理平台为基础，开创基于微服务架构的“云”检测技术服务平台，将检测对象、质量管理、检测工艺、检测人员、检测环境、检测设备、检测数据、检测机构、检测和评定标准、检测客户、检测专家等海量信息资源整合，应用软硬件资源共享的云端，实现检测数据的存储、预处理、智能判读、结果反馈，形成了一套全流程融合、柔性智能、自主可控、敏捷复制、快速部署的云检测技术服务体系，如图 1 所示。

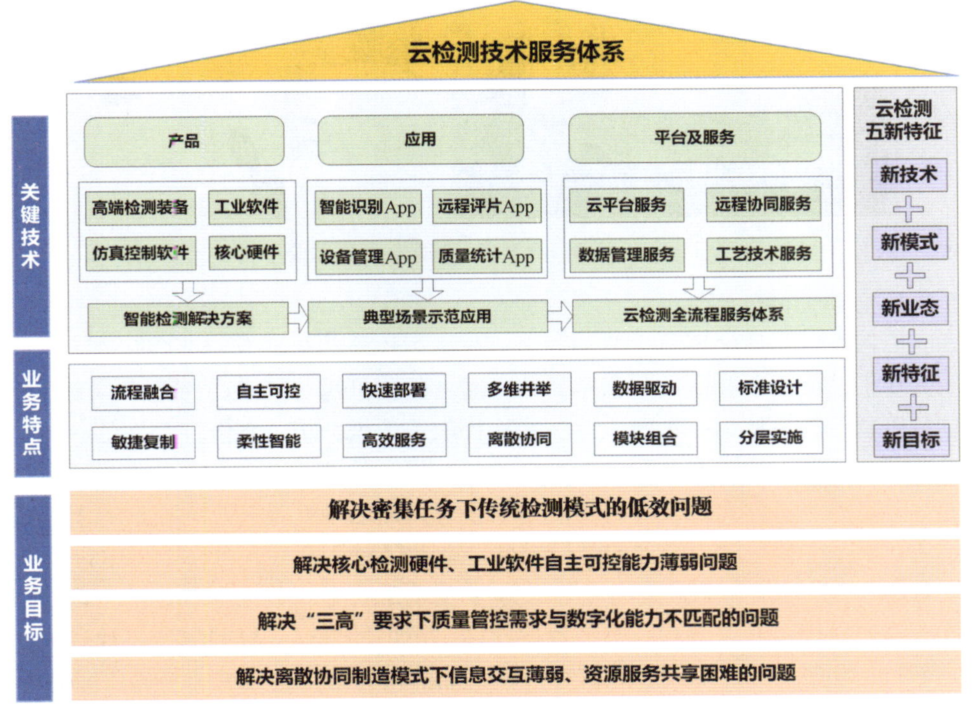

图 1　云检测技术服务体系

云检测技术服务体系以提升无损检测全流程的管控能力为目标，根据航天产品检测的应用场景及特点，通过应用多机器人协同柔性化控制技术、复杂结构产品无损检测工艺技术、基于微服务架构的智能数字射线检测技术、基于深度学习算法的图像识别技术等，实现对检测缺陷的智能筛选、识别和定位，以及对检测设备、检测数据、检测人员等资源的共享和管理；通过开发试验检测管理平台赋能全流程管理，通过图像识别技术提升结果评判的准确性，结合 AR 等周边技术实现远程服务，构建射线检测全周期的数字化、智能化管理体系，实现高效、可靠的产品质量检测和管理，进而实现对过程和数据的监督，推进设备、数据、知识、专家、算法等资源的共享，开创无损检测场景的新业态。

2．技术应用

（1）智能检测装备

上海航天精密机械研究所依托在复杂结构无损检测工艺技术研究方面的优势，研制了多机器人自反馈协同控制、多自由度、窄臂长悬梁展缩、超高帧率动态等能力的智能检测装备。其中，多机器人自反馈协同控制的智能检测装备如图 2 所示。上海航天精密机械研究所通过机电设计、图像处理软件开发、控制软件开发、系统集成应用等关键技术攻关，实现检测结果数字化和工艺实施自动化，全面提升智能检测装备的自主可控能力。

图 2　多机器人自反馈协同控制的智能检测装备

（2）无损检测云平台

上海航天精密机械研究所自主研制并上线应用无损检测云平台。以自研的数字射线云平台为例，其基于云架构、智能缺陷识别算法、网络数据推送等技术，打通“方案设计→工艺仿真→装备研制→人员培训→检测应用→数据提取→数据分析→智能评估”的一体化链路。数字射线云平台的架构如图 3 所示。其中，边缘层通过检测设备、信息系统进行数据采集及上传。平台层包括服务器，以及存储、网络安全等方面的硬件设施，并通过容器云实现资源的动态调度管理，支持性能、容量的弹性扩展。中台层包括业务中台、数据中台和 AI 中台。业务中台通过开发典型场景和工作流程，实现业务基础管理；数据中台包括主题数据、数据建模、数据管理模块，通过数据分类、数据存储、数据抽象形成机理模型、数据模型和分析模型，进而形成数据资产，并通过对其进行有效挖掘和利用实现数据的增值；AI 中台通过图像识别和智能语音实现人工智能在云平台的落地，以做出高效、精确的检测决策。应用层主要包括质量管理、远程服务、智能判读、检测设备管理、检测任务管理、数据图谱、安全监控等应用。

此外，云端可对装备端的数据进行存储、计算，通过广州超算中心保证数据安全，同时实现远程共享与服务。用户端通过无损检测云平台可实现检测结果的远程人工评定或者线上智能评定、专家远程会诊、终端设备远程控制及状态监测、检测工艺远程推送、缺陷智能识别算法部署功能，构建“工艺方案快速设计、复杂工艺精准实施、检测结果智能评定、检测资源高效利用”的新模式。

（3）试验检测管理系统

上海航天精密机械研究所自主研发并上线应用试验检测管理系统（TDM 系统），实现委托、计划、设备、工装、记录、数据、文件等检测业务的全流程管理，并实现数据采集、存储、管理、使用的全生命周期数据管理能力。该系统的运行，可实现无纸化作业，大幅优化业务调度，显著提升资源的有效利用率。

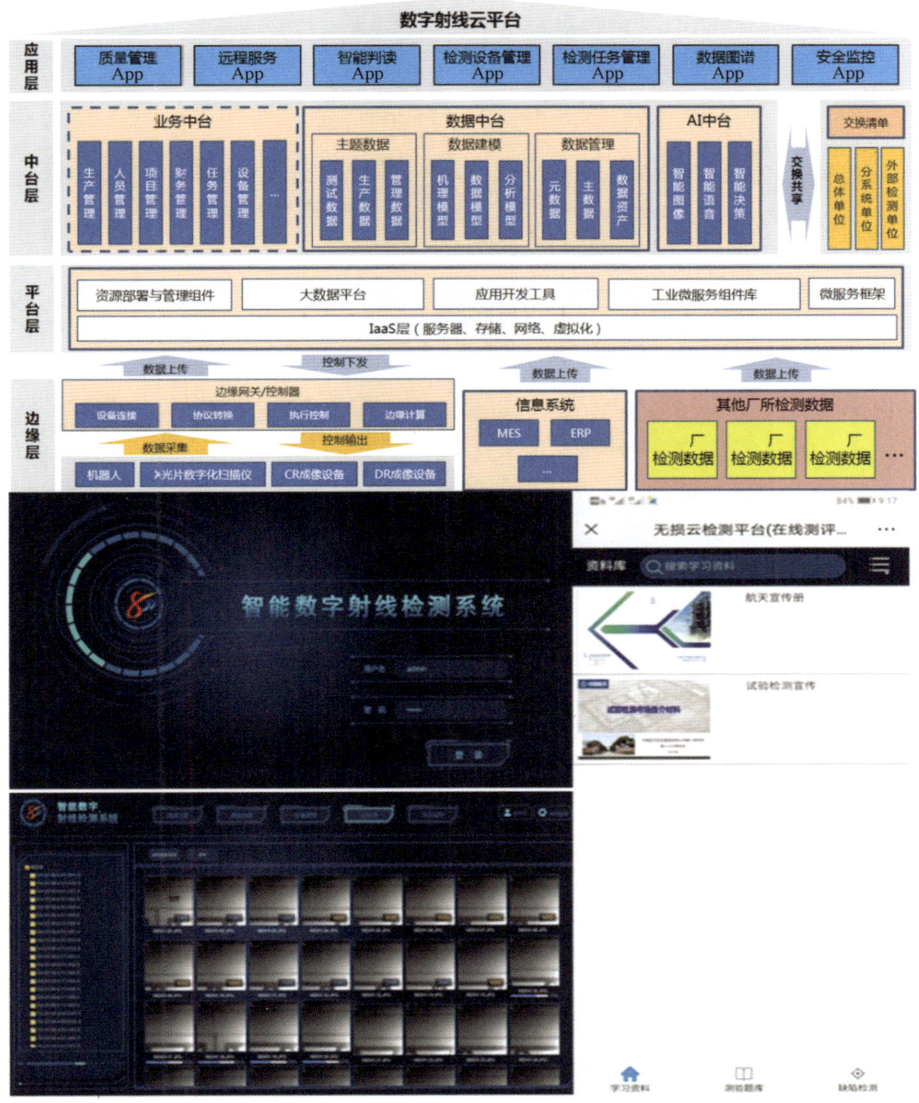

图 3　数字射线云平台的架构

（4）AR 远程协同平台

上海航天精密机械研究所充分融合无损检测与基于虚拟现实（VR）/增强现实（AR）的计算机视觉技术，打造 AR 远程协同平台，如图 4 所示。该平台可实现设备模型和实时数据动态、立体呈现与交互，形成以 VR/AR 电子说明书、AR 智能巡检、AR 辅助维修等为核心的功能模块，显著提升智能检测装备的操作规范性和自主保障能力。上海航天精密机械研究所通过 5G 公网构建“5G+AR”的远程专家协同指导系统，可实现多终端、跨平台、多人实时场景的模型和数据共享，可将操作现场的情况实时发送至远程专家，专家可通过三维标注、语音指导、共享白板、资料传送等方式，辅助操作人员完成设备操作、排障等工作，并可辅助实现流程管理、现场记录、数据分析等功能。

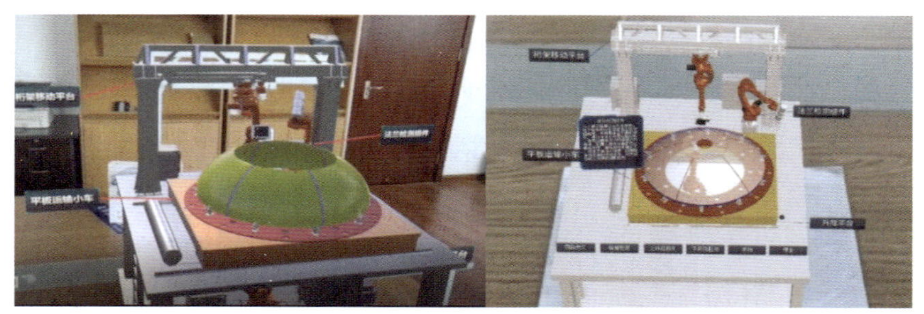

图 4　AR 远程协同平台

三、实施效果：创新服务模式，推进产业发展

1．数字化检测能力大幅提升，有力支撑航天产品高质量发展

云检测技术服务体系在被应用于航天产品的无损检测后，通过智能检测装备，实现检测成本降低约 150 万元/台，并减少 80%的人力资源需求；通过无损检测云平台和试验检测管理系统，实现对产品工艺信息流、质量状态信息流、零部组件信息流、管理调度信息流的智能化运维，实现检测过程自动化、检测流程柔性化、缺陷识别智能化。目前，该系统已成功应用于多个型号运载火箭关键构件的无损检测，全年共完成近两百个运载火箭贮箱“零错漏判”质量评定，提升检测效率、复评/复查效率逾 6 倍，全面保障运载火箭全生命周期的质量与可靠性。云检测技术服务体系相关成果荣获第二十五届全国发明展览会“发明创业奖项目奖”金奖、第五届中国（上海）国际发明创新展览会金奖、2022 年制造业质量管理数字化典型场景优秀案例、2022 年度上海市企业质量管理领域数字化转型“十佳案例”等奖项。

2．数字化云检测转型在离散制造行业发挥示范引领作用

上海航天精密机械研究所通过对云检测技术服务体系的市场推广，开发了高端制造企业、中小型制造企业、专业检测服务商 3 种典型客户。

（1）高端制造企业

高端制造企业以航空、航天、船舶、核电、轨道交通、特种设备等行业企业为代表。上海航天精密机械研究所根据客户的产品特点定制开发满足其质量需求的检测工艺方法，并定制开发以机器人协同检测系统为代表的高端检测系统，通过私有云部署智能检测与 TDM 系统，实现物流、信息流、数据流的集中管理，大幅提升检测效率，降低产品全生命周期成本，赋能智能制造。以沈阳铸造研究所为例，其通过应用本体系中的智能检测装备和无损检测云

平台，节约成本 300 余万元，新增检测收入 1000 余万元。

（2）中小型制造企业

对于中小型制造企业，上海航天精密机械研究所提供通用型智能检测装备，可满足其绝大部分的检测需求，并开放无损检测云平台，使其实现专家远程协同，提升本地检测能力，实现效益、效率、质量的均衡提升。

（3）专业检测服务商

对于专业检测服务商，上海航天精密机械研究所提供多用户、多设备同时在线的云服务，使其实现基于 AR 的远程检测及在线智能评定，提升检测质量的一致性，满足作业人员、服务中心、客户等对检测过程随时监控、及时跟踪的需求，降低图像数据存储、传输的成本。目前，单套设备每年可节约检测耗材超 100 万元，每年合计为客户节约综合成本 1.4 亿元。

3．筹建产业联盟，实现云检测生态，引导行业效益提升

上海航天精密机械研究所围绕云检测技术服务体系，构建“无损检测、检测软件、云计算、自动化、增强现实、人工智能”六大技术门类组成的检测生态链，推进智能检测装备的服务化转型。上海航天精密机械研究所与奕瑞光电子、亮风台智能、丹东华日等上下游企业达成战略合作，促进相关行业的发展。此外，上海航天精密机械研究所与上海市松江区政府合作推进 G60 检测产业联盟的筹建，通过产业聚集效应发展地方经济。

四、经验总结与未来展望

1．经验总结

在推进云检测技术服务体系的建设中，上海航天精密机械研究所按照“先论证后策划、先规划后实施、先架构后落地、先重点后一般、先支撑后服务”的总体思路，在宏观层次上紧抓领域先进技术研究，强化顶层设计，明确目标任务，统筹规划建设，强调技术研发、成果转化、推广应用的有效管理；在微观层次上，充分发挥自身的主观能动性、创造性和积极性，以“高端装备串联打通硬件链路，检测模式变革驱动云端互联，创新技术融合打造核心价值，图像智能识别助推转型升级”的发展理念，全方位推动数字化建设。

在此过程中，上海航天精密机械研究所坚持以下原则：一是坚持需求牵引、统分结合，按照“共性功能模块化、个性功能定制化”的要求开展建设，做到“统而有序，分而可为”，既要求统一高性能、高标准、高稳定系统的整体设计，统一数据服务、流程管理的模式，又要求分内容合理化定制、分模块灵活化搭建、分阶段科学化实施、分层级丰富化功能，按照客户需求以标准化设计、模块化构建、积木式组合、一体化建设的总体思路指导整体建设；二是坚持体系设计、系统集成，采用“标准化设计、模块化构建、积木化组合”的方法，分层逐步进行系统集成，提升建设的整体效率；三是坚持创新引领、多元技术融合，按照“检测过程自动、远程交互高效、服务资源共享、信息管理可靠、结果评定智能、质量管控一流”的思路，采用点面结合、全面管理的典型应用模式，充分积累数字化转型经验，持续有效推动云检测技术服务体系的建设。

2．未来展望

在推动航天领域云检测技术服务体系“技术—产品—产业”良性发展的基础上，上海航天精密机械研究所会将航天检测技术场景迁移到民用产业中，打造产业集群效应，带动产业规模扩大，牵引更多社会力量投入研发，实现检测领域上下游的循环发展；通过云检测生态建设，实现专业内部造血，推动检测产业的良性发展。

五、推荐语

针对高端制造业无损检测领域数字化转型的需求，上海航天精密机械研究所率先提出“工艺定制化—过程自动化—结果数字化—评定智能化—流程信息化”的云检测发展路径，构建以基于微服务架构的智能数字射线检测技术、多机器人协同柔性化控制技术、基于深度学习算法的图像识别技术、增强现实远程交互协作技术为关键技术的云检测技术服务体系，开发试验检测管理平台、远程诊断平台等数字化服务平台，研制运载火箭贮箱焊缝双机器人协同射线检测系统，形成一套柔性智能、流程融合、自主可控的云检测系统，初步实现了云架构下软硬件资源、数据、专家与知识的共享，解决了国内工业领域信息交互薄弱、资源服务共享不畅的问题，全面实现了检测端对设计端、制造端对质量端能力提升的正向反馈，有效赋能高端制造业的网络化、数字化、智能化转型。

六、案例主体介绍

上海航天精密机械研究所隶属于上海航天技术研究院，现主要承担运载火箭箭体结构等航天产品的研制、生产、试验、检测等。目前，上海航天精密机械研究所具有轻合金材料、智能制造、强度环境试验、无损检测、智能检测装备等 30 余项专业技术与产品的开发能力，先后获得国家科技进步特等奖、一等奖等 20 余个奖项。

七、案例视频

扫码观看案例详细视频。

自研无损云检测技术

打造工业互联网销售交付平台，创造美妆行业订单履约新模式

上海自然堂集团有限公司

关键词： 美妆行业、销售交付平台、仓配一体化

摘　要： 本案例聚焦于美妆行业的销售交付平台，旨在解决该行业在多平台销售、线上线下全渠道销售等方面的痛点问题。传统的销售模式存在着多仓库管理不便、发货效率低等问题，影响销售业绩。上海自然堂集团有限公司（简称“自然堂集团”）通过采取工业互联网和数字化服务技术，实现了仓配一体化管理：将全国16个分仓的库存统一管理，从物理地点、订单平台、品牌、人力资源、政策法规、线上线下等多维度进行分析，实现了智能路由发货和快速配送，提高了发货效率和客户满意度。同时，自然堂集团通过数据分析和智能算法，优化了库存管理、订单处理等业务流程，实现了更高效的库存管理和订单处理；通过与工业设备的系统集成，大幅降低人力资源成本；在保障配送质量的前提下，通过智能比价、箱型推荐等功能，节约物流配送成本数百万元。本案例的成功实践，为美妆行业的数字化转型提供了有力的支持和借鉴。

一、场景透视：美妆行业销售交付进度与质量难以把控

当前，美妆行业的销售渠道和销售模式正在发生重大的变革。随着社交媒体和直播电商的兴起，传统的线下销售模式已经不能满足消费者的需求。美妆行业开始注重社交电商和内容营销，通过社交渠道进行销售和推广，所以线上线下多渠道销售、全国多仓履约、配送质量与时效都面临诸多挑战。

1．订单分配效率低

过去分配订单，需要基于各分仓的库存、人力资源、履约的时效、快递产品等多个维度进行手工分配，计划、销售相关人员需要与外部供应商频繁沟通，分配结果掺杂主观判断，导致订单分配准确率低且效率低。

2．订单履约过程难监管

传统的订单履约监管主要依靠人工操作，容易出现人为疏漏、数据不准确等问题，无法实时监控订单履约的过程；针对即将超时的订单，仓库主管无法及时调配资源，导致履约率和客户满意度下降。

3．交付质量难保障

交付质量需要仓内管理、物流/快递公司选择、物流运输监控等多环节来保障，传统方式为人工分配订单、人工按照纸质单拣货、人工选择快递公司/快递产品，经常引发订单分配不合理、仓内拣货路径烦琐、快递公司履约能力不足等交付延期风险。

4．出现“信息孤岛”

各子系统之间未有效打通数据和业务，“信息孤岛”现象严重，大量数据的价值并未得到有效挖掘。

针对这些问题，工业互联网下的销售交付平台提供了一种创新的解决方案：通过智能路由规则设置，实现订单的自动化处理和快速发货；结合软硬件系统集成的仓配一体化，提高发货效率，降低货品损耗率。此外，数字化服务技术还可以满足客户的个性化需求，为客户提供更好的购物体验，从而提高客户满意度。

二、实施方案与技术应用：从销售订单同步到客户签收的销售交付全链路协同

1．实施方案

销售交付平台实现销售交付全链路业务场景的在线管理，覆盖订单分配管理、订单履约过程管理、交付质量管理、签收客诉等业务场景。对于订单分配管理，销售交付平台接收 OMS（订单管理系统）平台的订单，根据指定的路由规则结合库存与订单类型进行仓库分配，实现成本、时效最优的订单分配；对于订单履约过程管理，销售交付平台通过“BI看板”工具实时监控订单的履约全过程，在订单履约时效出现异常时可以做到实时预警；对于交付质量管理，销售交付平台通过搭建大数据计算与数据模型，做到快递智能比价、快递履约能力判断、包装箱型推荐、产能预测，最大程度保障交付质量。在数据共享方面，销售交付平台打通企业的资源管理系统、主数据管理系统、数据中台、OA、OMS、WMS、费用结算系统、赋码系统、营销系统、防伪防窜货系统等信息化系统，真正实现系统间的无缝集成、互联互通。

2．技术应用

销售交付平台的技术架构如图 1 所示，支撑销售交付一体化应用开发与运维。为将复杂、烦琐的人工操作化繁为简，自然堂集团从一开始就决定采用一体化平台架构，打造基于统一平台技术架构、体现美妆行业特色的销售交付平台。

销售交付平台通过应用大数据、云计算技术，以 BI 看板工具图形化呈现订单履约过程，如图 2 所示，实现对订单履约过程的实时监控，为相关负责人的现场决策提供直观、有力的数据支持。

JWMS@loghub技术架构

Web 应用 PC Browser | RF 应用 Mobile Browser | 3rd Party 应用 SAP/一盘货/ECS

Web UI API | Web RF API | Open API

EDI/奇门/中间表

主档 | 库存 | 入库 | 出库 | 配置 | 绩效 | 装载 | 报表 | ……

WMS@LogHub 业务引擎

实体模型服务 | 关系模型服务 | UI模型服务 | 权限服务 | 安全服务 | 其他业务辅助服务

Cybertrans 业务框架

数据访问 JDBC | 缓存服务 Redis | 消息服务 RabbitMQ | 报表服务 Jasper | 邮件服务 SMTP | 日志服务 LogBack | ……

Cybertrans 服务集成框架

应用服务器 Tomcat 8 | 负载均衡 Nginx

数据库 MySQL 5.6+ | 数据库 Mongo 3.2+

操作系统 Ubuntu 14.04+

图 1　销售交付平台的技术架构

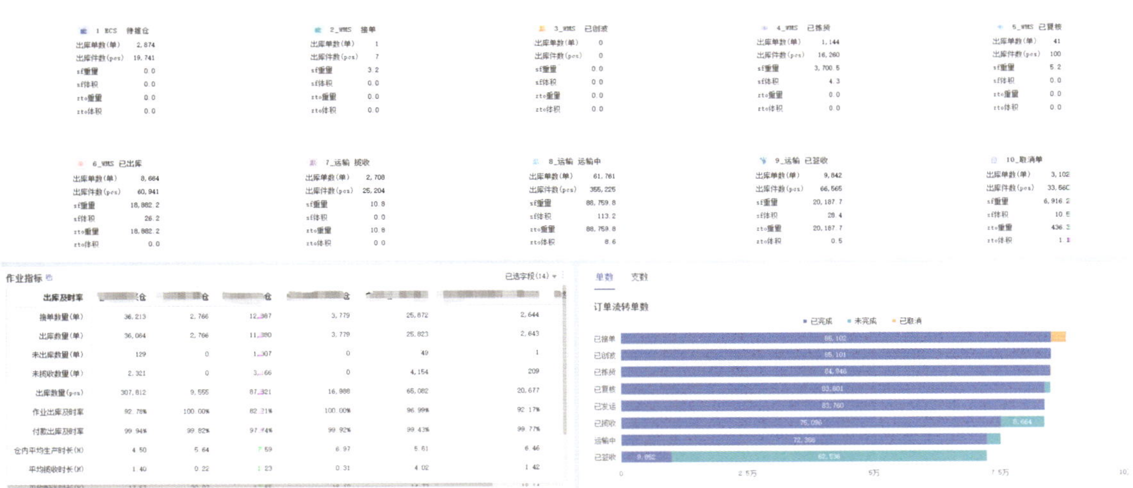

图 2　以 BI 看板工具图形化呈现订单履约过程

数字孪生技术的应用，使销售交付平台更加直观、有效地监控仓库中的设备和货物的运行状态，如图 3 所示。

在以上技术的加持下，销售交付平台解决了订单分配效率低、订单履约过程难监管、交付质量难保障等问题。同时在大数据、云计算技术的辅助下，销售交付平台实现了快递智能比价、包装箱型推荐、仓内拣货路径优化、订单结构分析等额外收益，在真正意义上完成了高质量、高效率、低成本的销售交付。

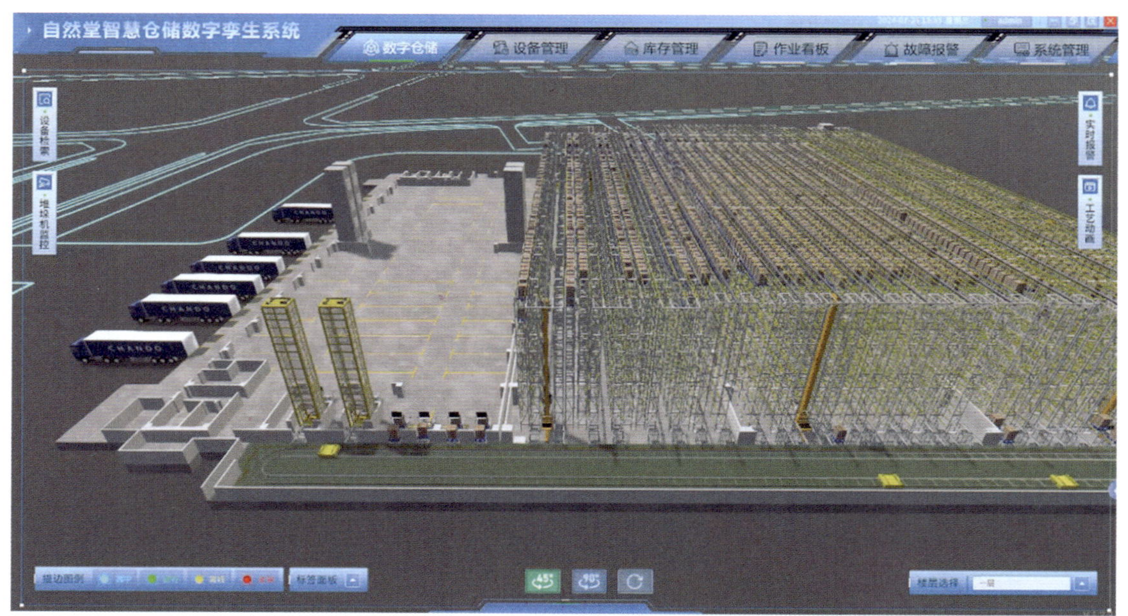

图 3　数字孪生技术的应用

三、实施效果：销售交付平台成功上线

1．经济效益

自然堂集团的仓库地点有 16 个，全年履约订单量达 2000 余万单，参与全链路协同的线上线下店铺有数百家，客户经销商有 2000 余家。在此背景下，自然堂集团交由市场主流快递公司的产品全部完成对接，实现订单履约过程实时、透明，完美订单率明显提升。

自然堂集团通过应用销售交付平台，降低了订单的履约成本，极大地提升了订单交付质量，使销售交付全程可视化，节约运输成本数百万元。

2．社会效益

自然堂集团通过应用销售交付平台，提高了客户满意度和客户忠诚度，增强了企业品牌的号召力和市场竞争力，促进了就业增长和人才培养，创造了上下游行业就业岗位，为社会经济的发展做出了贡献。同时，促进了美妆行业的数字化转型，全面推动了工业互联网的创新发展进程，对美妆行业的销售交付具有显著的示范作用。

四、经验总结与未来展望

1．经验总结

本案例成功的关键在于以下 3 点。

（1）目标明确

本案例旨在打通消费者/客户下单、订单抓取、订单分配、仓储作业、配送各个业务环节，打造一体化的销售交付平台。

（2）需求收集精准

本案例深度调研各环节的痛点与核心需求，精准地识别出业务环节的真正需求。

（3）可拓展性强

本案例系统提供标准的 API 接口，实现销售交付平台与其他外部系统之间的连接。销售交付平台具有高聚合、低耦合的特性，在新增仓库后可以快速移植、快速部署。这样才得以实现销售交付各个环节的高效协同、数据的准确传输，以及实操的简便易行。

2．未来展望

在持续优化销售交付平台的同时，自然堂集团积极推动其与工业互联网平台的协同和互动，为产业的服务化转型赋能。

未来 1～3 年，自然堂集团将更加注重物联网技术的应用，实现设备和物品的智能化连接和管理，提高生产和交付的效率。

随着人工智能技术的发展，销售交付平台将会越来越智能化，通过应用数据分析和机器学习等技术，将实现自动化管理和优化决策。

3．长期规划

自然堂集团将应用销售交付平台进行产品和解决方案的对外输出，带动美妆企业共建企业间交易生态链，促成生态链上企业间的互动协同，实现销售交付平台由“成本中心”到“利润中心”的转变，形成交易业务的新模式。

五、推荐语

自然堂集团基于销售交付平台的成功实践，不仅实现了订单管理、仓储管理、物流配送、客户服务等方面的数字化和自动化，提高了运营效率和客户满意度，还实现了供应链的数字化和智能化管理，提高了供应链的透明度和效率。此外，销售交付平台还为企业实现了实质性的成本节约，提高了整体订单履约质量。这一案例为美妆行业的数字化转型提供了有力的支持和借鉴。

六、案例主体介绍

自然堂集团作为国内美妆行业的头部企业，其销售交付平台采用了先进的物联网技术和智能化管理系统，实现了订单管理、仓储管理、物流配送、客户服务等方面的数字化和自动化，提高了生产效率和客户满意度。该企业的核心竞争力在于产品创新和智能化技术的应用。

工业互联网融合大飞机智能运维，赋能国产民机运行支持“全科急诊室”数智化发展

上海飞机客户服务有限公司

关键词： 装备制造行业、国产民机、运行支持、数字驾驶舱、全科急诊室

摘　要： 随着 C919 飞机正式投入商业运营，以及 ARJ21 飞机逐渐转向安全、顺畅、规模、经济运营阶段，当前以人工数据管理为主的运行支持模式已不能满足未来国产民机数量快速增长的要求，面对业务数据来源多、数据分散、数据之间关联性弱、数据分析能力差等痛点，上海飞机客户服务有限公司（以下简称上海飞机客服公司）以可视化、智能化、集成化为理念，融合工业互联网技术、大数据技术、人工智能、数据可视化等技术，构建国产民机运行支持数字驾驶舱平台，打通业务运维场景数据全链路，实现数据实时汇聚、数据分析和治理；建立运行支持关键核心指标数据监控分析体系，形成监控中心、数据中心、指挥中心，实现运行监控、数据分析决策、指挥调度和协同的数字化运行支持运营新模式，为运行支持“全科急诊室”智慧化建设进一步赋能，使运行支持指挥中心的监控能力提升 50%，运行支持一线人员对数据的获取和查询效率提升 80%以上。

一、场景透视：飞机运行支持数据存在“数据孤岛”，难以管控和决策

随着 C919 飞机的商业运营及 ARJ21 飞机逐渐转向安全、顺畅、规模、经济运营阶段，上海飞机客服公司的发展呈现出运行支持的飞机数量多、涉及客户多、运行地点多、协同支持的业务部门多、积累的数据多、分析的数据维度多等特点。航空公司客户对国产民机的运行支持需求逐渐增多，对于飞机的运行支持能力提出更高的要求。在运行支持期间，客服中心运行支持相关人员需要对飞机运行过程中出现的故障和问题快速响应、快速识别和诊断、快速解决和支持；需要总指挥长和值班长等关键人员针对关键问题进行快速决策，以降低客户飞机非计划的停留时间，提高服务运营效率和客户飞机运行的日利用率，降低客户运营成本和提高客户服务的满意度。目前，运行支持模式主要为支持人员单独面对各种数据源信息进行人工判断来开展支持工作。现有的运行支持模式已不能满足未来国产民机数量快速增长的要求，需要智能化的数据平台代替依靠人力支持的服务方式，实现以全量数据成就卓越运营、以智慧数据驱动有效增长的效果。现有主要痛点包括以下 5 个方面。

① 数据分散，运行支持工作信息化程度不足，各相关信息存在“信息孤岛”，造成信息不对称，缺乏一览全局的视角，影响业务决策。

② 缺乏统一的定义和架构，数据采集、预处理等工作周期长，方法不够便捷，处理效率低，数据更新比较缓慢。

③ 数据来源于多个不同的业务系统，数据流转、处理环节多，存在数据完整性、及时性、准确性、一致性、唯一性和有效性不足等数据质量问题。

④ 数据之间关联性弱，无法对数据进行全方位穿透；影响数据分析效果，无法发挥运行支持历史数据的价值作用。

⑤ 数据展示终端单一，影响使用效率和体验，目前主要以数据表格（如 Excel）或文档形式（如 PDF）的形式来展示数据。

二、实施方案与技术应用：打通端到端的数据链路，构建运行支持指标监控体系

1．实施方案

（1）通过业务与数据驱动，实现数据全流程贯通

方案充分利用现有各业务系统的存量数据资产，构建了从现实业务中直接感知、采集、汇聚数据的平台管理能力，不断驱动业务对象、过程与规则的数字化；打破了运行支持业务数据的“孤岛”状态，保证了运行支持上下游业务链数据的快速传递和数据的完整、一致、共享，提升了运行支持业务运行效率。

（2）提升数据质量，深化数据安全管理

方案针对运行支持保障过程中跨专业数据获取格式不一致、数据质量不高、数据运维成本高等问题，建立统一的数据规则，保障数据源头质量。方案根据业务需要对数据服务进行封装，确保对涉密数据和隐私数据的合法、合规使用，使数据在业务中充分发挥价值，确保数据反映真实状态，降低运营风险。

（3）采用统一数据底座，实现平台能力提供方式的转变

方案基于统一数据底座，搭建运行支持数字驾驶舱平台，在数据质量有保证的前提下，应用人工智能技术，实现业务自动化，通过业务规则数字化、算法化，嵌入业务流，逐步替代人工判断。同时，方案将“指挥大屏”和“移动小屏”作为信息展现载体，开发数据展示和分析应用。

（4）搭建业务可视化应用生态，辅助快速响应与高效决策

方案通过大数据分析和可视化技术提升航班状态监测、预测性维修、飞行安全事件处置、飞机健康管理等数据辅助决策分析能力，以满足 C919 飞机安全顺畅运行和 ARJ21 飞机规模经济运营的需求，为未来国产民机大规模、多客户、全球化运行，以及全面监控、精准分析、协同调度、智能决策提供支持。

方案通过国产民机运行支持数字驾驶舱平台的建设，实现信息与数据流程的全面贯通，打破不同业务系统数字化程度低、业务数据分散的壁垒，赋能国产民机运行支持指挥关键能力的提升，夯实中国商飞运行支持“全科急诊室”基于数据驱动的诊断与决策能力，实现以全量数据成就卓越运营、以智慧数据驱动有效增长的效果，将中国商飞运行支持指挥中心打

造成未来国产民机运营的监控中心、数据中心与指挥中心。

2. 技术应用

国产民机运行支持数字驾驶舱平台以可视化、智能化、集成化为理念，融合大数据、人工智能、数据可视化等技术，将数据架构分为数据抽取层、数据中枢、数据服务层、数据应用层（见图1）。结合业务场景将技术架构分为数据源、系统集成、数据开发系统、建模计算平台及应用层5层，平台采用了以存算分离架构为基础的大数据湖平台技术和微服务架构模式，利用RPA、消息队列方式采集源数据，采用深度学习和知识图谱开展数据分析。平台打通了运行支持相关业务系统之间的数据链路，通过各业务场景的数据汇聚、数据分析和治理，形成了全方位的运行支持业务指标可视化能力，建立了运行支持关键核心指标数据监控分析体系，形成了监控中心、数据中心、指挥中心，实现了运行监控、数据分析决策、指挥调度和协同的数字化运行支持运营新模式。

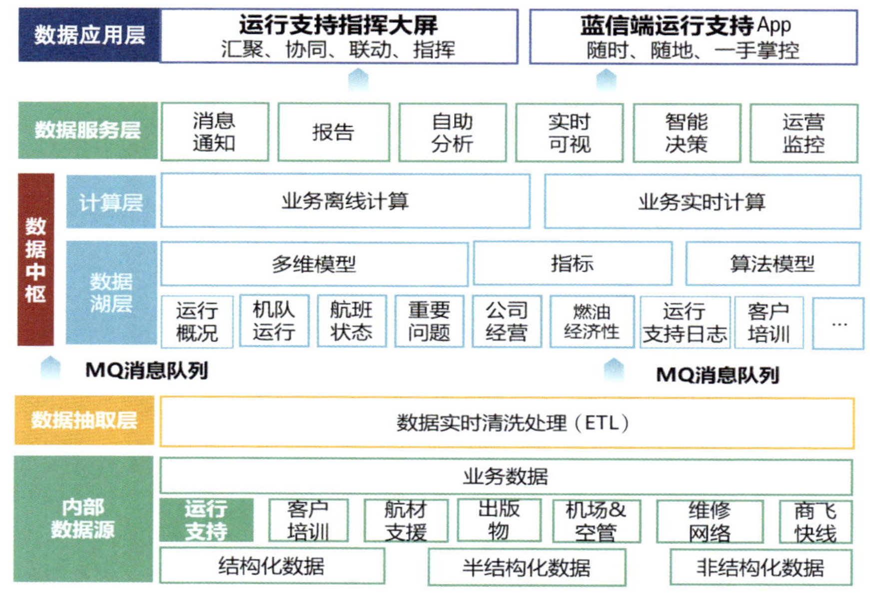

图1 数据架构

（1）主要内容和功能

国产民机运行支持数字驾驶舱平台依托中国商飞运行移动端和运行支持指挥大屏，对业务数据指标和分析结果进行可视化展示。运行支持数字驾驶舱平台覆盖运行支持、维修网络、客户培训、航材支援、商飞快线、工程数据6个业务场景，在运行支持指挥大屏基础上，移动端目前已开发28个数据应用App。

（2）机队运行监控

驾驶舱平台通过对数据全链路下的各个环节的数据情况进行监控，实时监控国产民机的运行状态、飞行指标和设备状态等，及时发现运行问题并进行处理，尽可能减少不必要的停机维修和飞行延误。

（3）航班状态监控

驾驶舱平台打通航班计划的获取接口，实现航班计划自动报送和自动推送，实时监控航班状态，通过航班运行规则和运行监控机制，实时分析航班计划执行记录，智能跟踪航班执行情况。航班状态监控界面（演示）如图 2 所示。

（4）飞机实时监控

为更全面、更准确地掌握 C919 飞机与 ARJ21 飞机的运行情况，实现对上海飞机客服公司国内外的每架飞机的实时监控，驾驶舱平台可实时跟踪飞机运行情况，为运行支持决策提供支撑，全面提升对 C919 飞机与 ARJ21 飞机运行支持的效率。飞机实时监控界面（演示）如图 3 所示。

（5）应急协同与指挥调度

驾驶舱平台通过运行支持“全科急诊室”远程会诊系统，快速与客户建立连接和协同，实现对航空公司客户的快速响应和快速支援；打通航空公司与飞机制造商之间的数据接口，实现在紧急状态下跨系统的数据和相关知识的实时共享，保障飞机安全运行。应急协同与指挥调度界面（演示）如图 4 所示。

（6）数据分析与决策

驾驶舱平台以价值为导向，为全面反映业务动态，构建了 53 项运行支持指标，形成了数字驾驶舱监控指标体系框架，实现了运行支持监控数字化，可提供更及时、准确、直观的运行状态数据，进而可为相关人员提供基于事实的辅助决策依据，改善运行支持的效率，为客户提供更好的服务。数据分析与决策界面（移动端演示）如图 5 所示。

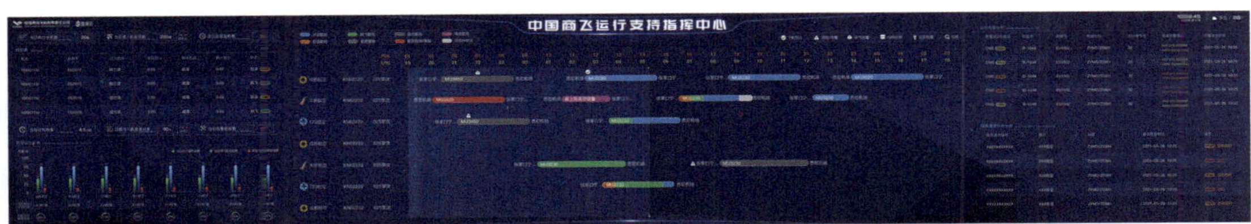

图 2　航班状态监控界面（演示）

图 3　飞机实时监控界面（演示）

图 4　应急协同与指挥调度界面（演示）

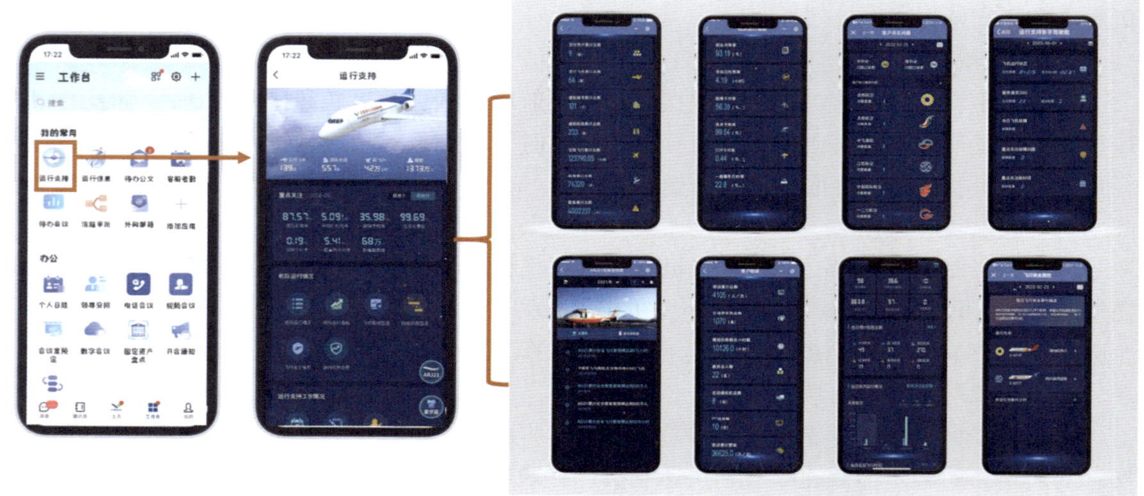

图 5　数据分析与决策界面（移动端演示）

三、实施效果：赋能国产民机运行支持“全科急诊室”数智化发展

1．经济价值

国产民机运行支持数字驾驶舱平台完成建设后，为运行支持“全科急诊室”智慧化建设赋能，可有效提升指挥、调度和决策效率，助力运行支持数字化转型迈向新阶段，适应 C919 飞机安全顺畅运行和 ARJ21 飞机向规模经济运营转变的高效运行支持需求。该平台带来的具体效益：运行支持业务数据处理效率至少提升 80%；运行支持指挥中心监控能力提升 50%；通过让数据多跑路、人员少跑路，每年可减少运行支持团队人力成本 1000 万元以上；应急事件处理效率提升 25%以上，每年可减少航空公司 AOG（飞机停场）经济损失 200 万元以上。

2．转型变革

国产民机运行支持数字驾驶舱平台成功落地实现了两个转变。

一是实现了平台能力提供方式的转变。该平台实现了运行支持关键业务对象的数字化并不断汇聚数据，提升了数据自动采集能力，减少了人工录入，避免让大量一线运行支持人员将精力消耗在事务性工作中；实现了业务数据共享和数据能力的服务化，支撑一线运行支持人员和业务数据的互联，提升了国产民机运行支持运营效率。

二是实现了运行支持运营模式的转变。该平台基于统一的数据底座，运用智能算法逐步替代人工判断，能够让上下同步感知运行支持业务运行态势，将数据在线查询转变为事前、事中监控，方便随时查看运行支持业务指标，实现数字化运营与决策。

3．社会效益

（1）国产民机运行支持模式转变

驾驶舱平台赋能国产民机运行支持指挥中心运行监控、数据分析和指挥调度三大关键能力效能提升，夯实中国商飞运行支持“全科急诊室”基于数据驱动的诊断与决策能力，为国产民机运行支持探索新模式。

（2）行业示范

驾驶舱平台入选 2023 年工业和信息化部、国家发展改革委、财政部、国务院国资委、市场监督管理总局 5 部委联合对外发布的“智能制造优秀场景”，并荣获第二届“大飞机”创新创业大赛一等奖和国务院国资委国有企业深化改革标杆项目评价。

（3）人才培养

驾驶舱平台团队成员在运行支持业务知识方面得到系统化学习，团队的能力得到进一步锤炼和提升，为未来国产民机运行支持的数字化、智能化创新发展和高质量发展，夯实了专业技术基础能力的根基。截至目前，该平台在国产民机运行支持业务领域及大数据技术方面已累计培养 30 多名人才，解决了 10 名高校毕业生的就业问题。

四、经验总结与未来展望

1．经验总结

该案例成功的关键在于对国产民机运行支持数字驾驶舱平台的打造，实现了各业务系统之间的贯通和各业务场景的数据汇聚，建立了运行支持关键核心指标数据监控分析体系。项目成功落地实施的因素可以概括为以下两点。

① 融合创新思维，吃透技术，构建统一的数据湖底座，打通了数据供应通道，确保了运行支持业务场景数据的完整性和一致性，为数据治理和数据安全提供了支撑。

② 以客户为中心，吃透需求，统筹规划和敏捷实施，快速迭代版本，并高效验证和反馈，持续优化。

2．未来展望

上海飞机客服公司将成立大数据和人工智能技术攻关团队，培养团队技术人员的能力，夯实能力基础；将人工智能等技术融入国产民机运行支持数字驾驶舱平台，将数据湖中的故障和风险数据作为构建知识图谱的原材料，对数据进行信息抽取和语义解析，结合业务要求进行数据类建模、实例建模和模型处理；研究利用 NLP（自然语言处理）挖掘风险及故障的关联影响，构建推理推荐和决策支持子系统，以具备风险态势洞察预警和故障智能化诊断的能力；以上海民用飞机健康监控工程技术研究中心为载体，与各单位开展深度合作，深入民机健康监控的研究，利用深度学习对业务数据进行数据模型训练，构建不同业务要求的模型库，以实现业务知识自动归类聚合、关系抽取、相似度计算，进而实现运行支持故障诊断、故障预测与飞机健康管理；将研究成果与国产民机运行支持数字驾驶舱平台深度融合，以健全数据智能化分析能力。

五、推荐语

该案例形成国产民机智能运维新质生产力：大力发展大数据和人工智能等关键技术，以科技创新为驱动，大力发展国产民机规模化运营新质生产力，为国产民机运行支持新模式提供完整的解决方案和应用案例，在大飞机装备制造行业、其他重大装备制造业和民航运输业有较大的推广意义。

六、案例主体介绍

上海飞机客户服务有限公司作为中国商飞公司的客户服务中心，承担着大型客机、支线客机及其他国产民机国内外客户服务的科学研究、技术研究、体系建设和全寿命客户服务等工作。该公司努力为客户提供更加安全、更加经济、更加舒适、更加环保的全寿命、全方位支持和服务，确保国产民机的商业成功。

七、案例视频

扫码观看案例详细视频。

大飞机智能运维

“四流合一”的全产业链智慧服务平台，支撑钢铁产业数字化转型

上海钢银电子商务股份有限公司

关键词： 钢铁产业、供应链协同、大数据、云服务、智慧服务平台

摘　要： 传统的钢铁产业供应链存在链条不完整、分布不均衡、数字化水平低、信息不对称等一系列痛点，严重影响了产业的健康发展。为了解决这些问题，上海钢银电子商务股份有限公司（以下简称钢银电商）通过构建钢铁全产业链智慧服务平台，实现了信息流、资金流、物流和票据流的“四流合一”，利用大数据、云计算、物联网等先进信息技术手段，实现了信息的实时共享与高效传递，打破了传统供应链中的“信息孤岛”现象。平台提供了交易结算、供应链产品、仓储加工、物流配送、SaaS 等一系列综合服务解决方案，大大提高了交易效率、降低了物流成本、优化了仓储管理。通过模式创新、管理创新和产品创新，平台显著提升了钢铁产业的供应链协同效率和整体竞争力，成为生产性服务互联网标杆平台，为钢铁产业的数字化转型及高质量发展提供了有力支撑和示范作用。

一、场景透视：传统钢铁产业供应链的痛点与革新需求

钢铁产业作为国民经济的基础支柱，其供应链体系的完善与高效运转对整个产业链的稳定发展具有至关重要的意义。然而，传统的钢铁产业供应链存在着一系列的痛点和难题，严重影响了产业的健康发展。

1．传统供应链的难题与弊端

链条不完整：钢铁产业的供应链链条不完整，与现代流通模式脱节。尽管有少数钢铁企业尝试通过其产业互联网平台，整合产销研一体化来构建自有供应链，但绝大多数企业仍沿用陈旧的管理方式，企业与企业之间的互联互通尚未形成，导致供应链的整体效能大打折扣。

分布不均衡：在供应链中，钢厂和终端用户往往占据主导地位，而中间流通环节则显得较为薄弱，缺乏足够的联结度。更为严峻的是，中间流通环节存在“散、小、乱”的问题，这不仅阻碍了供应链的顺畅运行，还容易引发诸如“博行情”等无序竞争行为，进一步扰乱市场秩序。

数字化水平低：钢铁产业整体数字化水平较低，运营管理成本高、效率低下。面对这一现状，加快钢铁产业数字化转型已成为产业发展的必然趋势。

信息不对称：钢铁产业各节点企业之间缺乏有效的信息沟通机制，生产、贸易、终端用户之间的信息往往存在严重的滞后和不对称现象。这种信息壁垒导致供应链整体表

现迟钝，无法及时响应市场的变化，影响供应链的整体效能及企业的经营决策效率和运营成本。

2. 钢铁产业电子商务的痛点与难点

供应链节点复杂：钢铁产业节点企业的层次差异大，同一企业可能参与多条供应链，增加了协同的复杂性。钢铁电商平台需要处理大量的交易数据和物流信息，以确保各节点企业之间的高效协同。

信息共享需求高：钢铁电商只有实现高效、精确的信息共享与信息传递才能提高供应链效率，降低企业成本。电商环境可以实现共享订单状态、销售数据、需求信息、财务信息，但也对信息的准确性和及时性提出了更高的要求。

资金流通效率低：钢铁贸易资金需求大，融资困难，影响供应链的顺畅运行。终端用户面对钢贸商（从事钢铁贸易的商家）、钢厂有赊购需求，而钢贸商、钢厂有融资需求，资金流通效率低下制约了产业的整体效能。

二、实施方案与技术应用：智慧服务平台的创新实践

1. 实施方案

大宗商品电子商务不同于普通消费品电子商务，不仅仅是将线下交易简单地迁移到线上。由于大宗商品具有特殊性（如价格波动大、供需量大），且为了交易便利还需满足易于分级和标准化、易于储存和运输等特点，这使得大宗商品电子商务在发展中必须与物流、供应链服务等关键环节紧密结合。钢银电商利用移动互联网、物联网、大数据、云计算、5G、人工智能等信息技术与传统产业深度融合，依托科技串联上下游，通过“交易+供应链服务”的生态模式，整合信息流、资金流、物流和票据流，通过“四流合一”提升供应链的协同效率。具体实施方案包括以下两个方面的内容。

（1）构建产业生态平台

方案覆盖信息、物流、供应链服务的全场景，协同采购、生产、贸易等环节，形成钢铁产业供应链“多流一体”融合协同发展。钢银电商通过对钢铁全产业链多个环节业务流程的研究与信息系统的分析，对多元信息数据进行标准化的定义与封装处理，逐步实现了全产业链数据的对接与汇聚，为产业生态平台提供了基础的大数据服务总线，形成了大数据中心职能，加强了钢铁产业链的集聚和协同。钢银电商通过对上中下游用户需求进行分析及开展个性化应用定制，进一步延伸服务范围，建立钢铁全产业链网络协同和互信的环境。产业生态平台为钢铁全产业链提供基于真实场景的供应链产品与服务，实现产业链的数字化协同创新，优化价值链的资源配置，从而进一步提升整个钢铁产业的数字化进程和能力。图 1 所示为钢银电商全产业链智慧生态服务体系图谱。

（2）打造智能化风控体系

基于对大数据和云计算技术的深度应用，钢银电商围绕用户信息、交易行为、市场信息等多维度指标，建设智能化 BCS（钢银信用管理系统）风控体系，推出完善的数字

化风控模型，实现可视化数据监控和实时风险预警，提高风险管理能力，同时运用大数据技术对平台的运作管理进行风险评估，确保交易环节的安全可控。此外，钢银电商诚信子平台与政府公共信用平台进行对接，进一步将市场层面的数据与政府层面的数据相结合，建立更精准的行业信用判定机制，推动整个产业信用体系的完善，提升产业整体的抗风险能力。

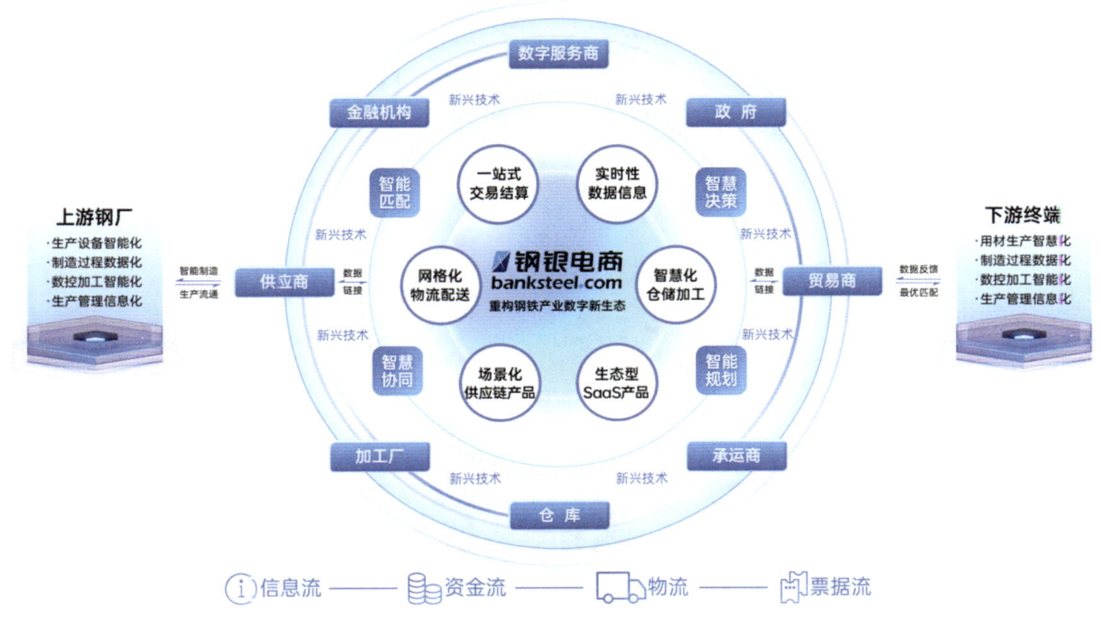

图 1　钢银电商全产业链智慧生态服务体系图谱

2．技术应用

钢铁全产业链智慧服务平台（以下简称平台）包含产业链服务应用系统、产业链协同 SaaS 云系统、多场景供应链产品系统、统一数据服务总线、数字风险控制系统、智能数据分析系统。

（1）产业链服务应用系统

交易结算服务：面向钢铁产业上下游用户推出从卖家挂牌到买家下单，再到卖场审核、生成合同、支付结算、买家提货、二次结算、开具发票等一系列标准化的一站式交易结算服务，打破了钢铁产业存在的信息隔离、地域限制、渠道垄断等痛点。平台通过深入挖掘买卖客户的需求，实现了精准匹配，从而大大缩减了流通层级，提高了产业整体的运行效率。图 2 所示为钢银电商 PC 端界面，用户可以访问现货超市、终端直采、供应链服务等服务板块，同时进行相关业务的操作与管理。图 3 所示为钢银电商移动端界面，用户可以不受环境限制，随时随地便捷访问平台。

图 2 钢银电商 PC 端界面

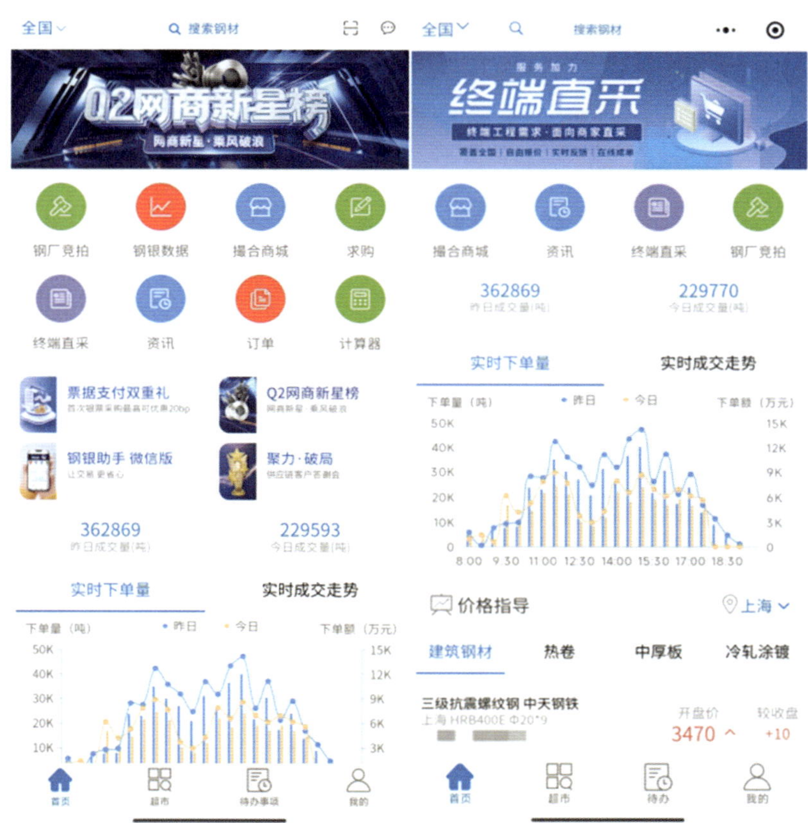

图 3 钢银电商移动端界面

物流实时跟踪：利用物联网收集并传输数据，同时利用 5G 通信技术为数据的传输提供超高速、低时延的传输通道，确保了物流信息的即时传递与更新。平台通过系统建模对车辆、线路、往返路程等对象进行可视化管理和科学调度，实时监控货物流向，用户可以实时查看货物的运输状态和位置，这大大提升了物流信息的透明度。系统还支持多种物流模式，包括陆运、水运及多式联运，能够满足不同用户的多样化需求。图 4 所示为及韵物流系统界面，其展示了实时成交数据及物流跟踪等信息，让物流更加透明。

图 4　及韵物流系统界面

仓储加工服务：用户可以通过平台进行仓储预订、货物管理和加工操作。系统可提供智能化的仓储管理功能，包括库存监控、货物分类和加工进度跟踪，实现了无纸化操作，提升了仓储加工的效率。“云仓数联”与第三方社会仓库系统对接，优化了货物资源结构；仓库网络与交易网络、信息网络、物流网络互联互通，加强了仓储监管的网络化管理及对资源的安全监管。图 5 所示为钢银电商仓储加工系统界面，用户可在此进行加工管理、库存管理等。

数据信息服务：钢银电商发挥互联网大数据优势，推出“钢银数据”，为产业用户提供涵盖全国 44 个城市的钢厂的主流品种在平台的实时成交情况，将天气、价格、涨跌、成交等多维度数据深度结合，为上下游企业提供科学化、智能化的分析与支持，帮助企业更准确地把握市场动态，了解需求变化趋势，实现以销定产和柔性制造，避免库存积压和资源浪费，实现产业大数据的智能化应用。图 6 所示为钢银电商数据服务界面，其展示了实时下单量、实时成交走势等详细信息，为用户提供采销策略支撑。

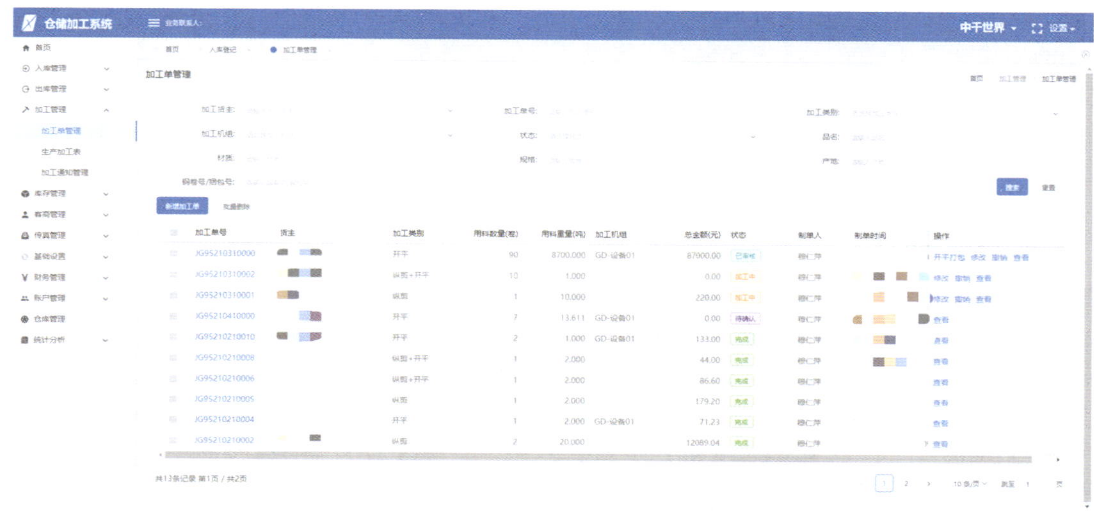

图 5 钢银电商仓储加工系统界面

图 6 钢银电商数据服务界面

（2）产业链协同 SaaS 云系统

云 • 贸易：该系统支持云端贸易服务，用户可以通过平台进行贸易撮合、合同管理和订单跟踪。该系统提供对贸易流程的全程管理功能，用户可以实时查看订单状态，确保交易流程顺利进行。图 7 所示为钢银电商云 • 贸易系统界面。

图 7　钢银电商云·贸易系统界面

云加工：该系统围绕入库、出库、加工等关键场景，助力制造企业实现对生产加工、设备维护、人员协作等流程的智能化、快捷化、精细化管理，高效配置生产资源。图 8 所示为钢银电商仓储加工系统界面。

图 8　钢银电商仓储加工系统界面

（3）多场景供应链产品系统

在规模化交易的基础上，平台创新开发“任你花”“帮你采”“订单融”等系列场景化的供应链服务产品，整合资源、技术、风控等核心能力，将供应链服务嵌入不同的交易场景，满足用户的多样需求。同时，平台链接银行等金融机构，打通客户与银行间的沟通渠道，实现银行资金与产业需求的有效链接，解决产业用户的账期与货物两大难题，夯实交易流程、提升交易的效率和灵活性。图 9 和图 10 分别介绍了供应链产品“任你花”和“帮你采”的服务特点及业务流程。

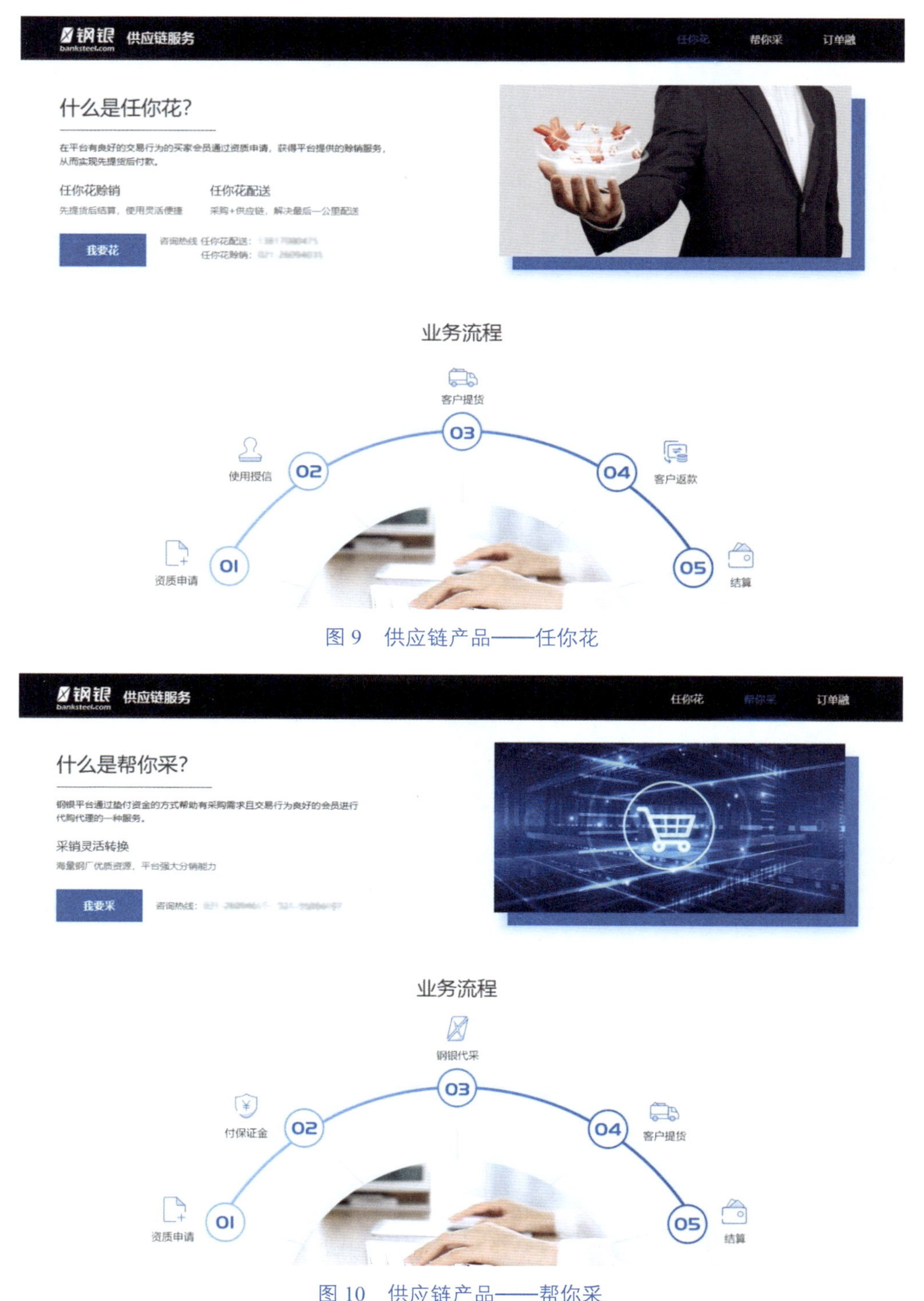

图 9　供应链产品——任你花

图 10　供应链产品——帮你采

（4）统一数据服务总线

平台提供多类型 API 服务、懒数据高速缓存、数据脱敏管理、数据基因管理等，支持对数据的高效处理和管理。

（5）数字风险控制系统

平台通过多维度评分模型、BCS信用管理、场景/动作/规则管理、黑白名单管理、风控联动和案件管理等功能模块，实时监控交易行为，进行风险预警。图11所示为用户评价系统界面，其主要展示商家的BCS评分，并对商家进行额度管理与风险控制。

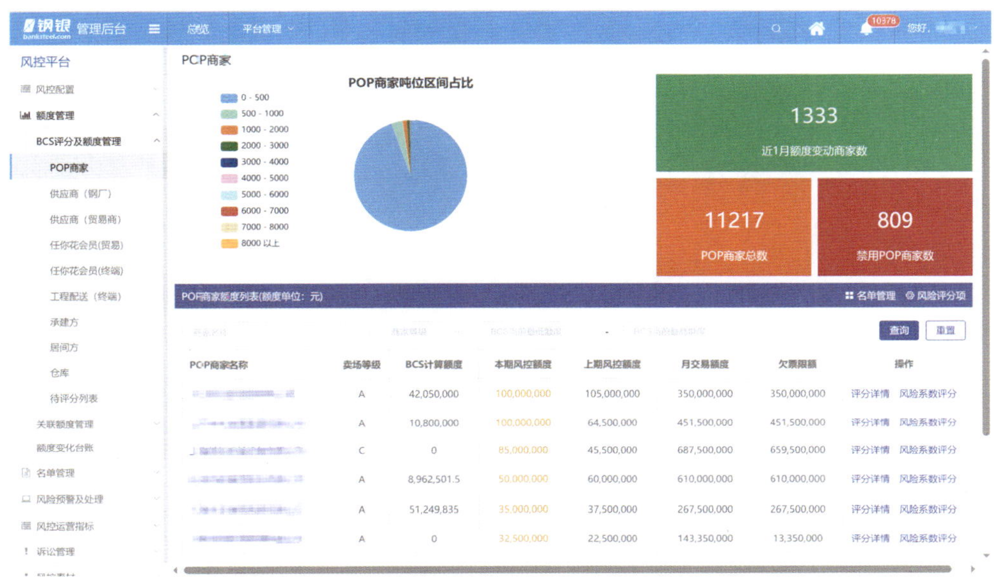

图11 用户评价系统界面

（6）智能数据分析系统

平台包括DAM（自研的ETL平台）、客户画像、数据可视化、维度管理等功能模块。图12所示为用户管理系统界面，该系统利用大数据分析技术生成用户的多维度画像，记录用户的交易行为、偏好和信用信息，直观展示数据情况，为用户提供个性化服务并进行推荐。

图12 用户管理系统界面

三、实施效果：经济与社会价值凸显

交易规模显著增长：钢铁全产业链智慧服务平台以交易为核心，通过寄售服务实现了交易流程的扁平化与数据化。在此基础上，平台进一步推出了供应链服务解决方案，拓展至仓储、物流、数据等增值服务领域。2023 年，平台的交易规模达 6364.07 万吨，同比增长 20.14%，交易金额达 2530.82 亿元，这充分彰显了平台在钢铁流通领域的市场主导地位。

盈利能力稳步提升：随着平台创新模式的发展及交易规模的增长，平台的盈利能力也得到了显著提升。2023 年，钢银电商的营业收入达到了 855.08 亿元，同比增长 12.70%，净利润达到 3.2 亿元，同比增长 17.28%，纳税总额达 2.53 亿元，这充分体现了平台模式的可持续性和社会价值。

用户规模广泛：目前，平台的企业用户数已超 18 万家，商家数超 1 万家，与超过 350 家钢厂建立了合作关系，实现了对主流钢厂的全覆盖。平台下游终端覆盖建筑、基建、工业工程、汽车、家电、工程机械、粮食与饲料机械等多个领域。平台的服务对象包括中国建筑集团有限公司、中国铁路工程集团有限公司、中国冶金科工集团有限公司等大型央国企，以及小米汽车有限公司、北京车和家信息技术有限公司（理想汽车）、上海汽车集团股份有限公司乘用车公司等上市企业，服务领域广泛，稳居行业领先地位。

上下游协同发展：平台提供包括仓储、物流、供应链产品、信息数据等在内的一系列服务，成功打通了产业链上下游，整合了社会资源，推动了信息流、资金流、物流和票据流的“四流合一”，不仅帮助钢铁产业上下游实现了产业链共享和供应链升级，还提高了供应链协同效应，为钢铁产业打造了供应链协同新生态。据统计，平台的人均效能高达 5.86 万吨，是传统模式的 11.72 倍，这不仅体现了平台运营效率的提升，更说明了平台模式的先进与高效，产业价值凸显。

推动区域一体化发展：平台结合优势资源、市场供需、供应链配套等综合因素，逐步构建了完善的服务网络。目前，钢银电商在全国已有 50 多个服务网点，公司充分发挥总部经济的优势，形成了总部集聚效应，带动了区域发展。公司立足上海，推动长三角区域钢铁产业的发展，并辐射至全国。

行业示范效应凸显：钢银电商凭借其卓越的管理模式连续 8 年上榜“中国互联网百强”，位列大宗产业类目首位，同时，它也是国家发展改革委首批“数字化转型伙伴行动”倡议单位，荣获工业和信息化部“国家中小企业服务示范平台”、商务部“国家电子商务示范企业”、上海市经济和信息化委员会“上海市首批产业互联网示范平台”等荣誉，得到了政府、行业和客户的高度认可，成为行业的标杆与典范。

四、经验总结与未来展望

钢银电商在“四流合一”的钢铁全产业链智慧服务平台的建设和运营过程中，积累了丰富的经验。

1．**模式创新**

钢银电商全产业链智慧服务平台通过“交易+供应链服务”一站式解决产业链各方在信息流、资金流、物流和票据流上存在的痛点，即通过构建产业生态平台，融合信息、物流、供应链服务的全场景，协同采购、生产、贸易等环节，通过企业管理中台的线上化真正形成钢铁产业供应链“多流一体”融合协同发展，通过产业生态平台赋能钢铁产业上下游创新协同发展，实现多方互利共赢格局。

2．**管理创新**

在风险控制方面，钢银电商运用大数据技术对平台的运作管理进行风险评估，确保交易环节的安全可控，并与企业情报分析平台“风报”合作，加强数字化风控预警与联动。在客户准入方面，钢银电商与央行企业征信备案机构之一“天眼查”合作，确保企业的信息真实。在业务管理方面，钢银电商与国内电子签名行业领跑者“e签宝”合作，引入安全可靠、合法合规的电子签名技术，通过时间戳、区块链存证等技术实时加固信息，保障合同的真实、完整。在标准化建设方面，钢银电商积极承担国家级标准化试点示范项目，建立了钢铁产业交易流通、供应链服务标准化体系。同时，钢银电商积极投身标准制定，参与上海市商务委员会发起的《企业商务诚信评价规范》的编制，并主导参与《钢铁电子商务团体标准体系》《品牌培育管理体系实施指南　钢铁电子商务服务业》《产业互联网标准化》《场外大宗商品衍生品市场自律管理系列标准》等多项行业标准和地方标准的制定，充分发挥平台的示范作用，通过标准应用推动钢铁产业商品流通和服务的标准化建设，促进产业的规范化发展。

3．**产品创新**

平台创新开发供应链服务产品“帮你采”“任你花”“订单融”，满足全产业链用户对资金和货物的需求，通过整合上下游产业资源和需求，为上游钢厂提前锁定真实需求，帮助上游钢厂调整生产计划，从而实现以销定产、柔性制造，同时帮助下游用户提前锁定有保障的优质资源，降低采购成本，提高采购效率。此外，平台与华瑞银行、北京银行等金融机构展开深度合作，积极搭建银企合作新通道，提升金融机构服务实体经济的能力，为中小微企业提供更丰富的解决方案，推动产融深度结合，提升产业协同效率，解决钢铁企业融资难、融资贵的问题。

未来，钢银电商将持续构建钢铁流通领域智慧生态服务体系，增强核心优势。钢银电商将探索大数据、区块链、人工智能等新兴技术在钢铁电商领域的应用，整合平台在交易结算、数据信息、网络货运、数字供应链协同及运营管理等方面的资源优势和服务能力，向市场提供优质、高效、安全、开放的平台数字生态服务，助力中国钢铁产业实现数字化、高质量发展。

五、推荐语

钢银电商全产业链智慧服务平台通过技术和模式的创新，显著提升了钢铁产业的供应链协同效率和整体竞争力，树立了生产性服务互联网平台标杆，为钢铁产业的高质量发展提供了有力支撑。该平台的成功经验具有广泛的扩展性和可迁移性，在大宗产业每一个垂直领域都具有巨大的市场规模和发展潜力。钢银电商是大宗产业平台经济的先行者、实践者、创新者和示范者，其成熟的平台模式和运营经验，必将为大宗产业平台经济的百花齐放提供宝贵的借鉴意义。

六、案例主体介绍

上海钢银电子商务股份有限公司成立于 2008 年，是国内位居前列的千亿级钢铁电商平台，构建了中国领先的钢铁 B2B 全产业链智慧服务平台。公司以钢铁电子商务为基础、产业大数据为支撑，整合产业链资源，构建了集数据信息、交易结算、供应链产品、仓储加工、物流配送、SaaS 于一体的综合服务生态体系，致力于将互联网、物联网、大数据、云计算、5G、人工智能等新技术与传统产业深度融合，依托科技串联上下游，实现促进产业降本增效和“让钢铁流通更便捷、更安全”的愿景使命。

目前，钢银电商已与超 350 家钢厂建立合作关系，合作仓库超 500 个，物流承运合作企业超 1 万家。钢银电商在国内已有 50 多个服务网点，员工人数超 1000 人，高端互联网研发人才近 200 人；企业用户数超 18 万家，2023 年交易规模达 6364.07 万吨，交易金额达 2530.82 亿元，交易规模逐年增长并持续领跑行业。钢银电商被评为首批“上海民营企业总部”、工业和信息化部“国家中小企业服务示范平台”、商务部“国家电子商务示范企业”，已成为中国产业新经济发展的标杆企业。

七、案例视频

扫码观看案例详细视频。

钢铁产业智慧服务平台

全链路数字化升级：助力装备制造行业实现数据流与价值流的生产高效协同

上海数忆科技有限公司
宁波力劲科技有限公司

关键词： 装备制造行业、数字化工厂、实时数据驱动

摘　要： 随着全球产业供应链迎来新发展、新布局，企业的业务量、订单量急剧增加，终端客户的要求也日益提高。对于装备制造行业而言，如何快速提升对配套供应商的科学有效管理，进一步提高产品性能和生产效率，缩短交货周期，已经成为当务之急。上海数忆科技有限公司（以下简称数益工联）通过数字工厂系统（DFS），基于设备物联与实时数据驱动，助力全球高端装备制造企业宁波力劲科技有限公司（以下简称力劲科技）实现"供应链协同—厂内高效制造—客户端智能化"的全流程全要素打通的数字化链条，实现制造周期缩短30%，关键设备开机率提升49.8%，节省标准纸质图纸10万张。

一、场景透视：生产交付透明化及质量管理标准化面临挑战

在装备制造生产现场，常常面临如下几个问题。

① 供应商的货物能否准时准量到达工厂？

② 小批次物料如何放置？能否及时被找到？

③ 物料是否齐套？物料被挪用后，齐套率是否还准确？

④ 客户催进度，如何回复当前进度？交付如何保证？

⑤ 怎样下发和查看图纸？其安全性和准确性如何确保？

对于装备制造企业而言，生产现场往往有种类繁多的原材料，装配物料的齐套情况却无处查询。装备制造企业应充分认识到，实现对库存的准确、实时、透明化管理对于后续的生产过程非常重要。

此外，由于生产过程变更频繁，产品信息及图纸不断更新，生产订单进度不透明、信息回传慢、传递不及时、状态更新滞后都可能导致订单延误，企业最终难以应对。

同时，设备不易管理及异常响应不及时也是痛点。企业仅通过线下形式统计日、周、月的开机率，使得设备开机率及其趋势无法得到精准统计及分析；异常停机原因往往依靠精益人员现场跟踪进行排查，并现场手工记录，无法进行高效、实时的异常分析及优化。

再者，对于装备制造行业而言，图纸管理也是重中之重。在生产现场，往往有成千上万张种类繁多的图纸；一款产品可能有无数个机械加工零件，各类图纸分散，无法得到集中管

理；一旦出现图纸的修改或者返工，容易产生版本的混乱；纸质图纸容易丢失，并产生信息泄露等问题。

对于力劲科技（见图 1）来说，一台设备通常由两三万个零部件组成，传统管理方式成本高，瓶颈明显且难提升，靠“努力”和“堆人”的方式不能解决根本性问题，如何用数据驱动现场改善及运营管理尤为关键。

图 1　力劲科技生产现场

二、实施方案与技术应用：以生产交付为导向，助力装备制造企业满足快速变化的市场需求

1. 实施方案

数益工联数字工厂系统（DFS）让力劲科技实现了“供应链协同—厂内高效制造—客户端智能化”的全流程数据打通（见图 2）。该系统以生产交付为导向，监控生产进度，快速定位和查询未按时交付的半成品/零部件的所在车间、所处工序及延迟原因，实现订单快速交付，提高生产效率。

2. 技术应用

DFS（见图 3）采用云原生软件架构，使用 Docker 容器技术和 Kubernetes 编排技术进行应用部署，支持公有云、私有云、混合云等部署方式。同时，DFS 采用分布式存储架构，以确保数据的高可用性；该系统还设计了企业数据安全隔离方案，支持数据库的独立部署，并具有数据冷热备份功能。

DFS 具备集成平台能力，支持集成 ERP（企业资源规划）、OA（办公自动化）、WMS（仓库管理）、PLM（产品全生命周期管理）、AGV（自动导引运输车）等系统。DFS 支持上万台设备的运行，可满足 10 万个用户数的需求，典型事务处理响应时间低于 1 秒；嵌入由数益工联自主研发的智能终端，支持边缘数据计算处理，时延不超过 3 毫秒；支持多种运行环境，如 Windows、Linux、Android 等。

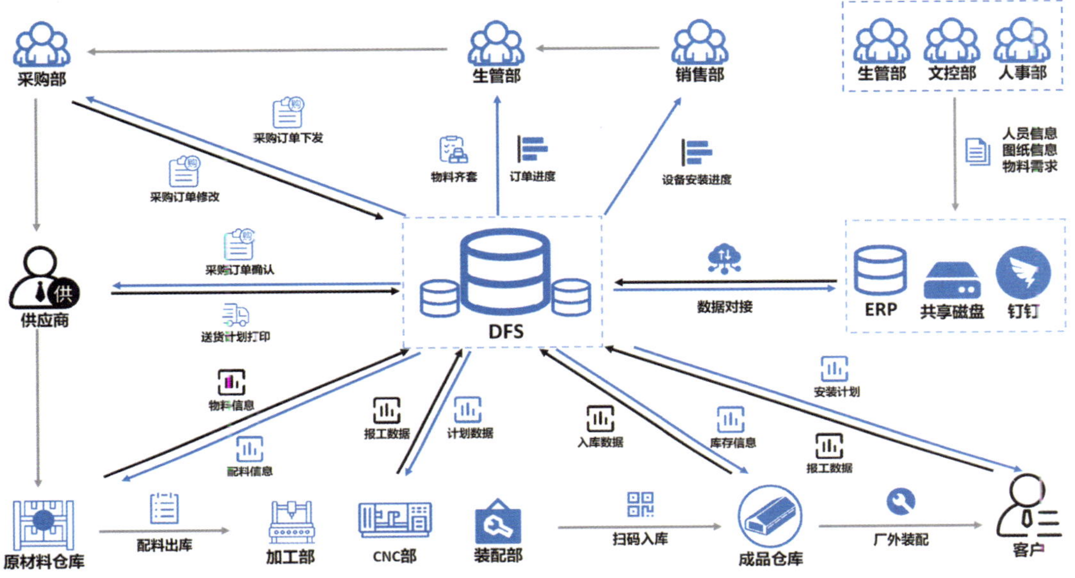

图 2　力劲科技的业务流程

开放平台
OpenAPI/SDK

系统集成
SAP/Oracle/Microsoft/Infor/用友/金蝶/泛微/钉钉/飞书

用户终端
PC/工控终端/电视大屏/PAD/PDA

EAM：设备管理、刀具管理、台账管理、模具管理、报修管理、寿命管理

MES：计划报工、工艺管理、异常响应、条码管理、全追溯、看板管理、计划排产、工艺监控、安灯管理、条码打印、单件追溯、5S管理、生产报工、节拍监控、异常看板、唛头打印、追溯报表、提案管理

QMS：控制计划、过程检验、异常管理

WMS：仓储管理、容器管理、物流管理

行业：装备行业、机加行业、压铸行业、注塑行业、冲压行业、…

开发运维平台：容器管理、服务编排、运维管理、配置中心、持续集成、代码检查、灰度发布、资源监控

数据平台：数据采集、数据仓库、数据治理、数据服务、数据存储、数据计算、数据模型、数据分析

AI平台：机器学习、数据挖掘、大模型、算法库

低代码平台：数据集、流程设计、表单设计、可视化、组件库、数据大屏

基础设施：Kubernetes、Docker、NACOS、Grafana、Pulsar、XXL-job、Flink、MySQL、ES、MINIO、Redis、Prometheus、InfluxDB、StarRocks

图 3　DFS 的前沿技术开发能力与平台架构

3. 产品创新点

（1）物联能力突破性增强，支持多种网络方案，业务功能支持灵活

DFS 支持市面上 95%以上的工业设备，包括 PLC、CNC、压铸机、注塑机、机器人等，

同时支持智能终端的远程监控及运维；网络部署支持有线网络、无线网络、5G 网络 3 种网络的使用方案；智能终端内置刷卡、人脸识别，以进行人员权限的防错验证；可外接扫码枪读取各类二维码，实现报工、送检等关键业务。

（2）数据的广度、深度得到颠覆式提升，业务的便捷性和管理维度得到大幅提升

DFS 相较以前依赖手工上报、处理等的运行方式，现如今采用的安灯（ANDON）系统管理能够自动触发异常管理，快速响应闭环；基于采集数据自动获取检验结果，可生成 SPC 分析，并自动生成对应质量分析报表，减少人员录入的误差和滞后性；全面完善的信息采集，可有效实现生产过程的全量追溯，追溯粒度大幅提升，方便精准定位，增强质量可靠性。

（3）顶层大数据分析，实现智慧决策

DFS 打通了工厂内从设备物联、人机交互到运营管理、优化决策的全链条数据，紧密贴合业务逻辑，基于数字化平台构建工厂级与行业级的工业数据大脑，提供智慧决策服务，有效助力企业实现 APS（高级计划与排程系统）管理、真实成本核算、质量工艺大数据分析、流程挖掘等。

4. 实施内容

DFS 覆盖“供应商原材料—开料—折弯—焊接—喷漆—喷粉—加工—部装—客户总装”全流程，应用供应链管理、仓储物流管理、计划报工管理、设备管理、质量管理、工艺管理、人员管理、无纸化文档管理、报表管理、异常快速响应等模块，直接获取生产现场真实、实时、完整的数据。

DFS 通过与 ERP、PLM、钉钉、OA 等系统进行数据对接、设备物联、扫码报工，同步生产计划，实现产品快速流动，生产效率、设备开机率、计划达成率稳步提升，建立异常可控、质量可追、生产数据准确且透明的工厂。

（1）借助供应链平台，实现采购高效协同

上千家供应商通过 DFS 门户网站查收采购订单和图纸，依据生产计划进行送货管理，通过送货进度实时跟踪和收货异常即时反馈，大幅提升物料准时齐套率；通过供应链管理平台，高效处理送货通知、供方绩效考核、采购对账、退换货跟踪等采购业务，基于来料条码，完成收货、检验、入库、上架等流程，保障信息流与实物高度一致，实现采购、仓储高效协同。

（2）原材料批次管理，库存实时准确

在原材料仓，通过 PDA（手持终端设备）扫码出入库，实现了从供应商来料至装配过程的批次管理（见图 4）。

仓管员扫码收货后，自动触发来料检验流程，生成待检记录。质检员通过物料码进行质量判定，系统将得出的检验结果自动通知仓管员。管理者通过后台系统可实时查看当日的出入库数量、库存水位等，实现对物料的精准管控。

（3）生产进度透明化，过程质量把控严格

在钣金、机械加工等生产车间，DFS 通过与 ERP 系统打通，将生产计划一键下达至现场终端，员工通过终端进行产量上报，实现对在制品库存及生产进度的透明化管理。

通过 DFS 的设备物联，可实现对过程质量的数字化管理。质检员通过 PAD 进行过程检验判定，并监控生产过程中因工程改制、质量异常等造成的生产返工。员工在执行计划时，

系统会进行自动提示，防止错返、漏返工及不良品的流出。

图 4　仓管员通过 PDA 扫码出入库

（4）无纸化电子文档，保障生产工艺的准确性

通过使用 DFS 的无纸化电子文档管理系统，力劲科技目前已全面使用智能终端和 PAD 进行电子图纸查看。图纸版本管理保障了生产工艺的准确性，并降低了纸质图纸的泄密风险，已节省超过 10 万张标准纸质图纸。

（5）设备开停机实时监控，异常报警快速反应

生产制造中的设备开机率关系到产品的生产效率、交付周期，因此设备管理和异常响应尤为重要。通过新一代物联技术，DFS 能秒级获取设备的实时生产、开机数据，显著提升 OEE（设备综合效率）。

在生产过程中，现场异常报警可点对点推送短信或邮件至指定人员，维修人员可进行快速反应，使维修处理持续改善，设备维修效率显著提升，最终实现异常管理闭环。

（6）现场看板/移动端用数据驱动决策

设备状态监控看板、异常快速响应监控看板会实时展示车间设备的运行情况及异常发生频次，从而使车间管理人员直接感受到信息的快速传递，实现异常快速分析，用数据驱动现场改善。

高层管理者通过数益工联的“有数工厂”App 快速了解现场生产的真实情况，相关报表秒级自动生成，辅助高层管理者做出最优决策。

（7）零件齐套管理，装机进度实时监控

在装配车间，每个装配工位的作业员都可实时获取精准下发的装机计划，查看所需零件的齐套情况。

作业员通过手持移动端 PAD 上报装配进度，现场看板实时呈现装机进度（见图 5）。成品机库位看板实时呈现当前机位的使用情况，以提高作业员的工作效率及仓库利用率。

当设备运至厂外进行装配时，DFS 可实现厂外装配进度管控，与客户同步信息，形成销售、计划、生产三者间的紧密结合，实现订单快速交付。

图 5　现场看板实时呈现装机进度

三、实施效果：数字化覆盖生产管理全流程，产品过程信息全追溯

目前，DFS 的投入应用已快速助力力劲科技准时获取生产数据，识别齐套交付问题点，从厂内管理制造、装配进度，到上游管理供应商准时交付，取得了产品制造周期缩短 30%，节省人力成本 40%，提高人均产值 20%的成绩。

生产技术部可通过异常分析报表，快速精准定位异常，分析异常主次，为异常改善提供数据支撑，实现关键设备开机率提升 49.8%。

此外，DFS 的投入使用助力实现工艺文档无纸化，进而实现高效绿色制造，每月可以节约 1 万～1.5 万张纸质图纸。

四、经验总结与未来展望

1．经验总结

制造业的数字化转型是一项系统性工程，需要各部门、各环节通力配合，具体包括设计规划、供应商选型、项目落地、数据增值等，涉及企业多项核心业务的重构升级。数字化转型过程中的去流程再造、软件产品设计、底层技术稳定等一系列问题都需要由专业的团队来提供服务。如何用相对顺畅、便捷的方法让制造企业坐上“数字化快车”很重要。

力劲科技的数字化项目打通了从供应链到生产端再到客户端的全流程管理，为装备制造行业树立了数字化转型的标杆。同时，这一项目已实现了数字工厂“最佳经验”的复制输出，为力劲科技众多供应链和客户端企业完成数字化工厂转型提供了范本，为实现更为便捷、高效的全行业数字化通联打下了基础。

2．未来展望

数字化转型为力劲科技带来了更为切实有效的能源管理，通过数据采集可获取到能源的用量情况，并进行费用统计；结合现场实际生产情况，在降低企业综合能耗的同时提高了企业的生产效率，减少了日常管理的人力投入，节约了人力资源成本。数字化转型使力劲科技自觉承担起企业的社会责任，努力寻找一条可持续发展之路，为国家“碳达峰碳中和”战略目标助力，推动行业向智能化、数字化、柔性化的目标转型。

五、推荐语

数益工联通过 DFS 产品的硬实力与团队方法的再赋能，根据精益理念设计，深度融合装备制造行业特性，落成行业领先数字化工厂标杆案例。这一案例充分展示了数字化转型升级是如何实现数据流与业务流的全链路贯通及高效闭环，围绕重点产业“强链”，赋能上中下游产业的，其丰富的经验和实践成果值得传统制造企业深入学习与借鉴。

六、案例主体介绍

数益工联作为行业领先的工业数字化软件供应商，应用新一代的物联网技术与丰富的现场交互手段，融合工业工程精益思想，为客户的数字化升级提供从规划到实施落地的端到端的工厂级解决方案，构建全球领先的工业数字化智能决策平台，持续提供数据智能服务。团队拥有深厚的制造业精益运营管理能力和丰富的数字化工厂实施经验，专注技术迭代与产品升级。团队凭借“IE+IT”的核心能力，实现产品和技术的双轮驱动，旨在服务离散制造业客户通过数字化技术显著提高质量管理水平、提升企业生产效率、降低制造成本。迄今，该团队已落成近百家行业领先的数字化标杆工厂，服务客户涵盖多家知名企业，保持了100%的交付成功率与客户增购。

力劲科技成立于 2004 年，隶属于力劲集团，工厂位于宁波市北仑区，是知名的压铸机生产制造商，在超大型压铸机市场占 90%以上的份额。力劲科技是小鹏、蔚来等新能源汽车配件的供应商，主要设计、制造及销售压铸机、数控加工中心（CNC）等。力劲科技作为全球高端装备制造行业压铸机龙头企业，曾多次刷新超大型智能压铸单元纪录，推动了一体压铸成型工艺的多次升级，为汽车生产带来了颠覆性的改变。

七、案例视频

扫码观看案例详细视频。

装备制造业数字化升级

面向能源化工和智能制造场景，构建新一代智能工业互联网平台

上海东土致远智能科技发展有限公司

关键词： 工业网络、5G、TSN、新兴信息通信

摘　要： 上海东土致远智能科技发展有限公司（以下简称东土科技）基于 TSN（时间敏感网络）、5G、人工智能等新兴信息通信和数字化技术，面向能源化工和智能制造场景，构建了新型工业化的新一代智能工业互联网平台，开发了数据集成、数据治理、数据分析、数据应用、数字孪生工厂可视化、人工智能视频识别服务支撑模块，实现了更可靠的多元数据感知、更便捷的互联互通、更直接的过程监控、更智能的生产控制、更高效的业务协同。

一、场景透视：工业数字化转型背景下，传统业务模式面临挑战

当前，部分工业企业尚未具备现代化网络体系和数据管理能力，生产过程系统化控制效率依然低下，无法进行大数据分析和数据价值挖掘，企业数字化赋能效果极低。同时，工业企业在推进智慧工厂与安全生产的建设中仍存在诸多问题和误区：基础设施层的数据采集不健全、信号感知不多元、网络传输协议不统一，车间之间未完全实现网络互联，已连接的网络传输不稳定；控制层生产控制系统的自控率不高、智能化能力不足，缺乏优化控制单元；业务操作层的应用软件模型化较差，业务覆盖范围不够全面，缺少生产安全管理、生产过程仿真验证、质量在线分析和设备健康状态在线监测系统，且应用深度不够；运营指挥层缺少专业的业务知识库、缺乏业务的优化能力等。

东土科技通过对工业企业的充分调研得知，工业数字化转型存在以下共性问题。一是现场数据感知不够多元，生产要素联网率低，网络建设基础薄弱，工厂内有各种类型的大型加工设备未实现联网和数据采集上云。二是各功能模块未实现网络数据互通和系统协同。工厂现有的与生产运营有关的系统为 ERP 系统、MES 系统、物流系统等，这些系统共同组成了公司的运营信息化平台，核心业务模块实现了基本覆盖，但不同系统的业务网络孤立建设，数据存在跨系统隔离情况，资源难以共享，各系统之间的数据中转需要人工操作，造成操作复杂、差错率高，运维成本居高不下等问题。三是数据应用水平低，数据应用以展示为主。其主要原因是网络协议多样、数据存在传输断点，数据异构、“数据孤岛”普遍存在，数据价值有待挖掘等。

二、实施方案与技术应用：构建新一代智能工业互联网平台

1．方案与应用

工业互联网化工企业网络集成创新应用项目的建设地点为某化工厂，主要任务是网络升级、物联网终端改造、建设基础信息化管理平台、开发人工智能应用、大数据深度分析。项目应用 TSN、5G、信息模型等技术，部署东土科技自主研发的网关、交换机、操作系统、控制器等产品，构建化工生产管理集成网络，满足人员、设备、生产、环保等智能管理对数据跨网络传输、实时通信和互操作应用需求，建立双预防机制、实施安全标准化管理，如图 1 所示。

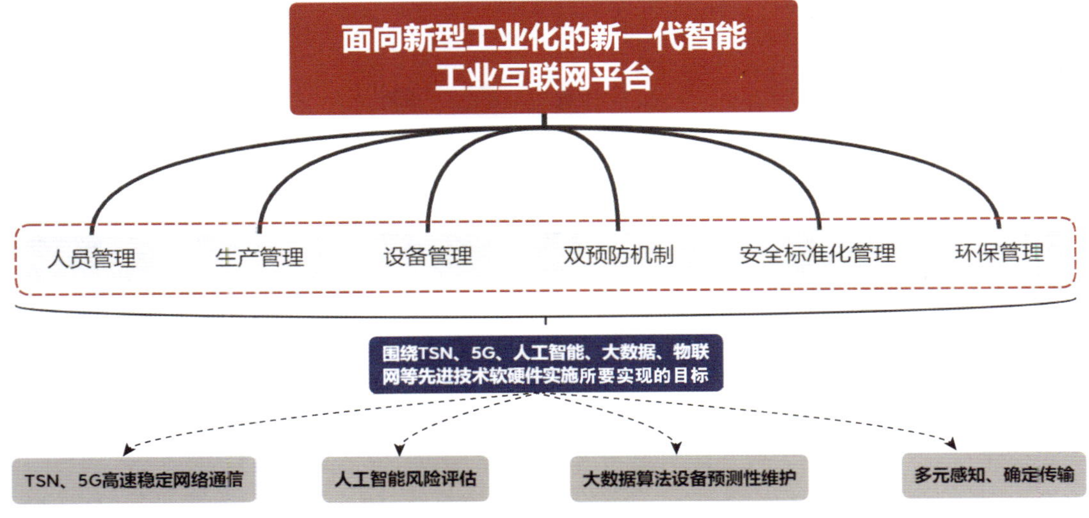

图 1　工业互联网化工企业网络集成创新应用项目

项目采取如下总体技术思路，针对核心任务进行集中式攻关。项目整体网络架构图如图 2 所示。

（1）搭建工业 5G 网络，升级工厂现有网络

东土科技根据项目网络规划的要求，在中心机房部署自主研发的相关网络设备；在设备部署完成后，针对网络连通性、数据传输速度、安全性等方面进行网络测试。厂区内搭建 5G 专网通信基站，实现 5G 网络全厂覆盖。项目现场安装人员定位智能摄像头、设备预测性维护传感器等传感设备，通过 5G 网关多协议转换后汇聚数据并上传。涉及企业工艺数据及流程控制的部分，东土科技主要从工厂投入使用的 DCS（分布式控制系统）中采集已有数据。

（2）改造物联网终端，优化终端网络适配能力

厂区有各种类型的化工设备、传感器仪器仪表、手持终端等，不同装备对网络需求有较大差异，有些仅需要基础的通信能力，有些需要具备运算能力的通信模块，有些则需要 dongle 类型的全能型模组。同时，不同用途、不同环境下的终端设备，其对性能（如速率、时延、可靠性和安全性等）的需求也不尽相同，有些终端则对授时、定位、切片等能力有特殊需求。

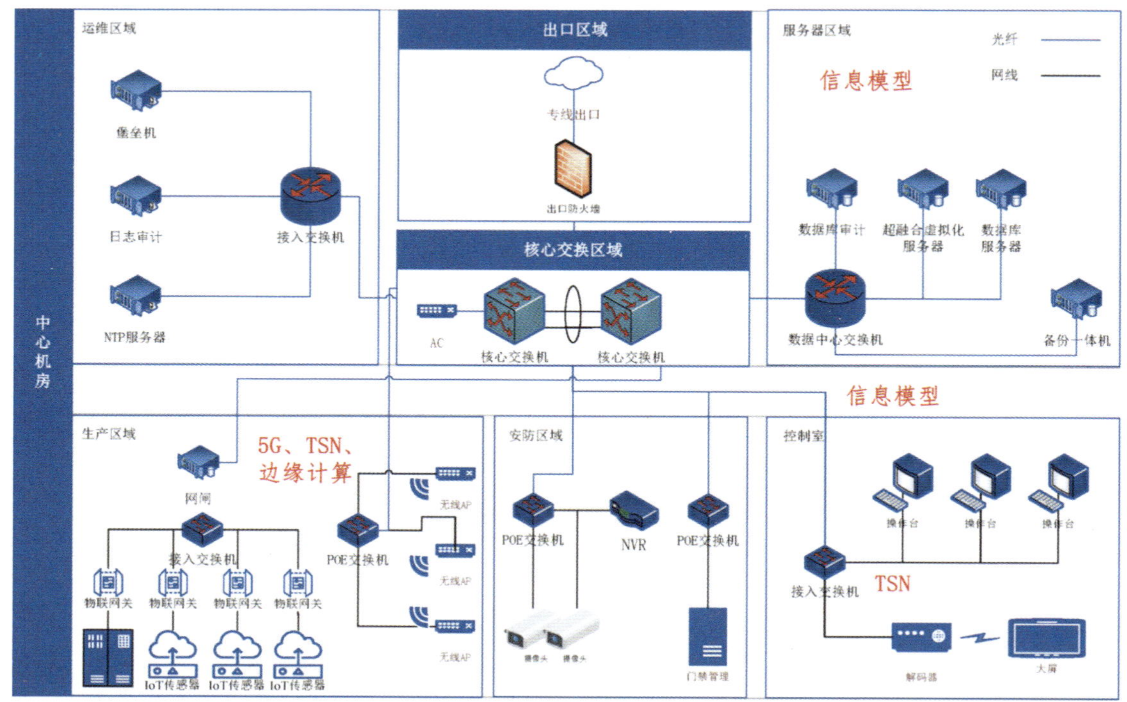

图 2　项目整体网络架构图

部署工业智能网关。工业智能网关的数据处理和运算能力更加强大，可以对不同协议的工业设备数据进行解析转换和对历史数据进行存储，完成不同工业设备之间的兼容通信。此外，在数据上传等方面，工业智能网关通常还具备通用的通信协议接口，以对接工业互联网络云平台，真正实现对工厂内各类化工设备、试验台、传感器、仪器仪表等设备数据的实时采集与上传。

物联传感数据采集。多种物联网传感器采用多重部署架构，并与物联网关配合，扫除现场的“数据孤岛”问题，使现场生产要素充分接入系统；通过与现场生产设备设施建立网络通信，对生产过程中产生的生产数据，以及厂区内罐区的温度、压力、液位、有毒可燃气体等数据进行采集，并将其上传至实时数据库存储。物联网终端改造主要分为两部分：一是对原有设备的数据进行采集；二是新增传感设备产生更为丰富的数据。现场部署多种物联网传感器，利用物联网协议转换的功能，解决现场的“数据孤岛”问题，实现现场全部生产参与单元充分接入系统，并使用 5G 网络或其他网络通信方式将数据上传至平台。

（3）建设基础平台，以平台为媒介打通各环节

项目包含构建设备—设备、设备/系统—信息系统、设备/系统—信息系统—应用、企业—产品—用户四大闭环，支持针对工厂联网全要素、全价值链、全产业链的信息进行建模，并对模型进行实例化（见图 3）。同时，项目采用主流 GIS 平台、大型关系数据库技术（如 Oracle），充分考虑与其他信息系统、多源数据接口、数据之间的关联，从而在网络环境开放性的基础上，形成完备的化工企业信息数据库。

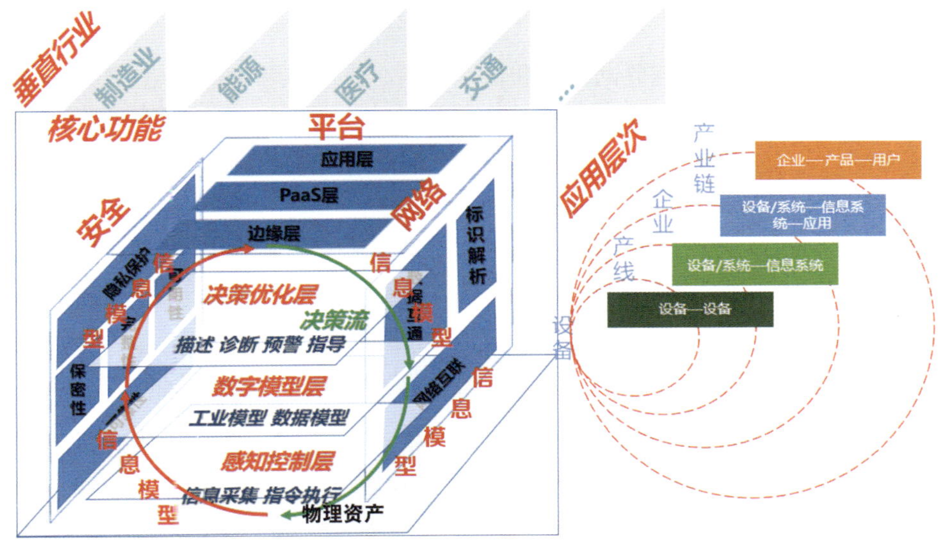

图 3　信息模型建模范围

传统工业互联网是互联网在工业领域的延伸，而新一代智能工业互联网平台，是以“低时延、高可靠、满足实时控制”为导向建设的高等级网络系统，其特点如下所述。

① 升级工厂现有网络、搭建 TSN 网络和工业 5G 网络。

② 改造物联网终端，支持 IPv6+TSN 协议，优化终端网络适配能力。

③ 建立网络质量感知系统，进一步满足工业控制、协同作业需求。

面向新型工业化的新一代智能工业互联网平台如图 4 所示，自下而上分别是感知层，传输层、工业互联网平台层、应用层。

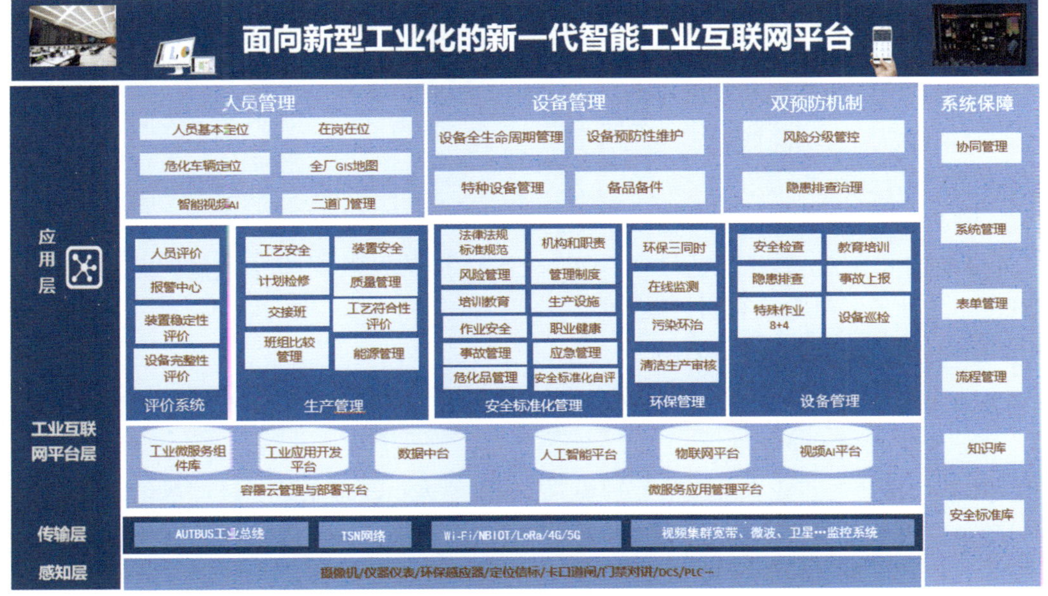

图 4　面向新型工业化的新一代智能工业互联网平台

2．创新点

该平台结合了先进的工业互联网技术和信息技术，通过应用 TSN、AUTBUS、5G、信息模型、大数据分析等技术，能够实现对实时数据的采集、分析和预警，提高了安全生产管理的准确性和效率。

该平台在行业内具备以下 7 个领先点。

技术创新点：

① 通过应用 TSN、5G 等网络新技术，实现了全域感知、网络全覆盖、数据稳定传输等，方便接入现场设备。

② 自主研发信标定位技术，解决了对工业生产区域作业人员进行实时位置监控及安全报警问题。

③ 通过应用国际先进的 AUTBUS 通信协议，开发化工标准信息模型，解决了 IPv6 统一寻址和确定性通信问题。

④ 自主研发管理平台，多个环节实现优化提升或创新突破，满足了企业提质、降本、增效的要求。

应用创新点：

① 通过应用 TSN、5G、信息模型等技术，在工业上实现了生产网络、安全网络与管理网络的全面互联，是跨系统的数据互通互操作的平台。

② 具备先进的数据智能化处理能力，能够识别潜在的安全风险，并采取及时的预警和控制措施。

③ 具备先进的智能化管理和控制功能，通过整合工业互联网技术和安全生产知识，实现了智能化的安全生产管理和控制。

三、实施效果：助力企业降低成本、提高管理效率、实现稳定发展

1．项目实施前后成本及效益对比

① 检维修费用大幅降低。

② 产效提升 10%以上。

③ 人员提效，节省人工成本 20%以上。

④ 借助技术改造、信息自动化等手段，企业的生产效率、产品质量得到提高，人员管理更加规范，企业的经济效益有明显提升。

2．项目实施前后管理效率对比

项目对设备进行升级，优化人员管理、生产管理、环保管理、安全管理，对网络进行集成等，管理效率得到大幅提高。

① 相较于传统的工业企业人员管理模式，项目的人员管理系统通过可视化定位可以实现精准管控，能够有效监控人员进入危险区域，对人员串岗、脱岗等违章违纪行为进行实时预警管控，对作业管理过程中各类人员安全职责的履行进行监管等。

② 相较于传统的生产管理模式，项目的生产管理系统能够规范运行调度指挥、操作管理、

工艺指标管理、物料平衡管理和质量管理等模块，通过详尽的指标体系（如产量、质量、消耗、成本、工艺指标、报警统计分析、绩效评价等）的展现，实时反映企业的生产运行状态。

③ 相较于传统的设备管理模式，项目的设备管理系统能够对设备全生命周期进行数字化管理，包括点检管理、重点设备的预测性维护、特种设备管理和检维修四个方面的内容，涵盖设备采购、制造、监理、安装、运行、维护等阶段的基础数据信息，实现设备全生命周期不同阶段的信息管理、设备多源数据融合。

④ 相较于传统的管理模式，项目的双预防机制管理系统的上线使管控措施由多变少，管控措施数量下降但不降低管控效果，反而提升了管控效率和管控质量。

3．项目实施产生的社会效益

项目的实施帮助公司降低了安全生产的风险，提升了治理水平，减少了安全生产事故的发生，保障了公司的稳定发展；同时，有助于加强公众对安全生产工作的关注，提升社会公众的安全意识和法治观念，为推动安全生产工作提供动力与能量。

四、经验总结与未来展望

1．经验总结

项目通过应用 TSN、5G、信息模型、人工智能等技术，在工业上实现了生产网络、安全网络与管理网络的全面互联，以及跨系统的数据互通互操作。项目全面使用了 3D 建模、地理信息分析、流程制度信息化、客户自定义学习、大数据分析、人工智能、5G 网络、VR、物联网、工业互联网等技术。

项目通过各种渠道向工业企业推广平台项目，让企业清楚了解项目的优势，提高生产效率、减少人为失误、增加安全性。在推广过程中，企业可获得优质的服务，包括详细的项目介绍、方案设计、技术支持、售后服务。项目积极引导企业接受数字化转型，让企业认识到工业互联网是未来的发展趋势，可以通过数字化转型，提高企业的竞争力。

2．未来展望

未来，东土科技将深入贯彻落实工业互联网科技创新赋能产业高质量发展要求，面向中小微企业，围绕绿色化工、工业企业“智改数转”，搭建工业互联网生态体系，积极在智慧化工、智能制造、智慧矿山等领域创新发展。在工业互联网化工企业网络集成创新应用项目建设中，东土科技加快工业互联网、物联网、大数据、人工智能等新技术、新模式的协同创新应用，逐步完善项目建设功能模块，实现模块多样化。各企业可根据现阶段自身的数字化水平选择转型方向，逐步提升自身的数字化能力，满足个性需求。

五、推荐语

东土科技在工业互联网领域尤其是工业互联网芯片、工业通信网络产品、工业服务器、工业互联网操作系统/云平台等产品领域具有多年的技术积累，拥有一支高水平的研发团队。东土科技自成立以来，先后主导制定了 6 项国际标准，参与制定了 2 项国际标准，主导制定了 36 项国家标准，是工业和信息化部工业互联网底层基础技术工作组组长单位，是工业和信息化部认定的中国工业通信单项冠军企业。东土科技在工业互联网通信控制关键设备和系统领域具有显著的优势，产品已广泛应用在高铁、电网、石油化工、工厂自动化、清洁能源等领域。

六、案例主体介绍

上海东土致远智能科技发展有限公司由北京东土科技股份有限公司和上海嘉定新城发展有限公司共同出资组建，成立于 2021 年，位于上海市嘉定区。公司致力于工业控制技术和工业网络技术的研究，是目前国内仅有的几个可覆盖“平台+硬件+操作系统+工业应用软件+服务”全部工业互联网的全产业链的高新技术企业，自主研发了工业操作系统、工业网络芯片、工业工具软件等工业互联网底层技术；在工业领域推动了软件定义控制技术和工业网络全 IP 化，实现了信息化和工业化通信网络的融合，为全球工业数字化和智能化发展做出了重要贡献。

七、案例视频

扫码观看案例详细视频。

智能工业互联网平台

打造全产业智能运维体系，助推中国航空互联产业高质量发展

空地互联网络科技股份有限公司

关键词：卫星互联网、航空互联、智慧民航

摘　要：航空互联是信息化、数字化同卫星、航空、通信、“互联网+”全面融合的新领域、新方向，也是我国数字经济的重要内容之一。中国航空互联网的主要技术依托于飞机、卫星、地面站及运营商之间的连接，而航空互联运维体系技术壁垒高、主要依赖国外技术，导致在发生航空互联网络故障时，排查难、排故难，修复更难。由中国电信集团、中国东航集团和均瑶集团联合成立的空地互联网络科技股份有限公司（以下简称空地互联公司），通过深耕全链路、全生命周期航空互联，自主研发打造了“航空互联全产业智能运维体系”，用先进的卫星互联技术为旅客提供了优质的空中上网服务，构建起更加智慧、更加便捷的航空互联世界，有力推动了我国航空互联产业的高质量发展。

一、场景透视：航空互联运维环节多、效率低、成本高

中国航空互联网的主要技术依托于飞机、卫星、地面站及运营商之间的连接，而这几项核心技术壁垒高，关键技术环节之间互相隔断，运维保障体系在产业各参与方之间处于割裂运行状态，导致在发生航空互联网络故障时，排查难、排故难，修复更难。国内航空互联产业近几年发展迅猛，但由于存在运维效率低、更新迭代慢、运行成本高等问题，导致行业整体发展与市场预期仍有较大差距，产业链参与者也都各有痛点。

1．航空互联运维体系技术壁垒高、主要依赖国外技术

系统运行效率的计算标准均由欧美设备厂商定义，数据逻辑对于航空公司来说处于“黑盒”状态。航空互联运维体系的研发，一方面需要投入大量的资金，并持续吸引具有跨领域专业知识的复合型人才；另一方面要平衡研发投入与产出，确保研发成果能够有效转化为市场竞争力。因此，突破并掌握航空互联全流程运维体系，是一个长期而艰巨但又必须解决的难题。

2．提升旅客的航空互联体验是一项重大挑战

在航空市场竞争日益激烈的今天，为了超越基础网络服务，我们需要对从卫星到旅客的每一个接触点进行精细管理与整合，构建一个全生命周期的运维保障体系。这不仅能够提高服务质量和保障效率，还能为旅客提供更加个性化和高质量的航空互联体验。然而，要实现

这一目标，我们必须解决航空互联全生命周期中的数据“盲点”，确保旅客体验的每一个环节都能得到充分的关注和优化。

3．航空互联运维成本极高且不可控

目前使用的互联系统设备全部由境外厂商提供，设备可靠性的标准和规范也掌握在他人手中，国内航空公司几乎无法对相关厂商予以约束，导致航空公司在航空互联运维方面不得不投入极高的成本，但得到的售后服务质量和保障效率却极低。比如，一根天线的维修费用竟高达几十万美元；修复软硬件设备故障周期少则一个月，最长达两年；刚修复的软硬件设备因未知原因再次返修也时有发生。建设有管控能力的、有效益的、可拓展的、高效的运维模式，成为亟待破解的复杂难题。

二、实施方案与技术应用：自主研发，打通数据，建设运维管理体系

航空互联全产业智能运维体系系统的基础架构主要由数据中心层、系统平台层、应用服务层、监控管理层和安全管理层组成。该体系通过收集并传输航电、卫星、终端数据，建立告警机制和解决方案，实现自动化与智能化管理。同时，该体系通过全面检测航空器在飞行中的网络服务，优化航空器的网络管理、调整卫星波束优化方案，实现航空互联运维体系的智能监控、自助管理和故障处置等功能，保证卫星网络服务的正常运行。

1．建体系

空地互联公司围绕航空互联产业实现卫星（卫星波束、地面站、卫星控制中心、全球卫星组网体系）、机载航电设备（航空互联天线、舱内服务器等软硬件设施）、飞机互联系统（舱内控制面板、舱内路由、舱内互联流量管控体系、旅客娱乐设备等软硬件设施）、数据流（网络信息安全建设、飞机互联系统和卫星波束管理系统链路管理、第三方接入的渠道或内容商直接进行数据交互）、终端用户使用体验等要素，打造航空互联全产业、全生命周期的运维体系，从“一张图”开始规划布局，从“一张表”开始建立航空互联运维档案，逐步构建航空互联运营可视化、可预判、可回应、可溯源、可告警、可修复、可反馈修复状态的智能运维体系（见图 1）。

2．建标准

空地互联公司协调产业链各相关方协同提升设备的可靠性，降低运维的时间成本和硬件维修成本。公司从航空互联运维保障的近百架飞机的硬件运行情况（设备频率可靠性和历史维修数据）着手，参考国际通用管理方案，制定出中国标准。当可靠性不符合境外设备厂商承诺的指标时，厂商则需要向航空公司提供可靠性问题解决方案以降低航空公司的备件成本，提升设备的可靠性。

3．建实验室

空地互联公司协同提升国内航空互联航电研发效率，积极与国产自主机载航电龙头企业合作，搭建联合研发实验室，深入研究国外先进的机载设备核心技术，深入分析各类缺陷问题，为国产航空互联机载设备的研发提供数据参考和应用案例，协同推动提升国产航空互联

机载设备的研发效率。航空互联研发实验室实现了每两周完成 1～2 项技术应用测试迭代的频率，国产航空互联运维体系的能力建设持续增强。

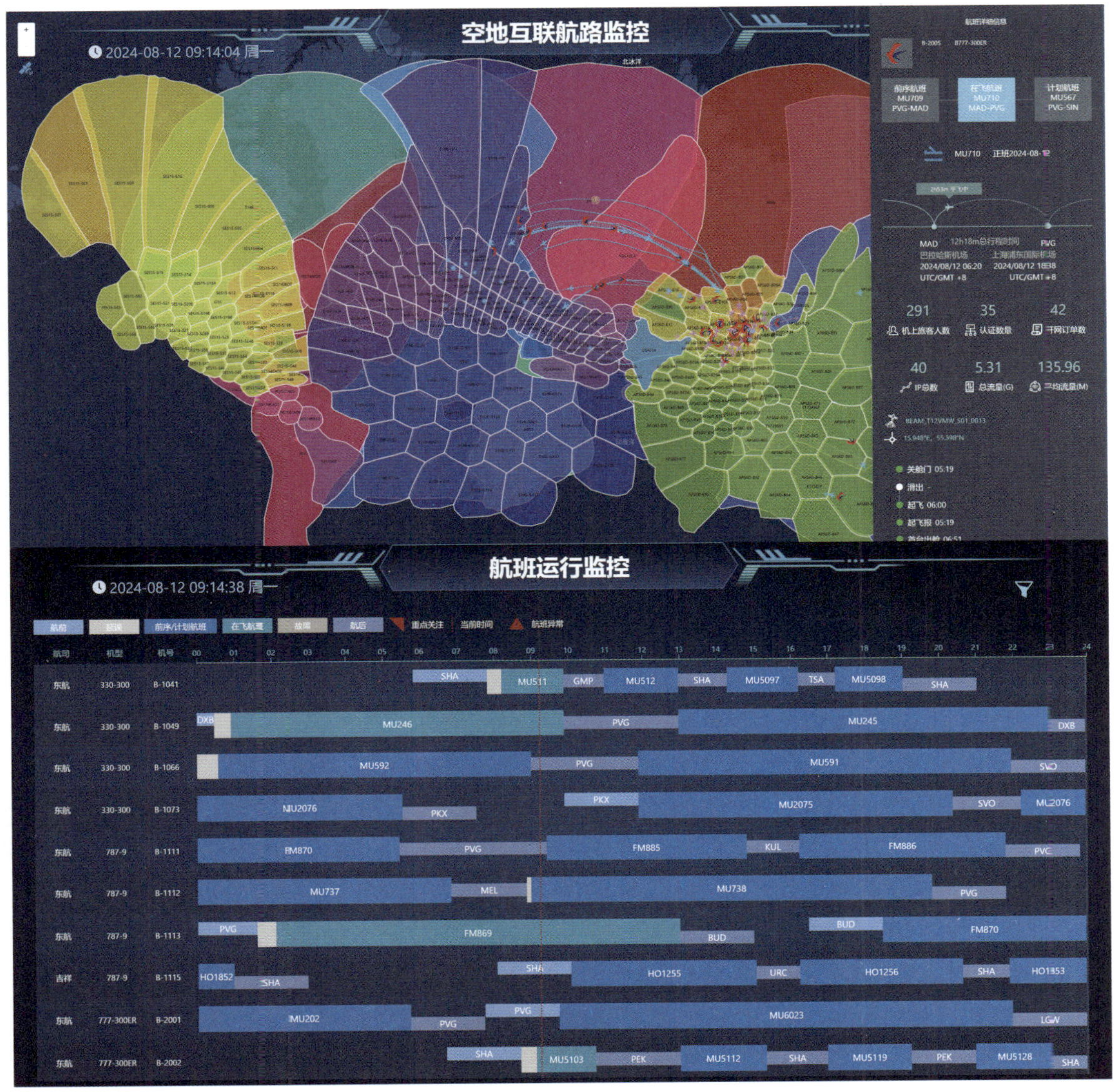

图 1　航空互联全产业智能运维体系全景图

4．强保障

航空互联全产业智能运维体系可实现对卫星网络波束的优化管理，对地面网络运维进行自动处理，最终实现运行品质的双向提升。在卫星网络方面，航空互联全产业智能运维体系可统计并分析飞机在经过某个卫星波束或组网节点时遇到的问题，找出卫星波束缺陷并提供对应优化波束频率的数据，发挥航空互联机队在运行过程中远程调整波束的能力，在保障客户航空公司互联业务正常开展的同时也有效推动了卫星产业技术的优化；在地面网络方面，该体系可实现在第一时间发现厂商的服务器问题，并自动传输故障情况，给出处理建议或自主完成故障处置，实现短时、高效各方联动闭环处理模式的实验室链路，如图 2 所示。

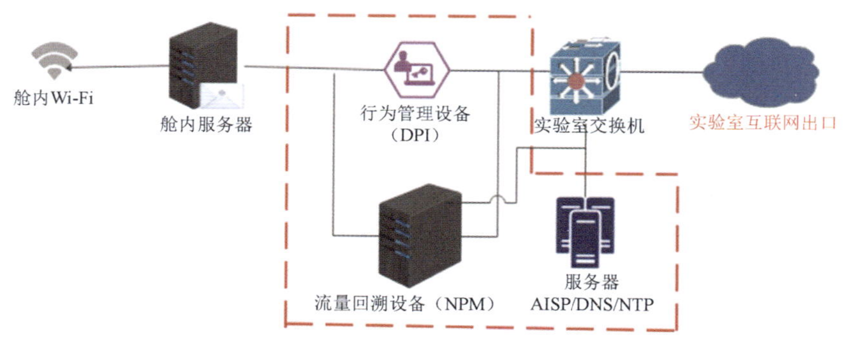

图 2 实验室链路

三、实施效果：科技创新，服务社会；降低成本，服务航空公司

空地互联公司自成立伊始，便肩负着推动航空业数字化转型的使命，致力于为广大旅客提供高质量的空中互联网体验。截至 2024 年上半年，公司自主研发的航空互联全产业智能运维体系已为近 600 万名旅客提供了高品质的航空互联服务。

1．核心团队高速成长，科研能力稳步提升

公司已累计申报专利 12 项（实审 4 项），获取计算机软件著作权 38 项。公司在 2022 年获得上海市高新技术企业认证；2023 年获得上海市“专精特新”企业认证；成功入选 2023 年度数字上海十大场景；自主研发的可控航空互联运营管理平台项目获上海市长宁区“十佳”优秀科技创新项目；连续 2 年共有 2 位工程师获“上海市长宁工匠”荣誉；2023 年公司研发工程师获得上海市五一劳动奖殊荣。

2．服务保障坚实有力，助推航空公司高质量发展

公司累计为近 30 趟医疗救护航班提供了高品质的卫星网络远程医疗救助保障，2022 年更是有力保障了中央广播电视总台对搭乘东航 MU7118 包机航班凯旋的中国女足连续 3 小时的高清视频直播采访活动的顺利进行，“高速高质量”的航空互联网服务创造了国内航空互联的多个纪录。航空互联全产业智能运维体系的建设，简化了机上旅客的登录流程，显著提升了网络体验。现行的智能化运维监控平台可自动判断端到端系统故障，并提供故障判断咨询，大幅提升了公司运维保障效率及故障处理效率。

3．运行质效大幅提升，有力打破国外垄断

航空互联全产业智能运维体系产出的软硬件运行数据，有助于明确硬件索赔标准、软件服务周期、维修、赔偿和减免条款，优化天线测试和质量检测流程，产生直接经济收益约为 700 万美元，后续年化收益约为 32 万美元。航空互联系统主要设备平均可用时长从 6000 小时提升至 10000 小时，运行效率提升 1.67 倍。航空互联硬件设备维保时间得到大幅提升，从 3 年提升至 5 年。从零建立起来的航空互联全产业智能运维体系，打破了国外供应商对航空

互联设备可靠性标准的垄断，增强了航空公司在国际谈判中的话语权，有力推动了航空互联产业的高质量发展，如图 3 所示。

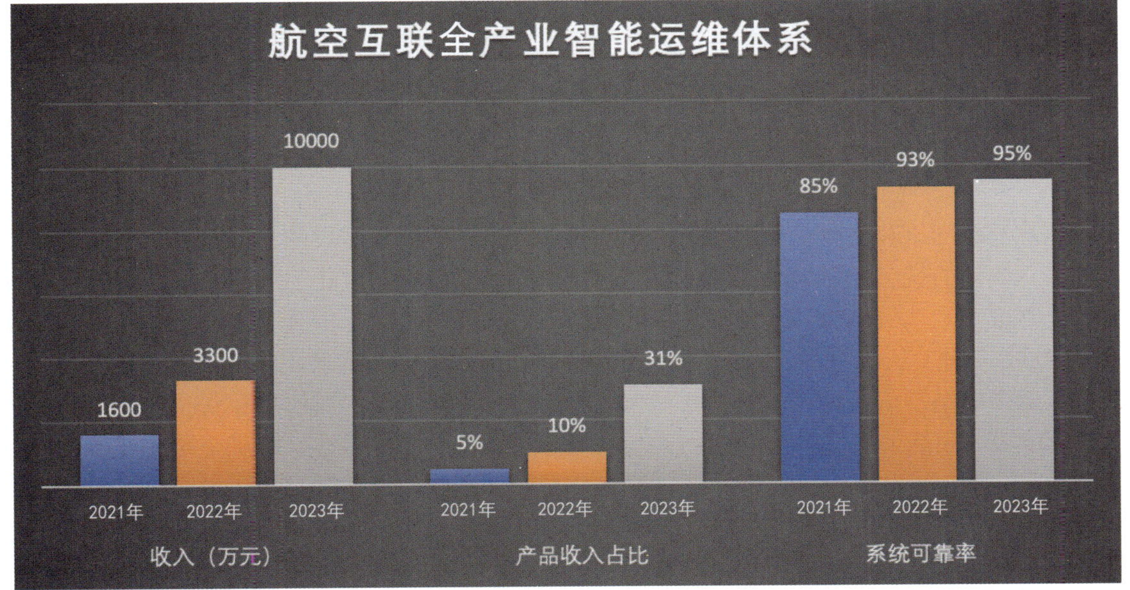

图 3　航空互联全产业智能运维体系 2021—2023 年增长情况

四、经验总结与未来展望

空地互联公司立足航空互联领域，通过建设自主可控的航空互联全产业智能运维体系，不仅稳固了自身市场地位，而且在技术创新、运维管理与服务升级上收获了宝贵经验。

未来，公司将持续加大科创投入，支撑航空运行数字化、智能化转型升级。一方面，公司将建设高通量卫星下的前舱数据传输技术方案，积极开展航空运行的数字化、智能化试点运行，着力推广方案应用，通过实时数据监测与大数据驱动决策，提高运营效率、提升飞行安全、降低能源消耗、提高航空运行的环境可持续性，增强我国民航的竞争力与战略安全；另一方面，公司将建设完成全链路安全智能保障体系，以“独一无二”的航空互联全产业智能运维体系支撑智慧民航发展。

同时，公司将加强航空互联产业协同。一方面，公司将提升产业控制力。建立产业联盟，组织航空互联产业相关企业、研究机构及行业专家形成联盟，开展技术交流、培训研讨、实验测试等工作。另一方面，公司将打造交流平台，促进信息和资源共享，打破产业之间的技术壁垒，利用研发及实际运营质量和数据，帮助产业链上各环节关联公司找差距、补短板，持续优化迭代，推动产业互助共进、繁荣发展。

五、推荐语

空地互联公司以创新精神和前瞻性思维，重新定义了航空互联运维标准，在航空互联领域树立了新的里程碑。公司通过自主研发的航空互联全产业智能运维体系，突破了技术壁垒，实现了航空互联服务的自主可控，极大提升了旅客的空中互联体验，为航空业的数字化转型树立了典范。此案例体现了技术创新在推动产业升级中的重要作用，为空地互联产业及其他领域的企业提供了新思路，值得各方共同探索航空互联产业的未来，携手推进航空互联产业的创新与繁荣。

六、案例主体介绍

空地互联网络科技股份有限公司由中国电信集团、中国东航集团和均瑶集团联合成立，以成为“最佳的航空互联综合解决方案供应商”为战略目标，专注于航空互联这一民航产业的细分领域，推动卫星通信支撑智慧民航发展。公司通过深入分析航空公司与旅客在不同场景下的诉求、痛点并“对症下药”，摆脱航空互联系统对国外的依赖，自主搭建航空互联全产业智能运维体系，重新定义航空互联可靠性标准和服务标准，实现航空互联品质可视化，其航空互联可用率均值高达 96%。公司通过与飞机制造商、航电企业、卫星公司共同搭建产学研实验室，助力航空互联产业供应链国产化、自主化发展，提高航空互联领域在国际上的综合竞争实力。

七、案例视频

扫码观看案例详细视频。

空地互联启航智慧民航

基于云原生的自主研发 PLM，推动新能源企业研发创新转型升级

上海易立德信息技术股份有限公司

关键词：PLM、工业软件、自主可控、自主创新

摘　要：当前，我国的制造行业持续高速增长，但核心竞争力普遍不强，中低端产能过剩、很多产业的高端环节都被外资品牌牢牢掌控，在关键零部件和核心技术方面，缺乏自主技术能力，无论从管理机制、技术创新能力，还是从企业规模、竞争实力等方面，都与国外企业存在较大差距，仅仅依靠消耗资源、降低劳动力成本的机械制造业，难以维持可持续性发展。越来越多的装备制造业企业开始引入数字化设计和制造，提升设计能力和管理水平。本案例详细介绍了固德威技术股份有限公司（以下简称固德威）如何用国产自主可控 PLM（产品全生命周期管理）平台替换国外平台，将研发管理水平提高至更高水平的过程。通过上海易立德信息技术股份有限公司（以下简称易立德）基于云原生的 PLM 平台，制造业将获得强有力的研发创新管理支持。该平台使制造业节省直接材料成本 5%～10%，降低开发成本 10%～20%，缩短产品研制周期 15%～40%，提高生产率 25%～60%，从而推动企业研发创新转型升级。

一、场景透视：强化研发过程管控，增强协同，降低产品成本，持续提升质量，全面提高企业研发综合实力

固德威长期专注于太阳能、储能等新能源电力电源设备的研发、生产和销售，现已研发并网及储能全线 20 多个系列的光伏逆变器产品，功率覆盖 0.7～350kW，并致力于为家庭、工商业用户及地面电站提供智慧能源管理等整体解决方案。但固德威在研发产品时也遇到了下述问题。

1．多学科跨专业协同难度大，效率低，过程不透明

研发过程涉及多学科（如机械、电子、电气自动化、仿真、光学、软件等）的协同，项目开发还涉及采购、制造、安装、服务等项目全过程管理，但客户工期要求紧急，项目过程不透明，周期长。

2．产品结构复杂，BOM 难管理

固德威产品的复杂程度高，需要以客户的实际需求为参数，如单件、小批量，客户定制占绝大部分，非标占比高，通用件少。整机的 BOM 数据量庞大，图纸和零部件的关联关系

复杂，对 BOM、PBOM（工艺计划清单）、MBOM（制造计划清单）、SBOM（销售计划清单）等多视图管理难度大。

3．材料用量大，设计成本、生产成本难控制

固德威在生产过程中需使用大量金属材料，设计对材料的选用尤为关键，同时频繁的变更会带来成本的上升，因此如何控制成本非常关键。

4．产品质量要求高，需不断引入新技术、新工艺

固德威在新技术和新工艺上不断突破，但设计的标准化和工艺的标准化难以形成，更难以落地，导致经验不能得到很好的积累和沉淀，产品质量无法保障。

二、实施方案与技术应用：先进技术与优秀实践双驱动，微服务底座与丰富的 PLM 业务应用群为研发赋能，实现从需求端到供给端、多学科 CAD 设计协同到能源装备产品全生命周期管理

固德威原来使用国外的 PLM 产品 Area，但是使用效果不理想，对 PLM 和 CAD（计算机辅助设计）没有很好地集成，对物料数据和 BOM 数据也管理不精确，这给研发和生产带来很多困扰。对于研发过程，IPD（集成产品开发）系统没有得到很好的落地应用。通过多方位的对比和选择，固德威最后选择了易立德基于云原生的 PLM 平台（见图 1），该平台有如下特点。

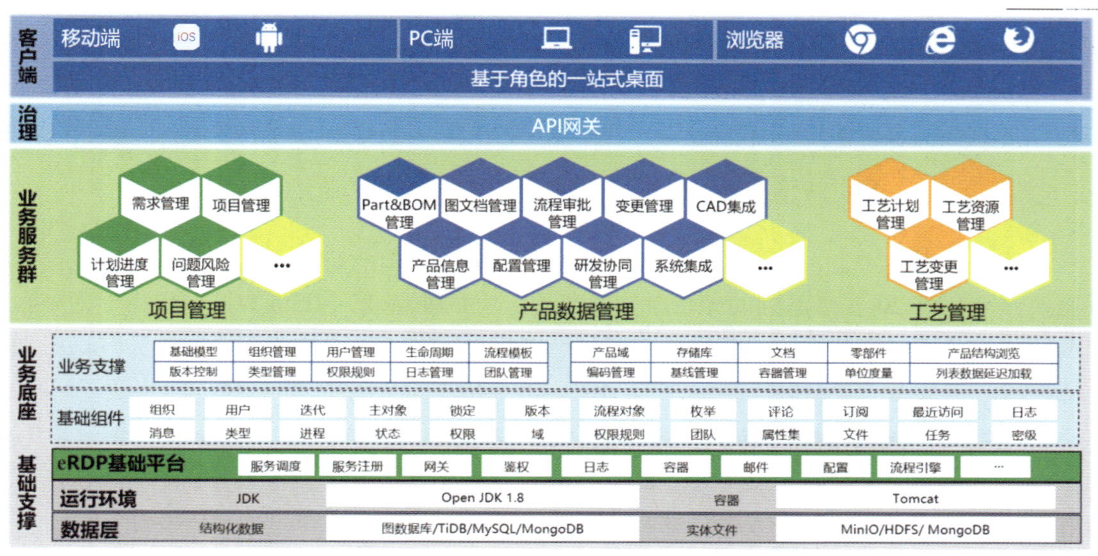

图 1　PLM 平台架构

① 采用基于云原生、微服务架构，构建服务化的中台和 API，通过场景分析及服务编排，抽象出独立的业务服务，实现业务的解耦及灵活部署。

② 系统由前台、业务服务群、业务底座、eRDP 基础平台、运行环境和数据层组成，可

适用不同的软硬件基础环境。

③ 基于云原生架构，支持本地化、私有云、公有云等多种方式部署；通过 Docker 容器化部署，能够实现独立运行。

④ 通过引入中台，可以支撑企业灵活创新，适应快速变化的企业环境并满足用户需求。

PLM 平台应用架构如图 2 所示，PLM 平台技术架构如图 3 所示，具体的技术架构优势如下所述。

图 2　PLM 平台应用架构

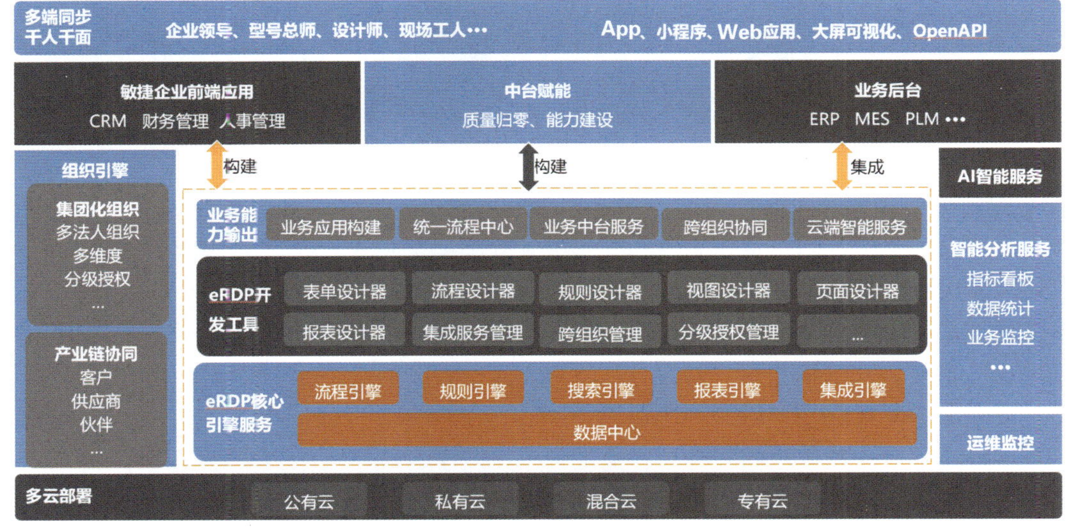

图 3　PLM 平台技术架构

① 灵活部署：基于云原生，企业可以上云部署或本地部署，支持容器化部署，自动化构建，节省企业成本。

② 高维护：基于微服务拆分业务服务，松耦合、高内聚、易扩展，快速响应业务需求，用户随需扩展。

③ 高可用：基于角色和流程的协同，基于设计者桌面的设计思路，按用户行为进行画像，响应用户需求，提升用户体验。

④ 开放：基于开源技术体系，遵循开源技术开放的特性，通过开放接口，进行灵活扩展。

⑤ 灵活配置的软硬件应用环境：支持 Oracle、MySQL、Redis、MinIO、MongoDB 等多种主流数据库，支持常见的浏览器，如 IE11、Edge、Chrome、Firefox 等。

固德威应用 PLM 平台关注跨部门、多学科的协同，注重提升产品质量、控制成本。解决方案以项目管理为主线，贯穿装备制造的需求、产品设计、工艺设计、采购原料、制造、交付和售后服务等全生命周期的管理（见图 4）。

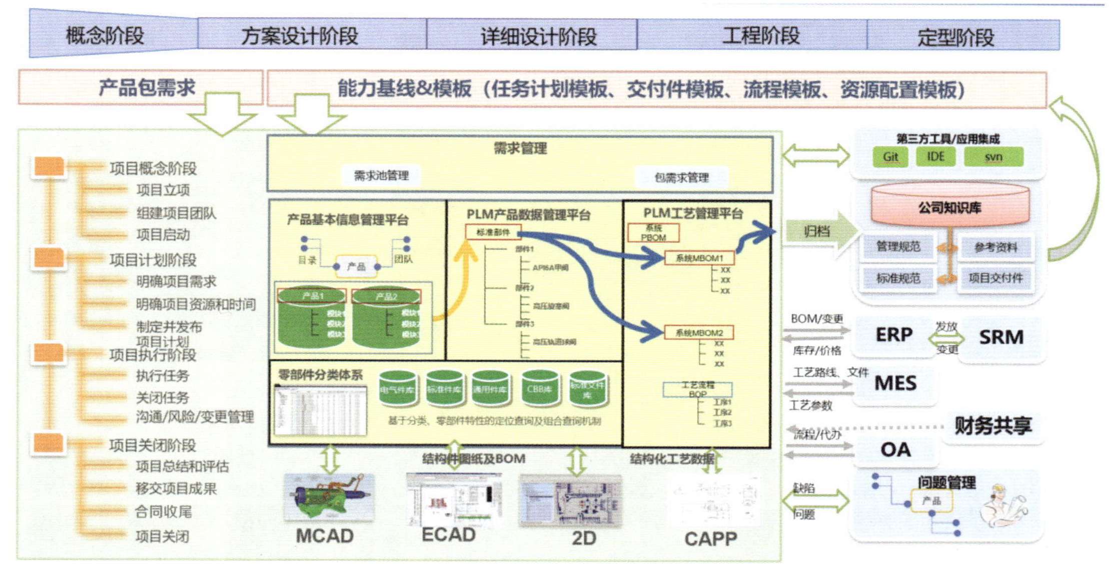

图 4　PLM 平台进行全生命周期管理

PLM 平台基于产品全生命周期管理，制定产品设计标准，提升设计效率和零部件重用率，打造设计工艺一体化，同时它还为生产系统提供准确、及时的数据，与 ERP、MES（生产执行系统）等系统深度融合，致力于打造智能制造体系。通过易立德装备制造行业 PLM 平台的建设，固德威显著提升了产品的创新能力，并持续为装备制造业的信息化与工业化深度融合提供理念、组织、方法和工具。

主要业务方案构成如下所述。

需求管理：需求收集、需求分析、需求分发、需求实现、需求验证等。

项目管理：计划、进度、问题、风险、变更、成本、质量、绩效、工时、基线、统计分析。

产品数据管理：图文档、编码、物料、产品、BOM、变更、标准库。

工艺信息管理：资源库、工艺审查、工艺规程、工艺卡片。

工具集成：MCAD（机械计算机辅助设计）类集成、ECAD（电子设计自动化）类集成、软件工具类集成。

系统集成：ERP、MES、SRM、CRM、OA 等。

三、实施效果：疏通研发源头，服务智能制造，实现降本增效

1．有效控制产品成本

① 新品上市成功率提高 20%～35%。

② 产品缺陷下降 20%～30%。

③ 产品成本下降 15%～30%。

④ 产品研制周期缩短 15%～40%。

2．有效提升项目运行质量

固德威借助于研发项目管理的 WBS（工作分解结构），充分利用资源，使得计划更加合理，通过项目动态可视化，使得项目进度更加透明，及时发现问题、解决问题，有效提升项目运行质量。

3．有效控制变更，降低风险

固德威借助于工程变更管理和严格的变更流程，确保能够及时掌握变更的影响并及时评估风险。这大大降低了变更对研发、生产、交付及服务等各环节的影响，确保各项操作的可控性。

4．有效提升工艺标准化水平，服务智能制造

固德威借助于工艺信息管理，确保在进行工艺规划时充分利用生产资源，大大降低制造成本。结构化的工艺为生产现场提供最重要的数据源，服务于智能制造。

四、经验总结与未来展望

下一步，易立德将继续加大研发投入，研发仿真数据管理、实验数据管理等应用，在现有基础上充实 PLM 产品家族，并采用纯自主研发的方式，进入三维 CAD 领域，向低代码平台、人工智能方向渗透。易立德将横向布局军工领域，在 PLM 产品自主可控刚性需求的牵引下，替代现有国外 PLM 的服务及产品，解决设计信息安全、协同设计、统一数据源等核心问题，易立德的 PLM 产品有希望成为未来军工领域工业软件研发的承载平台。易立德纵向积极拓展自研软件业务，其目标客户群是重视研发投入、具有高价值、业务持续稳定增长的大型企业。易立德利用其在 IPD 领域的咨询解决方案的能力，向客户输出定制化解决方案。除了高科技企业，汽车、金融行业也将成为易立德的重点发展领域，公司需要构建与这些行业相匹配的方案，并提升规划的实施能力。

五、推荐语

上海易立德信息技术股份有限公司专注于工业软件研发领域，潜心打造核心技术，专注做高端智能制造业数字化转型“配套专家”，为企业提供 IPD、MBSE 咨询与落地、IT 规划、

PLM 软件产品和技术开发的端到端服务，全方位助力企业数字化转型。公司所提供的 PLM 产品解决方案和服务获得了众多客户的广泛认可，具备难以替代、高黏度的特点。公司与客户形成了长期稳定的战略合作关系，并持续保持着市场领先地位。公司已成功为 300 多家各行业的顶级客户提供服务，助力国防军工、高端智造、汽车装备等行业实现自主可控、自主创新，提升研发水平，并推动它们从“传统制造”向“智能制造”转型。

六、案例主体介绍

上海易立德信息技术股份有限公司于 2010 年成立，总部位于上海，在深圳、佛山、西安、成都设有技术服务中心和研发中心。公司致力于企业产品研发管理领域，在市场需求分析、IT 规划、PLM/PDM 软件开发、项目实施、运维支持、人力资源知识培训管理等多领域不断开拓进取，是全球领先的 PLM 系统的实施服务商、中国领先的企业研发领域咨询和 IT 信息化解决方案提供商。公司自成立以来，积极拥抱应用移动互联、大数据、云计算等新技术，一直面向高科技电子、互联网 IT 应用、汽车、通用机械等领域的优秀企业，提供专业领域的咨询、规划、实施、培训和服务，在全国积累了大量的成功客户案例。公司始终奉行“以客户为中心、以奋斗者为本”的企业文化，紧紧跟随时代发展浪潮，不断创新、再辟新的战场，立志为促进从“中国制造”到“中国创造”的转型贡献出独特的“易立德力量”。

多维度、高效率响应服务，打造半导体设备全流程协同质量管理模式

上海邦芯半导体科技有限公司

关键词：半导体设备制造、多维多级服务响应模式、链路协同管理

摘　要：上海邦芯半导体科技有限公司（以下简称邦芯）通过创新服务模式弥补了传统质控管理的缺陷，公司采用多维度、高效率响应服务模式为客户提供快速、准确的支持，模式的每一级都严格控制响应时间与处理能级，从而在最短的时间内定位溯源并排除问题。这种模式不仅涵盖了从原材料采购到产品交付的每一个环节，还通过实时数据监控、智能分析和快速响应机制确保了产品质量的持续优化提升。同时，公司使用物联网技术实现了对生产设备的智能化管理，显著提升了生产效率和产品质量，并且在供应链管理上实现了需求预测、库存优化和物流调度的全自动化，有效降低了库存成本和物流成本。此外，公司通过自研机台系统、厂务管理系统，以及引进的原料采购和生产计划管理系统等实时监测管理系统，构建了体系化、规范化、实时化、动态化的过程管理，消除了不同部门、不同工序之间沟通反馈的屏障。这些创新措施不仅提升了邦芯的市场竞争力，还为行业树立了创新服务的标杆。实践证明，通过技术创新和智能控制，企业能够实现更高效、更智能、更精准的生产和服务，提升构建全链路协同的质量管理效果。

一、场景透视：流转交付质量难以把控

随着科技的快速发展和全球化竞争的加剧，集成电路设备制造业正面临着前所未有的挑战。传统的质量管理模式主要依赖人工检测和经验判断，难以满足当前市场高效率、高精度和高可靠性的需求。这些模式在处理复杂工艺流程和海量数据时显得力不从心，无法快速响应市场变化和客户需求；管理决策也无法根据实际业务变化情况被快速调整，造成协同执行过程中的风险扩散。因此，集成电路设备制造业迫切需要创新性服务模式来打造闭环可控的质量体系。

集成电路设备制造企业在流转执行过程中主要存在以下痛点。

1．多环节协同执行困难

设备生产服务过程涉及大量业务方人员、外部供应商与客户伙伴的沟通工作，包括进度协同、质量协同、标准协同等，在这一过程中往往缺少系统工具支撑协同，导致服务链路受阻、推进效率低下。

2．售后反馈响应不及时

售后反馈的及时响应是保证客户满意度和产品持续改进的关键因素之一。然而，由于集成电路设备的技术复杂性，售后问题往往需要专业的技术支持和深入的故障分析，这使得问题处理的时间非常长，反馈机制缺乏弹性。同时，客户反馈信息的收集、处理和反馈流程之间时常出现迟滞，导致问题不能被快速识别和解决。

3．质量管理难以被实时监控

在生产过程中，设备众多、工艺流程烦琐、项目反馈延迟及生产环境的多变性使得实时监控和数据分析成为一项艰巨挑战。传统质量控制方法（如抽样检查和人工记录）无法及时捕捉到生产过程中的微小变化和潜在问题，导致质量问题可能在未被及时发现和解决之前就已经影响了产品的最终质量。

二、实施方案与技术应用：创新服务模式打造全链路协同

1．实施方案

邦芯实施了多维多级服务体系，以确保提供快速、高效的客户支持。一级服务由客户端驻厂团队负责，他们承诺在 4 小时内响应、24 小时内到场，确保能够及时解决客户面临的紧急问题，减少生产中断的风险。二级服务由技术支持团队负责，团队成员全天候待命，保证在 24 小时内给予客户反馈支持，通过远程诊断和专业建议帮助客户克服技术难题。三级服务则由研发团队负责，团队成员将在 48 小时内统筹解决更复杂的问题，利用研发资源和专业知识深入分析问题根源，为客户提供根本性的解决方案。整个三级服务体系通过严格控制每一级的时间响应，确保了服务的连贯性和高效性，从而在最短的时间内帮助客户排除疑难杂症，增强了客户的信任感和满意度，提升了企业在市场中的竞争力和品牌形象。

如图 1 与图 2 的框架体系所示，邦芯从生产安排、生产监测、生产环境、包装运输等多方面，通过系统化、协同化、智能化的线上线下质量管理模式建设制定了操作规范与服务标准。邦芯通过自研机台系统、厂务管理系统，以及引进的原料采购和生产计划过程管理系统等，构建了体系化、规范化、实时化、动态化的过程管理，消除了不同部门、不同工序之间沟通反馈的屏障，保障了生产持续稳定进行，产品完全符合交付要求。

2．技术应用

如图 3、图 4 所示，邦芯的生产过程监控系统使用先进的软件界面控制，实时监控生产过程中的温度、压力、气体等关键参数。通过数据分析和监测，该系统能够预测和预防可能出现的生产状况，及时发现问题并解决问题，从而提高生产效率和产品质量。在服务模式上，邦芯通过售后质量管理完成客户现场的装机、达成客户对设备的指标要求，并按时通过测试和验收。结合集成电路设备行业的特殊性，本系统首次将马拉松精神注入质控管理各环节，要求每台集成电路设备产品从“孕育”到“终结”的全生命周期过程始终要保持“多维度、高效率”的稳定产出，最大限度地降低客户因产线中断而耗费的巨大人力/物力成本、产品维护成本和损坏概率，力求达到质控管理最优。同时，邦芯自主研发的控制系统已在客户产线

上平稳运行，通过实时监控采购、生产领料、退回记录等关键信息，可以对生产过程进行全方位的掌握，确保进度的顺利进行，帮助企业及时发现问题并采取相应措施，保证生产计划的顺利实施。

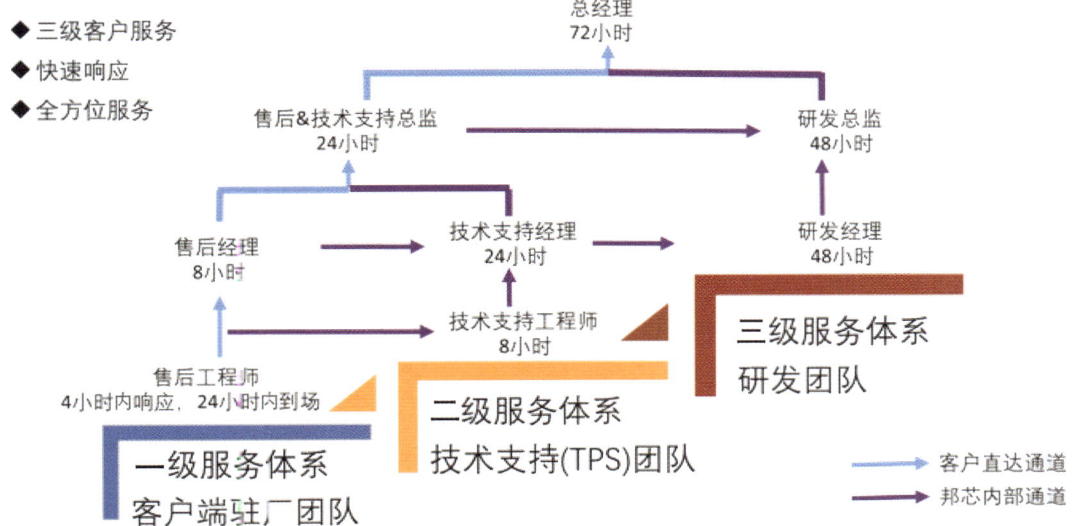

图 1 三级响应服务体系

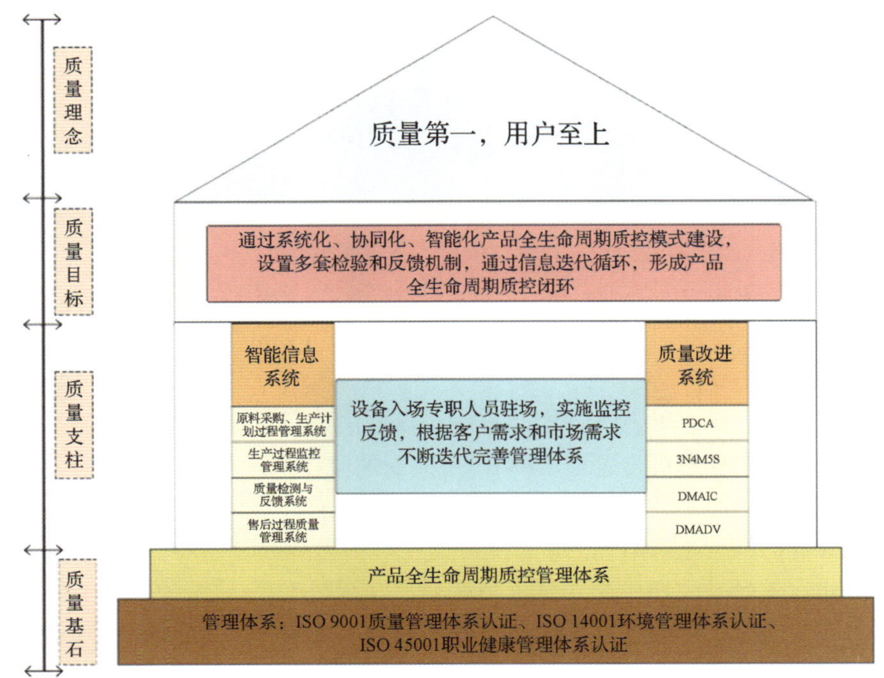

图 2 质量管理总体架构图

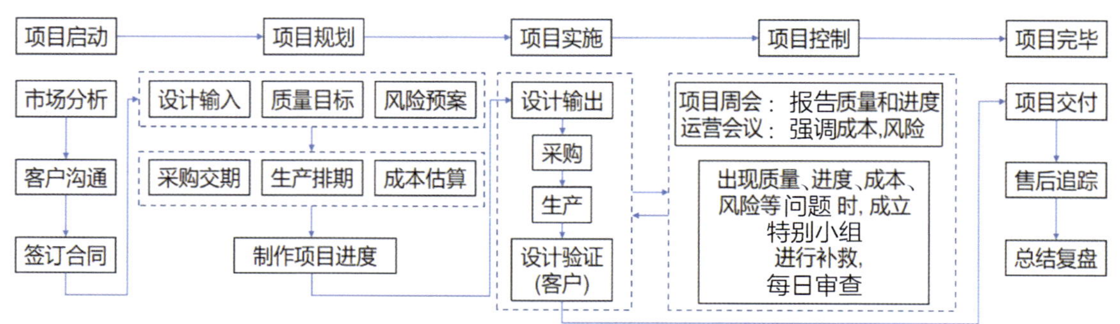

图 3　协同管理流程图

图 4　全链路质量控制管理

三、实施效果：创新服务协同打造质量标杆旗舰

1．经济效益

半导体晶圆加工过程是非常严谨的，有一个环节出现异常就会影响芯片良率，邦芯使用自主设计的系统控制软件对机台进行 24 小时不间断的监控记录。机台设定多种硬件限位器以确认在自动运行状态下晶圆片的正常加工并提供回查功能，同时针对机台关键物料记录射频时长，制订机台维护计划，对消耗品进行定期更换，显著提高了生产效益。

邦芯自主建设的研发生产中心获得了临港新片区智慧工厂认证，公司的三级创新服务模式获得了客户的一致认可，相关产品均已在客户端投入使用并实现常态化、规模化量产，下游 90%的一线 Fab 厂（专门从事晶圆制造的工厂）已成为公司的客户。邦芯通过马拉松式质控模式建设，使产品验收一次合格率达 100%，全生命周期内单位产品平均质保成本占销售收入的比例低于 1%，大幅领先业内平均水平。完善的客户管理系统使得销售团队与售后团队实现了准确的信息共享，能够及时了解客户的需求和期望并提供个性化服务。产品报修率逐步下降（见图 5），复购黏性稳步增长。

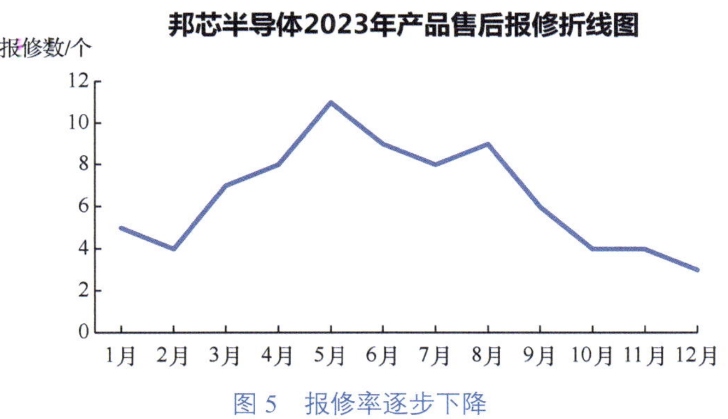

图 5　报修率逐步下降

2. 社会效益

邦芯相关项目的研发及产业化将加快解决 7nm 及以下核心技术领域面临的“卡脖子”问题，研发产生的知识产权成果均在国内，相关成果可以填补国际及国内空白，这对于构建自主可控核心知识产权体系、尽快实现技术超越具有现实意义。

通过智慧产业链协同，邦芯先后承担了多个高新技术成果转化项目与技改研发等重大专项，并与高校科研院所开展了广泛合作，这既夯实了技术本领又促进了学生就业与人才发展，有效聚合了上下游产业链资源，带动了周边置业消费的需求。预计 5 年内该款产品将上缴税款 1000 万元，新增就业 300 余人。随着项目的全面铺开与产能扩建，地区工业产值的增长潜力将进一步提升，产业结构也将实现向更高能级的跃升。

四、经验总结与未来展望

1. 经验总结

邦芯通过整合物联网技术成功打造了创新服务模式下的全链路质量管理（见图 6），实现了生产设备的智能化管理和实时监控，这不仅提高了生产效率，还降低了维护成本。邦芯利用大数据分析和智能算法，优化了供应链管理，实现了需求预测、库存优化和物流调度的全自动化，减少了库存积压，降低了物流成本。此外，邦芯还通过建立客户反馈系统，实现了快速响应客户需求和快速解决问题，提升了客户满意度和忠诚度。这些创新服务模式的应用不仅提升了公司的市场竞争力，还大幅提升了产业链上各企业的协同运作能力。邦芯的经验表明，通过创新服务模式和数字化转型，企业能够实现更高效、更智能的生产和管理，从而提升客户体验，在激烈的市场竞争中保持领先地位。

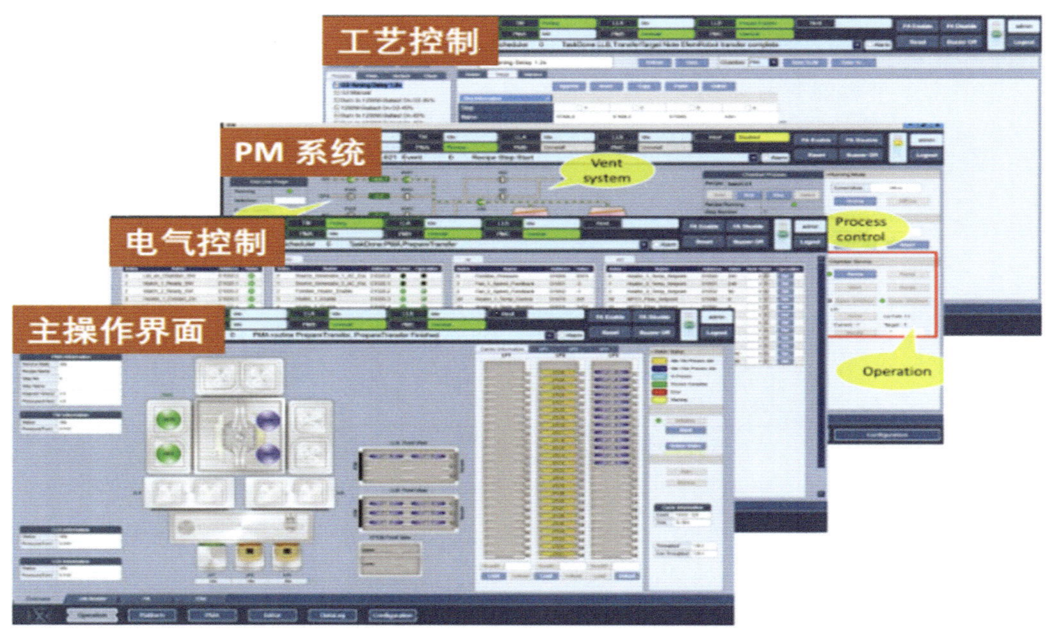

图 6　自研工控系统打造上下游链路协同

2．未来展望

物联网技术与厂务管理的结合，使现代制造业产生了根本性的变革。通过将“物联网+厂务”管理理念应用于生产设备，企业能够实现设备间的“协同化”管理。这种管理方式可以利用传感器和网络技术实时收集和传输设备状态数据。此外，物联网技术还可以实现对设备的远程监控和维护，管理人员还可以通过智能设备或移动应用实时查看设备状态，并及时进行故障诊断和预测性维护。这种智能化的设备管理不仅提高了生产效率，还降低了维护成本和意外停机的风险，为企业带来了更多的经济效益和更大的竞争优势。

五、推荐语

上海邦芯半导体科技有限公司的创新服务模式不仅提升了自身的竞争力，还为半导体设备制造业提供了可借鉴的模式和经验。邦芯通过整合产业链上下游的数据，实现了信息的透明化和实时共享。多维多级服务响应模式能够快速响应市场变化，缩短产品开发周期，同时通过智能化的预测分析能够有效降低库存成本，提高客户满意度。这种创新的服务模式和数字化转型实践，无疑成为生产质量管理的标杆，推动了制造业向智能化、自动化和信息化的方向发展。

六、案例主体介绍

上海邦芯半导体科技有限公司成立于 2020 年，是一家专注于半导体前道设备研发和国产化创新的技术型厂商。其核心产品包括化合物半导体赛道的 6 英寸/8 英寸（1 英寸=2.54 厘米）

设备与硅基芯片领域的 12 英寸设备，可为下游厂商提供从刻蚀到沉积再到去胶的全生命周期产品解决方案。公司自研产品目前已成功突破发达国家对我国设备领域的封锁，并在 90%的主流厂商中实现了量产交付。在供应链安全方面，公司核心设备已摆脱对国外部件的依赖，国产部件比例达到了 70%，整体国产化率已达到同类设备的最高水平，实现了供应链安全可靠、自主可控。

七、案例视频

扫码观看案例详细视频。

半导体设备全流程协同

建筑行业融合 AI 技术，探索多模态知识管理新模式

华建集团上海建筑设计研究院有限公司
上海臻柚科技有限公司（孚知流）

关键词： 建筑行业、知识管理、人工智能、RAG、多模态、智能体

摘　要： 本项目聚焦于建筑行业在多模态文档知识管理中所面临的一系列挑战，主要包括行业多模态数据对知识、技术与工作流程的整合不足，以及知识输出的低效率问题。这些挑战严重制约了行业的数字化和智能化进程。针对上述痛点，华建集团上海建筑设计研究院有限公司与上海臻柚科技有限公司（孚知流）合作，依托孚知流在人工智能及知识管理领域的技术优势和经验积累，在本项目中提出两种关键的技术解决方案。第一种方案，基于自然语言处理技术，融合 RAG（检索增强生成）技术框架，改进信息检索效率，构建一个生成内容可靠的多模态知识库检索问答系统。该系统能够综合处理文本、图像、视频等多种类型的数据，可极大地提高设计和决策阶段的信息检索效率。第二种方案，构建一个无代码智能体（Agent）工作流引擎进行多模态文档解析和数据挖掘处理；整合工作流与知识库，实现双向互动，减轻人工负担，提高工作效率。通过应用这些技术，我们期望能够促进建筑行业内知识的汇聚与有效输出，加速行业的数字化和智能化转型。这不仅能够为建筑行业的可持续发展提供坚实的技术基础，也将为整个产业链带来深远的影响。

一、场景透视：建筑行业的数字化转型挑战

建筑行业作为国民经济的重要支柱，拥有独特的复杂性：项目周期漫长，涉及多方利益相关者，信息量庞大。建筑行业的数字化在劳动力、应用及资产等多个维度的程度都普遍偏低，亟需数字化的探索和积淀。目前，行业数字化及 AI 研究方向主要聚焦图像生成技术、图纸识别技术及二/三维模型应用，缺乏对自然语言资产的关注和应用。而且，行业自然语言资产相对离散，不便汇集积累并生成价值。

华建集团上海建筑设计研究院有限公司通过对自身业务场景的洞察，总结出建筑行业在自然语言类知识管理方面存在以下痛点。

① 行业数据多模态，原始数据难以形成系统化的知识：建筑行业内部存在大量离散数据，且有 PDF、DOCX、XLSX、JPEG、PNG、MP4 等多模态文件格式类型，数据难以被有效整合和利用。

② 知识管理效率低：尽管建筑设计领域积累了大量的原始数据，但并未有效形成知识，继而难以转化为可用资源，且这些数据以非结构化的形式存在，难以被有效管理和利用。

③ 行业数智发展滞后：尽管有智能问答等工具，但建筑行业的智能化办公水平仍然较低，未能有效提升工作效率和决策质量。

二、实施方案与技术应用：构建建筑行业多模态知识库检索问答系统

孚知流基于自身在人工智能领域的技术优势，以及为企业提供知识管理服务的丰富经验，与华建集团上海建筑设计研究院有限公司合作推出建筑行业知识管理解决方案。双方系统开发并持续整合、积累有价值的自然语言资产：通过 AI 让人机交互知识作为激活组织生产力的核心要素，利用 AI 赋能企业知识的融合、流动、进化；同时，通过 AI 辅助设计与项目管理工作流开发基于 AI 技术的智能体（AI Agent）模块，将其融入建筑设计和项目管理的各个工作流环节，实现了设计流程和管理流程的智能化和自动化；通过 RAG 技术、多模态数据处理和智能推荐算法，提供实时的设计辅助、项目进度监控、风险预警和资源优化等功能；通过 AI 辅助工作流的实现，提升设计和管理效率，减少人为错误和资源浪费，提高团队协作水平，取得良好的项目执行效果，推动建筑设计行业向智能化转型。

本项目集成多种 AI 技术（如自然语言处理、大语言模型、智能分析等），对企业内外部数据进行全面分析和挖掘，提供智能决策支持；通过知识图谱、数据驱动分析和预测模型，支持管理层进行科学决策、战略规划和风险管理；同时，通过系统性构建，使自然语言资产持续学习和更新，创建企业级“智慧大脑”。

1．实施方案

（1）通过智能体构建知识库数据集与数据预处理

本项目为行业多模态自然语言文本的格式构建了一个多功能解析器，支持 PDF、DOCX、XLSX、JPEG、PNG、MP4 等多模态文件格式类型，并利用 PDFBox、Apache POI、Tika 等工具确保解析内容准确。项目还采用多模态识别技术、OCR、语料库和智能重排技术，处理包含图像、语音和文本的复杂数据，将图像和 PDF 文本内容转换为可编辑格式，并通过自然语言处理技术提高解析准确性。此外，本项目针对建筑设计行业的非结构化数据特点，采用多智能体（Multi-Agent）方案进行混合识别处理，以提升处理数据的准确度，为知识库检索问答系统的构建提供坚实的数据基础。

智能体工作流设计用于识别和提取数据中的核心要素，去除噪声，并通过特征工程和数据标注提炼出有价值的数据特征；在数据清洗过程中，通过准确性验证、一致性检查和完整性评估确保数据质量。

（2）RAG 技术框架开发

本项目对国内外现有大语言模型相关算法进行调研，选择一款可私有化部署的开源模型，搭建 AI 原生数据库用于构建索引和向量化处理及存储；同时，引入搜索算法和幻觉控制机制将以上技术模块和算法串联起来，构建高性能 RAG 技术框架，用于驱动检索和生成的各类场景，如知识库检索问答系统。

（3）多模态知识库检索应用

本项目通过对设计行业需求进行分析，并结合企业知识管理系统、专项业务设计平台、企业

微信等平台系统的特点，设计应用的用户界面及功能，包括用户问答界面、用户管理界面和管理员界面。本项目对知识库检索问答系统进行系统架构设计和功能开发，功能开发任务包括前端界面开发、后端功能开发、数据库存储开发，其中问答回复功能调用智能问答算法提供的接口。

（4）知识管理标准设定

本项目通过层次化的知识树结构来实现对企业知识的有序组织和高效检索，进而制定一系列知识管理标准。这些标准包含对知识的分类、存储、检索和维护方法的详细规定，确保知识文件在整个生命周期可以得到有效管理。从宏观的知识库到微观的具体文档，都以知识树的结构形式被分为多个层级。每个层级都遵循严格的分类，如顶层代表大的知识领域，中间层代表具体的主题或子主题，底层则包括详细的文档和数据。

系统支持通过自动化工作流进行数据清洗和内容提取，维护人员也可以通过用户界面对知识树进行管理和更新，标注知识的有效性，迅速淘汰过时或错误的信息，保证知识库的准确性和实用性。

图 1 所示为知识库检索问答系统部署路径。

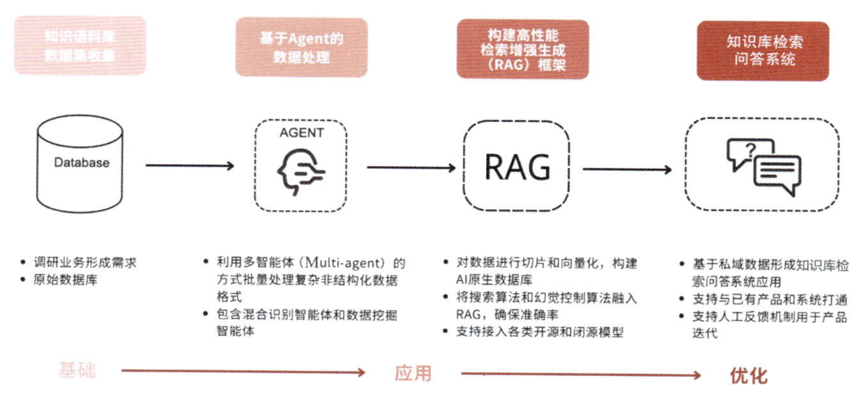

图 1　知识库检索问答系统部署路径

2．技术应用

（1）RAG 技术的创新融合

本项目对 RAG 技术进行了创新性的改进，将成熟的搜索引擎技术和先进的幻觉控制模型整合至 RAG 框架中。这种整合不仅提高了信息检索的效率和准确性，还增强了生成内容的可靠性，有效降低了 AI 在特定领域内生成错误信息的风险。图 2 所示为基于 RAG 的技术路线。

① 搜索算法与 RAG 框架的融合：构建基于 Elasticsearch 的倒排索引，优化搜索关键词与文档内容的匹配速度、准确度；实现基于深度学习的语义匹配算法，通过注意力机制理解查询与文档的语义关联；集成 RAG 框架，通过检索结果辅助生成过程，提高输出的准确性和相关性。

② CTM 幻觉控制模型的应用：定制训练 CTM 模型，使用建筑行业数据集，增强模型对行业术语和上下文的理解。集成在线学习和持续集成机制，可使模型能够自适应地学习和修正，减少幻觉现象。

③ 提示词工程与多轮对话管理：开发基于 BERT 的意图识别引擎，精确捕捉用户查询的意图，并生成相应的提示词。这种技术可以实现基于状态机或图数据库的多轮对话管理，从

而维护对话状态和上下文信息。

④ 知识管理与溯源：采用 Git 等版本控制工具，对知识库内容进行版本管理，记录每次更改的详细日志。这种技术可以开发知识溯源工具，提供内容来源、编辑历史和版本差异的可视化展示。

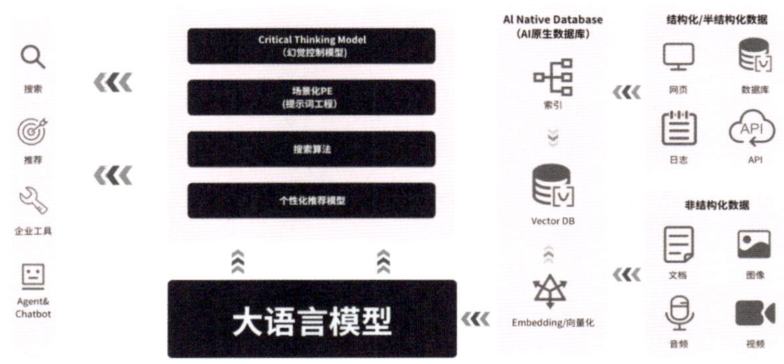

图 2　基于 RAG 的技术路线

（2）智能体框架的多模态文档解析、构建和数据挖掘

本项目通过混合识别智能体和数据挖掘智能体实现智能文件格式转换、多模态识别和智能合并、语料库自动纠偏，突破传统文档处理和数据提取领域效率不足、数据质量不稳定及高昂的人力成本等的局限；通过结合大模型的强大功能和智能体工作流框架，开发出一套创新的智能体驱动的文件解析与数据挖掘系统（见图 3）。系统能够自动识别文档中的各种元素，如文本、表格、图像等，并将其转换为结构化数据，从而提高处理数据的自动化程度。

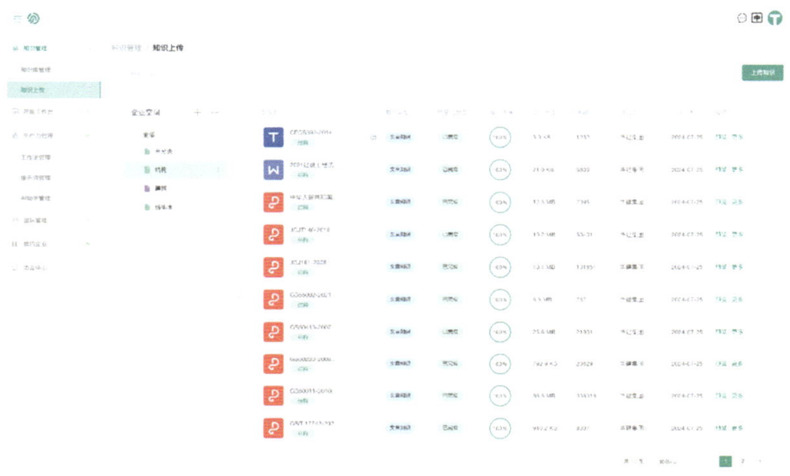

图 3　智能体驱动的文件解析与数据挖掘系统

（3）工作流与知识库的整合

本项目创新性地将工作流与知识库打通，形成了一个自循环和自迭代的系统。这意味着

工作流中的每一步都可以访问和利用知识库中的最新信息，同时，工作流中的活动和结果又可以反馈到知识库中，不断丰富和更新知识库的内容。这种双向互动机制大大提高了知识管理和业务执行的智能化水平。

三、实施效果：建筑行业实现知识管理数字化转型

1．预期成果概述

通过对行业数据进行专家解析和流程控制等多重处理，知识管理系统可实现回复时间在5秒以内，召回率达95%以上，准确率达90%以上，并能够溯源到具体的知识来源。本项目将为建筑行业提供一套全新的知识管理和应用工具，极大提升建筑行业内多模态文档知识的聚合和应用能力，实现行业内的智能化升级。

2．学术与实践贡献

本项目的成果预期将丰富知识管理与AI技术相结合的研究领域。梳理行业知识汇聚而成的SOP（标准作业程序），可以为后续行业知识的汇聚、流动提供研究基础和实践应用；同时，也将为建筑行业的实践者提供实用的管理策略和操作指南，帮助他们在实际工作中更有效地管理和应用企业知识。

通过本项目的实施，我们期望知识库检索问答系统能够成为建筑行业数字化转型的重要推动力，为企业内部数据和知识的高效利用、员工智能化办公提供强有力的支持。

四、经验总结与未来展望

1．经验总结

① 多模态向量数据库的构建。本项目成功构建了多模态数据类型的向量数据库，为企业内部数据的数字化转型提供了坚实的技术支持。这一数据库不仅促进了数据的集中管理，也为后续的数据挖掘和私有化多模态AI数据库的构建奠定了基础。这套数据库架构易于复制和推广，可以为建筑行业内其他企业的数字化转型进程保驾护航。

② 行业RAG产品商业化。融合搜索算法与RAG框架而开发出的智能检索与推荐引擎，显著提升了设计师的知识水平和工作效率。这一技术的应用不仅增强了设计团队的专业能力，也为行业的创新发展提供了新的动力。

③ 行业知识培训教育工具。本项目开发的工具便于自然语言资源的积累和流转，有效赋能技术培养。这不仅提升了员工的专业技能，也为行业内人才的培养提供了新的途径。

④ 业务运营的便利化。本项目开发的多模态知识库检索问答系统与企业微信、钉钉、飞书等内部交流平台相结合，作为办公智慧助手，它显著提高了员工对专业资料的检索效率，助力企业数字化转型和员工智慧化办公。

⑤ 多模态数据检索生成方法。我们的方法为行业知识的搜索应用和企业文档（如服务建议书、设计说明等）提供了专业的文本生成服务，满足了定向生成建筑设计垂类文本的需求，提升了企业的专业服务能力。

2．未来展望

本项目为行业多模态问询自然语言系统提供了方法论指导，以提升企业的信息化能力与数智化能力，这将促进企业在数据驱动和智能化管理方面的发展，为企业的长远发展提供支持。项目还为集团数据驱动企业大脑的数据融合构建了实施框架，这将有助于企业在数据管理和应用方面实现更高效的协同和创新。

五、推荐语

本项目通过融合 AI 技术和多模态知识管理，可以成功应对建筑行业的数字化转型挑战。面对“数据孤岛”和知识管理效率低等问题，华建集团上海建筑设计研究院有限公司采用自然语言处理和 RAG 框架，构建多模态知识库检索问答系统和无代码智能体工作流引擎，极大地提升了信息检索和数据处理效率。这一创新解决方案不仅促进了知识的有效输出和行业的智能化升级，还为建筑行业的可持续发展提供了坚实的技术基础。该项目的实施，将为企业的数字化转型和员工的智能化办公带来深远的影响。项目成果将为建筑行业提供全新的知识管理工具，推动行业智能化升级，具有重要的学术与实践价值。

六、案例主体介绍

上海建筑设计研究院有限公司（隶属于华建集团，原名为上海市民用建筑设计院）成立于 1953 年，是一家具有工程咨询、建筑工程设计、城市规划建筑智能化及系统工程设计资质的综合性建筑设计院，也是中国乃至世界最具规模的设计公司之一，曾被评为建筑设计行业的“高新技术企业”，通过国际 ISO 9001 质量管理体系认证，在国内外享有较高的知名度。公司累计完成 3 万多项工程的设计和咨询，作品遍及全国 31 个省（自治区、直辖市），以及全球 20 余个国家和地区。公司积极响应国家战略，在全国多地设立分支机构，实行属地化发展，成为中国最具规模的设计公司之一。公司的 1000 多项工程设计、科研项目、规范标准获国家、建设部及上海市优秀设计和科技进步奖。70 年的积淀与发展将公司的历史与国家、城市发展紧紧联系在一起，在新中国建设史上留下了一页页傲人的篇章。

七、案例视频

扫码观看案例详细视频。

多模态知识管理新模式

基于工业互联网平台，打造新能源户用分布式光伏线上线下一体化运维新模式

上海能源科技发展有限公司
北京京东数智工业科技有限公司

关键词： 工业互联网、分布式光伏、智慧运维

摘　要： 随着户用分布式光伏行业的高速发展，作为新能源行业的头部企业，上海能源科技发展有限公司的下属业务落地上海源烨新能源有限公司（以下简称上海能科），该公司在户用光伏领域面临着执行与考核监管难、人员及备件时效差、合规安全风险管控措施不足等实际问题。上海能科思考如何通过线上线下一体化，与北京京东数智工业科技有限公司（以下简称京东工业）合作，利用京东工业在物流资源及县域服务网络运维的优势，借助智能技术来解决企业自身痛点。因此，利用工业互联网、大数据和人工智能等先进技术，围绕业务需求打造新型智慧运维服务模式和企业生产运营决策能力，实现业务合规化和总体效能效益提升，已成为企业势在必行的选择。本案例所选企业利用工业互联网平台（以下简称能科 e 光）打通 7 家逆变器厂商，完成百亿级数据处理，实现社会物流资源对接利用，并利用智能算法对运维数据和天气数据进行分析，使运维效率提升约 20%，运维服务成本下降约 17%，监管效率提升约 30%。

一、场景透视：户用光伏发展迅速，传统方式难以满足业务发展需要

上海能科在开展运维工作的过程中存在以下几个方面的痛点。

① 点多面广，监管难度大，监管效率低。分布式项目点多面广，地域跨度大，监管难度大，监管效率低。现有户用光伏运维服务模式的故障处理及时性低，缺乏考核依据，运维质量差。

② 备品备件供应时间长。由于分布式光伏分散量大，当为应对突发事件需更换备品备件时，一旦不能及时供应则可能造成发电量损失。

③ 公共安全风险管控措施不足。户用光伏涉及大量的农户 C 端服务及敏感信息，如在运维过程产生事故，极易引发公共安全事件，因此需对运维过程进行规范化管理，降低安全风险。

④ 海量数据管理难度大，统计困难，数据分析工作量大，人工诊断故障效率低；且误报告警多，无法判断其真实性与故障等级。

⑤ 户用光伏清洗难度大，且很难计算清洗的投入与产出；户用光伏易产生阴影遮挡，如

不能通过线上智能分析识别阴影遮挡，也会影响电站的运营发电量。

⑥ 运维人员覆盖不足，且人员资质参差不齐，资方对运维质量把控难度大。

二、实施方案与技术应用：技术赋能光伏场景，打造线上线下一体化平台

1．实施方案

上海能科与京东工业基于工业互联网平台共同打造分布式光伏线上线下一体化运维解决方案：通过户用光伏电站逆变器数据采集统一上云，汇集海量生产数据，线上平台具备光伏运营一体化、管理精准化、运维智能化、平台扩展化及应用移动化五大数智化应用服务能力；线下利用京东集团遍布全国的仓储、物流资源、运维服务人员、工业品供应链服务及数字化平台建设，满足县域户用分布式光伏运维服务需求。方案的最终目的是实现电站精确监控、快速处理故障，规范管理运维人员、高效调配备品备件、共享仓储资源，科学规划运维频次和路线，提升管理效率和发电量，提高电站资产的安全保障水平，降低运维成本，实现资产保值增值。

同时，上海能科利用京东工业丰富的工业互联网平台开发经验，以及人工智能等先进技术能力，构建分布式光伏“线上运营一张图”，实现“多方共享，自主可控”的建设目标，进一步巩固其在户用光伏领域的核心竞争力，形成一套完整成熟、可复制、易推广、低成本、高可靠性的县域分布式光伏一体化阳光运维新模式。“工业互联网+光伏”阳光运维新模式如图 1 所示。

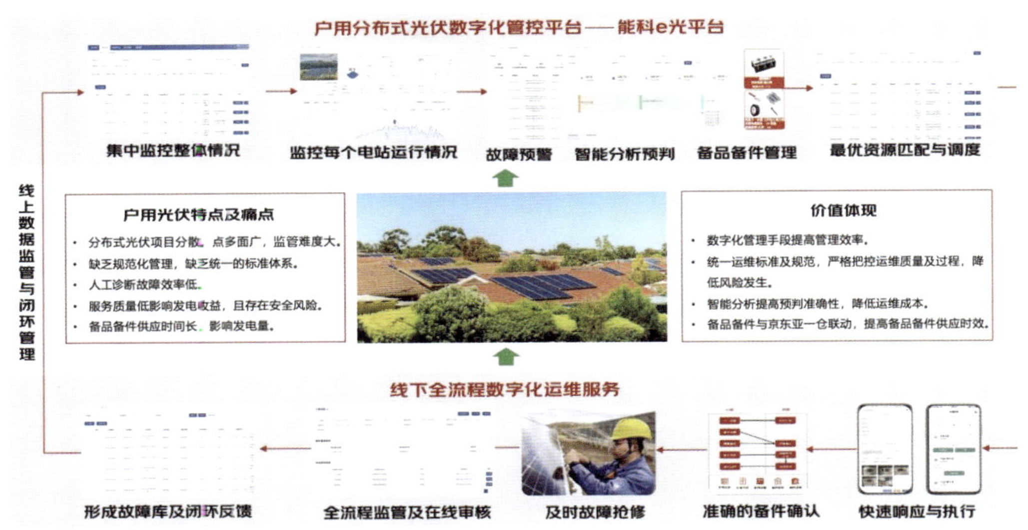

图 1　“工业互联网+光伏”阳光运维新模式

2．技术应用

本案例的总体架构包括数据层、平台基础服务层、分析层与业务层。其中，数据层完成

逆变器数据采集、业务数据汇聚、数据清洗、数据存储等；平台基础服务层包括地理信息服务、消息中心，为整个平台提供通用基础服务；分析层具备多种数据分析能力，为业务提供决策依据；业务层为客户提供运维管理、规范管理、备品备件管理等服务。能科 e 光平台使用微服务架构体系进行设计，使产品具有高可用、高稳定、高并发的特性。

能科 e 光平台利用算法能力分析限电损失电量、故障损失电量、阴影损失电量、灰尘损失电量，并进行清洗预测，提高预测准确性，精准运维，降低线下运维成本。其中，灰尘损失电量分析是基于对脏污程度在任意时间维度的预测、模拟，对因积灰、脏污所造成的发电量损失进行仿真分析，并结合未来 7～14 天的天气情况，基于系统的运筹算法模块计算该配置下最优的清洗建议；还可根据用户选定地区范围进行仿真，预估收益情况，合理分配清洗力量，降低成本，提升发电量。阴影损失电量分析则通过捕捉电流的变化规律，分析阴影遮挡类型，提高告警准确率，降低误报、漏报率，实现运维工作的提质、增效。

3．应用功能

（1）电站数据可全部实现数字化管理，提高监管效率及工作效率

能科 e 光平台可实现海量电站数据自动采集、自动分析、自动诊断、自动派单、自动接单，全流程数智化、自动化，大幅度提升监管效率及工作效率。电站数据数字化如图 2 所示。

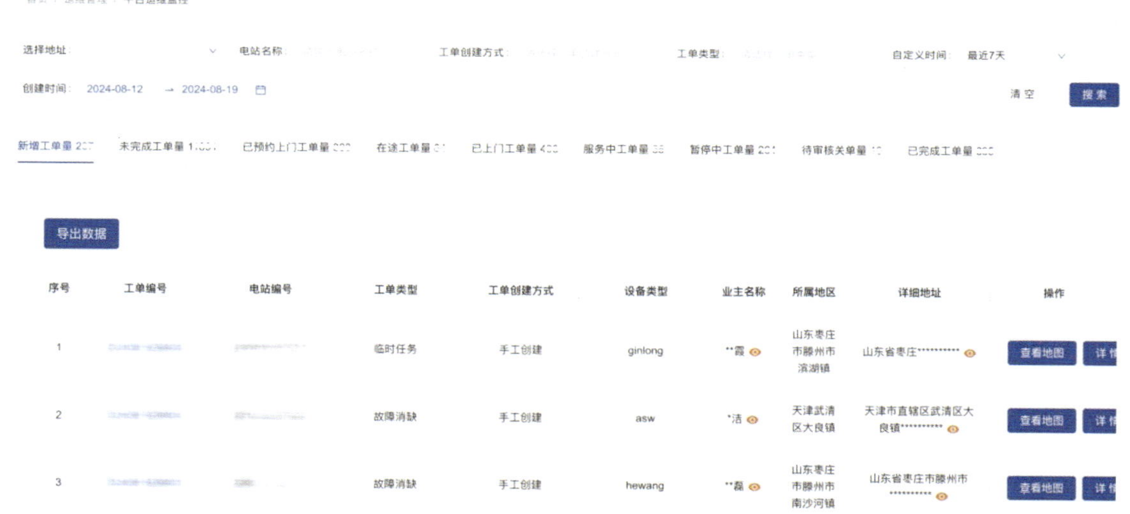

图 2　电站数据数字化

（2）线上线下闭环数智化运维，提升运维效率

户用光伏电站分散、场景多样，屋顶业主对应的农户主体带有客户端属性，上海能科已实现“在线监控、故障告警、自动派单，接单响应、上门服务、服务追溯、故障分析”等线上线下一体化闭环运维流程。

（3）故障分级管理，提高故障消缺率

能科 e 光平台采用数智化手段进行故障分级管理，优化故障告警和健康状态诊断功能，

以降低设备故障率、提高故障消缺率，提升电站的整体发电量。故障分级管理及告警如图 3 所示。

首页 / 电站故障管理 / 故障告警

电站编号： 故障代码： 告警名称： 设备编号：
是否已生成工单： 告警累计次数： 告警时间： 告警状态：
告警等级： 项目公司： 运维方： 品牌： 省：
城市： 县区： 乡镇： 清空 搜索 收起

告警总数量 已自动解除告警数量 当前告警数量 已生成工单告警数量 已生成工单告警的占比 生成工单数量 工单已解除的告警数量

告警编号	电站地址	电站编号	电站名称	故障代码	告警类型	告警名称	设备编号	告警等级	操作
[illegible]	[illegible]	[illegible]	[illegible]	4	告警	直流电流分量注入过高	[illegible]	提示	生成工单 更多
[illegible]	[illegible]	[illegible]	[illegible]	10	告警	设备故障	[illegible]	提示	生成工单 更多
[illegible]	[illegible]	[illegible]	[illegible]	10	告警	设备故障	[illegible]	提示	生成工单 更多
[illegible]	[illegible]	[illegible]	[illegible]	34	告警	AC 侧电压超范围	[illegible]	提示	生成工单 更多
[illegible]	[illegible]	[illegible]	[illegible]	10	告警	设备故障	[illegible]	提示	生成工单 更多
[illegible]	[illegible]	[illegible]	[illegible]	10	告警	设备故障	[illegible]	提示	生成工单 更多

图 3　故障分级管理及告警

（4）智能分析，提高预判能力

能科 e 光平台通过智能分析提高预测准确性，并结合算法进行清洗预测，精准运维，从而降低线下运维成本。智能分析如图 4 所示，清洗预测如图 5 所示。

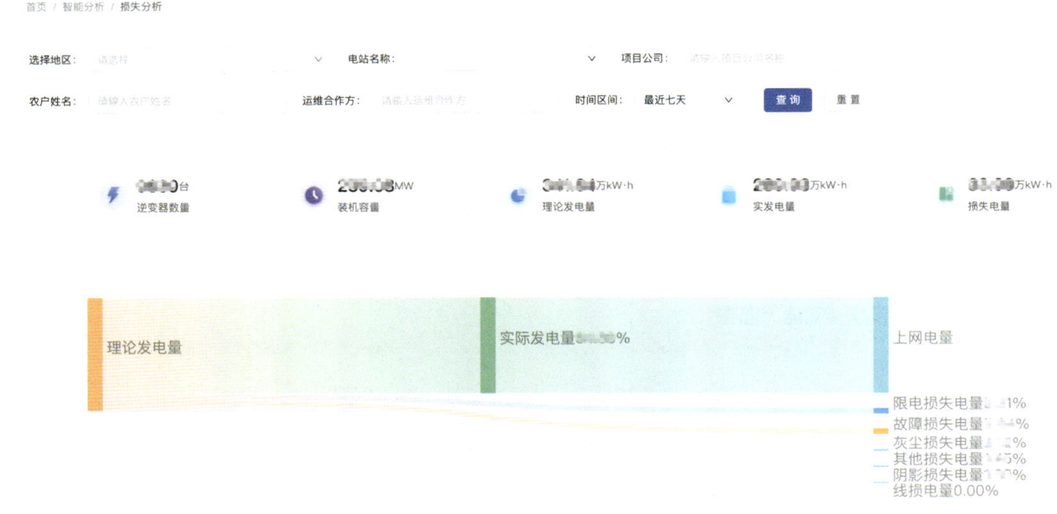

图 4　智能分析

图 5　清洗预测

（5）备品备件管理，提高供应时效

能科 e 光平台为了提高备品备件供应的及时性，实现资源高效联动，实行备件集约化管理与服务共享，以提高服务网络覆盖率和备件供应效率，进一步提高运维管理效率，降低运维成本。备件管理如图 6 所示。

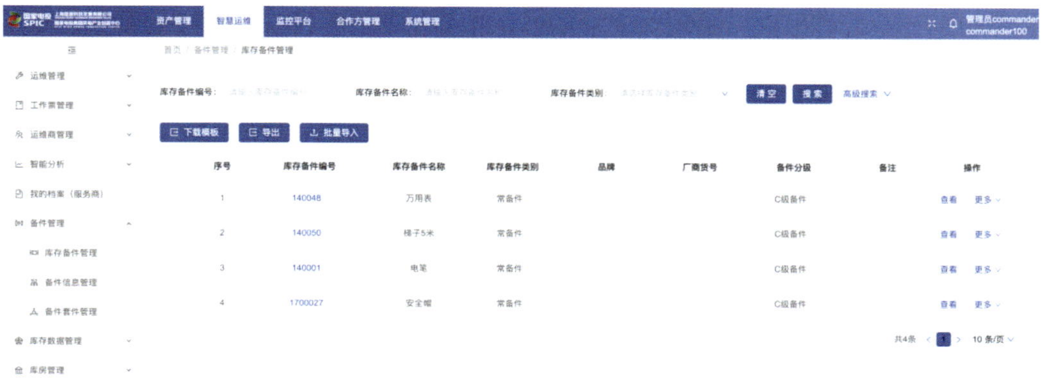

图 6　备件管理

（6）建立统一的运维规范，提高安全性

能科 e 光平台建立了统一的运维规范，并在运维过程中实行工作票和操作票监管制度，以提高户用光伏安全保障能力；同时借助运维绩效考核模块功能，使运维考核工作落到实处，实现管理闭环。运维标准规范如图 7 所示。

图 7　运维标准规范

三、实施效果：实现户用光伏业务运维全过程管控、运维效率提升、服务标准统一、运营安全有保障

1．实现运维全过程透明，合规管控

能科 e 光平台实现了所有电站数据资产化、逆变器数据直连、独立自主可控，可实现对资产的全生命周期管理；从整体到局部，细化到每一个电站、每一个工单、每一个环节，全部做到了可监、可管、可追溯，并将运维考核落到了实处，实现了管理闭环，保障了电站的发电量；真正做到了运维全面监管，监管效率提升了约 30%。

2．运维效率整体提升

通过数智化手段，优化故障告警和健康状态诊断功能，故障类、运维计划类、临时任务类工单实现了全部在线管理，其中故障类工单通过预警生成的比例为 85%，系统无法判断的部分故障经专家分析后人工派单率约为 11%，其余缺陷在点巡检过程中被发现，并发起工单需求，由后台进行派单。在工单响应时效上，故障类和运维计划类工单可实现秒级批量生成，实现分钟级派单，工单响应时效提升约 34%；系统根据工单的紧急程度将其划分为 3 个等级，工程师根据不同等级的时效要求合理安排上门时间，履约时效达成率超过 90%，运维效率整体提升约 20%。

3．运维成本显著降低

上海能科利用京东工业遍布全国 2800 个区县的线下服务网络体系实现资源复合利用，运维人员规范管理，科学规划运维频次和作业路线；通过智能分析提高预测准确性，精准运维，实现运维服务成本下降约 17%。

4．备品备件供应及时性显著提升

上海能科利用京东工业覆盖光伏电站 90%以上的备品备件品类及强大的仓储物流等能力实现仓储资源共享、备品备件高效调配，备品备件供应时效提升 32%，故障电站得到及时维修，进一步实现了保发增发。

5．统一服务标准

上海能科建立统一服务标准，导入京东工业线下服务网络，统一要求各站点运维人员提升服务保障，解决了各承包商厂家和运维商在运维过程中标准不统一、服务不规范的问题。

6．提高电站运营安全性

在安全管理方面，上海能科制定了统一的运维管理规范并内置于系统，所有运维商均按照统一的运维规范进行执行，接受量化考核。上海能科对运维商及服务人员进行严格监管，建立一人一档，有资质的工程师才能接单，严格管控运维质量，并在运维过程中实行工作票和操作票监管制度，提高户用光伏安全保障能力。上海能科通过对运维全过程进行实时线上监管，进而可对从全局到局部地区再到每个电站的运行情况、每个运维工单的履约情况、每个工作票的执行情况、每个人员的资质情况、每个规范的制定情况，都能清晰掌握，使电站监管质量提高约 20%，电站安全性提高约 15%。

四、经验总结与未来展望

1．经验总结

上海能科已经完成依托于工业互联网平台线上线下一体化智能运维模式的建设，与头部互联网企业京东工业达成合作。在该案例中，上海能科融合京东工业智能物流资源及县域服务网络跨行业资源，建立“工业互联网+光伏”阳光运维新模式，打造扁平化、执行高效的组织架构；通过打造线上线下过程监管闭环，提升电站资产的安全保障能力；对运维生产及资产运营进行智能化分析，进一步挖掘数据的价值，逐步构筑行业竞争壁垒。户用光伏数字化平台“能科 e 光”已被投入生产运营，累计接入各县域 15 万座户用分布式光伏电站。“能科 e 光”的数智运维、资产管理和智能化分析核心功能模块已上线应用，验证了基于工业互联网平台打造户用分布式光伏线上线下一体化运维模式的必要性和可行性，达到了项目任务工作要求。

2．未来展望

此案例构建了工业互联网平台线上线下一体化数字化新模式，相关技术在上海能科所持有的部分区域户用分布式光伏电站得到了应用和验证。未来，上海能科与京东工业需要基于合作模式强化跨行业资源的利用效率，将数字化平台与业务开发深度融合。下一步，双方需要迭代完善运维绩效、电力营销及客服管理功能模块，拓展更多电站分布区域，进一步沉淀运维数据；通过持续的数据挖掘分析夯实企业核心竞争力，识别优势区域资产；通过精细化运维提升电站资产包质量，在分布式光伏行业快速发展、竞争激烈的市场环境下实现资产优化配置，提高安全保障能力，实现资产保值增值。

五、推荐语

上海能源科技发展有限公司的实践案例，充分展现了跨领域合作的巨大潜力。通过与京东工业的线上线下一体化合作，上海能源科技发展有限公司不仅实现了经济效益与管理效率的双赢，还提升了整体户用光伏运维服务质量，从而解决了户用光伏人员管理、合规管控、数据资产等问题。这一实践既是新能源光伏行业智能化升级的典范，也为其他企业提供了宝贵的实施路径。这个案例的成功，无疑为推动新能源领域，尤其是户用光伏领域的规范化运营和智能化运维做出了积极贡献。

六、案例主体介绍

上海能源科技发展有限公司是以“研发设计咨询、项目承包管理、项目开发运营”为主营业务的清洁能源集成服务商，是国家电力投资集团有限公司的二级子公司、风电产业创新中心、海上风电专业化工程建设平台和清洁能源 AE 平台公司。公司以清洁能源为方向、技术创新为驱动、集成服务为核心，致力于成为清洁能源创新的开拓者、清洁能源全周期服务的引领者和清洁能源国际化发展的实践者。目前，其光伏业务已拓展至 22 个省（市）、175 个地级市、718 个县，发电量超过 8×10^9kW • h，为推动县域能源供给侧与消费侧革命做出了贡献。

北京京东数智工业科技有限公司是京东集团旗下专注于工业供应链技术与服务业务的子集团。通过践行全链路工业供应链数智化，北京京东数智工业科技有限公司已经成为卓越的工业供应链技术与服务提供商，帮助客户实现保供、降本、增效；致力于在供应链中打造一条连接供需双端、横跨不同行业、兼容不同类型物料的数字“高速公路”，让数据多流动、让商品少跑动，实现产业成本和效率的持续优化。

七、案例视频

扫码观看案例详细视频。

光伏一体化运维新模式

第五篇

标准建设、安全产品促进数字化技术应用

标准建设、安全产品是数字化技术应用的加速器。

本篇设立的初衷，是汇聚上海市相关单位在数字化标准建设，以及安全产品与解决方案创新应用方面的案例，以持续促进数字化技术在工业领域的应用。

本篇内容涉及电子信息、汽车、生命健康、先进材料、高端装备、时尚消费品等重点产业的数字化转型标准编制与推广，以及网络安全建设、数字工厂安全防护体系的搭建等，可为相关企业数字化技术应用提供借鉴参考。

评价标准建设推动工业互联网平台走深向实，赋能新型工业化发展

上海电器科学研究所（集团）有限公司

关键词： 工业互联网平台、应用水平评价、标准化评价

摘　要： 目前，上海市的工业互联网平台众多，但其功能、性能、服务质量参差不齐，因此上海市急需建立一套科学、系统的评价体系，以指导平台的建设与发展。在此背景下，上海市工业互联网协会协同上海电器科学研究所（集团）有限公司（简称上电科）等单位开展了工业互联网平台的评价标准建设。在上海市经济和信息化委员会的指导下，上电科承接了全市30家工业互联网平台的应用水平评价工作，该工作得到了上海市政府与一些企业的高度认可。

一、场景透视：工业互联网平台发展现状

随着制造业数字化转型的加速推进，工业互联网平台作为连接设备、系统、数据与人的关键枢纽，其重要性日益凸显。上海市作为中国的经济和科技中心，拥有三大先导产业和六大重点产业，这些行业的工业互联网平台在应用能力和实施效果方面展现出了强大的实力。然而，工业互联网平台的发展仍面临一些问题和挑战：功能、性能、服务质量参差不齐，部分平台在数据采集、传输、处理等方面表现出色，而另一些平台则可能存在性能瓶颈或应用水平不高的问题；理解不统一与标准缺失，行业生产企业、工业互联网生态服务商等各方对工业互联网的理解存在差异，导致平台之间的互联互通受到影响。这些问题都在一定程度上影响了工业互联网平台的健康发展，因此上海市急需建立一套科学、系统的评价体系，以指导平台的建设与发展。

二、实施方案与技术应用：工业互联网平台应用水平评价工作

在这种背景下，上海市工业互联网协会（简称协会）着手制定针对上海市工业互联网平台应用水平的评价标准。在上海市经济和信息化委员会的指导下，协会组织了包括上电科在内的多家深耕工业互联网领域的单位，共同制定了《工业互联网平台 应用水平评价指南》地方标准。协会还负责了2022年度上海市工业互联网平台应用水平评价工作，并遴选出了一批标杆平台。近年来，依托这一标准，协会连续开展了多轮应用水平评价工作，这对上海市工业互联网平台的标准化建设具有重要意义。

1．评价指标体系构建

《工业互联网平台 应用水平评价指南》地方标准主要参考了《工业互联网平台 企业应用水平与绩效评价》（GB/T 41870—2022）的评价指标体系架构与方法，同时部分参考了工业互联网产业联盟标准——《工业互联网平台 测试验证》中关于平台测试的内容与要求，以及《工业互联网成熟度评估白皮书》中关于工业 App 的评估要求。该地方标准针对上海市重点产业的发展需求和工业互联网平台的特点，制定了适用于通用型平台和行业性平台的评价体系与方法，并重点考察了企业工业互联网平台建设的完整生命周期及应用效果。该地方标准规定了工业互联网平台应用水平评价指标体系，如图 1 所示。该体系由技术水平、运营管理能力、应用效益 3 项一级指标，以及对应的 11 项二级指标、32 项三级指标构成。

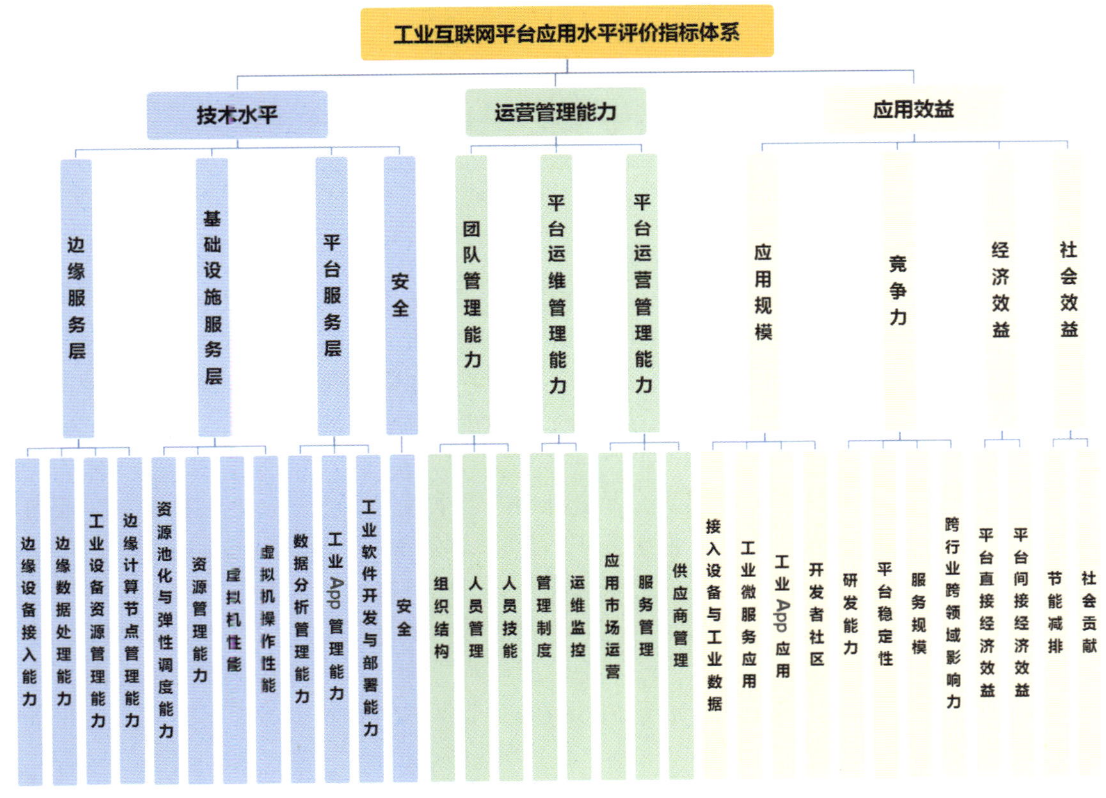

图 1 工业互联网平台应用水平评价指标体系

2．评价工作开展

为贯彻落实《上海市制造业数字化转型实施方案》，加快推动上海市制造业向高端化、智能化、绿色化转型，上海市经济和信息化委员会组织开展了工业互联网平台应用水平评价工作。这项工作还将强化上海市工业互联网平台的能力建设，完善平台化赋能体系，提高全市工业互联网平台的普及率，助力制造业的数字化转型和高质量发展。依托《工业互联网平台 应用水平评价指南》地方标准，上电科承接开展了 2022 年度上海市工业互联网平台应用水平评价工作，并按图 2 所示的评价顺序开展行动。

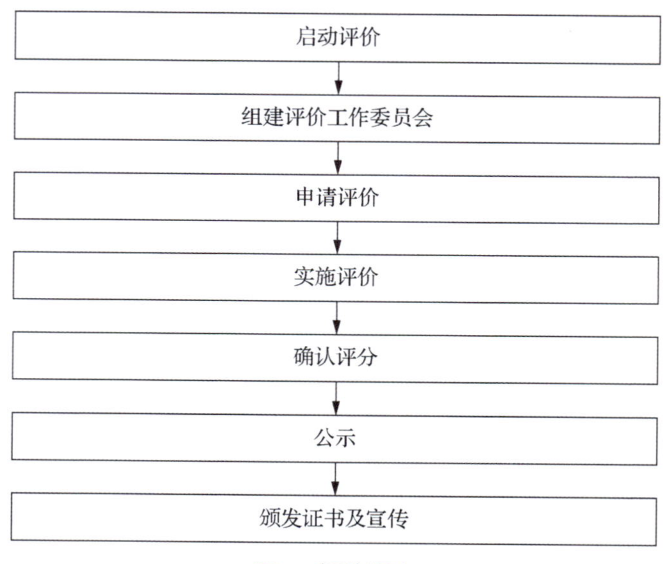

图 2　评价顺序

（1）遴选评价企业

纳入本次评价的工业互联网平台主要包括：2018—2021 年获得市级以上工业互联网专项支持并已通过验收的平台、列入市级工业互联网平台和专业服务商推荐目录的平台、获批工业和信息化部相关试点示范项目（包括工业互联网、制造业与互联网融合发展、新一代信息技术与制造业融合发展等企业）的平台和工业互联网平台创新领航应用案例的平台，共计 30 家。

（2）开展评价培训

根据评价标准中提供的评估团队、评估机构的要求及培训方案，上电科成立了培训讲师团队，开展了专业培训，组织工业互联网平台领域的相关专家作为培训讲师，筑牢上海市工业互联网平台应用水平评价工作的理论基础。上电科编制了上海市工业互联网平台应用水平评价培训课程体系，围绕政策宣贯、标准解读、评价要点、评价材料编制等内容，形成了系统全面、深入浅出的工业互联网平台应用水平评价培训课件。上电科面向工业互联网平台应用水平评价入选企业开展培训，帮助企业深入了解相关标准，提高了企业平台自评水平和意识。

（3）开展评价工作

上电科有序开展了 30 家企业的工业互联网平台应用水平评价工作，面向企业组织专家进行客观项评分与意见采纳（见图 3）。首先，由 8 名评估师分成 4 个小组，根据评价标准对 30 家企业进行客观项评分。每家企业由 2 名评估师分别打分，形成通用型平台客观项评分表与行业性平台客观项评分表，以平均分作为客观项评分的最终得分。其次，组织 3 名评估专家、2 名评估师及 1 名工业互联网协会工业数字化标准专业委员会秘书处工作人员组成主观项评估组，开展现场答辩取证，以确保企业工业互联网平台应用水平评价数据真实有效。最后，根据评价标准中提供的评分计算公式，形成评价结果。

图 3　评价现场

3．评价统计分析

基于评价结果，上电科对不同类型和行业的平台应用现状进行深入的对比分析。上电科系统总结了上海市工业互联网平台建设及应用过程中存在的短板和不足，编制形成了分析报告，全方位展示了上海市工业互联网平台建设及应用情况，找准共性问题和应用需求，全面推动了企业数字化转型。

三、实施效果：以评促建，推动平台向深向实发展

通过本次评价工作，上海市成功遴选出了 2022 年度上海市十大工业互联网标杆平台，这一成果得到了上海市政府与一些企业的高度认可。这充分体现了工业互联网平台评价标准建设的实际成效，为推动产业升级、加强监管效能及促进经济高质量发展提供了有力支撑。

该举措对工业互联网平台的运营方和用户均产生了深远影响，推动了整个行业的健康发展。对于工业互联网平台的运营方来说，评价标准就像一面镜子，可以帮助其识别并改进自身的不足，从而提升服务质量。这使得工业互联网平台能够不断进行自我优化，增强竞争力，进一步推动工业互联网产业的升级与发展。同时，这也为上海市政府提供了更加精准的支持方向，引导工业互联网平台向更加规范化和标准化的发展道路迈进。

对于工业互联网平台的用户来说，评价结果为其提供了更为明智的选择依据，有效促进了市场的良性竞争。用户在众多工业互联网平台中，可以根据评价结果挑选出最适合自己需求的平台，从而提高使用满意度。这种基于评价结果的自主选择，不仅激发了市场活力，还推动了行业的创新与发展。

此外，评价标准建设还有助于加强上海市政府对工业互联网平台的监管效能。通过统一的评价标准，上海市政府能够更加客观、公正地评估工业互联网平台的经营状况和服务质量，及时发现并纠正平台运营过程中的问题，有效防范潜在风险。这种监管方式不仅确保了工业

互联网平台的安全稳定运行，维护了用户权益，还为经济的稳定发展提供了坚实保障。

综上所述，从上海市政府的视角来看，工业互联网平台评价标准建设不仅推动了产业升级和监管效能的提升，还促进了数字经济的高质量发展。这一举措为工业互联网行业的持续健康发展奠定了坚实基础，并为构建数字化经济体系做出了重要贡献。

四、经验总结与未来展望

在工业互联网平台评价标准建设过程中，我们深刻体会到了数据的重要性及评价模型的实用性。同时，我们也认识到，随着技术的不断进步与市场的快速变化，需要不断完善与更新评价指标体系。

未来，我们将继续深化工业互联网平台评价标准的建设，推动评价指标体系的动态更新与优化。此外，我们还计划探索更多先进的评价技术与方法，如深度学习、强化学习等，以提高评价的准确性与效率。同时，我们将把评价结果与产业政策制定、投/融资决策等相结合，为工业互联网平台的健康发展提供有力支持。

五、推荐语

通过本案例的实施，我们期望能够引起更多企业对标准化评价的关注和重视。标准化评价不仅有助于提升企业的管理水平和产品质量，还能够推动行业的健康发展。此外，我们希望本案例能够为其他评估机构提供有益的启示和借鉴，共同推动制造业高质量发展的规范化和标准化进程。

六、案例主体介绍

上海电器科学研究所（集团）有限公司作为上海市工业互联网协会工业数字化标准专业委员会秘书处承担单位，负责组织协调、标准制定与推广、行业研究与合作、人才培养与交流等多方面的工作，体现了其在推动上海市乃至全国工业数字化进程中的核心作用。此外，上电科还作为标准化工作的排头兵，负责全国低压电器标准化技术委员会、全国旋转电机标准化技术委员会、全国无线电干扰标准化技术委员会、国家机器人标准化总体组等 11 个全国性标准化技术委员会的秘书处工作。近三年来，上电科牵头制定或修订了近百项国家和行业标准，并编制了《中国机器人标准体系建设指南》等顶层设计文件，同时受国家标准化管理委员会委托，面向全国开展宣贯和培训活动。此外，上电科还承担 IEC/CISPR、IEC/TC2、IEC/TC121 等 9 个 IEC 技术委员会的国内技术对口工作，深度参与国际标准化工作。通过标准化的引领，上电科致力于打通研发、产业化应用和检测认证，助力企业转型升级，并推动行业高质量发展。

基于边缘应用导则标准，指导智能工厂应用新模式落地

上海新力动力设备研究所

关键词：边缘计算应用、云边端协同、航天制造

摘　要：边缘计算应用是人工智能与制造数据在制造场景中深度融合的典型体现，其发展对人工智能和大数据具有双赢的优势：一方面，边缘制造大数据可以借助智能算法释放更多的潜力，使数据产生更高的价值和可用性；另一方面，边缘计算为智能算法提供了更多的数据和应用场景，构建了高质量的数据集。传统的人工智能和工业大数据通常存放在云端，而边缘智能技术通过在制造边缘部署边缘节点，直接从加工测试物理端设备获取数据并进行智能计算，从而有力推动人工智能在智能制造中的普及与发展。因此，构建基于边缘应用的工业互联网体系，可以解决边缘节点计算资源受限的问题，满足智能制造应用场景对任务响应的要求。

一、场景透视：制造业转型面临的数据和知识创新应用的困境

航天制造典型场景包含但不限于强力旋压、热处理、高能束焊接、数控机床加工、数字化检测、氧化剂制备、内绝热层生产、药柱整形、理化检测与无损检测、地面点火试验等应用场景。每个制造过程都有各自的工艺特性，但存在如下问题。

1．制造过程数据创新应用难

在传统制造模式下，制造过程的关键单元物理侧数据集、算法和模型质量基础不扎实，导致无法有效应用工业算法来赋能数据，实现数据驱动的机理分析、工艺知识图谱开发及智能应用等先进技术。这不利于制造知识的沉淀，影响制造工艺的提升速度，从而增加企业的制造成本。

2．行业机理模型沉淀难

在火化工行业中，固体推进剂的燃速与配方、装药生产过程等特殊制造过程的内部机理不清晰，难以通过公式或提取规律性信息来表征制造过程的加工原理。这使得企业无法建立加工前后输入与输出的清晰关系模型，影响结果预测，并导致企业试验成本增加。

3．智能制造单元标准化、规范化程度低

在各制造单元中，设备感知数据分类各异，数据结构不统一，且缺乏统一的标准要求。这种情况不利于数据的有效开发和利用，限制了数据整合和分析的能力。

二、实施方案与技术应用：基于边缘计算的云边端协同机制

企业通过产学研用合作模式，以产品加工过程中的问题为导向，初步建立了云边端协同的模式，并同步制定了边缘应用的行业导则。目前，这些导则正持续深化应用。边缘应用导则为航天产品生产制造场景提供了物联感知、数据规范、通用算法、平台架构和安全防护的建议规范，以实现航天边缘装备、边缘计算平台、边缘云的统一规划和实施标准。

边缘装备指的是在产品制造过程中使用的各类数字化装备和智能仪器仪表，是作为物联感知终端发挥作用的。根据导则规定，企业需结合工艺分类和空间布局部署，遵循统一的编码规则，实现对典型制造加工单元的统一映射。此外还需在功能和性能、内部数据传输的格式和接口，以及部署安装方面参照导则要求进行完善和规范。

在数据流通方面，导则主要规范云平台、边缘节点数据和业务需求之间的数据交换流程、格式，涵盖数据资源、算法和算力。这样可以确保数据在不同系统之间的有效传递和应用。

数据资源是指数据流通过程中双方交换的数据，包括边缘设备数据、边缘节点数据和云平台数据。从原始数据到最终应用于某个特定用途，数据资源可分为未加工数据、半加工数据及全加工数据（见图 1）。未加工数据是从边缘设备侧采集到的原始数据，包括工艺参数、机床加工参数、产品几何检测数据、产品理化试验数据等。半加工数据由原始数据经数据清理、数据集成、数据规约和数据变换等一系列数据处理后得到，包括 TDM（试验数据管理系统）数据、SCADA（数据采集与监控系统）数据、DNC（分布式数控管理系统）数据、MES（制造执行系统）数据等。全加工数据由半加工数据经分析计算得到，主要是指那些高质量数据集及场景业务数据，这些数据可用于设备工艺优化及产品实时质量预测。

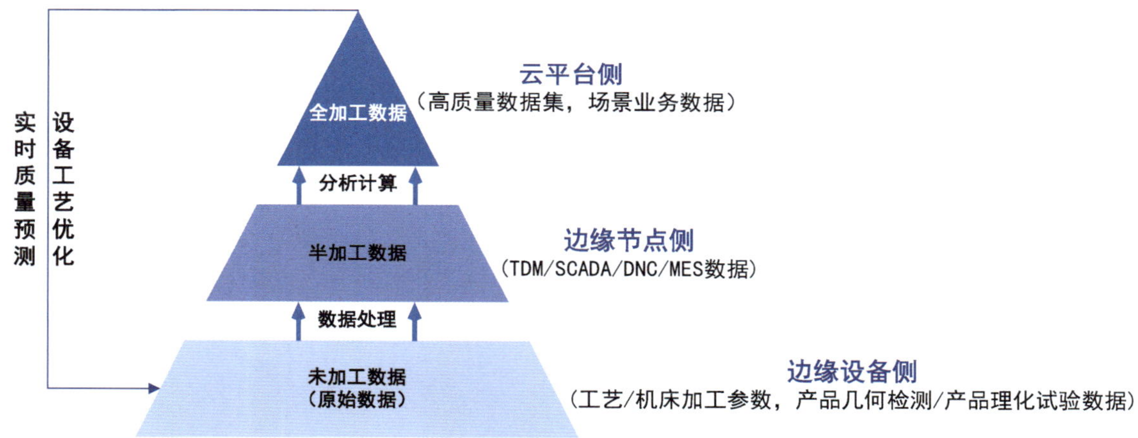

图 1　数据资源分层示意图

算法是指为达成某种业务目标对数据资源进行处理的一系列指令。

算力即计算能力，是指利用算法对数据资源进行计算处理的能力。算法与算力的流通指的是算法与算力使用权的流通。

在导则的指导下，企业搭建了边缘计算平台，主要汇聚制造单元的存量数据及物联后的增量数据，并对此进行综合利用，提供边缘应用服务，实现工艺优化、设备诊断及工厂价值

链提升等功能。边缘计算平台采用混合云架构，其中公共云主要用于接入上下游单位的开放数据和物联创造的数据，私有云则主要用于接入厂所自身的业务数据。公有云和私有云之间的数据交换除满足国家相关法律法规的规定外，还应满足保密要求。边缘计算平台由装备端、边缘计算节点和边缘云平台构成。装备端包括在产品制造过程中涉及的各类数字化装备和智能仪器仪表；边缘计算节点（ECN）作为边缘计算和边缘应用的主要载体，提供边缘数据抽取、边缘大数据存储、边缘应用管理和边缘数据协同等能力，边缘应用包括算法模型与微服务；边缘云平台提供边缘节点的各项管理能力。

航天制造的边缘应用架构图如图 2 所示，主要包含以下 5 个层级结构。

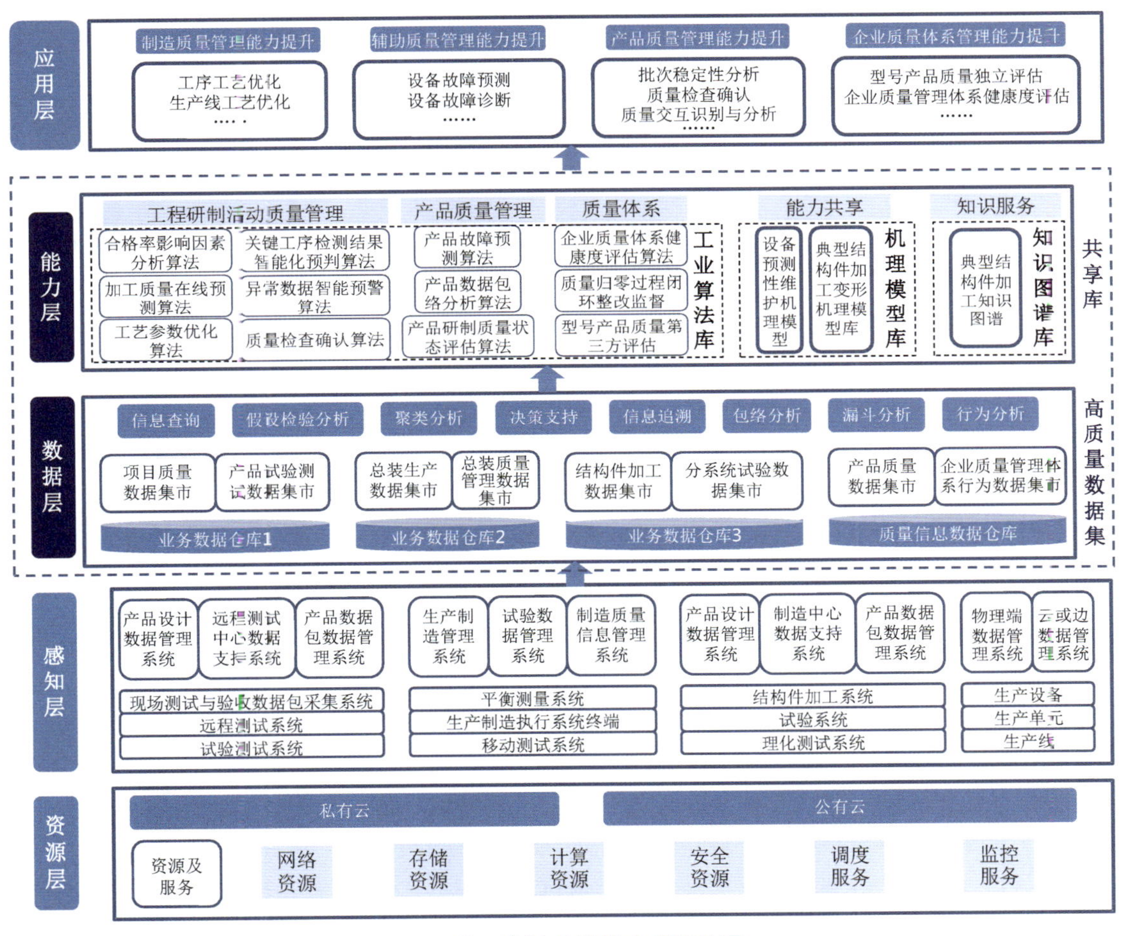

图 2　航天制造的边缘应用架构图

1．资源层

资源层提供运行所需的传输网络、计算、存储等硬件基础设施，并以公共云和私有云的方式对管理平台的其他层级提供服务，负责数据采集和存储，利用物联网技术实现测试设备的组网、测试业务的在线采集、实时采集及边缘计算，形成"逻辑统一、物理分散"的分布式数据存储管理能力。

2．感知层

感知层提供物的连接、管理、规范化的能力。连接能力包括支持多种传输协议和网络协议；管理能力包括边缘数据的流程驱动与数据结构管理；规范化能力则包括终端标识和数据编码的标准化。

3．数据层

数据层提供数据存储、计算及服务能力，支持物联生成数据、存量数据和开放数据的汇聚，且必须遵循管理平台所定义的数据管理规范和方法。数据层主要负责数据管理与分析，建立业务信息系统与数据仓库之间的数据流转通道，实现数据流转的无缝连接。

4．能力层

能力层提供支撑边缘制造单元智能化运作的能力，包括业务算法开发和机理模型开发，建立数据与算力的结合，促进数据赋能和数据产品开发等能力的形成。

5．应用层

应用层提供支撑综合应用场景的能力，发布数据产品、完成数字化交付。结合可视化技术形成场景级数据应用并实现数据价值变现。

通过边缘计算平台的应用，边缘应用技术能够利用制造过程关键单元的物理数据集、算法、模型夯实质量基础，建立黑箱或灰箱模型，辅助解决行业机理不清的难题。黑箱模型，又称经验模型，是指内部机理尚未被了解的现象，但可以通过输入—输出关系建立笼统的因果关系。灰箱模型是难以通过模型完全提炼规律性信息和知识的模型，但可以通过简化复杂问题进行近似求解，突破工业算法赋能数据、数据赋能机理、工艺知识图谱开发与智能应用等关键技术，有利于制造知识的沉淀。其核心是算法，来源于技术和技能，从而形成制造过程数据创新应用的新模式。

三、实施效果：打造人工智能与边缘应用相融合的智能制造新模式

上海新力动力设备研究所在边缘应用导则的指导下，建成了“1 个工业互联网平台、2 个边缘计算节点云，十大边缘计算集群，509 个边缘计算节点”的航天产品关键部件数字化智慧工厂。该工厂被应用于航天产品研制生产领域，首次搭建了跨地域、跨部门、多学科的异地协同分布式智能制造边缘计算平台，创建了云—边协同、离散和混合制造的新模式。十大边缘计算集群对应航天产品十大特殊制造过程，分别是强力旋压、热处理、高能束焊接、数控机床加工、数字化检测、氧化剂制备、内绝热层生产、药柱整形、理化检测与无损检测、地面点火试验。边缘计算应用与工艺流程融合，构建了典型生产环节的流程图谱，打造了边缘计算优化模型，提出了航天产品工艺创新优化方法，实现了制造云边端协同技术的突破，解决了制造单元数据交换成本高、多源异构数据难以互通的问题。最终，边缘计算应用使企业的异地协同设计效率提升了 40%，异地协同制造率提升了 30%，年均任务增长率超 30%，质量问题同比下降 50%，主业发展稳步增长，经济发展质量持续向好。

边缘计算在智慧工厂建设中的应用价值体现在以下几个方面。首先，通过建立云边端的边缘应用架构，边缘计算可以在物理端采集数据、在云端进行建模及在边缘侧实时处理数据。这一架

构不仅能够将前道制造单元产生的加工信息实时传递到后续制造单元，还能实时预测加工质量，并快速调整加工工艺参数，从而有效控制产品的最终质量，提升产品加工的一致性。其次，边缘计算在制造单元侧进行就近数据处理，解决了实时性问题，同时通过连接边缘计算节点，能够快速传递制造信息，实现上下游制造单元之间的信息共享。这种方式对改进产品加工质量具有重要的应用价值。在边缘应用导则的指导下，企业成功实现了边缘计算驱动的航天产品高质量、高效率制造，并创新了军工工业互联网的异地协同制造模式，这主要体现在以下两个方面。

1．行业率先完成基于边缘计算的协同制造新模式建设

在边缘应用过程中，对军工工业互联网体系进行重新定义，打通了航天产品关键部件从设计、制造到检测整个流程的信息流，确保企业生产过程中的“信息孤岛”消失。企业运用边缘计算技术，集成智能设备与信息系统，实现军工产品生产过程的自动化与智能化，建设军工工业互联网，对异地协同生产过程中的数据进行融合与分析，从而对整个生产过程提供指导，确保自动化工艺无缝衔接，提高整体的生产效率和制造质量。

2．将人工智能应用于航天产品关键部件的生产过程中

在边缘计算节点中，深度融合新一代人工智能技术，建立制造过程智能优化 ECN 单元，实现对航天产品关键部件的加工过程的安全监控、设备预测性维护与质量检测，从而提高检测效率和生产效率，并确保产品质量的可追溯。

四、经验总结与未来展望

边缘计算技术在智慧工厂建设中的应用落地卓有成效，但也遇到了专业化与数字化复合型人才缺口大和商业模式不健全的问题。

边缘应用在推广过程中，软件服务商面临算法缺乏数据的问题，而企业制造方则面临有数据但缺乏算法的问题。要快速复制边缘应用，需要培养大量专业化与数字化复合型人才，以便软件服务商与企业制造方能更好地在同一频道上对话，从而缩短探明机理的过程。

尽管边缘计算应用仍处于发展初期，但各地已经展开了广泛探索和应用。为推动边缘计算技术在智慧工厂建设中的应用，结合本案例场景，后续可在以下几方面进行推广实践。

1．推动制造企业以数字化转型为抓手，以用促建，以提升场景应用价值为导向

企业数字化转型的核心是业务模式的转型，而业务模式面向场景驱动。因此，需要建立健全业务场景转型的体系架构，以支撑企业在产品化和专业化能力方面的提升。

2．创新商业模式，推动装备制造商、软件服务商及企业制造方联合创新

由于业务场景中工艺专业知识至关重要，因此在数据采集方面需要装备制造商和软件服务商提前介入，充分考虑到需要采集的特征参数，并在装备出厂前完成传感器布置及数据接口预留，从而避免在后续实际应用中出现传感器布置难、特征数据采集难等现象，进而给场景应用带来极大不便。

3．鼓励有条件的企业开放场景和数据，打造实训中心

由于工业场景的复杂性，使得边缘应用推广难度较大。为了解决这一问题，当地政府和企业需要联合建立面向不同行业的实训中心，让不同行业内边缘应用条件较好的企业开放场景和数据，并形成完善的边缘应用导则和标准。只有这样，边缘应用的模式才能够被快速复制和推广。

4．边缘应用是突破软件国产化的重要手段

软件本质上是数据和算法的耦合。边缘技术的应用可以使制造业务场景中的数据和算法深度融合。只有当数据和算法得到充分理解时，过程机理模型才能具备明确的条件。针对不同行业，将基础的数据、算法和模型进行耦合封装，从而形成具有行业特色的软件，这样国产软件的发展道路才会更加坚实有力。

五、推荐语

数字工程和智能制造作为城市数字化转型中的主要单元，是不可或缺的场景应用。边缘计算作为场景侧的数据计算处理平台，是连接物理实体与云端平台的枢纽。边缘计算具有低时延、带宽要求低和高安全性的优势，能够快速应对局部性、实时性、短周期数据处理的需求，助力场景的大规模部署，实现城市数字化转型的需求。同时，根据不同场景在 AI 算法和机理建模等方面的差异化特点，边缘计算对计算资源进行均衡配置，可以显著提高城市数字化转型中的投资成效。

六、案例主体介绍

上海新力动力设备研究所是中国航天科技集团有限公司第八研究院下属的固体火箭发动机专业研究所，主要为战术武器系统提供配套服务。它是我国航天领域唯一一个集固体火箭动力系统与推进剂配方设计、研制、生产、试验于一体的专业研究所。研究所分设两地，本部位于上海市，基地位于浙江省湖州市。上海本部负责发动机总体设计及零部组件结构设计、金属和非金属件加工及零部组件配套；湖州基地则承担发动机推进剂、绝热层、包覆层的配方设计，以及发动机装药、总装和地面试验工作。该所自 1965 年开始承担固体火箭发动机的研制任务，经过几十年的发展，已具备了专业门类齐全、生产布局合理的中小型固体发动机研发与批量生产综合能力。此外，该所还完成了“神舟”号飞船返回舱着陆缓冲发动机的研制生产及多个无人机、靶弹助推器的研制。该所先后获得国家发明奖、国家科技进步奖、全国科技大会奖和省部级以上科技成果奖 140 余项。

七、案例视频

扫码观看案例详细视频。

智能工厂应用新模式

药品制造团体标准建设，推动中药企业向“灯塔工厂”迈进

上海上药杏灵科技药业股份有限公司
上海宝信软件股份有限公司

关键词：“灯塔工厂”、药品生产全过程数字化追溯、团体标准

摘　要：在国家战略推动制造业高端化、智能化、绿色化的导向下，各部委、行业和地方政府纷纷推出政策以支撑和推动该战略落地。上海市医药质量协会主动引领，针对生物制药核心企业及其供应商进行深入调研，精准把握数字化转型挑战，并编制了一系列技术标准（T/SHQAP002—2023、T/SHQAP006—2024、T/SHQAP007—2024）。这些标准涵盖生产制造、实验室、仓储管理等关键环节，为生物制药企业的全面数字化升级提供了科学指导。上海上药杏灵科技药业股份有限公司（简称上药杏灵）作为中药代表企业参与了主要编制工作。上药杏灵结合企业数字化建设情况及对药品生产全过程数字化追溯团体标准的响应，于2024年启动制造执行系统（Manufacturing Execution System，MES）的建设，以填补制造过程场景下的数字化建设空白。此次制造执行系统建设的目的是实现车间生产过程的自动化、透明化、智能化，提高生产效率，确保操作合规，并积累生产数据，为迈向“灯塔工厂”奠定基础。

一、场景透视：传统制造模式成为企业进一步发展的瓶颈

随着国家制造行业智能工厂战略的推进和数字化转型的大趋势，制药行业传统的生产管理方式越来越无法满足行业监管的要求及企业自身发展的需要。

作为传统中药制药企业，上药杏灵主要存在以下几个问题。

① 制造执行层的信息化未开展，生产过程管控仍采用传统纸质记录的方式，信息滞后，管理者无法实时掌握现场生产情况。

② 已经建成了 ERP（企业资源计划）、SCADA（数据采集与监视控制系统）、BMS（公用设施能源管理系统）、WMS（仓库管理系统）、WCS（仓库控制系统）、LIMS（实验室信息管理系统）、QMS（质量管理系统）、OPENLAB CDS（色谱数据工作站软件）、DMS（文档管理系统）、PAT（过程分析技术）等，但由于缺少 MES 这一生产核心业务系统作为连接，各系统之间未能集成，导致未能充分发挥各系统的最大价值，也无法实现各部门业务的协同。

③ 除 PAT 之外，其他业务系统的大量数据价值也未被有效挖掘和利用。

在当前的大趋势下，核心业务的数字化转型是必然选择，但这一转型是一条全新的道路。在上药杏灵进行数字化转型之路探索之际，上海市药品监督管理局牵头启动《药品生产全过

程数字化追溯体系建设和运行规范》的编制工作。上药杏灵作为中药生产代表企业参与其中，并与上海市医药质量协会和上海医药行业协会共同制定药品生产领域的生产制造管理、仓储管理、实验室管理等团体标准。

二、实施方案与技术应用：以“药品生产全过程数字化追溯技术要求”为指导，实现生产过程数字化追溯、无纸化记录、智能化制造

1．实施方案

上药杏灵在 3 个生产制造核心标准中融入了中药生产的特点和合规要求，尤其是在中药生产的全过程追溯和药材追溯等方面。这使得药品生产企业在信息化建设过程中有法可依、有章可循，并指导企业实现生产、检验、储运、质量管理等各个部门之间数据的互联互通。这样可以确保原/辅料采购及验收、中间品生产环节、成品生产环节、产品仓储环节及销售物流等全部环节的关键参数得到有效监测与控制，从而实现药品生产全生命周期的追溯闭环。

上药杏灵在团体标准的指导下，确定了数字化转型实现的三大目标：系统集成、业务协同、数据协同。

① 上药杏灵通过制造执行系统的建设，实现了车间生产管理的透明化、人员的高效化、生产的精益化及管理的信息化。

② 上药杏灵通过制造执行系统与相关业务系统集成，实现了三流合一，即业务流、数据流、物流的同步流转。

③ 上药杏灵通过制造执行系统及相关系统实现数据采集、数据交互和可视化展示，积累了工业大数据，持续提升了决策水平和产品竞争力。

2．技术应用

本案例由上药杏灵和上海宝信软件股份有限公司共同开发实施，采用分布式应用框架平台，按照新一代“大平台、微服务” 架构模式进行设计。该平台利用分布式、微服务和云计算等 IT 技术，构建了高性能、高可用、可扩展的分布式应用系统。

企业分布式应用框架平台采用面向服务（SOA）及微服务（MSA）的技术架构，为业务提供灵活、可靠、领先的技术架构。它支持开放、轻量、解耦，能够支撑企业搭建服务化或微服务架构。平台还提供开发、测试等工具，以及持续集成和监控等运维工具，协助企业实施开发与运维一体化的敏捷迭代模式数据架构（见图 1）。

3．应用场景

（1）生产订单处理

MES 可以接收 ERP 下发的生产订单，并根据生产工艺对生产订单进行分解，生成工序级的批指令。同时，MES 根据批指令和物料清单计算生产所需的原料、辅料、包材需求量，并将其提供给仓库，作为领料依据。

MES 可以实时跟踪批指令的完成情况，并将反馈更新到相应的生产订单中，帮助生产部计划员实时掌握订单进度。图 2 所示为订单处理画面。

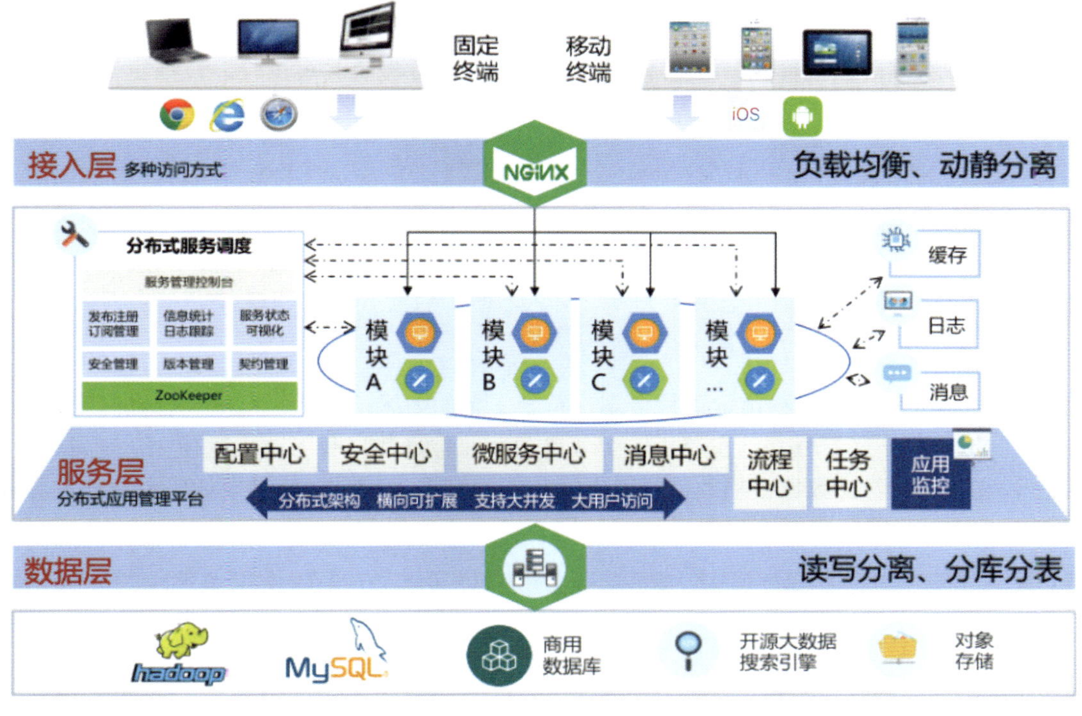

图 1　数据架构图

图 2　订单处理画面

（2）生产执行与过程管控

计划员将批指令下达到车间，车间人员严格按照批指令进行生产。由于批指令与处方关联，处方中已经定义了操作的权限与顺序、工艺参数、生产物料等关键参数，操作人员只需按照规范操作。

MES 提供标准化的操作流程和作业指导，确保所有生产操作按照既定的规范进行。MES 对于生产过程的控制主要体现在以下几个方面。

① 物料识别与防错。

通过扫描标签上的二维码，MES 能够自动识别物料并校验其可用性，包括质量状态和有效期。这一过程可以有效防止物料混淆和污染，确保生产的安全性和准确性。

② 过程工艺控制。

MES 通过数据接口从 SCADA 中实时收集生产设备中的工艺参数（如温度、压力等），并将这些参数与生产批次关联。MES 将工艺参数与处方中的预设值进行比对，若发现参数超出预设范围，则自动发出预警并记录相关异常信息，便于后续分析和处理。

③ 物料称量。

MES 通过处方确保物料称量过程合规，符合工艺的要求，称量后系统能自动打印标签。同时通过 MES 与电子秤集成，系统可以实现自动读取称量数据和下达称量指令，提高数据的准确性和实时性，防止数据被篡改，便于审计和偏差管理，从而支持生物制药企业满足 GMP 法规对数据完整性和生产质量管理的要求。图 3 所示为物料称量画面。

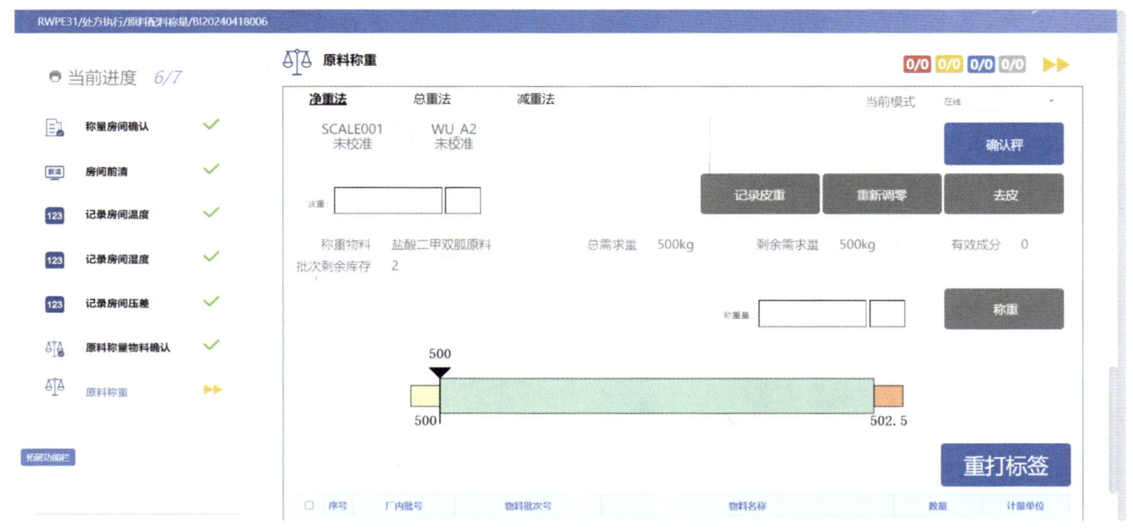

图 3　物料称量画面

（3）检验过程闭环管理

MES 支持对产出的中间品和成品发起检验申请，并通过数据接口将检验申请信息同步至 LIMS。检验完成后，MES 可以接收 LIMS 上传的检验报告，实现检验过程的闭环管理。

这种方式提高了检验流程的效率和数据的准确性，促进了车间与实验室之间的业务协同，支持实时质量控制，确保了数据的完整性和可追溯性，符合 GMP 要求。此外，它为后续的生产质量回顾提供了完整、准确的数据支持。

（4）标签控制

目前，上药杏灵的标签主要是员工手写的纸质标签，书写工作量大，并且容易出现人为错误。为此，MES 提供了标签管理功能，以替代纸质标签，从而减轻员工的工作量，提高效率。MES 中的标签模板设计功能允许员工自定义标签样式。所有标签模板在启用前必须经过审批，并在更新时进行版本升级。MES 会记录所有标签模板的变更履历，以便日后审计与追溯。同时，标签的打印履历也会被实时记录，并可在标签上显示打印次数。

自动化标签控制减少了人工操作中的错误，提高了生产效率，并减少了因标签错误引发的问题。

（5）物料双向追溯

在生产执行过程中，MES 会实时记录生产设备、原/辅料的使用情况、物料的产出信息和投产时间等数据，为每个产品建立从原料到成品的完整的档案。MES 支持从原料到成品或从成品到原料的双向追溯。不仅满足监管要求，还为快速定位和解决产品的质量问题提供了有力支持。图 4 所示为批次谱系追踪画面。

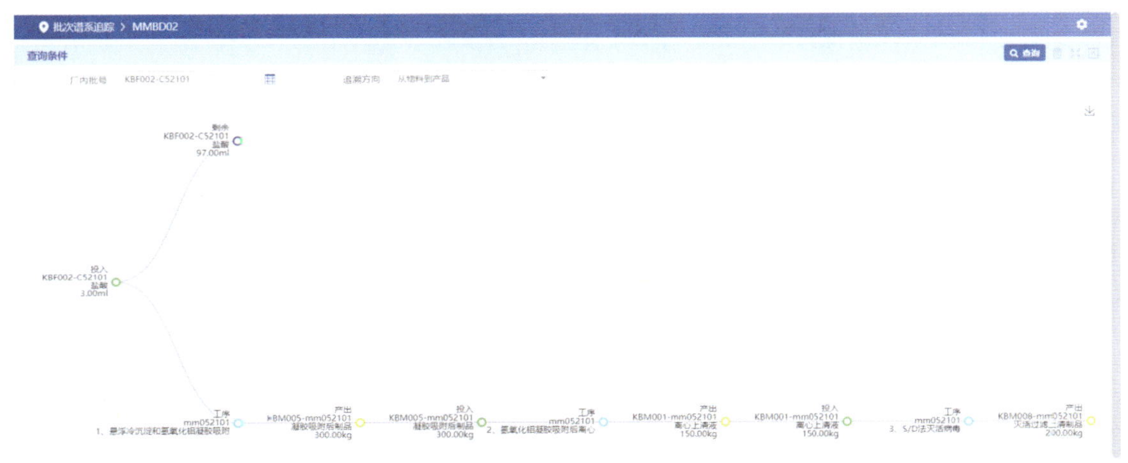

图 4　批次谱系追踪画面

（6）设备管理

在工厂建模过程中，MES 会定义并维护车间内生产设备的基本信息。在生产执行过程中，MES 会检验设备状态，如发现不符合既定要求的情况，会自动预警并记录异常。MES 还会根据操作对设备的使用状态和清洁状态进行更新。所有状态的变更都会被系统如实记录下来，形成电子台账，供员工查询。

（7）电子批记录

MES 提供了电子批记录的模板设计功能，配备了强大的模板编辑器，允许为不同产品设计不同的批记录模板。

将处方与批记录模板进行关联，每份批记录模板可以根据工序节点拆分成多个子模板（如提取、干燥、总混、制粒等）。批记录模板支持版本控制，新版生效时旧版会自动失效，并支持审核流审批。为方便员工配置批记录模板，MES 支持通过 Word 导入生成相应模板，模板格式可基于审批通过的版本进行选择。

在生产执行中或完成后，员工可以随时查看批记录，这些记录中的数据由系统自动摘取和显示，无须操作人员填报。除文本之外，系统还可以显示附带的图片。

（8）生产报工

生产完成后，车间人员首先需要线下汇总数据，然后将生产数据录入 ERP 系统中，这样做不仅工作效率低下，还容易出错。MES 可以自动收集生产报工数据，车间人员只需确认这些数据即可。系统会自动将生产报工信息传送给 ERP 系统，并记录接口履历。

三、实施效果：实现制造过程智能化、数字化

1．提升车间作业效率

通过 MES 建设，生产指令下达、工序指令生成及下发生产、设备工艺信息采集和人工操作信息均能在线完成。此外，系统通过生产处方实现在线导航，指导操作人员按照标准操作规范进行生产操作，确保过程合规。生产过程中的各类数据自动在线归集，避免了事后进行大量人工统计工作，工作效率提高了 40%，并且人工录入可能引起的数据偏差降低了 100%。

2．提升生产管理效能

MES 实现了生产管理从传统方式到数字化管理的转变：管理者从依赖统计报表和工作汇报获取生产数据，转变为通过 MES 实时可视化获取车间生产状态，包括生产指令的执行进度、生产批次的实时工艺信息和设备运转状况等。这一转变实现了车间生产的透明化，并将决策效率提高了 60%。

3．提升部门协同效率

通过 MES 与其他业务系统集成，将纸质单据流转和电话沟通的业务模式转变为线上业务流驱动的数据流和物流同步模式，打通了部门之间的壁垒。这一转变大大提高了部门间的业务协同效率，降低了沟通成本，每批次全周期的业务流转时间缩短了 0.5 天。

四、经验总结与未来展望

1．经验总结

上药杏灵在药品生产全过程数字化追溯系列团体标准编制工作中，通过参与讨论、交流及不断修改和完善标准，提高了对生产全过程数字化追溯的认知，特别是生产制造管理板块的数字化追溯。得益于标准的引领，上药杏灵在 2022 年荣获“上海市 100 家智能工厂”，在 2023 年荣获“上海市绿色工厂”、“上海市生物医药产业数字化转型先锋企业”、上海市卓越质量管理创新实践（单项）标杆级成果奖，并在 2024 年荣获上海市“质量标杆”（2023—2024）等诸多荣誉称号。

2．未来展望

由于药品生产过程的复杂性和合规性要求，大部分药企对制造过程的数字化建设持谨慎态度。然而，制造过程是生物制药企业的核心业务。上药杏灵深刻意识到，在当前数字化转型的大趋势下，制造过程的数字化是提升企业核心竞争力的必经之路。在完成 MES 建设后，上药杏灵将着重提升生产智能化水平，以进一步提高数据利用价值。

① 上药杏灵将通过工业互联网平台打造设备数字孪生，连接工业现场设备，还将通过 PLC、传感器和仪表等设备采集数据，并将通过大数据技术对这些数据进行存储、处理和管理。上药杏灵将建立精细化的设备模型，利用设备数据驱动虚拟场景，使虚拟产线与现实生

产状态和生产流程完全一致，从而模拟车间生产的真实场景，实现整个产线的全面数字化。这包括模型的参数配置、运行监控和结果可视化。

② 上药杏灵将通过视频 AI 分析，解决传统监管中管理人员无法实时获得预警和捕捉现场操作不规范的问题。视频 AI 将对错误操作、着装等进行建模，并通过实时模型分析进行判断。它能够实时推送报警，回放报警实况，并通过误判标识和优化模型不断提高分析的准确性。视频 AI 代表了智慧监管的创新模式。

③ 数据中台将通过整合、治理和共享企业内外部数据资源，汇聚多源数据，形成统一视图，从而提升数据共享和协作效率。它将通过数据标准化和质量管理来确保数据的可靠性，利用强大的数据分析工具支持复杂分析和实时决策。数据中台将通过权限控制和加密技术来保护数据安全，确保合规，为生物制药企业提供统一、标准化的数据服务。

上药杏灵将通过战略制定明确核心产品的市场开发方向，并利用数字化手段提升精细化管理水平。公司将通过加强内控来防范风险、增强核心竞争力，从而确保各项经营指标持续稳步增长。

五、推荐语

上海上药杏灵科技药业股份有限公司的 MES 建设案例体现了企业对团队标准执行承诺的兑现，也标志着团体标准在上药杏灵的一次实践检验。该案例将作为标准承诺执行单位的标杆，带动其他参与标准制定的生物制药企业行动起来。通过分享上药杏灵的实施经验，团体标准将被推广到其他生物制药企业的生产过程追溯项目中，从而推动整个生物制药板块的数字化建设水平的提升。

六、案例主体介绍

上海上药杏灵科技药业股份有限公司隶属于上海医药集团股份有限公司旗下的上海雷允上药业有限公司，成立于 1998 年，主要从事现代中药与天然药物制造，属于上海市高新技术企业。公司位于青浦区，主要产品包括银杏酮酯及其制剂、海可素Ⅰ/Ⅱ、荆银颗粒。银杏酮酯及其制剂为原国家中药二类新药；人工麝香原料药（海可素Ⅰ/Ⅱ）为原国家中药一类新药，是机密级国家秘密技术，“人工麝香原料研制及其产业化”获得了 2015 年度国家科技进步一等奖。银杏酮酯及其制剂、海可素Ⅰ/Ⅱ均为上海市高新技术成果转化项目。上药杏灵秉持“以人为本，创造健康；以质取胜，追求卓越；打造中国银杏叶制剂第一品牌”的质量方针，以“智能智造”为指引，以“灯塔工厂”为目标，致力于成为行业标杆及具有行业影响力的示范性企业。

七、案例视频

扫码观看案例详细视频。

中药企业标准建设升级

基于数据标准建设，打造国内发电设备行业首个 5G 全连接数字化工厂

普元信息技术股份有限公司
东方电气集团东方汽轮机有限公司

关键词： 离散制造、发电设备行业、智能制造、数据标准、数字化工厂

摘　要： 东方电气集团东方汽轮机有限公司（简称东方汽轮机）作为行业领先的离散制造企业，其大量且庞杂的业务数据在原有数据底座中，面临数据资产缺乏统一口径、数据服务响应速度慢、服务过程无法追溯等问题。

为积极响应《中共中央 国务院关于构建数据基础制度更好发挥数据要素作用的意见》（简称数据二十条）的政策号召，推动我国数据要素市场的规范化与高效发展，普元信息技术股份有限公司（简称普元）深度参与编制了《数据治理产品能力评测 数据资产目录管理工具技术要求及测试方法》团体标准。该标准的发布为破解东方汽轮机的数据治理难题提供了科学依据与标准化路径。该标准通过制定数据目录管理工具测评标准，统一了相关规范和要求，为企业提供了可执行的指导说明，帮助企业降低成本、提高效率，同时在满足相关法规、监管要求的基础上，充分发挥了数据的价值。

在普元标准建设的支持下，东方汽轮机创造性地设计了数据服务目录概念。该概念以运营服务内容为中心，构建了微服务架构的智能数据中台，实现了数据资产的目录化、全局化统一管理，以及全公司范围的资产统一监控和使用，从而赋能企业提升质量和效率。2023 年 8 月，东方汽轮机启动了国内发电设备行业首个 5G 全连接数字化工厂，该工厂底座基于智能数据中台打造，是其数字化发展道路上的重要里程碑，并成为离散制造企业数字化转型的示范案例。

一、场景透视：传统“数据孤岛”架构面临重大挑战，以数据中台破局数据困境

随着工业互联网的快速发展，数据已成为制造企业转型升级的关键要素。东方汽轮机集团作为国内领先的汽轮机制造企业，其日常运营产生和累积的海量数据是企业智慧化升级的重要基石。然而，在传统数据管理框架下，这些宝贵的数据资产却面临严重挑战：数据标准不一，导致不同部门间的数据难以整合和共享；数据服务响应迟缓，影响了决策的时效性和准确性；服务过程缺乏透明度，使得问题追溯和责任界定困难重重。

近年来，东方汽轮机对高效数据管理的需求日益迫切。鉴于离散制造企业中生产流程的复杂性和多样性，传统的“数据孤岛”架构已经难以满足企业对数据安全、共享和分析的需

求。东方汽轮机需建立一个中心化的数据平台以打破信息壁垒、解决系列问题，迫在眉睫。

在普元的支持下，东方汽轮机引入了智能数据中台战略。这不仅是对传统数据管理方式的革新，更是东方汽轮机迈向数字化转型深水区，实现业务增长与竞争力跃升的重要一步。作为数字化转型的核心基础设施，该中台不仅是数据整合与治理的核心枢纽，更是有效赋能企业最大化利用其数据资产的“加速器”。

二、实施方案与技术应用：建立数据变现的系统和机制，实现数据价值的最大化利用与变现

基于东方汽轮机数字化工厂的推进需求，智能数据中台的定位不仅是数据平台，更是处于业务前台和技术后台的中间层。它是对业务提供的数据能力的抽象和共享的过程。智能数据中台的核心在于将企业内部的原始数据转化为宝贵的资产。智能数据中台通过部署一系列数据处理组件与运作机制，实现了数据从采集、集成、净化、模型构建到深度分析的全链条管理。这些经过处理的高质量数据将被封装成易于访问的服务，供业务部门灵活调用，促成数据与业务操作的深度融合。随后，智能数据中台结合业务系统的数据生产能力，最终构建数据从生产、消费到再生的闭环。智能数据中台通过持续使用数据、产生智能、反哺业务，从而建立数据变现的系统和机制，实现数据价值的最大化利用与变现。

1. 智能数据中台整体架构

东方汽轮机智能数据中台面向企业的各类业务应用场景，提供涵盖数据开发、数据治理和数据运营的敏捷数据服务支撑，实现对数据全生命周期中各种数据活动的统筹管控。借助智能数据中台的强化，企业能显著增强其数据基础架构对业务应用与运营活动的支持力，进而推动端到端流程的精简与优化，并执行全面深入的数据治理策略。针对多元化的业务场景应用，智能数据中台提供全套的产品和实施方法论支持，最终构建一套持续不断把数据变成资产并服务于业务的机制，从而建设数据驱动业务、数据辅助决策、数据改变模式、数据持续创新的“开发治理运营一体化平台”（见图 1）。

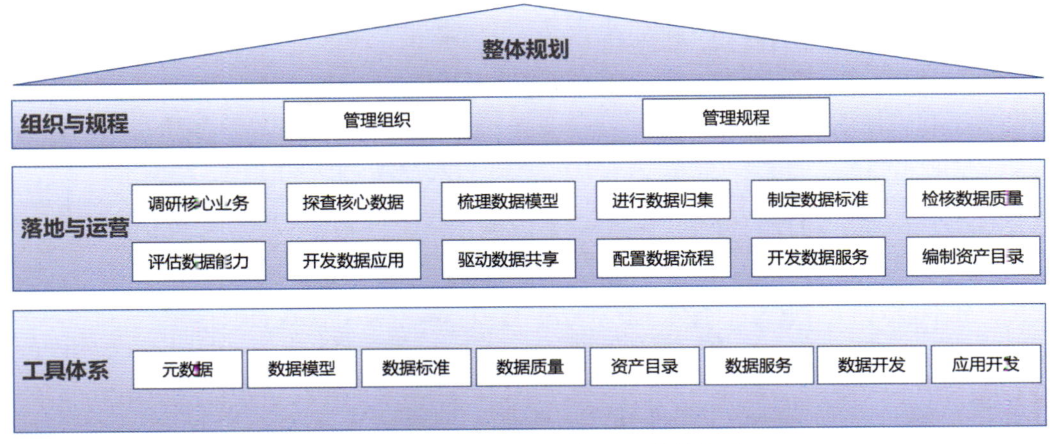

图 1　东方汽轮机智能数据中台整体规划

2．组织与规程

高效的智能数据中台开发与管控体系，依赖于强有力的数据资产管理组织体系和数据资产管理制度体系的基础支撑。

东方汽轮机数据管理组织分为决策层、管理层和执行层，专门推进智能数据中台开发与管控系列工作；东方汽轮机的数据管理制度是三级数据管理规程体系，涵盖整体管理办法、分项管理规范和具体操作指南，使得企业各项数据活动有章可循、有法可依（见图 2）。

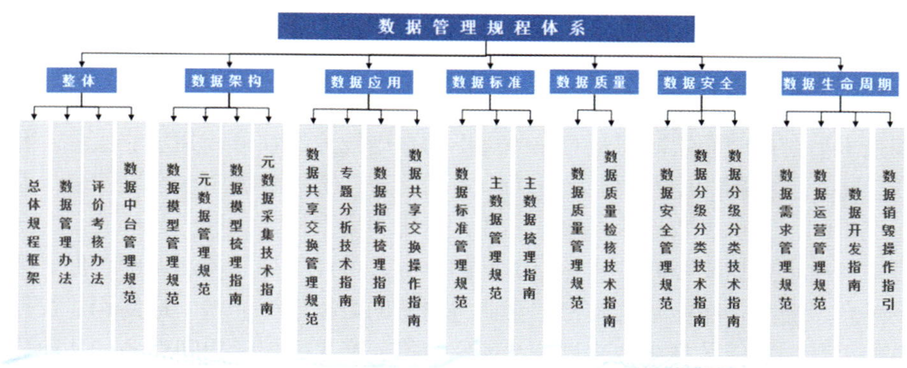

图 2　东方汽轮机数据管理规程体系

3．智能数据中台工具体系

在东方汽轮机智能数据中台开发与管控体系中，通过大量的研究经验，形成了包含多个管理元素的完整数据管理工具体系。这些管理元素包括元数据管理、数据质量管理、数据标准管理、数据模型管理、数据资产目录、数据开发管控平台等。该体系包括 3 个核心功能：首先，从基础的元数据抽取、管理和分析，到数据质量规则制定、过程分析、问题输出和问题改进；其次，涉及数据标准的录入和管理，以及数据资产目录的编制和展示；最后，贯穿数据全流程的数据开发运维管理，形成了一个紧密围绕数据资产的系统。这些核心功能支持全链条管理的工具集合，并全方位赋能数据资产管理的每一个细节（见图 3）。

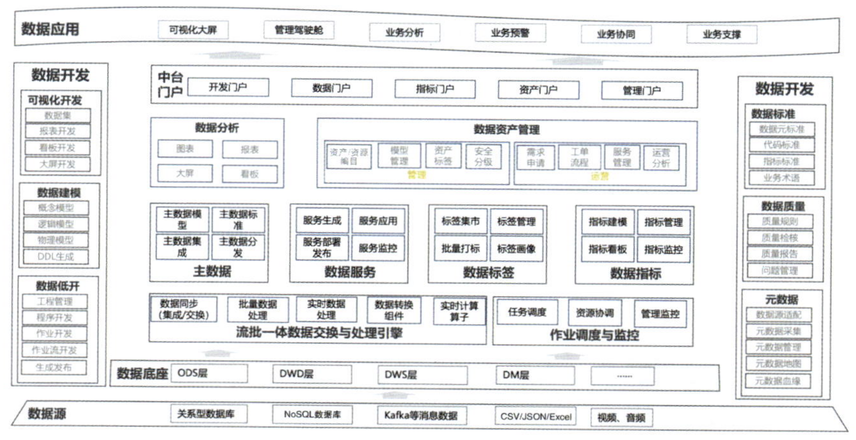

图 3　东方汽轮机智能数据中台工具体系

4．智能数据中台落地与运营流程

智能数据中台开发与管控体系的最终目标是通过有效的资产管理激发数据要素的活力，确保数据准确、及时、完整和有效地传递业务情况，从而为业务开展、跨部门协作、管理层战略决策提供支持，推动企业的数字化转型（见图4）。

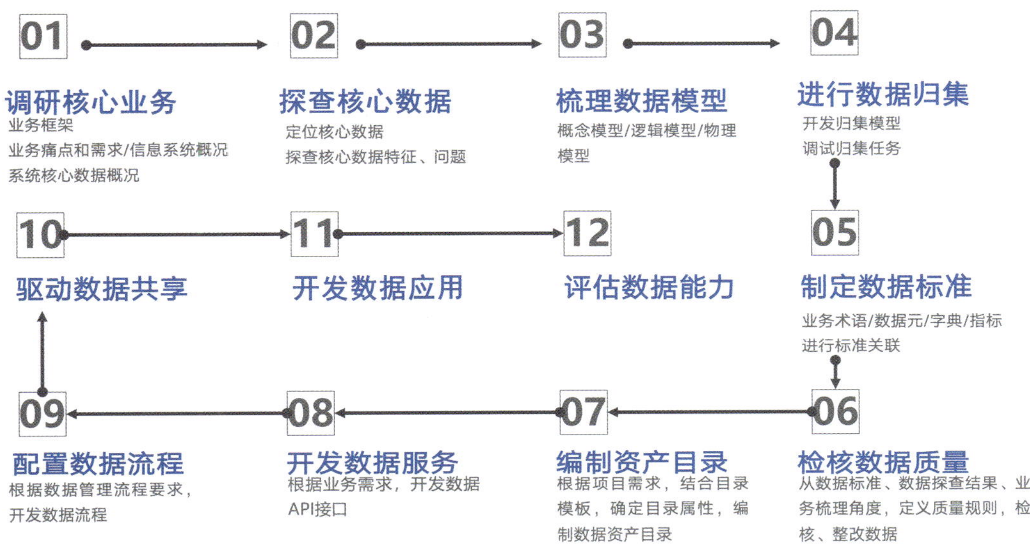

图4　东方汽轮机智能数据中台落地与运营流程

5．智能数据中台技术架构

平台技术架构共分为五层：资源层、平台处理层、平台逻辑层、服务提供层、平台展示层，共同保障平台的稳定、易用、兼容（见图5）。

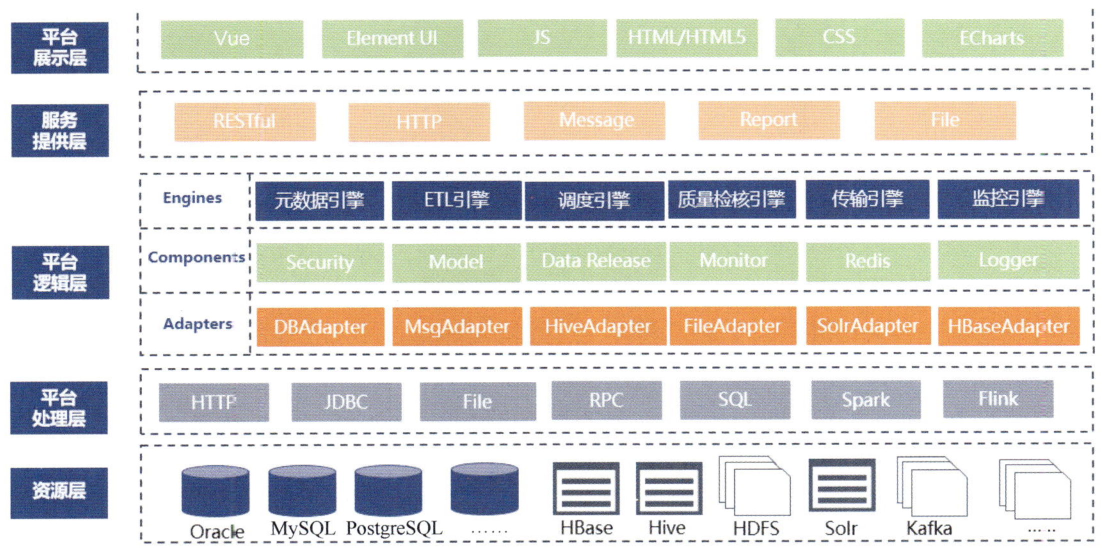

图5　东方汽轮机智能数据中台技术架构

6．系统集成架构

东方汽轮机 IT 架构从传统的面向应用的架构调整为面向数据的系统集成架构（见图 6）。这将原有的业务平台点对点的数据交互，改变为通过企业服务总线（ESB）进行高效和便捷的数据交互。在此过程中，智能数据中台起到了桥梁作用，确立了统一的数据模型、标准化接口及交互协议，为诸如 ERP（企业资源规划）、APS（高级计划与排程）、PLM（产品生命周期管理）、MES（制造执行系统）、WMS（仓库管理系统）、QMS（质量管理系统）等核心业务平台之间建立了无障碍的数据连通渠道。通过智能数据中台的整合与赋能，东方汽轮机实现了数据在不同平台与业务流程间的自由流动，推动了业务流程的智能化与一体化，促进了设计与生产工艺的深度融合，加速了生产制造活动的数字化进程。同时，智能数据平台为打造全面覆盖智能制造工厂设计、生产、物流、质量控制等各个环节的管理闭环奠定了坚实基础，显著增强了东方汽轮机的制造能力，提高了内部运营效率。

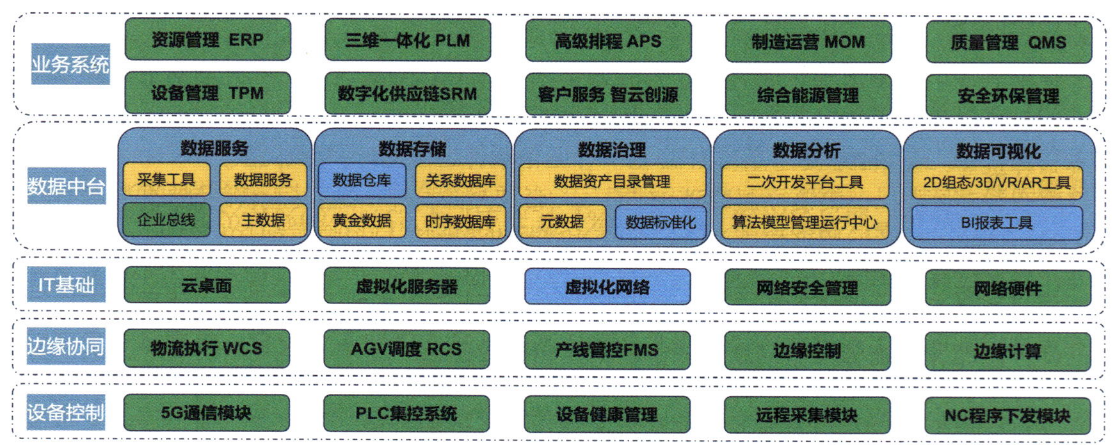

图 6　东方汽轮机系统集成架构

三、实施效果：强化增效、降本、提质，引领离散制造企业数字化转型

1．实用性

东方汽轮机智能数据中台以其高度的实用性和前瞻性，为大型离散制造企业的数字化转型注入了强大的动力。智能数据中台不仅解决了离散制造企业普遍存在的“数据孤岛”和数据利用效率低下等关键问题，更通过其强大的数据处理能力，为企业的业务创新发展提供了有力的支撑。

智能数据中台的成功应用不仅提高了东方汽轮机的内部运营效率，而且为整个行业树立了数字化转型的典范。它鼓励并启发了其他企业依据自身的特色与需求进行适应性开发与部署，从而在数字化转型的征途上加速奔跑，追赶甚至超越行业前沿。

在适用场景范围方面，智能数据中台具有广泛的应用价值。无论是在产品设计、生产制造、供应链管理环节，还是在市场营销等环节，智能数据中台都能发挥重要作用。通过实时收集和分析各环节的数据，企业可以更加精准地把握市场动态和客户需求，优化生产流程和产品性能，从而提高经营效率和客户满意度。

此外，智能数据中台的应用优势还体现在以下几个方面：一是提高了决策的科学性和准确性；二是优化了资源配置和生产流程；三是提升了企业的创新能力和市场竞争力；四是降低了企业的经营成本和风险。

2．客户价值

智能数据中台经历了 4 次数据资源化过程：第一次是将原始数据整理入库，确保应存尽存；第二次是进行数据清洗和预处理；第三次是进行数据分析、模型计算和特征捕捉；第四次是充分利用汽轮机、燃气轮机等设计结构、运行机理、制造工艺数据、运维服务经验等数据。整个过程实现了大量运行数据的及时分析与处理。这些数据处理环节赋能了东方汽轮机的远程运维系统，包括机组全息监测、故障预警、故障诊断、能效监测、性能优化、三维可视化等功能，有效支撑了机组的远程动态监测。

目前，东方汽轮机的“智云创源”远程运维系统已成功搭建，已有超过 20 个客户机组接入了该系统，实现了对超过 20 台机组的在线能效监控、运行参数的实时优化调整及故障预警与诊断，为客户的运维决策提供了坚实的数据基础。

随着东方汽轮机远程运维体系的完善，该系统已进一步服务于 10 多家火电汽轮机客户。未来，该系统还将扩展至新能源、核电、工业汽轮机等更广泛的客户群体，致力于为更多客户提供高质量的运维保障解决方案，持续拓展服务边界，深化服务价值。

3．经济效益

依托智能数据中台所提供的统一化数据服务，东方汽轮机不仅实现了数字化系统与自动化生产线的深度融合，还成功打造出了国内首个无人参与的叶片加工车间及首条无须人工照明的黑灯生产线。其成效显著，使人均生产效率飙升了 650%，同时使设备的使用效率达到了 90%的高水平。

在此基础上，东方汽轮机还构建了首个绿色高效的焊接数字化车间。该车间开创了焊接行业零缺陷、零排放、零变形的“三零”新型作业模式，实现了窄间隙智能焊接、多机器人协同焊接、焊缝 AI 检测、5G+焊接数采等关键技术在汽轮机产品上的应用。其成效显著，可使人均生产效率提升 300%，直接碳减排达 380 吨/年。

此外，东方汽轮机还建立了行业内第一个总装数字化车间，这标志着汽轮机组装迈入数字时代。该车间解决了大空间全尺寸测量难题与传统实物装配周期过长的问题，使得总装周期缩减了 40%，测量精度达到 100%。

更进一步，东方汽轮机建成了全程覆盖的隔板数字化车间，实现了隔板的数字化交付。在该车间内首次实现了柔性智能焊接，并且机器人能够在复杂曲面上一体化完成焊接与磨削。这些智能化制造技术的应用，使得产品制造周期缩短了 25%，焊接合格率提升至 99.5%，进一步巩固了东方汽轮机在智能制造领域的领先地位。

2023 年 8 月，东方汽轮机启动了国内发电设备行业首个 5G 全连接数字化工厂。该工厂以具有自主知识产权的工业互联网平台为基础，构建了 5G 专属网络。数字化工厂依托包含

27 个宏基站、240 个微基站、30 余万个数字测点的边缘层，可实现 1 毫秒全域数据实时采集；基础层具备 100 万亿次/秒的超算能力，用于数据集中处理；平台层融合了 300 余个工业模型和 400 余个核心算法，每日并行数据处理能力可达 500G 以上。（人民日报客户端，2023 年 08 月 27 日）

四、经验总结与未来展望

作为大型离散制造企业，东方汽轮机面临着原有数据底座中业务数据缺乏统一口径、数据服务响应速度慢、服务过程无法追溯等问题。在普元标准建设的支持下，东方汽轮机创造性地设计了数据服务目录概念。该概念以运营服务内容为中心，构建了微服务架构的智能数据中台，实现了数据资产的目录化、全局化统一管理及全公司范围的资产统一监控和使用，从而赋能企业提升质量和效率。提质增效主要表现在：支持管理层随时全局管理数据、追踪数据流向和动态，提高业务层的快速检索和时效性，提升了全公司从上到下的数据效率。项目将数据运营通过平台的形式予以支撑和落地，对行业数据的运营和应用具有重要示范作用。

该案例以 5G 通信技术为基础，将新一代信息技术与东方汽轮机自主研发的工业互联网平台进行集成，整合了来自物联网、业务系统、合作伙伴、上下游供应链的数据，打通了研产供销服务全流程，实现了数字研发、数字管理、智能制造、智慧园区及智慧产品服务的互联互通。该案例还建成了国内首个无人参与的叶片加工车间及首条无须人工照明的黑灯生产线、首个绿色高效的焊接数字化车间等，使人均生产效率提升 300%至 650%，直接碳减排达 380 吨/年。

数据驱动发展，智能变革生产。未来，东方汽轮机将抓住新一轮科技革命和产业变革的机遇，解放思想，主动求变，深入推进数字化转型和绿色低碳转型，在数字时代中交出属于自己的亮眼答卷。

五、推荐语

在普元标准建设的支持下，东方汽轮机构建了微服务架构的数据中台，从而赋能企业提升质量和效率。2023 年 8 月，东方汽轮机启动了国内发电设备行业首个 5G 全连接数字化工厂，该工厂基于智能数据中台打造，是数字化发展道路上的重要里程碑，并成为离散制造企业数字化转型的示范案例。

六、案例主体介绍

东方电气集团东方汽轮机有限公司是中国东方电气集团有限公司的核心子公司，创建于 1966 年，作为国有大型骨干企业，公司提供高效透平动力装备、清洁能源装备及电站服务，是全国最大的发电装备制造企业之一。其业务涉及气电、高效煤电、核电、工业透平、电站服务、新能源工程、储能业务、特种装备、新兴产业等多个领域。公司拥有主要加工设备 2600 余台，其中“精、大、稀”设备 400 余台。公司还设有清洁高效透平动力装备全国重点实验室、世界最大的 350 吨转子高速动平衡试验台、燃机核心部件与整机试验台等。公司已获得国家科技进步奖 16 项，省部级科技进步奖 125 项，并累计申请专利 1019 件。

普元信息技术股份有限公司（科创板股票代码：688118）是领先的数据治理和低代码技术提供商，也是全栈式中间件领导者。普元致力于变革企业软件生产方式，其结合数据资产管理、低代码、中间件核心产品与技术能力，针对数字化转型背景下客户对数据管理运营、应用开发集成、业务融合创新等技术基座的建设要求，服务于先进制造企业、金融、政务、军工、能源、运营商等多个关键行业，助力客户加快数字化建设进程。

工业领域数据安全领航新征程：综合风险评估解决方案

工业互联网创新中心（上海）有限公司

关键词： 工业领域、数据安全、风险评估

摘　要： 工业领域的数据安全具有明显的行业特征，如系统复杂、数据敏感、设备繁多等，这使得工业企业在数据安全领域面临诸多挑战，包括减少内外部数据风险、提升数据安全合规意识、改善数据安全运维技术等。工业互联网创新中心（上海）有限公司（简称上海工创中心）专注于工业领域的数据安全风险评估，致力于打造综合的数据安全服务解决方案。我们以合规性评估和安全风险分析为重点，识别企业数据安全风险，增强企业风险防控能力，并持续完善企业的数据安全保障体系。

一、场景透视：工业数字化转型下数据安全的新挑战——传统封闭环境被打破，内外部风险增加

在数字化浪潮的推动下，工业领域迎来了前所未有的发展机遇。然而，随之而来的网络数据安全问题也日益凸显其重要性。上海工创中心持续深耕数据安全相关领域，发现企业在数据安全工作方面主要存在以下痛点：

一是内外部安全风险增加，安全形势严峻。随着工业互联网的深入应用，越来越多的生产设备、感知与控制系统联入互联网，打破了传统封闭可信的环境，导致企业面临来自内外的数据安全风险激增，数据安全形势严峻。

二是企业安全合规意识不足。在数据安全投入、企业安全能力建设等方面投入较低，数据安全风险管理中事后补救的行为往往多于事前防范的行为。

三是数据安全技术手段匮乏，滥用现象突出。目前，多数企业的数据安全管理以传统被动式防守思路为主，与实际业务关联性有限，尚未形成主动式保护思路。

为确保工业生产环境的稳定运行，上海工创中心推出了全面、高效且可靠的工业领域数据安全服务解决方案，以严密守护工业数据的安全性、完整性与可用性。

二、实施方案与技术应用：应对工业数据安全痛点，持续完善行业实践路径

1．评估目的

数据安全风险评估工作旨在帮助企业全面、系统地识别和排查潜在的数据安全风险，梳

理企业现有的安全漏洞和弱点，并采取有针对性的改进措施和整改方案。其宗旨是促进企业完善数据安全管理工作体系，健全数据安全相关管理制度，提升技术保障能力，以满足相关的数据合规要求。同时，企业通过制定合理的应急响应方案、加强相关安全措施、提升数据安全人员的能力等方式，规避潜在的数据安全风险，强化企业在数据安全风险方面的应对能力，以保护企业及用户数据的安全。

2．评估依据

本次数据安全风险评估方案参考依据包括但不限于：

①《中华人民共和国网络安全法》《中华人民共和国数据安全法》《中华人民共和国个人信息保护法》等法律法规；

②《工业和信息化领域数据安全管理办法（试行）》；

③《工业和信息化领域数据安全风险评估实施细则（试行）》；

④《网络数据安全管理条例（征求意见稿）》；

⑤ GB/T 43697—2024《数据安全技术　数据分类分级规则》；

⑥ GB/T 37988—2019《信息安全技术　数据安全能力成熟度模型》；

⑦《网络安全审查办法》；

⑧《数据出境安全评估办法》。

3．评估内容

工业领域的数据安全风险评估包括合规性评估和安全风险分析两部分。合规性评估由正当必要性评估、基础性安全评估、数据全生命周期安全评估三部分组成，重点分析数据处理的目的、方式、范围及保障能力是否符合法律和行政法规要求。安全风险分析由风险源识别、安全影响分析、综合风险研判三部分组成，通过综合分析数据处理活动面临的威胁、所采取的保障措施情况，以及发生数据泄露、损毁、丢失等安全事件后的影响范围和程度，综合研判数据处理活动的安全风险等级。

4．评估原则

工业领域数据合规性与安全风险评估工作遵循以下原则。

① 规范性原则：指评估人员应遵循工业领域行业的相关要求来开展数据安全风险评估工作。

② 客观、公正原则：指评估人员在评估过程中应充分收集证据，对被评估对象实施的安全措施的有效性和可靠性做出客观、公正的判断。

③ 可复现原则：指在相同的环境下，对同一评估对象，不同的评估人员依照相同的要求，使用相同的方法，每次评估过程的重复执行应得到相同的评估结果。

④ 可控性原则：在评估过程中，应确保参与评估的人员、使用的技术和工具、评估过程都是可控的。

⑤ 完备性原则：评估人员严格按照被评估对象所涉及的评估范围进行全面的评估。

⑥ 最小影响原则：从管理层面和工具技术层面出发，将评估工作对数据及其承载的应用、系统、网络正常运行的可能影响降到最低，确保不对被评估对象涉及的应用、系统、网络运

行产生显著影响。

⑦ 保密性原则：在实施评估过程中，评估人员应确保数据处理者的商业秘密不被泄露。

5．评估流程

工业领域数据合规性与安全风险评估的实施过程一般包括组建评估团队、确定评估范围、制定评估方案、数据处理活动分析、合规性评估、安全风险分析、形成评估报告等内容。工业领域数据安全风险评估流程如图 1 所示。

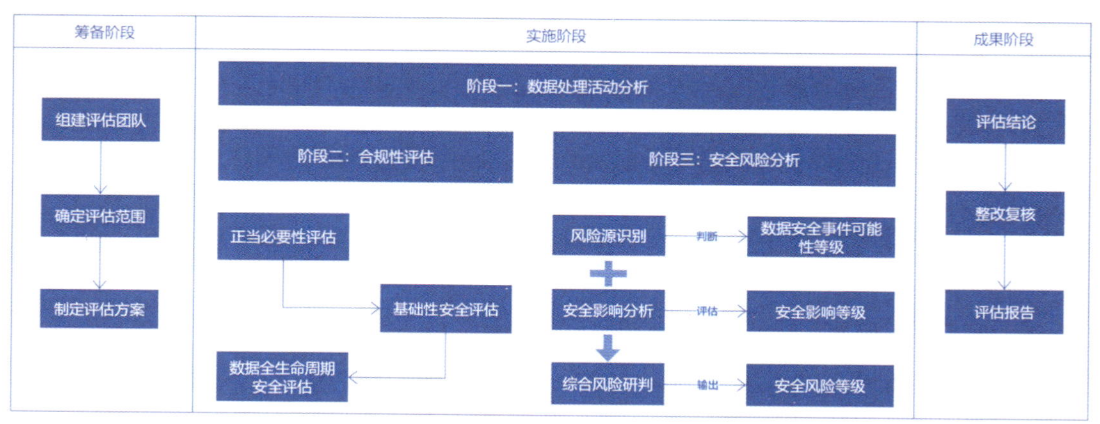

图 1　工业领域数据安全风险评估流程

6．评估价值

一是满足监管合规要求，细化安全监管要求，进行合规差距分析，规范化开展网络和数据安全治理工作，并使之稳定运行。

二是增强工业企业风险防控能力，控制数据流转过程中的安全风险，减少风险暴露面，防止泄露和勒索，持续改进以增强风险防控能力。

三是完善工业企业数据安全保障，优化组织的合规管理和风险管理机制，提升安全保护水平，为数字化业务提供有效保障。

7．评估有效性措施

（1）评估前的调研准备

评估团队在正式实施评估前会将数据安全风险评估调研表提供给数据处理者，通过发放调查表格、电话沟通等方式，或通过现场调研、会议等方式指导数据处理者完整、准确地填写表格，实现对数据处理者全部数据处理活动的充分调研，了解数据种类、范围、处理方式及相关信息系统的基本情况，确定评估范围。评估人员通过对企业数据的安全状况和需求进行调研，制定风险评估工作方案，并与涉及数据处理活动的业务部门沟通方案的可行性。

（2）评估中的过程管理

评估人员在评估过程中，依据前期确定的数据安全风险评估方案，采用人员访谈、资料查验、人工核验、工具测试等评估方法，对数据处理者开展数据处理活动分析、合规性评估和安全风险分析，研判数据处理活动安全风险等级。数据安全风险评估范围会覆盖数据处理者的全部重要数据和核心数据，以及一定比例的一般数据。一般数据以抽样方式选取，抽样数据尽量保证评估数据范围覆盖全部数据类别，从而确保数据安全风险评估过程的全面性和客观性。

（3）评估报告内容

评估团队完成数据安全风险评估后，将出具《数据安全风险评估报告》，总结并分析企业整体的数据安全风险及重要数据、核心数据的处理活动的安全性。评估人员将针对数据安全风险评估过程中发现的安全问题，结合风险分析，提出合理化建议，评估报告内容目录如图 2 所示。评估报告主要内容包括业务/平台/企业数据安全基本情况、数据安全风险评估流程及团队组成、数据安全风险评估矩阵、问题分析及整改建议，同时对评估发现的风险项进行整改跟踪，并进行结果复核。

目录

评估报告首页……4
1　业务/平台/企业数据安全基本情况……5
1.1　业务/平台/企业名称……5
1.1.1　公司情况介绍……5
1.1.2　业务平台介绍……5
1.2　业务功能介绍……7
1.3　企业数据安全管理情况介绍……8
1.3.1　数据安全管理组织……9
1.3.2　数据安全制度建设……10
1.3.3　数据安全防护措施……11
2　数据安全风险评估流程及团队组成……13
2.1　评估人员组成……13
2.2　评估实施流程……15
3　数据安全风险评估矩阵……22
4　问题分析……115
5　整改建议……119
6　整改落实情况……121
7　复核结果及签字……123
7.1　复核结果……123
7.2　复核结果签字确认表（需盖章）……124
附录 1：数据安全风险评估初评证明文件……125
附录 2：数据安全风险评估复评证明文件……256

图 2　评估报告内容目录

（4）评估后的问题跟踪

评估团队在完成风险评估后，将与数据处理者协商一致，依据评估结论形成评估报告。评估报告将列出数据处理者在数据安全方面存在的不足和问题，并提供有针对性的建议和应对措施，以帮助企业明确数据安全风险点，为数据安全管理建设和数据安全风险处置指明方向。

（5）惩罚措施

2023 年 11 月，工业和信息化部发布了《工业和信息化领域数据安全行政处罚裁量指引（试行）（征求意见稿）》（简称《裁量指引》），对工业和信息化领域的数据安全行政处罚裁量权进行规范化、系统化的规定，具体规定如表 1 所示。

一方面，《裁量指引》为监管部门提供了详细的行政处罚裁量规则和基准，使得行业监管部门在执法过程中有法可依、有章可循。这不仅提升了数据安全监管的执法能力，还增强了执法过程的透明度和公正性。另一方面，《裁量指引》也为数据处理者提供了明确的行政处罚触发条件及具体情节，帮助其识别和弥补数据安全建设过程中的盲区。这种明确性有助于数据处理者更好地理解合规要求，并在数据安全建设过程中实施相应的改进措施，为数据合规提供了实用的指引。

表 1 《工业和信息化领域数据安全行政处罚裁量指引（试行）（征求意见稿）》关于处罚的相关内容

行政处罚裁量权适用规则	不予行政处罚	减轻行政处罚	从轻行政处罚	从重行政处罚
含义	因法定原因对特定违法行为不给予行政处罚	适用法定行政处罚最低限度以下的处罚种类或处罚幅度	在依法可选择的处罚种类和处罚幅度内，适用较轻、较少的处罚种类或者较低的处罚幅度	在依法可以选择的处罚种类和处罚幅度内，适用较重、较多的处罚种类或者较高的处罚幅度
适用情形	（一）违法行为轻微并及时改正，没有造成危害后果的；初次违法且危害后果轻微并及时改正的可以不予处罚； （二）工业和信息化领域数据处理者有证据足以证明没有主观过错的； （三）其他依法应当不予行政处罚的	（一）主动消除或者减轻数据安全违法行为危害后果的； （二）受胁迫或者诱骗实施数据安全违法行为的； （三）主动供述行业监管部门尚未掌握的数据安全违法行为的； （四）积极配合行业监管部门查处数据安全违法行为的； （五）法律、行政法规、部门规章等规定其他应当从轻或者减轻行政处罚的		（一）两年内因同类数据安全违法行为被处罚 3 次以上的； （二）阻碍或者拒不配合行业监管部门查处数据安全违法行为或者对行政执法人员打击报复的； （三）教唆、胁迫、诱骗他人实施数据安全违法行为的； （四）伪造、隐匿、毁灭证据的； （五）数据安全违法行为引起不良社会反响的； （六）其他具有从重情节的

三、实施效果：依托标准化评估，持续提升企业数据安全防护水平

1. 以评估为手段，助力企业不断完善数据安全治理体系

2023 年，上海工创中心协助某汽车企业开展了数据安全风险评估工作。在评估过程中，上海工创中心共排查了 4 项数据安全防护能力风险和 2 项数据处理人员操作风险，发现了 1 项安全风险：企业未定期开展内部暴露面核查工作，导致存在数据泄露或被非法利用风险。

该汽车企业的数据风险主要表现为以下几个特征：一是供应链数据安全风险；二是车辆数据安全风险；三是用户信息保护风险。上海工创中心通过对企业数据风险进行排查和评估，促使该汽车企业强化了内部平台的使用、公司及产品相关内容的监控。同时，通过第三方安全专业团队及安全服务，该汽车企业能够覆盖更广泛的互联网暴露面，快速识别潜在的弱点和漏洞。此外，该汽车企业还建立了完善的监控和预警系统，并制定了相应的应急响应和解

决方案，以确保在数据安全事件发生时能够及时作出反应并采取必要的措施。

2．以问题为导向，协助企业强化数据安全风险管理

互联网企业的数据具有海量化、多样化、快速化、多渠道来源及价值化等特点，这为企业带来了丰富的信息资源和大量的商业机会。然而，互联网企业也面临着诸多数据安全风险，包括数据泄露风险、数据篡改风险、数据损毁风险、非法获取和使用数据风险、数据共享和传输风险，以及内部人员风险等。

2023 年，某互联网公司委托上海工创中心开展数据安全风险评估工作。在评估过程中，上海工创中心发现了 5 项数据安全风险项，涵盖了数据安全审计规范、平台系统安全管理、数据传输及数据共享等领域。上海工创中心根据风险项逐一提出数据安全风险项整改建议，并进行了整改评估。在后续的数据安全风险评估复核中，该公司已完成部分风险项的整改工作。

3．以安全为目的，促进企业提升数据安全风险意识

2023 年，某平台机构委托上海工创中心开展数据安全风险评估工作。上海工创中心通过对该机构整体数据安全管理情况进行实地调研和评估诊断，发现该机构在安全审计、数据资产梳理、数据分类分级、合作方管理、数据脱敏、数据共享等方面存在管理措施的疏漏。根据数据安全管理要求，上海工创中心针对本次数据安全风险评估过程中发现的潜在风险和管理问题，提出了在数据安全性基础管理、数据安全全生命周期等方面的整改建议。结合这些建议和实际情况，该机构制定了具体的整改计划和执行时间表，并通过评估复核，切实有效地保护了机构的数据安全。

四、经验总结与未来展望

工业领域的数据安全治理是一项长期且艰巨的任务。随着工业 4.0 和物联网技术的迅速发展，工业数据的安全性和隐私性面临不断更新的挑战。在工业环境中，特别是考虑到时间敏感网络（TSN）的典型需求，数据安全风险不仅来源于内部泄露和外部攻击，还包括数据传输和存储过程中的泄露，以及工控设备的时间紧迫性与安全防护之间的矛盾。为了有效应对数据风险，企业需要通过加强访问控制、定期进行安全审计、采用加密技术保护数据传输和存储等，构建多层次、多维度的安全防护措施。同时，企业应通过培训和教育，确保每位员工都能充分认识到数据安全的重要性，使员工在日常工作中严格遵守安全规范，不断提升自身的安全意识。

未来，工业领域的数据安全风险评估将更加注重智能化和自动化。借助人工智能和机器学习技术，我们可以更准确地识别和预测潜在的安全威胁，从而提前采取防范措施。特别是在时间敏感性需求中，我们可以利用这些技术来实时监控网络流量，及时发现并应对潜在的安全风险。此外，随着工业互联网的不断发展，跨域、跨系统的数据安全风险评估也将成为未来的研究重点。我们需要不断完善数据安全风险评估体系，确保在不同系统和域之间的数据传输和共享过程中，同时满足工业不断提升的时间敏感性需求，使数据的安全性和隐私性得到充分保障。

通过不断总结经验、提升技术水平、完善评估体系，我们有信心在未来更好地应对各种数据安全挑战。同时，我们也期待与业界同仁共同努力，推动工业领域数据安全风险评估工作的不断进步和发展。我们坚信，通过大家持续的努力和创新，能够构建一个更加安全、可信的工业数据环境，为工业领域的数字化转型和可持续发展奠定坚实的基础。

五、推荐语

在日益复杂的工业环境中，数据安全已成为企业持续稳定发展的基石。通过深入剖析工业领域数据安全风险评估的全过程，从识别潜在威胁到制定应对策略，上海工创中心关注到数据安全风险的隐蔽角落，并结合企业自身特点，形成了一套行之有效的数据安全治理建议。

六、案例主体介绍

工业互联网创新中心（上海）有限公司主营数字工业、数字健康、检测认证和数字安全四大核心业务，聚焦新一代信息技术等前沿领域，全方位助推数字化转型，涵盖创新孵化、技术赋能、产品研发和价值交付等环节，为航天、船舶、汽车、化工、医疗、能源、消费品等行业客户提供数字化场景解决方案。

上海工创中心的重点业务领域包括工业互联网的互联网络、核心装备智能化、核心软件与平台、安全保障体系等共性技术、标准及平台的联合攻关。上海工创中心致力于构建工业互联网领域的总体、技术、标准、试验、研发、知识产权等公共创新平台，突破技术产业发展瓶颈，促进产学研用协同创新，加速工业互联网技术、产品及应用的创新。上海工创中心入围了全国首批工业互联网安全评估评测机构、上海市通信管理局网络和数据安全支撑机构、上海市电信和互联网行业数据安全评估试点服务机构、上海市互联网协会车联网专业委员会优秀支撑单位、上海市网络与信息安全服务推荐单位等，并获得了中国网络安全审查认证和市场监管大数据中心信息安全风险评估资质、信息安全管理体系认证证书、信息技术服务管理体系认证证书等多项资质证书。

“轻盾”赋能纺织服装产业公共服务平台，助力中小纺织企业网络安全领域数字化升级

中国移动上海产业研究院

关键词： 工业互联网、纺织服装产业、网络安全、数字化升级

摘　要： 潮阳区是汕头市经济体量最大的区县，产业经济发达，纺织服装产业是潮阳区的传统优势产业和重点支柱产业。根据《汕头市高质量建设制造强市的实施方案》，汕头市潮南区优化提升纺织服装产业，集聚壮大新一代电子信息、大健康产业，打造传统制造业赋能集聚示范区。汕头市潮南区政府设立“潮阳区5G+纺织服装产业数字化赋能中心”，甄选适配数字化转型服务生态，引入、建立并规模化推广包括工业互联网安全产品在内的“小快轻准”（小型化、快速化、轻量化、精准化）的产业数字化产品和能力清单，以助力实现区内龙头企业和中小型企业完成数字化升级改造。其中，网络安全建设是重要组成部分。

一、场景透视：纺织集群数智化基础薄弱，“平台+安全”助力企业数字化改造

汕头市潮阳区的纺织服装规模以上工业企业大多处于“手工+设备半自动化”或“设备自动化+人工管理设备”的制造初级阶段。其数字化、网络化、智能化基础薄弱，处于产业集群底层，企业上下游和产业链之间的协同不足，无法形成产业集群效应。

为此，汕头市政府牵头规划和设计了“纺织服装产业数字赋能公共服务平台”。其中，网络安全和纺织服装产业企业的信息化安全备受关注，旨在打造“产业主平台+企业次平台+生产/办公安全应用”的产业级整体安全解决方案。此平台的主要需求如下。

（1）随着新一代信息技术的迅猛发展和工业互联网普及程度的不断提升，工业控制系统已经从相对封闭的状态向跨网络互联互通转变。来自公共网络的安全威胁将会蔓延至产业公共服务平台。本案例从高层次对“平台+企业”的工业数字化进行探索，并开展了一定的网络安全建设工作。

（2）随着工业企业上云、工业应用程序（App）培育等工作的持续推进，部分工况状态、产能信息等海量工业数据正在汇聚至产业公共服务平台，存储状态由离散变为集中，逐渐形成高价值的数据资源池。这些工业数据日益成为不法分子谋取利益的攻击目标。本案例通过自平台级别自上而下的安全治理和网络安全组织机构建设，明确网络安全的决策、管理和运行职责，以满足产业公共服务平台长期高质量服务的需求。

企业侧的主要需求如下。

① 通过在纺织企业部署安全设备，建立基础防护。

② 通过试点企业收集网络安全事件及信息，建立网络安全风险监控机制及监督检查工作机制，整体把握网络安全风险态势，指导网络安全运营工作。

③ 建立和健全网络安全制度与体系，打造网络安全管理长效机制。

④ 建立依托于工业互联网安全运营平台的网络安全持续监控和响应机制，实时采集和分析各类安全日志及网络通信数据信息，并展现网络安全态势。

二、实施方案与技术应用："安全制度建设+网络安全防护+运营分析系统"，形成产业级整体安全解决方案

中国移动上海产业研究院（简称上研院）的"产业主平台+企业次平台+生产/办公安全应用"产业级整体安全解决方案，需要在端、边、云三侧进行安全建设。产业级整体安全解决方案综合考虑等保合规需求，安全建设涉及边界安全、数据安全、终端安全、安全审计等多个方面。同时，各企业需要同步建立整体网络安全管理制度，明确人员、资产、事件等安全要素的管理流程，增强安全管理水平。

1. 实施方案

① 企业级工业互联网安全服务平台分析系统是以治理、风控、合规为驱动建立的。在该系统中，明确组织职责，确定决策、管理、运营、监控之间的责任和场景。该系统结合企业级工业互联网安全服务平台，展示各单位在生产调度、移动业务等业务场景中的网络安全态势和风险现状，并处置和落实各项风险整改措施，以满足法律法规的监管要求和企业内部的管控要求，确保安全合规工作到位。

② 企业级工业互联网安全服务平台分析系统充分整合了来自各个层面、维度的数据、日志信息，包括安全设备、计算终端、网络设备、通信设施、应用系统、数据库、网络流量、资产信息、应用操作行为等日志信息。该系统将IT和OT各个层面的设备设施数据接入，结合安全资产管理、人员管理、事件管理、应急管理、基线管理、外包管理、供应链管理等各类业务操作数据，同时结合业务场景，建立数据分析模型，最终实时展现安全态势，发现威胁并及时响应。

③ 企业级工业互联网安全服务平台分析系统旨在强化整体安全运营基础能力。该系统通过治理机制加强组织建设，基于工业互联网大数据安全平台分析结果进行决策，指导各单位开展网络安全工作，强化决策能力；完善制度流程，明确总部与分子公司之间的安全职责，通过系统提升上下级及内外部的快速沟通和响应能力；强化安全设施基础策略，优化各类网络安全防护及支撑工具，提升系统的实时分析和运营能力；整合外部安全服务机构能力，提升内部员工的安全知识和技能，进而整体提升工业互联网的安全运营能力。

2. 技术应用

纺织服装产业集群通过"轻盾-边界盾"接入网络（见图1），与企业级工业互联网安

全服务平台建立虚拟专用网络 VPN 隧道，实现从公共网络到企业内网的远程加密访问。这种方式确保了边缘网络安全数据的加密采集与上报。纺织服装产业集群部署了完整的网络安全设备，包括防火墙、日志审计设备及 Web 应用防火墙（WAF），以增强整体网络安全防护能力（见图 2）。

通过部署 WAF 设备，可对来自 Web 应用程序客户端的各类请求进行内容检测和验证，确保其安全性与合法性。WAF 会实时阻断非法请求，从而有效保护各类网站站点免受攻击。

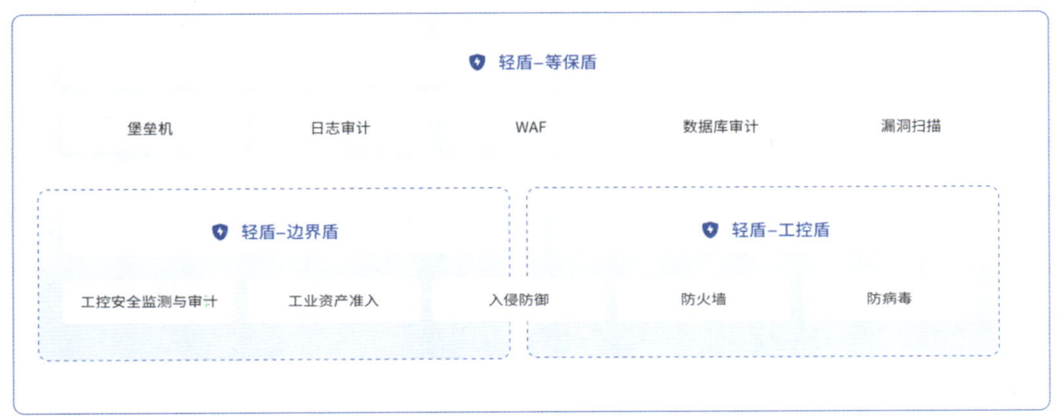

图 1　轻盾系列产品能力

本解决方案通过在安全管理区域部署日志审计系统，可以实时不间断地采集用户网络中来自不同厂商的安全设备、网络设备、主机、操作系统，以及各种应用系统产生的海量日志信息。这些日志信息会被汇集到审计中心，进行集中化存储、备份、查询、审计、告警、响应。此外，该系统还能够生成丰富的报表，以帮助用户了解全网的整体安全运行态势，实现全生命周期的日志管理。

“轻盾–边界盾”通过串联或旁挂的部署方式，能够实时监测工业网络边界流量中的已知和未知病毒、木马、恶意程序及各种加壳病毒文件，检测并阻断针对工业系统的恶意病毒入侵，以防止网络、主机和服务器感染病毒或遭受攻击。同时，它还能够识别针对工业网络和系统的 SQL 注入、Web 攻击、恶意扫描、拒绝服务、跨站脚本、木马后门等攻击行为。该系统具有非常准确的异常流量检测和预警能力，并能对高危行为进行阻断。

同时，本解决方案在各个试点企业中部署终端安全管理系统，对桌面终端进行管控、审计和统一的防病毒管理。其作用是规范终端的操作行为、进行安全设置和病毒防护，避免终端成为“黑客”用来跳转攻击业务应用的工具。

企业级工业互联网安全服务平台部署在移动云，满足工业互联网平台整体安全能力的可管、可看、可控等需求。同时，为日后并入工业企业服务大平台提供了灵活和稳定的运行环境。

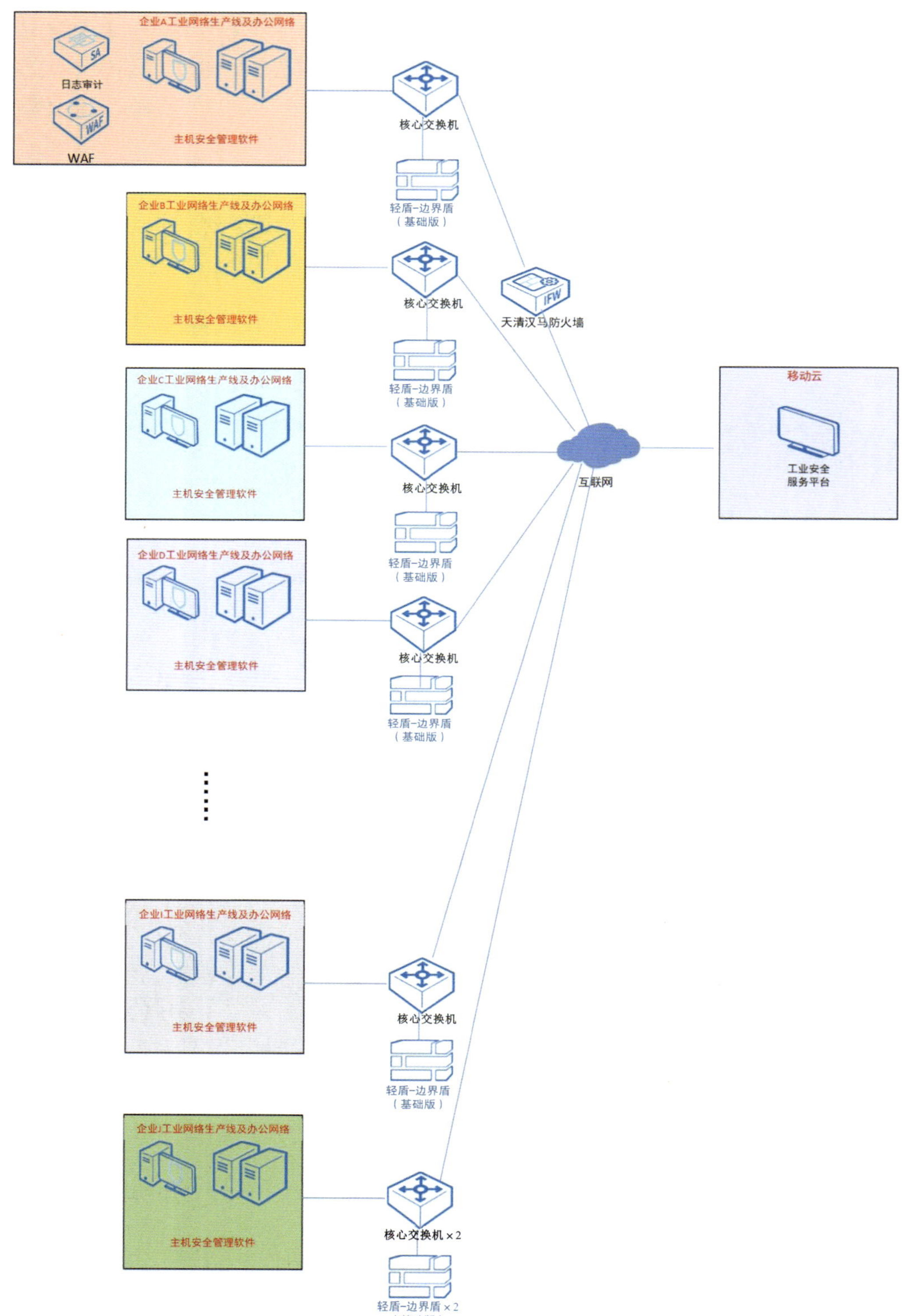

图 2　网络安全设计拓扑图

三、实施效果：撬动安全领域新蓝海业务市场，经济效益、社会效益双丰收

本工业互联网整体安全解决方案适用于多种推广场景，能够开拓安全领域的新蓝海业务市场。例如，在纺织服装产业中，其市场规模预计将达到千万级别。同时，该产业集群的安全应用具有良好的可复制性，可以推广到其他产业领域，从而引领更大的市场规模。

1．经济效益

在推广期，我们将面向汕头市潮阳区内 300 家潜在的纺织服装规模以上工业企业进行推广；在规模化应用期，则专注于汕头市纺织服装产业，通过后续政府补贴政策，预计将显著提高客户的使用积极性，进一步推动产品规模的扩大、平台生态的建设及连接价值的裂变。

2．社会效益

本案例通过提升安全能力来弥补公共服务平台的安全短板。我们对产业公共服务平台进行安全建设的规划设计，打造了“产业主平台+企业次平台+生产/办公安全应用”的产业级整体安全解决方案，以保障平台及企业服务的安全和平稳运行。此外，本案例将支持政府的“中小企业数字化转型”政策，作为推动政策顺利实施的有效手段。这将进一步促进纺织服装产业等垂直行业企业的数字化转型，帮助其降低生产成本、提高生产连续性，并提升企业效率。工业安全服务平台如图 3 所示。

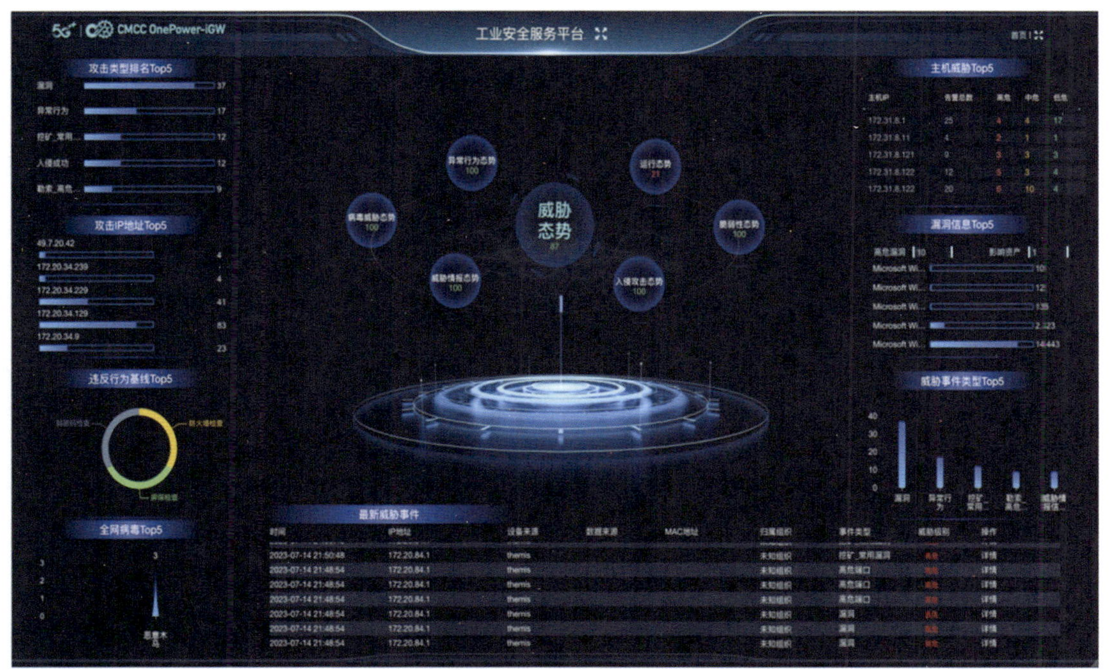

图 3　工业安全服务平台

四、经验总结与未来展望

1. 经验总结

从项目建设的视角来看，提供符合中小企业需求的高性价比整体安全解决方案，以及满足等保合规要求的平台侧安全防御体系，是当前场景下产品落地和规模推广的重中之重。本案例成功的关键在于产品能力与平台需求、安全管理政策的契合。结合具体过程，在政府牵头下对各环节痛点与核心需求的彻底调研，以及整体解决方案的协同设计，都是本案例可以取得成功的重要原因。

2. 未来展望

通过本案例，已实现纺织服装产业“公共主平台+安全主板块（子平台）”、企业级安全服务平台及安全网关落地应用，并形成了数据汇集与融通。后续解决方案的推进可以融入中小企业数字化转型政策扶持框架，以纺织服装产业集群公共服务平台的安全接入为抓手，配合中小企业数字化转型的整体规模化推广。

同时，随着工业柔性生产规模的进一步扩大和工业质检应用领域的不断拓展，对低时延、确定性网络（如 TSN、TAN）的需求也会进一步提升。然而，网络安全产品对网络流量的解析和检查会降低网络的传输效率，这与 TSN 等技术的目标相悖。因此，如何进一步将网络安全产品与确定性网络结合，将成为工业行业网络安全未来发展需要重点解决的问题之一。

五、推荐语

基于上研院轻盾产品安全能力赋能的纺织服装产业公共服务平台项目落地，是在中小企业数字化转型大背景下安全能力集成应用的成功实践。这一案例充分展示了网络安全产品在中小企业中落地的可行性与必要性，也说明了网络安全是推动产业高质量数字化和数智化提升的重要组成部分，值得融入各类中小企业转型解决方案中。

六、案例主体介绍

中国移动上海产业研究院是中国移动面向工业能源、交通、金融等行业提供信息化产品和能力的专业研发机构。上研院把握 5G、人工智能等新技术与行业融合发展的机遇，以信息化和智能化为杠杆培育新动能，致力于成为工业能源、金融和交通领域产业的赋能者和行业技术的创新者。同时，上研院负责工业互联网、金融和交通领域解决方案的研发、运营及对省级支撑的工作。